本书系曹波主持中国博士后科学基金第 67 批面上资助项目"刑事治理现代化内在逻辑与推进路径研究"（项目编号：2020M673298）的研究成果

刑法学案例教程

前行中的刑事治理现代化
——基于刑事热案法理精释

Advance in the Modernization of Criminal Governance
Based on the Interpretation of Hot Criminal Cases

曹 波◎编著

中国政法大学出版社

2022·北京

图书在版编目（ＣＩＰ）数据

前行中的刑事治理现代化：基于刑事热案法理精释/曹波编著.—北京：中国政法大学出版社，2022.12

ISBN 978-7-5764-0258-2

Ⅰ.①前… Ⅱ.①曹… Ⅲ.①刑事犯罪－研究－中国 Ⅳ.①D924.04

中国版本图书馆 CIP 数据核字(2021)第 281078 号

出　版　者　中国政法大学出版社

地　　　址　北京市海淀区西土城路 25 号

邮寄地址　北京 100088 信箱 8034 分箱　邮编 100088

网　　　址　http://www.cuplpress.com (网络实名：中国政法大学出版社)

电　　　话　010－58908285(总编室) 58908433（编辑部）58908334(邮购部)

承　　　印　固安华明印业有限公司

开　　　本　720mm×960mm　1/16

印　　　张　25.25

字　　　数　415 千字

版　　　次　2022 年 12 月第 1 版

印　　　次　2022 年 12 月第 1 次印刷

定　　　价　115.00 元

代　序

新时代刑事治理现代化研究[*]

高铭暄　傅跃建

　　重视并积极推进国家治理体系和治理能力现代化是以习近平同志为核心的党中央领导集体总结中外治国理政实践后提出的重大施政措施，具有鲜明的时代特征。2013 年 11 月，党的十八届三中全会首次提出"推进国家治理体系和治理能力现代化"的重大命题，并把"完善和发展中国特色社会主义制度、推进国家治理体系和治理能力现代化"确定为全面深化改革的总目标。"推进国家治理体系和治理能力现代化"对于中国特色社会主义事业具有重大战略意义，"治理能力现代化"已成为国家现代化的重要组成，是自二十世纪五六十年代提出四个现代化之后，党和政府所提出的第五个现代化。〔1〕时隔六年，党的十九届四中全会全面总结我国推进国家治理体系和治理能力现代化的历史成就和显著优势，确立新时代国家制度建设和治理现代化的"三步走"总体目标以及"13 个坚持和完善"的整体战略部署，被高度评价为"党的历史上一次具有开创性的里程碑意义的重要会议"，"《决定》宣告了新时代'中国之治'的来临，开辟了'中国之治'的新境界"〔2〕当前，犯罪问题已经成为世界各国普遍面临的最严重社会问题，科学建构国家治理体系、有效组织国家治理机制、提升刑事治理现代化水平，乃各国应对日益严峻犯罪形势、

---

　　* 高铭暄，男，浙江玉环人，中国人民大学荣誉一级教授，北京师范大学刑事法律科学研究院京师首席专家，博士生导师；傅跃建，男，浙江金华人，浙江省金华市人民警察学校教授、高级警长。本文曾发表于《上海政法学院学报（法治论丛）》2020 年第 4 期，应曹波博士所请，特作为其编著的《前行中的刑事治理现代化——基于刑事热案法理精释的展开》的代序。

〔1〕 参见李景鹏："关于推进国家治理体系和治理能力现代化——'四个现代化'之后的第五个'现代化'"，载《天津社会科学》2014 年第 2 期。

〔2〕 许耀桐："新时代开启'中国之治'的重大理论创新——解析党的十九届四中全会《决定》的六大建树"，载《东南学术》2020 年第 1 期。

营造安定有序社会环境之关键所在，也是对各国国家治理能力乃至政府存续之合法性基础的重大考验。

一、刑事治理现代化的科学内涵

"治理"（Governance）是政治经济学广泛讨论的一个概念，其意涵经历了传统到现代的转型。在传统意义上，"治理"长期被理解为"政治权威通过权力运作使'乱'的状态变成'治'，即有序的状态"。在现代政治学科中，"治理"作为特定政治行为，"通常指在政治系统的特定范围内行使权威，对政务或公共事务作出有效的安排，以达到维护政治秩序和维护正义价值的目的。"[1]其后，随着秩序多元论及国家失败论思潮的泛起，在多元主义、利益集团理论及结构功能主义等新兴理念的综合支配下，主张"没有政府统治治理"的社会中心论治理观逐渐形成并得到大力推广。社会中心治理观论者提出，"治理是社会集团政治和社会活动的总和，国家或政府并没有独立的自主性，而只是提供了一个社会各集团竞争的场所。在社会竞争中拥有资源优势的集团便成了在竞争中获胜的力量，从而也就成了支配治理规则的意向来源。因此，治理决策最好被理解为在相关利益集团间进行价值和利益分配的过程。"[2]然而，诚如"元治理"理论的倡导者、英国学者鲍勃·杰索普所言，"虽然有愈来愈多的人热衷于以治理机制对付市场和/或国家协调的失败，我们仍不应当忽视一种可能：以治理取代市场和/或等级统治是会失败的。"[3]社会中心论治理观错误地将国家视为非自主性的存在体，否定国家这一公共权威在社会秩序形成中的合理价值，过分迷恋社会自我治理的秩序形成机能，有陷入彻底自由主义"泥淖"、重新踏上已被历史抛弃的无政府主义老路的可能。

在治理理论和治理实践的后续发展进程中，对治理构造中国家和社会之主体性地位及内在价值的认知逐渐深化，消解国家权威的逻辑和立场得到检讨和纠偏，国家再次"回归"到治理机制中，成为与社会相当甚至高于社会的重要治理主体。在某种意义上，国家较之于社会对治理而言更具有关键性

---

[1] 张凤阳等：《政治哲学关键词》，江苏人民出版社2006年版，第308页。

[2] 江必新、鞠成伟：《国家治理现代化比较研究》，中国法制出版社2016年版，第52~53页。

[3] [英]鲍勃·杰索普："治理的兴起及其失败的风险：以经济发展为例的论述"，漆燕译，载《国际社会科学杂志（中文版）》1999年第1期。

和主导性的作用，国家能力和国家职能的实现程度直接决定治理水平和治理效能的高低。对此，亨廷顿曾敏锐地提出，"各国之间最重要的政治分野，不在于它们政府的形式，而在于它们政府的有效程度。"〔1〕弗朗西斯·福山明确主张，"总体而言，国家范围过大的负面影响在长远看来可以被更强大的管理能力的正面影响所抵消。"〔2〕当论及国家与治理的内在关联时，布林克霍夫也直白地表示，"治理关切到管理、制度和进程，所谓的进程是政府与公民间互动、国家与社会关系的连接点。也就是说，治理涉及公共管理与国家机构、政治与权力及权威的实施、决策与执行间的关系。人们普遍认为，治理质量影响到经济、社会和以权利为基础的部门的表现。在脆弱和失败国家，虚弱的政府被认为是冲突和内战的原因之一。"〔3〕事实上，在新兴治理主义的视阈中，国家主导性和社会自主性均得到重视，国家与社会两种机制同时释放各自对公共事务治理的内在价值，强调通过塑造和建构开放性的治理理念、多元性的治理主体、协作性的治理方式以及科学性的治理规则，实现治理效能的最大化。此种兼顾国家与社会的复合型治理观也得到国内外学者的普遍支持。例如，长期关注治理议题的著名国际性组织——全球治理委员会在其1995年发布之研究报告《天涯成比邻》中明确规定，"治理"是指"通达社会和私人的组织形式对一系列共同问题采取管理措施的多种方式的总合。也就是说，在国家不能解决的各种问题上，采取国家主体与非国家主体共同建立管理机制和规范的方式进行治理。"〔4〕俞可平教授也认为，治理凸显出官方的或民间的公共管理组织在一个既定的范围内运用公共权威维持秩序，满足公众的需要，治理的目的是在各种不同的制度关系中运用权力去引导、控制和规范公民的各种活动，最大限度地增进公共利益。治理是一种公共管理活动和公共管理过程，包括必要的公共权威、管理规则、治理机制和治理方式。〔5〕

---

〔1〕 〔美〕塞缪尔·P. 亨廷顿：《变化社会中的政治秩序》，王冠华等译，上海人民出版社2015年版，第1页。

〔2〕 〔美〕弗朗西斯·福山：《国家构建：21世纪的国家治理与世界秩序》，郭华译，学林出版社2017年版，第32页。

〔3〕 〔美〕德里克·W. 布林克霍夫编著：《冲突后社会的治理：重建脆弱国家》，赵俊、霍龙译，民主与建设出版社2015年版，第2页。

〔4〕 樊勇明等：《西方国际政治经济学》，上海人民出版社2017年版，第31页。

〔5〕 参见俞可平："全球治理引论"，载《马克思主义与现实》2002年第1期。

刑事治理是国家治理的重要领域，刑事机制是国家治理的重要方式，刑事治理现代化乃国家治理现代化的核心组成，国家治理现代化必然要求刑事治理现代化。根据学者的界定，"而刑事治理是要发动所有的主体、通过多样化的方式、借助专管、合作与互助等途径、共同实现犯罪的合理控制。……当前的刑事治理观，首先包括刑事实体法治理和刑事程序法治理，并以相对主义的犯罪观为前提，充分关照恢复性司法理念，倡导国家、社会、个体（被害人、加害人）的'三位一体'法律关系，通过刑事惩罚、惩戒、合作与互助等方式，共同营造充满信仰的刑法规范体系，凸显软硬兼顾、恩施并重的善治观，这在本质上是一种'一体化'的刑事治理模式。"[1]应当承认，这一定义较好地坚持和贯彻了前述国家主导和社会自主的复合型治理观，完美地契合了复合型治理观在治理理念、治理主体、治理方式以及治理规则等方面的要求，也表明了科学性、现代性刑事治理的核心内容和实现路径。

在我们看来，刑事治理现代化包括刑事治理体系的现代化以及刑事治理能力的现代化两个维度。其中，刑事治理体系现代化，主要指国家在科学的犯罪观指导下，根据犯罪原因的深入挖掘和致罪机制的理性剖析，合理组织包括刑法、刑法前置法、伦理道德、教育以及医疗等犯罪抗制手段，针对不同犯罪类型的具体形式和各自特征，形成一整套紧密相连、相互协调、行之有效的犯罪防治体制机制及法律法规安排。刑事治理能力现代化是指在国家主导下，通过培育多元犯罪防治主体与媒介，调动公众参与犯罪防治的积极性，创新犯罪防治的模式与方法，最大限度激活社会参与犯罪防治的活力，增进全社会犯罪防治的实际效能，以最终保障人民安居乐业、社会安定有序、国家长治久安。具体而言，现代治理主义视阈中，理解刑事治理现代化的内涵应当包括以下几方面的内容：

一是刑事治理现代化要求治理理念的开放性。刑事治理理念是刑事治理体系的灵魂所在，内在地支配着刑事治理能力的强弱。出于对维护社会基本秩序以及保障公民进行正常社会交往的客观需要，国家必须组织强有力、最有效的手段对抗并控制严重危害社会、严重偏离社会正义价值的犯罪行为。然而，国家抗制犯罪的实践始终以作为最严厉制裁的刑罚为依托或后盾，这

---

[1] 参见孙道萃："当前中国刑事治理观念的转型"，载殷建国主编：《现代警务研究》（第2卷），群众出版社2013年版，第338页。

就从根本上决定了刑事机制不可能摆脱威权性、压制性和严厉性等特征，从而使强调国家刑罚权"刚性"运行的刑事机制与重视多元参与、交互协作的现代治理之间呈现出相当的距离，刑事机制也往往沦为普通民众口中所谓的"专政手段""统治工具"。

不过，正如李斯特所言，"最好的社会政策就是最好的刑事政策"，寄望透过国家权力将犯罪压制在特定范围的"压制性刑事治理理念"，根本地背弃刑事治理的内在规律，无法实现犯罪治理或刑事治理的效果。"传统的将犯罪完全视为严重危害社会的行为，试图通过刑罚处罚来消灭社会中犯罪现象的思想是存在一定问题的。"[1]与压制性刑事治理理念相对，治理性刑事理念立足相对主义犯罪观，在认识到犯罪严重扰乱社会秩序、危害社会利益的同时，将犯罪视作社会生活中的正常现象，例外地肯定犯罪的不可避免性及对社会发展的积极功能。法国著名社会学家迪尔凯姆认为：从犯罪行为的产生来看，犯罪是正常的，在某种意义上，犯罪是个人的独创精神的体现，犯罪为必要的社会改革开辟广阔的道路，"当犯罪率下降到明显低于一般水平时，那不但不是一件值得庆贺的事，而且可以肯定，与这种表面的进步同时出现并密切相关的是某种社会紊乱。"[2]考虑到犯罪之于社会兼具破坏和创造的二重属性，在利用刑事机制治理犯罪时更应该注重"善治"，形塑开放性和包容性的刑事治理理念：其一，坚决摒弃"除恶务尽"，动辄不惜一切代价消灭犯罪的传统犯罪控制观，推动刑事治理维持社会安全秩序与促进公民自由交往的内在统一，避免纯粹出于对社会秩序和安全的追求而通过大量的犯罪化和加重刑罚的惩处力度"以刑去刑"；其二，厘清刑事机制与其他法律机制乃至社会机制在犯罪防治中的地位和功用，谨守刑事机制最后手段性或者补充性的本质属性，只要存在同样有效却较少侵犯性的犯罪防治手段，或者侵犯强度相同却更有效的其他防治手段，刑事机制即不被允许介入社会生活；其三，刑事治理始终坚持保护社会和保障人权的动态平衡，将人权保障视为刑事机制的首要社会机能，防止超越刑法规定惩罚犯罪人的"法外用刑"，以此既为刑事制定法限制国家刑罚权之功能的实现提供观念支撑，也有助于刑法的预测

---

〔1〕 李正新：《犯罪化与非犯罪化研究》，武汉大学出版社 2016 年版，第 100 页。

〔2〕 ［法］E. 迪尔凯姆：《社会学方法的准则》，狄玉明译，商务印书馆 2017 年版，第 88 页。

可能性的实现，为我国刑事法治的发展扫清观念障碍。[1]

二是刑事治理现代化强调治理主体的多元性。兴许因为犯罪是对社会秩序最严重的破坏，以维持秩序任务的国家总是愿意垄断国家刑罚权，独自负担起控制犯罪、消除刑事冲突的任务，从而自觉或不自觉地忽视其他社会机制的犯罪治理机能，使犯罪防治始终在国家权力的支配下展开。诚如岳平教授所言，"对我国犯罪预防而言，传统的学术范式对犯罪预防形成的桎梏，使犯罪防控策略上的话语权基本掌握在司法实践部门，鲜见来自犯罪预防的科学性理论的指导。审视我国的犯罪防控实践，运动式治理成为犯罪预防的基本模式。该模式本质上属于刑事治理。主要依靠的是行政权力的威力。"[2]然而，古今中外的大量刑事治理实践已经充分证实，将解决刑事冲突的一切权力完全收归国家，完全排斥社会力量对刑事冲突的解决，依靠单一的刑罚对犯罪进行严厉打击，注定要遭受犯罪防治乃至刑事治理的失败。毕竟将刑事治理完全委之于国家，将遮蔽对犯罪原因及致罪机制的必要发掘，难以为治理犯罪寻得对症之方，同时也将导致国家过分挤压治理构造中社会的存在空间，制约其他社会机制防治犯罪功能的正常发挥，最终落入刑法万能主义、重刑主义的窠臼，妨碍公民进行有序的社会交往。"随着社会模式的陡然巨变，单靠国家一己之力尚不能有效预防犯罪，这就需要将以国家为本位控制犯罪的模式转向'国家—社会'双本位的控制犯罪的模式。"[3]受新兴复合型治理主义的启示，刑事治理必须坚持多元治理，建构国家主导、社会参与的犯罪治理体系，合理组织对犯罪的各类反应机制，整合社会各类犯罪治理力量，积极引导社会组织或个人在其权利义务范围内有目的地参与刑事政策制定、犯罪预防、刑事立法、刑事司法、行刑以及刑事政策评估等，形成全社会参与犯罪防治的最大合力。

三是刑事治理现代化强调治理方式的协作性。在传统治理语境中，犯罪及犯罪人长期被作为国家刑罚权行使的对象或客体，刑事治理强调国家刑罚权对犯罪（人）的单向度惩治和霸道式压制，而不重视犯罪人、被害人及社

---

〔1〕 参见苏永生："治理型刑法理念之提倡——从《中华人民共和国刑法修正案（八）》切入"，载《江汉大学学报（社会科学版）》2011年第4期。
〔2〕 岳平："犯罪防控战略与策略之辨明——论犯罪空间防控的兴起及发展"，载《上海大学学报（社会科学版）》2015年第6期。
〔3〕 储槐植：《刑事一体化与关系刑法论》，北京大学出版社1997年版，第89~90页。

会公众对刑事治理的回应和参与。"传统的'纠问式'诉讼模式因其权力的单向性已经让民众感受不到参与司法的尊严、尊重，对司法的冷漠、隔膜、不信任已经越来越贬损司法的权威。"〔1〕应当承认，由于国家实际掌握合法的暴力机器、拥有惩治犯罪的专业能力，能够居于相对公正的立场对犯罪人定罪并处以适当刑罚，国家在刑事治理的整个过程中仍具有且必须具有相对突出的优势，始终保持并增强国家反犯罪的职能仍属必要。〔2〕然而，为充分释放刑事治理的实际效能，刑事治理必然强调治理方式的参与性、平等性及商谈性，缓和刑事治理构造中的命令性、对抗性和单向强制性，从而最大限度增加社会和谐因素、减少不和谐因素。

事实上，较之于传统对抗式、压制式刑事治理方式，协作式刑事机制注重治理过程中的对话、合作与互惠，从追求控制犯罪的功利性目的更多地考虑向重视控制犯罪过程的参与性与协商性转变，让不同利益诉求的刑事治理参与主体拥有更多的话语权，减少彼此之间不必要的内部对抗与消耗，在合意的基础上通过平等的对话、协商，寻求刑事治理各参与主体都乐于接受的结果。在此参与、协作的过程中，犯罪人通过认罪悔罪而获得刑事处遇上的从宽利益，社会因此培养出一批富有理性、敢于担责的现代公民，国家则因犯罪人的配合和社会各方的协助不仅可以有效节约刑事治理所需的资源，更重要的是从根本上实现控制犯罪、维护秩序的目的，可谓三全其美、各方受益！

四是刑事治理现代化强调治理规则的科学性。"以往的社会管理往往凭个人经验或书本知识进行，经实践检验，有的目的根本就不能或难以实现，有的即使勉强实现但带来一大堆'后遗症'，科学性难以保证。"〔3〕科学性，顾名思义就是符合事物的本质要求和内在规律性。刑事治理规则的科学性是刑事治理效能发挥的基础和保障，缺乏科学性的刑事治理规则非但不能保证刑事治理的实际效果，相反会极大地侵蚀刑事治理的根基，招致社会公众对刑事治理体系及其实践运行的质疑、批判或诟病。

刑事治理规则科学性集中表现为犯罪反应机制选择的科学性，即犯罪治理的科学性。通常而言，犯罪治理是指人类有组织地对刑事犯罪和社会越轨

---

〔1〕 田成有：《法官的改革》，中国法制出版社 2014 年版，第 392 页。

〔2〕 参见姚万勤："国家治理现代化视域下刑法治理问题研究——以理念转换与模式建构为视角"，载《晋阳学刊》2016 年第 1 期。

〔3〕 江必新：《法治社会的制度逻辑与理性构建》，中国法制出版社 2014 年版，第 31 页。

行为进行打击、控制和预防的应对措施、策略与实践。科学的犯罪治理要求紧密结合当前犯罪的具体形势，通过挖掘诱致犯罪发生的各种因素，探明各种因素内部相互作用的机制和规律，并以此为基础，根据各类犯罪反应机制的内在特殊性合理组织对犯罪的反应，以期有针对性地消除各类致罪因素或阻断犯罪生成机制的作用路径，进而实现犯罪治理的良好效果。对于刑事治理规则的具体选择一定要时刻谨记，刑法在犯罪治理中的作用是有限的，绝非对任何具有社会危害性的行为均以纳入犯罪圈为最终处理。毕竟从刑法保护法益的角度来说，"惩罚犯罪"面对的是已然的犯罪，法益已经遭受侵害，事后过度或不力的惩罚反而有可能激发新的矛盾和犯罪，所以这种介入往往并非"善治"之所在，犯罪治理更应该关心治理的精细性、科学性和综合性。

随着犯罪学的发展，犯罪产生的原因逐渐被揭示，犯罪原因论由个人走向社会，犯罪不再被单纯认定为行为人自由意志的结果。科学研究也一再证明，盲目的严刑峻法并不能达到预防犯罪的目的，刑法只能作为治理犯罪的一种手段，并且是最后的手段。判断某项危害社会行为是否纳入刑法规制时，应当优先选择其他犯罪治理效果更明显或者治理成本更低廉的反应机制，对决定纳入刑法规制的危害行为应当根据犯罪行为性质的差异性尽可能为其配备相对应的、剥夺性相对较轻的刑罚种类。当然，即便特定行为被纳入刑法规制，对该行为的治理也不能单纯依靠刑法，而必须同时在可能的范围内综合运用其他治理机制予以协同治理。

二、新时代推进刑事治理现代化的现实必然性

众所周知，经济基础决定上层建筑，经济基础是上层建筑的根源，上层建筑是经济基础的派生物，是经济基础在政治和思想上的表现。随着我国迈入中国特色社会主义新时代，经济社会获得了长足且全面的发展，客观上催动经济体制转型和政治体制改革，势必要求加快推进包括刑事治理体系和治理能力在内的国家治理现代化，以保护经济社会发展所取得的系列成果，并为经济社会的持续发展供给良好的体制机制和法治保障。

（一）推进刑事治理现代化是新时代经济社会发展的客观要求

自新中国成立以来，特别是改革开放以来，在中国共产党的正确且坚强领导下，我国逐渐改变积贫积弱的落后面貌，经济社会建设取得举世瞩目的伟大成就。自2010年起，我国GDP超过日本成为仅次于美国的世界第二大经

济体，经济发展质量与效益稳步提高，经济发展活力与动能明显增强，新兴经济增长引擎大量涌现，人民的物质生活状况得到极大改善。与经济发展相映成辉的是，中国特色社会主义制度逐渐形成并持续完善，国家（社会）治理的理念策略、政策制度与体制机制等不断革新和健全，治理能力和治理水平不断提高，制度优势不断转换为治理效能，人民群众的获得感、幸福感和安全感不断提升。应当说，在经济社会获得高速度、高质量发展的前提下，把制度建设和治理能力建设摆到更加突出的位置，破解制约进一步发展的深层次体制机制问题具有历史必然性和时代紧迫性。

毋庸置疑，犯罪是和平年代扰乱社会秩序、妨害经济发展、破坏政治制度最严重的危害行为，是制约经济社会持续发展的最大障碍，是影响我国社会稳定的重要因素，其对经济社会的破坏既体现在物质利益直接减少的显性损失，还表现为毒害人民思想、主张歪风邪气等潜在危害。有鉴犯罪问题解决不好必将影响和阻碍经济社会发展，甚至引发社会动荡和倒退，现代国家治理的重要任务是通过建构和完善犯罪反应体系，加强和创新犯罪治理机制，将犯罪始终控制在经济社会可以容忍的范围内，防止犯罪成为经济社会发展道路上的"拦路虎""绊脚石"。而犯罪治理效果取决于各类犯罪反应机制体系的组合结构以及作用发挥状况，并最终取决于刑事治理体系和治理能力的现代化水平。在犯罪反应机制体系中，民事机制、行政机制、道德机制、教育机制乃至宗教机制等都在不同程度上发挥着控制犯罪的客观效果，但这些非刑事机制并不以控制犯罪为专门或直接目标，其内在的治理犯罪效果仅具有间接性，同时非刑事机制犯罪治理效能的释放依赖于处于后盾地位的刑事机制，由具有较强外在强制力的刑事机制客观上维持并保障非刑事机制的实际运行。正是在此种意义上，刑事治理现代化可谓为新时代国家治理现代化以及经济社会现代化的夯实基础、筑牢底线。

（二）推进刑事治理现代化是适应社会主要矛盾变迁的内在需要

党的十九大报告明确指出："中国特色社会主义进入新时代，我国社会主要矛盾已经转化为人民日益增长的美好生活需要和不平衡不充分的发展之间的矛盾。"[1]这是以习近平同志为核心的党中央立足我国经济社会发展的客观

---

[1] 习近平："决胜全面建成小康社会 夺取新时代中国特色社会主义伟大胜利"，载《人民日报》2017年10月28日，第5版。

现实对我国社会主要矛盾新内涵、新特征作出的最根本判断，自此存续近半个世纪之久的"人民群众日益增长的物质文化需要与落后的社会生产之间的矛盾"的提法正式退出历史舞台。鉴于社会主要矛盾乃社会基本矛盾中居于支配地位、起着主要作用的矛盾，新时代社会主要矛盾的变迁对我国经济社会发展的影响必然是全方位、多维度和深层次的，既要求继续深化供给侧结构性改革，不断提高我国社会生产力发展水平"做大蛋糕"，创造更多的物质财富，又要求不断深化体制机制改革"分好蛋糕"，确保社会公平和正义，推动人的全面发展和社会的全面进步，被认为"这无论从理论到实践，都将对我们今后进行伟大斗争、建设伟大工程、推进伟大事业、实现伟大梦想产生重大影响。"[1]

当前社会主要矛盾的两端分别是实现由"人民日益增长的物质文化需要"到"人民日益增长的美好生活需要"、由"落后的社会生产"到"不平衡不充分的发展"的转变和升华，并将"不平衡不充分的发展"作为经济社会"更加突出的问题"，是"满足人民日益增长的美好生活需要的主要制约因素"。推进刑事治理体系和治理能力现代化是适应社会主要矛盾变迁新形势的重要表现，也是社会主要矛盾变迁对刑事治理提出的基本要求，还是"人们日益增长的美好生活需要"的有机组成。较之于"物质文化需要"，"美好生活需要"的内涵更丰富、范围更广泛、层次更多元，是在对物质文化生活提出更高要求的基础上，又特别将民主、法治、公平、正义、安全、环境等多方面的需求纳入其中。而刑事治理直接针对的对象是对"美好生活"不同侧面进行严重侵害的犯罪行为，旨在通过有效减少、预防和控制犯罪，实现对人全面而自由交往和发展所需要之各类法益的强有力保护，并集中表现为保障安全和实现正义两方面。

具体而言，随着中国逐渐步入风险社会，各类传统风险和新兴风险、内生风险与输入风险相互交织、共存于社会，给人民群众的正常生活带来巨大的"不安全感""不稳定感"，加之现代社会科学技术日新月异，人们生活水平不断提高，在物质生活得到极大满足的基础上，人们总会产生对安全甚至安全感更为强烈的需要，更希望国家能够通过各种制度性安排带来秩序和安

---

[1] 李慎明："正确认识中国特色社会主义新时代社会主要矛盾"，载《红旗文稿》2018年第5期。

宁，而带有鲜明强制色彩的刑事治理机制恰恰满足了人们的这一需求。"从法律起源的真正原因与合理存在的理由来看，任何一种法律制度都源于人类安全感的需要。而作为全部法律制度中最古老的刑罚制度，其产生的真正原因与存在的合理性当然更是如此。如果说'安全需要''安全感'是就社会个体的感受而言的话，那么，这种个体的安全需要和安全感外化为社会的存在，那就是社会的'公共安全秩序'了。"〔1〕如果说对保障安全的追求是刑事治理的直接目标，对正义的最大限度实现毋宁为刑事治理的深层价值和终极目标。正如保尔·罗宾逊教授所言，"公平正义理念之所以在刑法中显得尤为重要，是因为刑法体系中的成本、责任及代价是最高的。如果一个杀害他人的行为人没有被追究故意杀人罪的刑事责任，则会引发众怒，是因为这种不公正的案件处理结果会向潜在的犯罪人释放杀人无需畏惧的错误信号，但更大程度上是因为实施罪错行为的人没有得到应当的惩罚。"〔2〕犯罪通过侵害人类和平且安全生活所需的各种利益最终损及利益背后的永存的正义价值，刑事机制对犯罪的合理控制和对犯罪人的精准惩罚则在保护法益的同时，维护并实现了被犯罪所侵损的正义价值，从而满足社会公众对社会正义价值的需求。

（三）推进刑事治理现代化是我国刑事治理实践变迁的经验凝结

刑事治理能力现代化是中国特色社会主义现代化事业的有机组成部分，新中国七十年发展史也是刑事治理能力现代化的变迁史。自新中国成立始，刑事治理能力现代化的命运就始终与共和国的命运紧密联系在一起，受彼时不同历史阶段内外主客观因素的综合制约，新中国刑事治理能力现代化建设并非一帆风顺、径情直遂，而是在经受严重萧条、停滞，甚至倒退后，才踏上复苏繁荣、巩固提升并迈向成熟的发展大道，呈现出新事物发展固有的曲折式前进、螺旋式上升态势，并最终实现刑事治理能力现代化建设的自觉与自信。

综合我国刑事治理能力现代化七十年建设实践和变迁轨迹来看，在中国共产党的正确英明领导下，准确把握刑事治理的内在规律，摆正刑事政策（治）与刑事法律的关系，深入推进刑事治理现代化建设，具有历史的必然

〔1〕 岳臣忠：《刑法之重》，四川大学出版社2015年版，第27页。
〔2〕 ［美］保罗·罗宾逊、迈克·卡希尔：《失义的刑法》，谢杰等译，上海人民出版社2018年版，第1页。

性。新中国成立初期，尽管未能在第一时间制定一部刑法典以及在镇压反革命过程中也存在"左"或"右"的偏差，我国刑事治理能力现代化建设依然获得一个值得欣喜的开局。刑法/刑罚惩治敌对势力、维护社会稳定的功能被国家决策层充分认可并推广，以中央有关政策文件及单行刑法为依据与指引的刑事司法实践得到顺利开展，刑事司法实践的偏误也总能被中央政策及时发现并纠正，从而在尽可能短的时间内肃清境内顽固敌特势力，恢复并重塑社会主义新中国的法治秩序和社会安定。然而，从1957年下半年开始，因受"左"的错误影响日益严重，不适当地强调"以阶级斗争为纲"，党和国家领导人对国内社会主要矛盾以及如何建设社会主义等重大议题上作出系列错误估计，发动名目繁多的群众性政治运动，无政府主义、法律虚无主义思潮泛滥，严重冲击刑事治理能力现代化建设的进程。党的十一届三中全会拨乱反正以来，新中国步入改革开放和社会主义现代化建设的正轨，包括法治事业在内的各项社会主义各项事业逐渐恢复并取得长足发展，刑事治理能力现代化成功步入恢复提升时期。这一时期，刑法典的制定与完善、其他单行刑法或附属刑法的出台为刑事治理供给了相对充足的规范依据，刑事治理不再是依靠政策推动的"政策主导型治理模式"，而进化为法律（刑法）与政策并重、法律（刑法）为政策划定外部边界的"刑法与政策双轨型治理模式"。然而，因受社会急剧转型过程中积累的旧矛盾与滋生的新问题的影响，我国犯罪形势整体上相对严峻，犯罪数量总体水平呈上升趋势，犯罪高涨对经济社会发展及人民群众利益的侵蚀势必催生人民对自由与安全的渴求，形成严厉打击、预防和治理犯罪的需要。有鉴于此，我国分别于1983年、1996年、2001年在全国范围内统一开展"严打"专项斗争，从重、从快严厉打击不同时期、不同领域的刑事犯罪。考虑到"短平快"式的"严打"政策与运动缺乏长期性、可持续性的犯罪治理效应，不能根本地实现维护社会治安、保障社会秩序的初衷，同时内含不可忽视的侵犯人权危险，我国相继提出"社会治安综合治理""宽严相济"刑事政策，要求树立相对主义犯罪观、科学主义犯罪观，立足不同类型犯罪的特点，综合运用多种犯罪防控措施，破除单纯依赖刑罚防控犯罪的刑罚万能主义迷思，匡正"严打"政策"惩办有余、宽大不足"的偏误，摒弃过往强调不惜一切代价遏制犯罪、"除恶务尽"的理想主义目标，实现有效控制犯罪、科学治理犯罪的刑事政策目的。2013年11月，党的十八届三中全会正式将"推进国家治理体系和治理能力现代化"作为全面深化改革的总目标之一，明确提出"创新社会治理体制、提高社会治理水平"。在国家治理现代化建设的新时代视阈中，我国刑事治理逐渐培育形成保障人权与保护社会兼容并蓄、和谐共生的治理理念，建构起在自由与秩序之间寻求更高层次平衡的刑事政策目标，继续完善、充实刑事治理的法律规范体系，深入推进司法体制改革，增进刑事司法实效。最终在惩罚犯罪、保护社会、保障人权中的良性互动中，准确把握刑事治理规律，科学厘清刑事治理的性质、任务和目标，建构多元合理的治理主体、治理依据和治理方式，稳步提升刑事治理现代化水平。[1]

（四）推进刑事治理现代化是应对日渐严峻犯罪形势的必然选择

晚近以来，党和国家全方位落实全面深化改革的各项战略部署，全面推进依法治国和加强、创新社会治理，刑事政策、刑事立法、刑事司法协调推进，扫黑除恶专项斗争、治爆缉枪专项行动、保护企业家合法权益专项工作、打击非法集资专项活动以及打击惩治毒品犯罪、网络犯罪、职务犯罪、环境污染犯罪、食品药品犯罪等工作得到有序开展，我国刑事治理实践不断取得阶段性成果，刑事治理内在之减少、预防和控制犯罪价值得到进一步释放，整个社会的治安形势和人民群众的安全感得到明显改善。然而，不同时期的犯罪有不同时期的表现形式，对刑事治理体系和治理能力的要求也有所区别，必须要持续推进刑事治理现代化建设以有效应对不断变迁的犯罪形势。

根据靳高风教授团队对我国晚近犯罪形势的分析，当前全国公安机关刑事案件立案数有所下降，严重暴力犯罪数量和多发性传统"盗抢骗"犯罪持续减少，但极端暴力事件和危害公共安全事件频发，传统犯罪的犯罪形式和手段通过互联网不断翻新，电信网络诈骗案件增多，新兴的"互联网+"行业成为犯罪新发的领域或"重灾区"。黑恶势力活动从传统行业向"套路贷""互联网+""共享经济""网络自媒体"等新兴领域延伸拓展，组织松散化、手段"软暴力"趋势明显，非法集资、网络传销等涉众经济犯罪严重扰乱经济秩序，"食药环"犯罪、未成年人暴力犯罪等社会关注度较高，"大老虎"的"通病"和"微腐败"群体持续显现，毒品犯罪出现了新特点，迷惑性强

---

[1] 参见高铭暄、曹波："新中国刑事治理能力现代化之路——致敬中华人民共和国七十华诞"，载《法治研究》2019年第6期。

的新型毒品不断出现，制毒呈现地点转移的特点。[1]由此可见，当前全国范围内的犯罪形势仍不容乐观，并且呈现出与传统犯罪不同的新形势、新特征，传统应对犯罪形势的机制体制也出现不同程度的不适应性，亟需继续加强并创新刑事治理体系、提高刑事治理能力予以有效治理。

三、新时代推进刑事治理现代化的具体路径

2009 年诺贝尔经济学奖获得者、"新制度经济学"的命名者奥利弗·E.威廉姆森教授曾提出，"治理是一种用来估计组织之备择模式效率的实践。其目的在于通过治理机制实现良序。……治理正是秩序得以完成的手段。具体而言，潜在冲突时刻存在要破坏或者扰乱实现相依收益的机会，在这样的关系中，通过治理这一手段，秩序得以完成。"[2]党的十九届四中全会部署新时代推进国家治理现代化时强调，"着力固根基、扬优势、补短板、强弱项，构建系统完备、科学规范、运行有效的制度体系，加强系统治理、依法治理、综合治理、源头治理，把我国制度优势更好转化为国家治理效能。"据此，新时代推进刑事治理现代化也需要根据治理犯罪的新形势和新要求，加强"四个治理"，不断创新刑事治理体系，提升刑事治理能力，增进刑事治理效能，实现"良序"的治理目标。

（一）加强系统治理，调动社会多元主体参与刑事治理

"提高国家治理能力并不是单纯强调国家加强凭借其暴力垄断地位所拥有的控制能力，而是要通过改革国家内部的治理结构，提高国家对市场和公民社会的监管能力，并且通过放权和分权等来调整国家与市场、社会的关系，使它们形成合作互补关系。"[3]刑事治理现代化是一项浩大的系统工程，其所直接针对的对象是散布于社会各领域的各类型犯罪，而国家（政府）虽然在刑事治理中发挥着主导作用，但受各类治理资源的限制，其作用注定是有限的，需要坚持群众路线，拓宽社会公众参与刑事治理的渠道和机制，积极调动社会多元主体参与刑事治理，建构转群结合、层次多样、形式多元的群防

---

〔1〕 参见靳高风等："中国犯罪形势分析与预测（2018-2019）"，载《中国人民公安大学学报（社会科学版）》2019 年第 3 期；靳高风等："中国犯罪形势分析与预测（2017-2018）"，载《中国人民公安大学学报（社会科学版）》2018 年第 2 期。

〔2〕 ［美］奥利弗 E. 威廉姆森：《治理机制》，石烁译，机械工业出版社 2016 年版，第 11 页。

〔3〕 杨雪冬：《国家治理的逻辑》，社会科学文献出版社 2017 年版，第 28 页。

群治网络。

当前，社会多元主体参与刑事治理的形式具有多样性，例如，扫黑除恶专项斗争中大量运用的征集案件线索机制，北京地区涌现出的检举违法犯罪、参与破获多起明星吸毒等大案的"朝阳群众"，都是刑事司法领域鼓励和发动人民群众参与刑事治理的重要表现。"治理、善治理论、社会资本理论、参与型政治文化理论以及党的群众路线理论等均为公众参与犯罪治理过程提供了强有力的理论上的支持。"[1]事实上，刑事治理领域的综合治理还更多地体现为刑事治理规范性文件对民主立法原则的坚持与贯彻。例如，《刑法修正案（九）》的研拟和制定就比较好地吸收社会公众的参与。《刑法修正案（九）》的起草工作从 2012 年开始酝酿，经过调整研究拟制方案、写出送审的草案稿之后，正式进入立法程序。2014 年 10 月 27 日，十二届全国人大常委会第十一次会议对《刑法修正案（九）》（草案）进行了第一次审议，并于 11 月在"全国人大网"上将一次审议稿共 47 条全文公布，以向社会公众征求意见。据了解反馈意见总共 5 万多条。其后就根据各方面来的意见进行梳理研究，择善而从，改出二次审议稿进行审议，并再次在"全国人大网"上全文公布，向社会公众征求意见。这次反馈意见有 11 万多条，说明公众参与立法的热情很高。立法工作机关对这些意见再次进行梳理研究，反复斟酌，从而修改出三次审议稿（共 52 条）。此外，刑事司法解释等规范性法律文件的起草或出台也会组织专家学者进行多轮次的专业论证，注重吸收专家学者的专业意见。应当承认，刑事治理规范性文件的制定坚持民主立法的原则，秉承"开门立法"的思路，积极吸收社会公众或专家学者的广泛参与，倾听民声、汇集民智、凝聚民心，将极大地提升相关规范性文件的质量、增强规范性文件的科学性和可操作性。

（二）加强依法治理，防止刑事治理偏离法治轨道运行

一般认为，依法治国与国家治理是相互作用、相辅相成的关系。推进国家治理体系和治理能力现代化，核心是要推进国家治理法治化，而依法治国是推进国家治理现代化的重要内容和主要途径，对实现国家治理现代化具有引领、规范、促进和保障等重要作用。[2]就主要内容而言，刑事治理既属于

---

[1] 汪明亮等：《公众参与犯罪治理之市场化途径》，复旦大学出版社 2018 年版，第 206 页。

[2] 参见李林："依法治国与推进国家治理现代化"，载《法学研究》2014 年第 5 期。

依法治国的内容，又可归入国家治理的范畴，是横跨依法治国和国家治理的领域，新时代推进刑事治理现代化是全面依法治国和国家治理现代化的共同要求。考虑到刑事治理机制实质上是国家刑罚权的实际运行，不可避免带有强烈的干涉性和强制性，极易不当侵损公民权利，因此必须始终保持刑事治理机制运行于法治轨道，既要保证作为刑事治理依据的规范性法律文件经得起法治原则的检验，又要保证刑事治理依据在实践中的实际运行经得起法治原则的检验，警惕并防止任何有可能偏离法治轨道的刑事治理。

考虑到刑事治理依据的实践运行属于规则施行范畴，牵涉面广，需要多方协力，以下仅就刑事治理依据的制定所可能存在与法治原则抵触的两点进行展开：一是慎重适用司法犯罪化的方式将社会中的危害行为纳入刑法规制范围。所谓司法犯罪化，是指刑法在具体适用时，将当前刑法未作犯罪规制的行为，借助司法解释或司法习惯将其作为犯罪进而规制。[1]例如，2019年10月21日，最高人民法院和最高人民检察院联合印发的《关于办理非法放贷刑事案件若干问题的意见》，[2]2020年2月6日，最高人民法院、最高人民检察院、公安部、司法部联合印发《关于依法惩治妨害新型冠状病毒感染肺炎疫情防控违法犯罪的意见》[3]分别将原本不属于非法经营罪规制范围的"职业非法放贷"和"囤积居奇，哄抬物价，牟取暴利的行为"通过司法犯罪化的方式纳入非法经营罪的惩罚范围。应当说，司法犯罪化可以在相当程度上缓和刑法立法稳定性与社会变迁之间的紧张与矛盾，能够在保持刑法稳定性的同时又适应社会情势的变迁，同时也有助于充分运用刑法惩治严重扰乱社会秩序、侵害法益的行为，从而有力地维护社会安定、安全和安宁，但司法犯罪化往往借助兜底性条款或者兜底性罪名将某种行为实质上纳入犯罪圈，这虽然在文义解释上不存在质疑，但却有可能与该兜底性条款或者兜底

---

[1] 参见张明楷："司法上的犯罪化与非犯罪化"，载《法学家》2008年第4期。

[2] 《关于办理非法放贷刑事案件若干问题的意见》第1条规定："违反国家规定，未经监管部门批准，或者超越经营范围，以营利为目的，经常性地向社会不特定对象发放贷款，扰乱金融市场秩序，情节严重的，依照刑法第二百二十五条第（四）项的规定，以非法经营罪定罪处罚。"

[3] 《关于依法惩治妨害新型冠状病毒感染肺炎疫情防控违法犯罪的意见》明确规定，"在疫情防控期间，违反国家有关市场经营、价格管理等规定，囤积居奇，哄抬疫情防控急需的口罩、护目镜、防护服、消毒液等防护用品、药品或者其他涉及民生的物品价格，牟取暴利，违法所得数额较大或者有其他严重情节，严重扰乱市场秩序的，依照刑法第二百二十五条第四项的规定，以非法经营罪定罪处罚。"

性罪名所保护的法益种类存在隔阂，因而必须慎重其事。

二是地方司法机关应当坚决避免在刑事治理过程中制定或出台"司法解释性文件"。根据我国立法法的规定，人民法院在审判工作中具体应用法律的问题，由最高人民法院作出解释；人民检察院在检察工作中具体应用法律的问题，由最高人民检察院作出解释；地方人民法院、人民检察院一律不得制定司法解释。2012 年 1 月 18 日，最高人民法院、最高人民检察院专门发布《关于地方人民法院、人民检察院不得制定司法解释性质文件的通知》强调，"自本通知下发之日起，地方人民法院、人民检察院一律不得制定在本辖区普遍适用的、涉及具体应用法律问题的'指导意见''规定'等司法解释性质文件，制定的其他规范性文件不得在法律文书中援引"，要求"地方人民法院、人民检察院对于制定的带有司法解释性质的文件，应当自行清理。凡是与法律、法规及司法解释的规定相抵触以及不适应经济社会发展要求的司法解释性质文件，应当予以废止"。然而，从现实刑事治理实践来看，这一规定屡屡遭受挑战，基本未得到遵守，地方司法机关制定司法解释性文件不仅长期而且大量存在。正如周光权教授所言，"对地方人民法院、人民检察院制定'司法解释型规范文件'的做法，要坚决予以反对，至少要持一种抵制的态度。……地方司法机关不能越界制定实质为司法解释的任何文件。对于参与制定以及执行这种文件的行为性质，如果说得重一点儿就是在挑战法治的底线。"[1]

（三）加强综合治理，建构多元立体犯罪反应机制体系

推进刑事治理现代化之综合治理路径，是指在党和政府的统一领导下，动员和组织全社会各方面的力量，建构多元立体犯罪反应机制体系，运用各种刑事治理手段，以预防、控制和减少犯罪的方案和措施。在刑事治理现代化路径的"四个治理"中，系统治理主要是指刑事治理参与主体的多元性，而综合治理则是指刑事治理的具体方法与措施等维度的多元性，即针对犯罪的不同层次、不同情况，综合运用政治的、经济的、思想的、文化的、教育的、行政的、法律的、道德的、实体的、程序的等正式或非正式的犯罪反应机制进行刑事治理，强调根据不同类型犯罪生成的因素及致罪机制的差异，有选择地组织相应的犯罪反应机制，致力于消除犯罪因素或者阻断致罪机制

---

〔1〕 周光权：《刑法学习定律》，北京大学出版社 2019 年版，第 242～243 页。

作用流程，以追求犯罪治理最佳的实际效果为旨归。

新中国刑事治理实践长期坚持通过立体化社会治安防控体系应对日渐严峻的违法犯罪形势，以提升国家刑事治理能力和治理水平。2001 年中央正式提出建设社会治安防控体系后，各地以公安机关为主导，加强治安防控体系建设。2009 年，公安部提出要全面加强社区防控网、街面防控网、视频监控网、单位内部防控网、区域警务协作网和"虚拟社会"防控网等"六张网"建设，积极构建点线面结合，人防、物防、技防结合，打防管控结合，网上网下结合的社会治安防控网络，努力实现对动态社会的全天候、全方位、无缝隙、立体化覆盖。为有效应对影响社会安全稳定的突出问题，创新立体化社会治安防控体系，依法严密防范和惩治各类违法犯罪活动，全面推进平安中国建设，中共中央办公厅和国务院办公厅于 2015 年 4 月下发《关于加强社会治安防控体系建设的意见》要求，加强社会面治安防控网建设、加强重点行业治安防控网建设、加强乡镇（街道）和村（社区）治安防控网建设、加强机关、企事业单位内部安全防控网建设、加强信息网络防控网建设、加强信息资源互通共享和深度应用、加快公共安全视频监控系统建设。此外，该意见还明确强调，"强化信息资源深度整合应用，充分运用现代信息技术，增强主动预防和打击犯罪的能力。将社会治安防控信息化纳入智慧城市建设总体规划，充分运用新一代互联网、物联网、大数据、云计算和智能传感、遥感、卫星定位、地理信息系统等技术，创新社会治安防控手段，提升公共安全管理数字化、网络化、智能化水平，打造一批有机融合的示范工程。"我们认为，立体化社会治安防控体系是多元立体化犯罪反应机制体系的"缩影"和重要组成，立体化社会治安防控体系建设的重要举措同样可以适用于多元立体化犯罪反应机制体系，以丰富我国刑事领域综合治理的措施，并提升我国刑事治理现代化水平。

（四）加强源头治理，避免社会矛盾风险现实化为犯罪

犯罪是特定社会矛盾和风险客观现实化或者外在化的表现，是从日常社会矛盾逐渐演变成威胁刑法所保护法益的抽象危险，再由抽象危险发展成程度更深、危害更急的具体危险，并最终客观现实化为侵害法益的实害结果。任何犯罪的发生都有一定的根源，是特定根源在外部因素的综合作用下共同作用的结果，刑事治理对犯罪的防治必须坚持标本兼治、重在治本，要么将治理的锋芒直接指向犯罪发生的根源，从根本上弱化甚至消除滋生犯罪的根

源与隐患，要么通过设置危险性以及抽象危险犯的方式将刑事机制治理犯罪的防线适当前移，阻断日常社会矛盾向危险犯最终向实害犯恶化或演变的流程，从而使犯罪对社会的危害始终被控制在相对轻微的范围内。

当前，我国全面深化改革逐渐步入深水期、攻坚期，这既是经济社会获得发展的重要战略机遇期，也是社会中各种矛盾、各类压力积聚，滋生各类违法犯罪的风险期。新时代推进刑事治理现代化必须直面社会中存在的各类矛盾和压力，通过建立健全社会矛盾或压力的疏通和排解机制，尽可能将社会矛盾或压力排解于萌芽状态。据此，刑事治理现代化建设不能将视野局限于既成犯罪的惩治或者预防上，而必须将刑事治理的着力点相应地置于犯罪产生的根源上。例如，当前正如火如荼开展的扫黑除恶专项斗争就要求通过有力打击震慑黑恶势力犯罪，形成压倒性优势，又要构建长效机制，有效铲除黑恶势力滋生土壤，强化对黑恶势力犯罪的源头治理。就刑事治理现代化之源头治理而言，新时代"枫桥经验"无疑具有特别重要的参考借鉴价值。新时代"枫桥经验"强调畅通和规范群众诉求表达、利益协调、权益保障通道，健全信访制度，完善人民调解、行政调解、司法调解"三大调解"联动工作体系，健全社会心理服务体系和危机干预机制，完善社会矛盾纠纷多元预防调处化解综合机制，努力将矛盾化解在基层。事实上，早在2013年底，习近平总书记就曾指示要求学习"枫桥经验"，进行社会治理创新。2014年1月，习近平总书记在中央政法工作会议上再次在讲话中要求各地各部门学习落实"枫桥经验"。"枫桥经验"作为一个地方性经验，在很多方面很好地体现了当代中国社会治理创新的基本精神内涵，是新时期进行社会治理体制创新的一个样本，为刑事治理现代化建设提供了弥足珍贵的着力路径。

目录
CONTENTS

第一章
张扣扣故意杀人、故意毁坏财物案

——刑法条文适用应坚持情理法相统一

案件基本概况

一、案情概要

被告人张扣扣家与被害人王自新（男，殁年70岁）家系邻居。1996年8月27日，因邻里纠纷，王自新三子王正军（时年17岁）故意伤害致张扣扣之母汪秀萍死亡。同年12月5日，王正军被陕西省汉中市原南郑县人民法院以故意伤害罪判处有期徒刑七年，赔偿张扣扣之父张福如经济损失9639.3元（已履行）。此后，两家未发生新的冲突，但张扣扣对其母亲被伤害致死心怀怨恨，加之工作、生活长期不如意，心理逐渐失衡。

2018年春节前夕，张扣扣发现王正军（被害人，殁年38岁）回村过年，决定报复杀害王正军及其父兄，先后准备了帽子、口罩，自制了八个汽油燃烧瓶，购买了尖刀、玩具手枪等工具，并暗中观察王正军及其家人的行踪，伺机作案。2018年2月15日（农历除夕）12时许，张扣扣发现王正军及其长兄王校军（被害人，殁年46岁）与十多名亲属上山祭祖，便戴上帽子、口罩并将粉红色T恤围在颈部，携带尖刀、玩具手枪尾随王正军、王校军等人至本村村委会门前守候。待王正军、王校军祭祖返回至村委会门前村道时，张扣扣趁王正军不备，上前持刀朝王正军颈部猛割一下，又连续捅刺其胸腹部等处数刀。王校军见状惊慌逃跑，张扣扣追上王校军，持刀朝其胸腹部捅刺。王校军摔进路边沟渠，张扣扣跳进沟渠继续捅刺其数刀，致王校军心脏、肺脏等多脏器破裂死亡。而后，张扣扣返回倒在路边的王正军身旁，再次捅刺王正军数刀，致王正军右颈总动脉、肺脏、肝脏等胸腹腔脏器破裂大失血死亡。随后，张扣扣闯入王自新家院子，朝坐在堂屋门口的王自新胸腹部、颈部等处捅刺数刀，致王自新右颈动、静脉及心、肺等多脏器破裂死亡。

之后张扣扣回家取来一把菜刀和两个自制汽油燃烧瓶，用菜刀将王校军停放在路边的轿车左后车窗玻璃砍碎，并点燃两个汽油燃烧瓶，分别扔在车后排座椅和右后车窗玻璃处，致车后部燃烧，车辆毁损价值 32 142 元。张扣扣随即逃离现场。于 2018 年 2 月 17 日 7 时许张扣扣到公安机关投案自首。

二、处理结论

陕西省汉中市中级人民法院审理汉中市人民检察院指控被告人张扣扣犯故意杀人罪、故意毁坏财物罪一案，于 2019 年 1 月 8 日宣告判决。法院认为，被告人张扣扣故意非法剥夺他人生命，其行为已构成故意杀人罪；杀人后故意焚烧他人车辆，造成财物损失数额巨大，其行为又构成故意毁坏财物罪。公诉机关指控的事实和罪名成立。张扣扣蓄谋报复杀人，选择除夕之日，当众行凶，先后切割、捅刺被害人王正军、王校军和王自新的颈部、胸腹部、背部等要害部位共计数十刀，连杀三人，还烧毁王校军家用车辆，其犯罪动机卑劣，杀人犯意坚决，犯罪手段特别残忍，情节特别恶劣，后果和罪行极其严重，人身危险性和社会危害性极大，应依法惩处并数罪并罚。本案虽然事出有因，张扣扣系初犯且有自首情节，但是依法不足以对其从轻处罚。法院认定被告人张扣扣犯故意杀人罪，判处死刑，剥夺政治权利终身；犯故意毁坏财物罪，判处有期徒刑四年，决定执行死刑，剥夺政治权利终身。

一审宣判后，张扣扣提出上诉。陕西省高级人民法院经依法开庭审理，认为上诉人张扣扣蓄意报复，非法剥夺他人生命，致三人死亡，其行为已构成故意杀人罪。张扣扣故意焚烧他人车辆，造成财物损失数额巨大，其行为又构成故意毁坏财物罪。张扣扣因对 1996 年其母被本案被害人之一王正军伤害致死而长期心怀怨恨，加之工作、生活不如意，继而迁怒于王正军及其家人，选择在除夕之日报复杀人，持刀连续杀害三人，且犯罪过程中有追杀和二次加害的情节，杀人犯意坚决，犯罪手段特别残忍，情节特别恶劣，后果和罪行极其严重，人身危险性和社会危害性极大。其所犯数罪，应依法并罚。张扣扣虽有自首情节，但根据其犯罪的事实、性质、情节和对社会的危害程度，依法不对其从轻处罚。于 2019 年 4 月 11 日裁定驳回上诉，维持原判，并依法报请最高人民法院核准。

最高人民法院认为，被害人王正军伤害致死张扣扣之母的行为已受到法律制裁，但张扣扣却心怀怨恨，加之工作、生活多年不如意，在其母被害 21 年以后蓄意报复王正军及父兄，精心策划犯罪，选择除夕之日当众蒙面持刀行凶，致三名被害人死亡，且有追杀和二次加害的情节，主观恶性极深，犯罪情节特别恶劣，手段特别残忍，后果和罪行极其严重，应依法严惩。张扣扣杀人后为进一步发泄怨愤又毁损王校军家用轿车，造成财物损失数额巨大，亦应依法惩处。对张扣扣所犯数罪，应依法并罚。张扣扣虽有自首情节，但依法不足以对其从轻处罚。第一审判决、第二审裁定定罪准确，量刑适当。审判程序合法。依照《中华人民共和国刑事诉讼法》（以下简称《刑诉法》）第 235 条、第 239 条和《关于适用〈中华人民共和国刑事诉讼法〉的解释》第 350 条第（一）项的规定，核准陕西省高级人民法院维持第一审对被告人张扣扣以故意杀人罪判处死刑，剥夺政治权利终身；以故意毁坏财物罪判处有期徒刑四年，决定执行死刑，剥夺政治权利终身的刑事裁定。[1]

案件诉争聚焦

张扣扣精心策划犯罪，选择除夕之日当众蒙面持刀行凶，致三名被害人死亡，且有追杀和二次加害的情节，主观恶性极深，犯罪情节特别恶劣，手段特别残忍，杀人后为进一步发泄怨愤又毁损被害人家用轿车，造成财物损失数额巨大，亦应依法惩处。对张扣扣所犯数罪应依法并罚，最终数罪并罚决定执行死刑，剥夺政治权利终身。本案定罪不存在疑问或争议，存疑或存争议之处在于本案刑罚的适用。

张扣扣因对其母被本案被害人之一（王正军）伤害致死而长期心怀怨恨，加之工作、生活屡屡不顺，继而引发怨恨，迁怒于王家，母亲被害的仇恨情绪应视为其实施犯罪的引子，本案审判时其为母报仇的因素不得不考虑，可将本案归属于血亲复仇案件。我国从古至今都存在血亲复仇案件，俗话"杀父之仇，不共戴天"，与有父母之仇的人应当势不两立。在中国古代传统思想里为亲人报仇雪恨是孝道之必然内涵，而当下社会发展，法治成为国家治理重要手段，为避免私力救济的弊端，国家对严重罪行之人判罪处刑成为追求公平正义的重要且最后救济手段。显然自我复仇是现代社会所不认可的行为，但法律的审判不应当机械而不符合民众情感，应当在司法裁量中的复仇型个

---

〔1〕　参见陕西省汉中市中级人民法院（2018）陕 07 刑初 37 号刑事判决书；陕西省高级人民法院（2019）陕刑终 60 号刑事裁定书；张扣扣故意杀人、故意毁坏财物死刑复核刑事裁定书。

案里充分考虑其他因素，让裁判结果得到公平且合理的认定。

本案因引发源事关母子之情，涉及人民大众对传统复仇情结的普遍认识，人民法院则应尽量避免本案被错误用作强行树立法律权威的示例，必当充分说理，进而在现行刑法的框架下，最大程度实现情、理与法的内在统一。无论是法学研究还是司法实践，"情理法"的问题既是旧问题，也是绝对的法律难题，中国有着几千年的情理法融合的传统，此案的司法审理不免引起公众的强烈反响，并引发公众对人性、社会、法治等的讨论。当今中国的法治建设，越来越重视法的实践性和社会适用性，我们普遍承认，人们越来越注重目的与结果的双重正当，裁判中刑法条文的适用则应当兼具人情、天理和国法。本案张扣扣的定罪没有争议，而争论在于刑罚的适用，是否可以尽可能避免判处死刑立即执行？他所犯罪行是否可以围绕《中华人民共和国刑法》（以下简称《刑法》）第 48 条 "如果不是必须立即执行" 的要点展开辩论？本案起因是否有存在可宽恕性的因素？综合其他各方面，可否存在有利于被告人的情节？司法裁判如何符合公众价值观，提高裁判的可接受性？本案引发定罪量刑讨论，关键在于如何在坚持情理法相统一下适用刑法分则条文？我国法律制度关于情理法融合刑事司法理念方向有什么理论基础？情理法有何内涵，之间又有何联系？在当代社会，司法裁判怎样在审理时考虑情理法因素？情理法之间的关系如何进行重新思考与理性定位？

案涉法理精释

在司法裁判中，引起争论的往往是规范问题之外的问题，法教义学虽然在形式上更好，但在实际适用司法中一味遵从法律条文做出不考虑符合时代和大众价值因素的评判，难免引起人们争议，也会有损司法公正。英国哲学家培根对司法不公做过一个经典的论述，他认为不公正的审判其恶果远超多次犯罪，犯罪只是弄脏了水流，而不公正的审判则把水源污染了。[1] 个案量刑公正不仅是深刻的法哲学思辨与拷问，更是司法实践中的重大疑难问题。不仅司法目的应当正当化，而且裁判结果也应当具有正当性，这样的法律才具有德性，兼具人情。因此，如何实现具体个案的量刑公正，以期达到社会

---

〔1〕 参见［英］弗·培根：《培根论说文集》，水天同译，商务印书馆 1983 年版，第 193 页。

效果与法律效果的结合，让人民群众感受到公平正义，是一个必须要面对和解决的课题。构建"情理法融合"刑事司法理念是当下社会发展的应有之义，也是刑法裁判的必要内涵，将情理法融合这一宏大命题的精髓浸入到我国刑事司法实践完善与深化的场景中，把法院判决与人民群众的正义感、认同度相联系，将法治与德治结合，使得定罪量刑既符合司法公平正义，也体现社会人情道德，严宽相济，合情合理。简而言之，刑法分则条文的适用关乎司法裁判的结果，关乎人们对司法权威的认可，理当坚持情理法的统一。

一、情理法融合刑事司法理念的理论基础

我国进入习近平新时代中国特色社会主义后，全面推进国家治理体系和治理能力现代化是国家建设的必要环节，而现代化治理体系中法律体系和制度设计是重中之重。司法裁判是对法律条文的应用，直接关乎个案量刑公正。在司法的公平正义中，刑事司法公平正义问题显得尤为突出，因为刑法在整个法制体系中起着"后盾法""保障法"的作用，而刑法司法公平正义的归宿与落脚点在量刑公正，"量刑公正是刑事正义的集中体现"。[1] 刑法分则条文的适用正是定罪与量刑的关键所在，直接影响被告人的人身权利、自由限制和生命存续，则更应当谨慎且适度。概言之，量刑公正是刑法司法公平正义的结局，却又是整个司法公平正义的开端，量刑公正的重要性已自不待言，而情理法的刑事司法理念又是量刑公正判决的最好依据，是兼顾人情、天理和国法的综合考量，更是有温度的法律裁判理念。

习近平总书记在十九大报告中强调，要不断促进社会公平正义，形成有效的社会治理、良好的社会秩序，使人民获得感、幸福感、安全感更充实、更有保障、更可持续。[2] 人民群众对司法的认可度和裁判的可接受性往往依据司法实践的具体个案量刑结果得出，而要使得人们感受到公平正义，在法治社会有安全感和幸福感，必然要使司法裁判结果符合人民的普通正义感。社会对司法裁判的激烈讨论主要是源于其对案件伦理逻辑的通顺与否和伦理情感的接受与否，若这些伦理逻辑和伦理情感符合公众基本认识，则不会引

---

〔1〕　参见赵廷光："论量刑原则与量刑公正——关于修改我国量刑原则的立法建议"，载《法学家》2007 年第 4 期。

〔2〕　参见《中国共产党第十九次全国代表大会文件汇编》，人民出版社 2017 年版，第 36 页。

发对公平正义的评断。其实，司法裁判中立的实质就是既要按照法律规定进行裁判，但也应体现公众理性意愿，而后者往往表现为法官的内隐行为，即法官自由裁量时，对刑法分则条文适用上的选择和说理应当符合社会人情道德，而不是机械用法，虽其裁判结果是建立在法官个人价值观的基础上做出的，但也必须符合公众价值观的要求。

刑法是所有法律中最严厉的法，而死刑是刑罚中最严厉的惩罚，刑法判决适用死刑是司法领域的重要关注点，以剥夺人的生命来达到惩罚和告诫的目的，因此，司法裁判的公平正义理所应当地包括死刑的正确适用。新时代情理法刑事司法理念构建首先需要在死刑适用中得以显现，在裁判中综合考虑各方因素，得出合法、合理、合情的裁判结果，使死刑的谨慎适用与当代司法进步性评价紧密相连。一直以来，受传统严刑峻法思想影响，我国司法裁判较为频繁地适用死刑制裁罪行极其严重的犯罪人，以有效惩罚犯罪人并预防再犯罪的发生。随着社会文明的发展，作为刑罚最严厉制裁手段的死刑必然需要慎重并减少适用。近年来，我国顺应世界刑罚变革的现代趋势，不断调整刑罚适用的方针，采用多种方法来减少死刑的罪名和适用。在各国刑法人道主义推崇潮流下，将人情道德因素考虑在刑法裁判之中，使得刑法不只具有严厉打击特点，也考量乡情民意因素。此外，情理法融合刑事司法理念一直在我国法律建设进程中有所包含和体现，许多相关法律文件已经为刑事司法兼具情理法打下了理论基础。

一是最高人民法院于1999年10月公布的《全国法院维护农村稳定刑事审判工作座谈会纪要》中要求各级人民法院在认定下列案件中考虑，"对故意杀人犯罪是否判处死刑，不仅要看是否造成了被害人死亡结果，还要综合考虑案件的全部情况。对于因婚姻家庭、邻里纠纷等民间矛盾激化引发的故意杀人犯罪，适用死刑一定要十分慎重，应当与发生在社会上的严重危害社会治安的其他故意杀人犯罪案件有所区别。"该纪要首次将因民间矛盾激化的犯罪行为加以区别，探求其独有特点，考量案件的全部情况，包括民间的人情关系，在此类情况下重视酌定量刑情节在控制死刑适用中的作用，证明了其理论上是有根据的，实践中是可行的。

二是为了贯彻"宽严相济"的刑事政策，达到限制故意杀人罪死刑的适用，2007年在《关于为构建社会主义和谐社会提供司法保障的若干意见》中再次重申："当宽则宽，最大限度地减少社会对立面……严格执行'保留死刑，严格控制死刑立即执行' 的政策……对于因婚姻家庭、邻里纠纷等民间矛盾激化引发的案件，因被害方的过错行为引发的案件，案发后真诚悔罪并积极赔偿被害人损失的案件，应慎用死刑立即执行。" 顾名思义，宽严相济刑事政策的基本涵义，包括 "宽" 和 "严" 两个方面。宽严相济的涵义就是：针对犯罪的不同情况，区别对待，该宽则宽，该严则严，有宽有严，宽严适度。[1] 只有这样才能符合建设社会主义和谐社会，保障社会公平正义的要求。而这样宽严相济的政策也是需要将民众的接受度与可酌定从宽的因素加以考量的，判处死刑立即执行应慎之又慎。

三是 2018 年 6 月最高人民法院公布《关于加强和规范裁判文书释法说理的指导意见》，明确强调司法裁判应体现社会的主流价值观，协调情、理、法，平衡好法理、事理、情理的关系，要阐明事理，释明法理，讲明情理，讲究文理。最终目的是实现法律效果和社会效果的统一，提高裁判的可接受性，提升司法公信力和司法权威，并对法官行使自由裁量权提出了更高的要求。其实情理法的协调和兼顾就是需要考虑法律与道德的问题，在司法裁判中体现法理情相协调，切实维护诉讼当事人合法权益，促进社会和谐稳定。

为追求司法量刑公正，我国司法建设不断提升和改进，长期以来做出一系列相关举措，将社会人民普遍正义和人情道德慢慢纳入法律制度的条文设定之中，不懈寻找最好的融合点。在刑事司法各项工作中，与犯罪人关系最为直接、人民群众最为关心的，便是量刑。因此，宽严相济、公平正义得以实现，量刑是一个至为关键的环节。从以上法律文件应当看出我国不是秉持 "冰冷" 法条执法的国家，只为追求法律秩序而抛弃人性和道德，而是力求运用具有社会 "温度" 的法律规则，实现良好的社会治理效果。恰如近些年政府提出的 "审判结果要考虑人民的感觉" "努力让人民群众在每一个司法案件中都感受到公平正义"，这无不体现着合理考虑人情道德、公众民意评判因素的理念，以提高裁判的可接受性。

诚如《情理法与中国人——中国传统法律文化探微》一书所讲，天理、国法、人情三位一体的观念是中国传统法观念的核心，该书全面系统地阐述

---

〔1〕 参见高铭暄："宽严相济刑事政策与酌定量刑情节的适用"，载《法学杂志》2007 年第 1 期。

了这一观念。[1]由此可见，中国从古至今都讲求法律的合情合理，人情、天理、国法是法律成为正义和公平标尺的价值评判标准，历来所制定的法律之中都有其影子。当前刑法分则条文的适用倡导遵从"情理法融合"的理念，不仅是对中国传统的尊重，更重要的是符合当今中国要求法治与德治相得益彰的时代背景。尤其在死刑判处中，对限制死刑适用以及酌定量刑情节裁量具有重大的指引作用。

二、情理法融合刑事司法理念的内涵阐释

现实社会生活中，正是严格根据法律条文裁决而出现判决结果与人们公众价值观相互矛盾的命题，使得涉及人之常情因素的社会事件和法律案件总是引发无数的关注与话题，比如"于欢辱母案"、"劝烟案"、"彭宇案"、"小悦悦事件"、"泸州继承案"和"杭州保姆放火案"等。司法裁判要彰显其自身的合理性和公正性离不开对其中伦理关系、道德关系之考量，刑法分则条文适用同样如此，因此准确理解情理法的内涵对司法适用有着重要意义。

（一）情理法各自的内涵界定

"情"的含义十分丰富，一般可指感情，如亲情、友情、爱情、情谊等，也可指一种客观形势，如情势、情形等。在古代统治下，随着儒家的道德化，情的标准主要参照儒家的伦理道德，以儒家经义来评判社会世情、民众情感，成为一种权威的评判。而在古代司法裁判里，饱读四书五经的中国古代地方官员往往"依情断狱""衡情度理"，这里的"情"是在案件"情节"的基础上，至少还要考虑的道德"情理"，因而"情"成为了古代官员调节邻里矛盾、解决社会纠纷的司法技术。[2]在人类社会里既有自然之情，也有伦理之情，而更宏大的一种情感是国家之情，也可称为世情。世情可以认为是一种人之常情，是人类正当情感诉求，是一种人们普遍具有的社会群体一致认可的情感，世情与通常所讲的"民情"内涵相重合。[3]那么在法律中所追求的"情"应当就是社会群体的普遍认可的价值和情感，是体现公共意志的世情，

---

〔1〕 参见范忠信等：《情理法与中国人——中国传统法律文化探微》，中国人民大学出版社1992年版，第1页。

〔2〕 参见康建胜："情理法与传统司法实践"，载《青海社会科学》2011年第2期。

〔3〕 参见刘道纪："法律内的天理人情"，载《政法论坛》2011年第5期。

是司法裁判对客观情势的公正评价。亦如中国古人常讲的"天理、国法、人情"，这里的"人情"更多的是一种人之常情的世情、民情。[1] 所以在治国理政、审理裁判时都应当考虑人情。

"理"本有条理、纹理、道理等义，也有引申之义为治理、料理等，其实"理"在整个中国文化发展史上是一个非常重要的核心范畴，也是一种文化转型的标志性概念。在先秦诸子百家的文献中，实际上都不大讲"理"。而是宋代理学兴起之后，理学家对"理"本质内涵的论述，比起前人来说是一种进步，由此，"理"的概念才凸显出来。也就是说，从宋代重视理学思想开始，直到今天，实际上一直是一个讲"理"的时代。[2] 在儒家思想成为中国古代的正统思想后，"理"通"礼"，具有客观意义的"理"也被伦理道德化了，"理"具有了主观性，从此宇宙的自然法则与人间的道德法则相通，理（礼）既是自然法则，更是道德规则，它具有至上性、权威性和普遍性。[3] "理"进而包含四层含义，即谓"事理""情理""义理""道理"，带有普遍性的价值认同标准，是做事做人的根本依据。如今古代"道理"演变成为人们认同的"真理"，成为一个最高、最大、最圆融的理，现已成为社会群体的生活行为的准则、规范、道理，使得"理"具有了公理性，进而从人的基本属性与社会伦理道德出发去衡量是非善恶之"公理"是被社会所认同的。然则，公理之上又有天理，"天理"是一个"本体论的存在"[4]，是人的存在价值得以实现和能够被说明的根本依据。天理往往与良知相关，"良知即是非之心，是评价准则。"[5] 它是人与社会所应共同遵守的道德规范和自然规律，虽无具体的标准、明确的条文，却始终存于每个人的心中。因此，当司法裁判做出不公正判决时，民众往往争论纷纷，宣扬恶人必遭天谴的愤怒，哀叹天理何在。

"法"体现统治阶级的意志，由国家制定或认可，是用国家强制力保证执行的行为规范的总称，包括法律、法令。国法是最具权威的法，是统治阶级

---

〔1〕　参见邓勇：《试论中华法系的核心文化精神及其历史运行——兼析古人法律生活中的"情理"模式》，法律出版社 2010 年版，第 110~111 页。

〔2〕　参见景海峰："'理'在中国文化中的意义"，载《中原文化研究》2017 年第 2 期。

〔3〕　参见崔永东：《中西法律文化比较》，北京大学出版社 2004 年版，"绪论"第 5 页。

〔4〕　参见牟宗三：《心体与性体》（上册），上海古籍出版社 1999 年版，第 57~66 页。

〔5〕　武薇："致良知论——阳明心学思想初探"，载《高校教育管理》2010 年第 4 期。

将自己的意志上升为国家意志的产物即国家之法。如是，"法"作为一种强制性的规则、规范，在调整和规范人们行为中进行合法与否评价时，其作为一种是非善恶判断标准应当蕴藏人情、民意，包含公理、天理，将人之常情与善良、正义、秩序和自然法则相结合，汲取重要社会价值，将"情"和"理"内涵外化为法律特性与准则，于此国法才谓之为良法，才足以实现公正的社会治理效果，法院判决的结果与大众朴素正义感下的预期才不会相距甚远。

（二）情理法价值的密切联系

法律来自于天理，而天理是通人情的，故情、理、法从实质上根本就无法割裂，法律是规范人们行为的科学，其制定与实施都必然要融入天理与人情的考虑。

首先，情与理就是相互交融，相互依存的。情与理的关系，与西方情理二分不同，中国是情理合一，而且各有侧重点，西方重理，中国重情。[1]"情"和"理"在现代汉语的用语中没有被割裂开来使用，往往连在一起。李泽厚先生一再强调是"情理交融"，不是情理两分。[2]在中国人意识里存有理渗透情、情理协调的思想，不能偏重人情而违背社会公理，也不能遵从公理而做出明显超乎人们可接受的人伦道德的严峻惩罚。

其次，法律必是符合情理的法律，不讲情理的法律是没有"温度"的约束条框，人们不会真心实意地遵守，自然也达不到法律秩序的理想状态。范忠信等在《情理法与中国人——中国传统法律文化探微》中有过精彩的比喻：把天视为彼岸，人在此岸，则"天理"与"人情"分别架通了此岸和彼岸，"国法"居中连接两桥，于是实现了"天理"、"国法"与"人情"的三位一体。[3]法与情理的密切联系在实践中不断被验证，彰显着情理与法相互融合、协调一致的可能。想要在法治社会提高国家法治治理能力则必然不可割裂三者，需全面考量，综合分析，把三者之间的矛盾予以消融，更好地为中国特色社会主义法治建设助力，成为评价犯罪人行为对错善恶、应否承担法律责任的准绳，让司法正义更具人民认可度。

---

〔1〕 参见蒙培元：《情感与理性》，中国社会科学出版社 2002 年版，"序言"第 16 页。

〔2〕 参见李泽厚：《实用理性与乐感文化》，生活·读书·新知三联书店 2005 年版，第 70 页。

〔3〕 参见范忠信等：《情理法与中国人——中国传统法律文化探微》，中国人民大学出版社 1992 年版，第 23~24 页。

最后，情理是法的基础，法是情理的升华，法律必须体现情理的精神。"情理法"融为一体是现代法律发展的必然要求。自古以来，中国人对事的判断往往遵循首先"合情"，再次"合理"，最终"合法"的路径，人们最初的法治意识薄弱，采取法律救济的行为随社会发展才逐步被人们接受，因而当今法律的规制无不是在之前内涵情理的道德约束规矩下演化而来。而在如今全面推进依法治国、依宪治国战略下，人们逐渐转变思想，即"合法"最重要，"合理"次之，"合情"更次，这得益于近些年的法治建设成果，而这也正谓法是情理的升华的必要体现。

（三）情理法融合的司法理念

天理、国法、人情有冲突也有融合，但最终应走向融合。古代更多的是将天理视为天的意志和伦理道德，因而需要引礼入法。将天理具体化作为一种无形的力量融入国法的制定和执行中，用天理指引国法，以国法反映天理。"同时把天理与人情结合，使人情不再是主观恣意的代名词而成为民意、民情的表达。"[1]情理法融合是法与常识、常理、常情的融合，认识、道理和人情的综合标准是人们判断的基本经验，而将此情理法融合渗透进司法裁判中是必要的，正好符合人们的认知结果。

实质合理性与形式合理性是对法律所要求的两个维度，与过度肯定形式理性、否定实质理性而产生的重理性轻情感，并由此丧失了对天理与人情之必要分寸感不同，法与情理的相融使法更侧重于"价值内容上的合理性"，使得形式与实质同等重要，均正当又合理。情理其实就是法律的实质内容，是促进法律向前发展的动因，使法律不断作出符合社会的改变，与时俱进。同时，法律将情理的一般认同规则予以严格规范化，是情理的实现之道，是外在表现形式。因而，实现法律形式合理与实质合理就是要促进情理与法的结合，不断更新、进化现代刑法价值和司法裁判理念。法律具有稳定性、滞后性，法律概念、条文、语言往往高度凝练，呈现出抽象化的法律规则，使得法律往往难以包摄一切现象，但"法有限而情无穷"，社会问题千奇百怪、社会现象千姿百态，现实中刑事裁判需要被人们认可，则必然需体现罪刑法定、罪责刑相适应原则，必然追求情理与法以及实质合理性与形式合理

---

[1]　李沁雪、文海林："从国法到天理、人情——以于某杀人案为例"，载《法制与社会》2017年第17期。

性的融合。

情理法彼此协调、相互统一作为一种最理想的法律类型无疑是未来中国法律文明所追求的进步方向。实质正义与形式正义的兼顾，情理与法新时代内涵的探究，公平正当与合理合法的并重，都将是未来法治现代化水平提高的现实要求。刑法处罚最为严厉，合理裁判刑事判决，减少冤假错案，实现应得的刑罚结果，是刑法在至善理念的指引下对正义的追求，即必将追求每个个案量刑之公正、合理。

"通过情理对法律的注入和法律对情理的吸纳，法治意义上的'合法性'概念才能转化成为切合中国国情的实质合法性（正当性）观念，古代中国法天理、人情、国法三位一体的复合身位由此方能进化为当下法治合规范性、合价值性与合社会规律性的三重统一。"[1]此外，情理法之间的关系需进行重新思考与理性定位，这样既可以重振中国法治的信心，找到适合于中国自身发展的制度路径，也可以满足当今和谐社会、和谐世界发展趋势的必然要求。

三、情理法融合刑事司法理念的裁判适用

法律是维护社会秩序和公众利益的保护神，依据法律和证据认定事实，独立地做出专业判断是司法机关做出公正裁判的基础。刑事司法是司法人员运用专业知识、专业技能在甄别、运用证据的基础上查明法律事实并准确适用法律，对犯罪人定罪量刑的过程。现代社会不仅讲求法律的严格，也追求裁判的适当，重视每个人的人权，不让犯罪人承受应受刑罚之外的惩罚，以期更有效地打击、预防犯罪。

所谓司法裁判，就是使用法律语言，选择适用法律法规，按照法律程序，代表个人或群体的利益，在国家强制力的保障之下，体现宪法之精神。[2]从规范角度理解，就是法官依法作出的裁判，以判决、裁定等形式展现。形式上司法裁判是一系列遵从法律程序规定的过程，用法律条文进行事实评价，以作出对被评价人的符合法律既有规定的结果宣告。而实质意义上，司法裁

---

〔1〕 汪习根、王康敏："论情理法关系的理性定位"，载《河南社会科学》2012 年第 2 期。

〔2〕 See Monica C. Bell, "Hidden Laws of The Time of Ferguson", *Harvard Law Review*, Vol. 132, No. 1. , 2018, p. 5.

判不是法官个人意志的体现，而是社会大众共同意志的体现，公正的裁判一定合乎人类共同情感和普世价值观。总之，司法裁判是一个过程，包括做出裁判行为、得出裁判结果。

利益、传统、习惯、伦理关系或者其他与真相看似无关的考量因素在司法裁判的过程中对法律事实、法律观点进行说理论证要比其在现代科学中所起的作用更大。因为在法律推理体系中，相关共同体在验证标准上是永远不可能达成一致的，回顾人类文明发展的过程，我们不难发现，最能被人所接受的描述是关于道德的描述，而不是一个规范性陈述。[1] 此表明，司法裁判既要崇尚法律规则严格裁判，也要考量其他因素，要体现公众理性意愿，这样的司法裁判对人们才具说服力，而刑法的司法裁判理当也如此。整个司法裁判制度建设体系里，法律效果与社会效果是衡量司法裁判权威性的两大指标，司法裁判既要严格遵守和执行程序法和实体法的规定，又要对案件作出裁决后所产生的社会影响进行衡量和评估，这依赖于司法裁判的能动性。能动性意味着法官自由裁量权的行使需要把各项因素进行主动考量，保证裁判结果的合理性，正如霍姆斯所说，"法律的生命在于经验，而不在于逻辑"，裁判过于关注逻辑的严密性和完整性，往往容易导致法律严重脱离经验世界而日渐封闭。司法能动性要求法官应根据社会生活的不断变化，在遵循法律规定下，得出符合当下社会需求的裁判结果。

刑事司法裁判是法官根据刑法条文对犯罪分子的严重危害社会的行为进行评判，获得刑罚适用的结果，以达到惩治犯罪，预防犯罪的目的。刑法规定适用刑罚可以限制、剥夺人身自由，甚至可以剥夺人的生命，因而刑事司法裁判不容轻视，理当更为合理、合法且必要、适当。如今，法治方针改变与现代化治理转变，刑事司法裁判不得不作出该有的回应，不然将导致刑事司法裁判的"达克效应"[2]，即法官在对民意、人情欠缺考量的情况下做出判决，而这样的判决往往与社会公众价值观背离，引发全民声讨，影响司法公信力。其实，正因刑法制裁力度大、处罚程度严、审判关注度高，加之涉及人权、自由，冤假错案不易弥补修正，所以刑罚的运用才势必严谨小心，

---

〔1〕 参见［美］理查德·波斯纳：《超越法律》，苏力译，北京大学出版社 2016 年版，第 33~34 页。
〔2〕 "达克效应"也称"邓宁—克鲁格效应"，是对认知偏差的研究，指在欠缺考虑的情况下做出决定，对自己的决定的正确性过高估计和评价。

判决结果应尽可能与公众朴素正义感方向相一致，从而提高公众对刑事司法裁判的认同度。

为使刑事司法裁判更具理性和善意，则人的伦理直觉、社会情理，良知和正义理应被裁判加以吸收，情理法融合刑事司法理念的裁判适用将是未来刑法裁判发展的前进方向。法官的专业素质固然重要，但法官的良心才是他"具有正义美德"的决定因素，在裁判时需要兼顾情理法成分，这便是良心效用在法律上的彰显。法官按照刑法规定做出裁判，但是在选择适用分则条文以及在确定刑种和刑期时，法官的司法德性就在量刑情节、量刑裁决、量刑说理予以体现，即法官的选择既非任意，也不是机械的，而是公正和中立的。在情理法融合刑事司法理念之下，法官当然要坚持法律评价（即法律标准），不能用道德评价代替法律评价，但天理、人情的考虑将使法官运用规则或原则时尽可能避免陷入法条主义的失灵与僵化的情形。司法裁判的目的是维护社会公平正义，具有现实的社会意义，而情理法融合的综合理念将对刑事司法追求正义带来可行性的指引。

四、情理法融合在《刑法》第 48 条的具体展开

公正对于司法裁判结果的重要性不言而喻，而司法裁判结果的公正则体现为"应得"，任何公正的司法裁判都不能偏离"应得的正义"这条主线。获得应得刑罚是刑法裁判所追求的公正，也是社会正义的底线，既不罚不当罪，也不罚超其罪，适当考虑法定量刑情节和酌定量刑情节，使刑罚的目的（惩罚和预防犯罪）得以充分发挥。现代社会法治建设要求，从对"法"的完善到对"人"的关注是司法改革度过"瓶颈期"的一个重要标志，正如刘作翔教授所说，法律的理想之一是为了追求人类生活的幸福，"而只有幸福，追求人类生活的幸福，才是最终的价值目标。"[1]情理法融合的司法将人的价值作为终极关怀，体现了关注人的价值选择、价值需要的人文主义精神，而死刑的适用将是对情理法融合程度的检验基石。

《刑法》第 48 条第 1 款规定，"死刑只适用于罪行极其严重的犯罪分子。对于应当判处死刑的犯罪分子，如果不是必须立即执行的，可以判处死刑同时宣告缓期二年执行。"在严宽相济刑事政策和人道主义推崇的当下，死刑的

―――――――――

〔1〕 参见刘作翔："幸福是法律和司法的最终价值目标"，载《法制资讯》2012 年第 10 期。

限制适用和谨慎判决值得提倡。《刑法》第 48 条中"如果不是必须立即执行的"表明，将被判处死刑案件之中，应当充分考量有利于被告人的情节，若不必须要立即执行的，应当判处死刑缓期二年执行，以保障被告人的生命权，实现人性化的处罚效果，符合刑罚轻缓化发展趋势。即如果应当被判处死刑的犯罪分子确实不存在再次实施情节恶劣的故意犯罪的危险，对他就"不是必须立即执行"死刑。

在法治中国正确地适用死刑，必须在确定死刑的适用标准上坚持规范论的立场，要严格根据刑法规定的条件适用死刑，刑事法官的定罪量刑活动应该完全按照法律的规定来进行，使定罪量刑活动的结论成为行为人事先可预测、事后可检验的内容，否则就是肆意司法。《刑法》第 232 条规定，故意杀人的，处死刑、无期徒刑或者十年以上有期徒刑；情节较轻的，处三年以上十年以下有期徒刑。法官可以依照《刑法》第 232 条规定，只要行为人实施了故意杀人的行为，就构成故意杀人罪，罪行严重即可判处死刑。

本案对张扣扣犯罪行为的争议不在于定罪，而在于是否应当适用死刑立即执行。《刑法》第 48 条规定"不是必须立即执行的"是作出死刑立即执行还是作出死刑缓期二年执行判决的唯一标准。关于如何认定"不是必须立即执行"，我国的通说认为，刑法"对这一条件没有明确、具体的规定"。[1]但罪行极其严重的应当判处死刑。罪行极其严重也就是俗语所说的罪大恶极，罪大是指犯罪行为及其后果极其严重，给社会造成的损失特别巨大，它体现犯罪的客观实害的一面，是社会对犯罪危害行为和危害后果的一种物质的、客观的评价。"恶极是指犯罪分子的主观恶性和人身危险性特别大，通常表现为犯罪分子蓄意实施严重罪行、犯罪态度坚决、良知丧尽、不思悔改、极端蔑视法制秩序和社会基本准则等，是社会对犯罪人的一种主观心理评价。"[2]作为死刑适用对象，应当是罪大与恶极同时具备。

既然《刑法》第 48 条对"不是必须立即执行的"没有具体明确的规定，将情理法融合的刑事司法理念与此结合值得我们探讨。本案张扣扣所犯罪行确实罪大恶极，但情有可原，罪不至死。一是起因存在的可宽恕性。张扣扣

---

[1]　参见周光权：《刑法总论》，中国人民大学出版社 2011 年版，第 284 页。
[2]　冯军："死刑适用的规范论标准"，载《中国法学》2018 年第 2 期。

对被害人王家的仇恨是基于其母亲被王家人所杀的事实，那次案件的司法裁判结果和执行效果深刻地加重了张扣扣内心仇恨积累的可能性和力度。并且张扣扣一家使用了国家司法公力救济和上访救济制度，却在救济结果上缺位，没有实现刑罚慰藉受害人情感进行经济赔付的功能，也没有对受害人进行精神上的安抚和心理上的疏导。此外，王家承认多年来对张家采取回避态度，并未在经济能力提升后有任何的补偿或安抚行为。这种母子之情的失去和生活工作的不顺使得张扣扣心理的仇恨集聚，犯罪动机并不是十恶不赦、令人愤慨的为了一己私利，而是情有可原，其被贯之"血亲型复仇案件"，暗藏伦理道德之情，有其可宽恕的空间。

二是打击对象的可控制性。张扣扣在对王家人实施复仇行为时，并未伤及其他人，他复仇行为的对象选择的是与当年其母亲死去相关联的人。当时同样在家的王正军的母亲，因为与当年的案件无关，张扣扣并未对她有任何伤害举动。另外王家亲戚在对其劝解及阻止时，张扣扣也没有对王家亲戚实施暴力行为。故意烧毁家用轿车时，其他村民前来劝阻，张扣扣大声呵斥，不听劝说，但也没有对他们加以伤害。因此本案张扣扣打击对象从一开始就已经确定，是可控范围，说明他有节制的一面，他的行为不会外溢到伤害无辜的程度。

三是其他有利于被告人的情节。第一，本案中被害人存在过错，一直以来王家对张家就没有给予道歉和关心，没有缓和张家的心理情绪，才为张扣扣的复仇埋下种子。第二，张扣扣有自首情节，又是初犯，积极配合刑事调查，有悔罪表现，家属有积极赔偿，这些是酌定考虑的情节。第三，这是一个典型的血亲复仇案件，具备民间法的某些正义元素。"孝"乃是人情，是中华民族的传统美德，在古代，"孝"的内涵包括"为亲复仇"，故张扣扣杀人为母报仇，法理难逃，但情理有可原之处。人们在讨论本案时，已然认同朴素正义观，接受了复仇案件在刑法审判中的特殊地位，认为对其刑法分则条文的适用处罚应当兼具人情、天理，可不判处死刑立即执行。

情理法融合的视阈中，"不是必须立即执行的"是本案裁判的聚焦点和突破点。基于人情考量，张扣扣的行为并不是十恶不赦，兼有母子之伦理亲情，其认为母亲被杀案判决不公，心里正义未能实现，心灵创伤并没有被抚平，复仇欲望也没有被排遣，则情有可原。所以不应对他施加过重的刑罚，直接剥夺其生命。基于天理，"百善孝为先"，孝道是中华民族的传统美德，"杀父之仇，不共戴天"，血亲复仇是历来传统意识中存留的思想，当公力救济不能实现正义和公平时，复仇手段的私力救济成为其实现的追求。这是公民认可的纠正不公结果的救济途径，其合理性能得到大众理解，在无能为力改变不公现状下的个人极端做法往往符合人们的普通正义感。可基于国法，我们应当承认张扣扣的行为触犯了法律，其主观恶性极深，犯罪情节恶劣，应当处以刑罚。但其行凶对象有着明确而严格的限定，对于一般的民众并无人身危险性，在之后其具有自首情节，配合调查，并事后积极赔偿，因此应当综合情理法三者的考量，本案符合"不是必须立即执行"的实质要求，不应判处张扣扣死刑立即执行，如此情、理、法在该案中才能得到完美的融合，刑法条文的适用才更具合法性、合理性。

本案处理评述

2018年除夕，张扣扣决定报复杀害王正军及其父兄，在群众祭祖返村途中当众连杀王家三人并砸烧汽车，情节恶劣、手段残忍，一时间媒体聚焦，民众热议。引发社会关注的不仅仅是这场重大故意杀人案件，还牵扯出其母亲22年前因琐事纠纷被王家父子故意伤害致死一案，同时又引发社会对多年前王正军故意伤害（致人死亡）张扣扣的母亲案相关合法性问题的探讨。虽然人民法院、检察院包括案发当地政府、公安机关都通过不同渠道和方式展现了自己的立场偏向，并就22年前的案件合法性进行重新审查，但本案所涉及的"母子之情"、"孝道"与"中国传统正义观"等因素，使人们产生了道德和情感的共鸣，自此本案被冠上了22年后"为母报仇"名号。之后就张扣扣的定罪量刑问题，在短时间内迅速发酵成为专家讨论和社会舆论的共同焦点，并且关于人性、法治、社会等讨论引人深思。整个司法裁判过程历经陕西省汉中市中级人民法院一审，陕西省高级人民法院二审以及最高人民法院死刑复核。本案从发生到广为人知，公众参与度高，对案件动态的关注度猛增，从案发到结案时间跨度长，审判争议颇多，因此，代表性比较强。

本书认为，本案定罪不存在疑问或争议，存疑或争议之处在于本案刑罚的适用。张扣扣主观恶劣，连杀三人，但被害人都是与其母亲死去案件的关联人，没有伤害其他人，并且自动投案，如实供述自己的罪行，有自首情节，积极履行赔偿，加之公众正义观和朴素正义感使得张扣扣的行为在一定程度上被予以理解，因此，量刑裁判是本案关注点。鉴于本案起因的人伦性和仇恨性，案中情节的碎片性和复杂性，结果对错的多面性和繁复性，因而，对张扣扣量刑情节的考量、量刑裁判的权衡、量刑说理的释明，都关乎整个案件量刑公正的司法权威，也关乎人们对司法权威的认可，对法治现代化水平的认识。概言之，本案刑法分则条文如何选择和适用以及是否在情理法融合下做出合理量刑成为本案张扣扣面临生与死的关键环节。

张扣扣被判处故意杀人罪和故意毁坏财物罪，数罪并罚，判处死刑。《刑法》第48条规定的"不是必须立即执行的"是作出死刑立即执行还是作出死刑缓期二年执行判决的唯一标准。国家治理现代化视阈下，司法裁判需要公平正义，社会效果需要良法治理，构建情理法融合刑事司法理念是社会良法发展之方向。对张扣扣适用《刑法》第48条规定，应考虑人情、天理、国法的综合评价，以期在现行刑法规定的框架内准确评价行为的社会危害性以及行为人的人身危险性，以实现惩罚既往犯罪和预防将来犯罪的统一。我国历年刑事发展已具备相应理论基础，不论是强调对死刑的慎用，还是贯彻"宽严相济"的刑事政策以及着重平衡好法理、事理、情理的关系，这一系列相关法律文件的指示都暗含情理法兼具的可倡导性。

法律来自于天理，而天理是通人情的，故情、理、法从实质上根本就无法割裂。在现代文明社会，法律仍然是相对最为适合的社会控制方式，面对无法避免的复仇问题，法律无疑仍是我们寻求解决之道的主要途径，但在人情民意成分上，不应割裂情理与法的关联。

第一，"情"包含多层意思，如今主要是指人情、世情、民情，往往与公众意志和可接受性相关。司法裁判结果的公正依赖于一个社会或共同体成员之间思想文化、思维方式、价值观念等方面的同质性，同质性越高，成员们达成共识的机会就越多，司法裁判结果就越能体现公正，民意、世情就是人们当下同质性的认识。人们基于张扣扣的行为兼有母子之伦理亲情，认为其心灵创伤并没有被抚平，复仇欲望也没有被排遣，从而合力催化了其心中的仇恨力度，所以认为其行为情有可原，罪不至死。

第二，"理"是从人的基本属性与社会伦理道德出发去衡量是非善恶之"公理"，也是被社会所认同的、更抽象的"天理"，即良知。孝道是中华民族的传统美德，血亲复仇是历来传统意识中存留的思想，良知犹在的每个善良人都能理解其为至亲复仇的理由，其母亲被杀案的救济不适当和不充足抵消了张扣扣行为一定程度的恶，因此，人们对法院判决张扣扣死刑立即执行的公正合理提出疑问，法院判决的结果与大众朴素的正义感下的预期相距甚远，让大众不由得怀疑法律的正义何在？公平何在？温情何在？

第三，"法"是一种强制性的规则、规范，任何违法犯罪行为都必须纳入法治框架里作出理性评判。张扣扣的行为实属违反刑法，主观恶性大，社会危害高，但自动投案，如实供述自己的罪行，有自首情节，而且犯罪起因可宽恕，犯罪对象可控制，因而法律裁判需灵活应对。治理国家的法应当是良法，而良法绝对不能违背伦理，不被公众认可，若仅在狭隘的法条体系内断案，脱离了社会的伦理体系，必然不被社会公众所接受。因而，国法必须遵守，但人情和道义因素也不可缺少。本书认为，张扣扣的犯罪行为应当在依照法律条文制裁情况下，考虑其特殊和特别的因素，判处死刑缓期二年执行。

第四，司法裁判的结果，理当坚持情理法的统一。进而刑事司法也确有必要在现行刑法框架内实现情理法三者的内在协调，最终实现对司法公正的追求。在个案中使犯罪者得到应有的制裁是实现社会治理、维护社会秩序的有效方式。信仰法律，以法律思维作为分析问题的标杆，亦可通过道德、舆论、民意、人性等其他因素的争论对司法进行不断批判与完善。牢固树立情理法融合刑事司法理念，这将是建设法治社会的必由之路，是未来法治发展的恰当选择。因此，本案刑事司法裁判理当回应社会关切，妥善办理，以应对网络上的持续发酵而引发的伦理舆情，而不是将本案错误地用作强行树立法律权威的示例，加大惩罚，警示他人。鉴于此，张扣扣在具备一定酌定量刑情节之下，兼顾情理法的合理量刑，对其不该处以死刑立即执行。

综上，促进刑事司法裁判的进一步完善与构建成为更有意义、更具时代性的话题，兼顾情理法融合理念是促使公众理性思考，树立法治信仰的好指引，也是接纳公众正义观，提升司法公信力的好引导。本案所涉及的情与法、罪与罚、血亲复仇与现代法治、民众朴素正义感与法律人独特思维、倾听民意与专业判断等这些争论最终都指向对张扣扣的量刑裁决上。王利明教授曾说："一份好的判决文书，一定是遵守法律、符合道义、体恤民情的论法说理的产物。"〔1〕所以，在本案刑法分则条文适用上，为保障个案量刑公正，本书认为必须兼顾人情、天理、国法，综合考察数量繁多的因素，将实现量刑公正路径统一于"情理法融合"这条路上，因而对张扣扣判处死刑缓期二年执行，这将符合常识、常理、常情，又尊崇法律神圣威严。

法律适用依据

一、《中华人民共和国刑法》（2017 年修正）

第 48 条：死刑只适用于罪行极其严重的犯罪分子。对于应当判处死刑的犯罪分子，如果不是必须立即执行的，可以判处死刑同时宣告缓期二年执行。

死刑除依法由最高人民法院判决的以外，都应当报请最高人民法院核准。死刑缓期执行的，可以由高级人民法院判决或者核准。

第 232 条：故意杀人的，处死刑、无期徒刑或者十年以上有期徒刑；情节较轻的，处三年以上十年以下有期徒刑。

第 275 条：故意毁坏公私财物，数额较大或者有其他严重情节的，处三年以下有期徒刑、拘役或者罚金；数额巨大或者有其他特别严重情节的，处三年以上七年以下有期徒刑。

二、《中华人民共和国刑事诉讼法》（2012 年修正）

第 235 条：死刑由最高人民法院核准。

第 239 条：最高人民法院复核死刑案件，应当作出核准或者不核准死刑的裁定。对于不核准死刑的，最高人民法院可以发回重新审判或者予以改判。

三、《关于适用〈中华人民共和国刑事诉讼法〉的解释》（法释〔2012〕21 号）

第 350 条：最高人民法院复核死刑案件，应当按照下列情形分别处理：

（一）原判认定事实和适用法律正确、量刑适当、诉讼程序合法的，应当裁定核准；

---

〔1〕 王利明："天理 国法 人情"，载《当代贵州》2015 年第 12 期。

（二）原判认定的某一具体事实或者引用的法律条款等存在瑕疵，但判处被告人死刑并无不当的，可以在纠正后作出核准的判决、裁定；

（三）原判事实不清、证据不足的，应当裁定不予核准，并撤销原判，发回重新审判；

（四）复核期间出现新的影响定罪量刑的事实、证据的，应当裁定不予核准，并撤销原判，发回重新审判；

（五）原判认定事实正确，但依法不应当判处死刑的，应当裁定不予核准，并撤销原判，发回重新审判；

（六）原审违反法定诉讼程序，可能影响公正审判的，应当裁定不予核准，并撤销原判，发回重新审判

四、《全国法院维护农村稳定刑事审判工作座谈会纪要》（法〔1999〕217号）

要准确把握故意杀人犯罪适用死刑的标准。对故意杀人犯罪是否判处死刑，不仅要看是否造成了被害人死亡结果，还要综合考虑案件的全部情况。对于因婚姻家庭、邻里纠纷等民间矛盾激化引发的故意杀人犯罪，适用死刑一定要十分慎重，应当与发生在社会上的严重危害社会治安的其他故意杀人犯罪案件有所区别。对于被害人一方有明显过错或对矛盾激化负有直接责任，或者被告人有法定从轻处罚情节的，一般不应判处死刑立即执行。

五、《关于为构建社会主义和谐社会提供司法保障的若干意见》（法发〔2007〕2号）

18、当宽则宽，最大限度地减少社会对立面。重视依法适用非监禁刑罚，对轻微犯罪等，主观恶性、人身危险性不大，有悔改表现，被告人认罪悔罪取得被害人谅解的，尽可能地给他们以改过自新的机会，依法从轻、减轻处罚，对具备条件的依法适用缓刑、管制、单处罚金等非监禁刑罚，并配合做好社区矫正工作；重视运用非刑罚处罚方式，对于犯罪情节轻微，不需要判处刑罚的，予以训诫或者具结悔过、赔礼道歉、赔偿损失，或者建议由主管部门予以行政处罚或行政处分。严格执行"保留死刑、严格控制死刑"的政策，

对于具有法定从轻、减轻情节的，依法从轻或者减轻处罚，一般不判处死刑立即执行；对于因婚姻家庭、邻里纠纷等民间矛盾激化引发的案件，因被害方的过错行为引发的案件，案发后真诚悔罪并积极赔偿被害人损失的案件，应慎用死刑立即执行。

第二章

王力军无证收购玉米案

——刑事司法应坚持形式与实质相统一

案件基本概况

一、案情概要

巴彦淖尔市是内蒙古自治区西部的一座新兴城市。"巴彦淖尔"意为"富饶的湖泊"，地处举世闻名的河套平原和乌拉特草原，盛产玉米，小麦、油葵等。每到丰收时节，粮食经纪人便会走家串户，从一个个农户手中收购粮食，再卖到粮仓或深加工厂，赚取差价，王力军便是其中一员。2014年到2017年间，这座小城因王力军非法经营案一度引发舆情热议。令王力军百思不得其解的是，"在临河区和我一起收玉米的还有好几百人，为什么判刑的偏偏是我?"[1]根据本案裁判文书，本案的案情概要如下:

2008年以来，王力军利用农闲时间做起了玉米经纪人。王力军从粮农处收购玉米，并用自行购置的玉米脱粒机进行脱粒加工，后将脱粒玉米卖给巴彦淖尔市粮油公司杭锦后旗蛮会分库。2015年3月27日，王力军被临河区公安局刑事拘留，同年3月31日被取保候审。2016年，巴彦淖尔市临河区人民检察院认为，被告人王力军未办理粮食收购许可证，未经工商行政管理机关核准登记颁发营业执照，擅自在巴彦淖尔市临河区白脑包镇附近村组无证照经营违法收购玉米，非法经营数额218 288.6元，数量较大，其行为构成非法经营罪，同时认定被告人王力军有自首情节，向巴彦淖尔市临河区人民法院提起公诉。[2]法院查明以下事实:2014年11月12日至2015年1月20日，被告人王力军未办理粮食收购许可证，未经工商行政管理机关核准登记颁发

---

〔1〕 "王力军收购玉米案改判无罪，最高法:非法经营罪应慎用"，载 https://new.qq.com/omn/ 20200117/20200117A06DQL00.html，最后访问日期:2021年5月2日。

〔2〕 参见内蒙古自治区巴彦淖尔市临河区人民检察院（2016）临检公诉刑诉51号起诉书。

营业执照，擅自在巴彦淖尔市临河区白脑包镇附近村组无证照经营违法收购玉米，非法经营数额 218 288.6 元。王力军将所收购的玉米卖给巴彦淖尔市粮油公司杭棉后旗蛮会分库，非法获利 6000 元。案发后，被告人王力军主动退缴非法获利 6000 元。

另查明，被告人王力军于 2015 年 3 月 27 日主动到临河区公安局经侦大队投案自首，如实供述自己的犯罪事实。

二、处理结论

内蒙古自治区巴彦淖尔市临河区人民法院一审认为，被告人王力军违反国家法律和行政法规，未经粮食主管部门许可及工商行政管理机关核准登记并颁发营业执照，非法收购玉米，非法经营数额 218 288.6 元，数额较大，其行为构成非法经营罪。鉴于被告人王力军案发后主动到公安机关投案自首，主动退缴全部违法所得，有悔罪表现，对其适用缓刑确实不致危害社会，决定对被告人王力军依法从轻处罚并适用缓刑。依照《刑法》第 225 条第 1 款第（四）项、第 72 条第 1 款、第 73 条第 2 款、第 3 款、第 52 条、第 53 条之规定，认定被告人王力军犯非法经营罪，判处有期徒刑 1 年，缓刑 2 年，并处罚金人民币 20 000 元；被告人王力军退缴的非法获利款人民币 6000 元，由侦查机关上缴国库。一审判决认定上述事实的证据有，巴彦淖尔市临河区工商行政管理局涉嫌犯罪案件移送书和受案登记表，银行资金往来明细，玉米收购结算记账单据，粮食局和工商管理机关的证明，公安机关出具的归案情况，证人证言，被告人王力军的供述及上缴非法所得缴款书等。

宣判后，原审被告人王力军未上诉，检察机关未抗诉，判决发生法律效力。

2016 年 12 月 16 日最高人民法院依照《刑诉法》第 243 条第 2 款之规定，作出（2016）最高法刑监 6 号再审决定，指令内蒙古自治区巴彦淖尔市中级人民法院对本案进行再审。

再审检察机关认为，原审被告人王力军的行为虽然具有行政违法性，但不具有与《刑法》第 225 条规定的非法经营行为相当的社会危害性和刑事处罚必要性，不构成非法经营罪，建议再审法院依法判决。原审被告人王力军在再审过程中对原审认定的事实及证据无异议，但认为其行为不构成非法经营罪。其辩护人提出，原审被告人王力军无证收购玉米的行为不具有社会危害性、刑事违法性和应受刑罚惩罚性，不符合刑法规定的非法经营罪的构成要件，也不符合刑法谦抑性原则，应宣告原审被告人王力军无罪。

巴彦淖尔市中级人民法院再审认为，原判决认定原审被告人王力军于2014 年 11 月至 2015 年 1 月期间，在未办理粮食收购许可证及工商营业执照情形下，非法买卖玉米事实清楚，其行为违反了当时的国家粮食流通管理有关规定，但尚未达到严重扰乱市场秩序的危害程度，不具备与《刑法》第225 条规定的非法经营罪相当的社会危害性和刑事处罚的必要性，不构成非法经营罪。原审判决认定王力军构成非法经营罪系适用法律错误，检察机关提出的王力军无证照买卖玉米的行为不构成非法经营罪的意见成立，原审被告人王力军及其辩护人提出的王力军无证照买卖玉米的行为不构成犯罪的意见成立。经再审审判委员会决定，依照《刑诉法》第 245 条第 1 款、第 195 条第（二）项、《关于适用〈中华人民共和国刑事诉讼法〉的解释》第 389 条第 1 款第（三）项之规定，撤销内蒙古自治区巴彦淖尔市临河区人民法院（2016）内 0802 刑初 54 号刑事判决并宣告原审被告人王力军无罪。[1]

案件诉争聚焦

为保障粮食安全，维护粮食流通秩序，促进粮食生产，2004 年国务院公布《粮食流通管理条例》，并根据 2013 年 7 月 18 日国务院令第 638 号《关于废止和修改部分行政法规的决定》修订。原审被告人王力军未办理粮食收购许可证，未经工商行政管理机关核准登记并颁发营业执照，擅自在临河区白脑包镇附近村组无证照经营违法收购玉米，查证违法经营行为时间跨度为2014 年 11 月 4 日至 2015 年 3 月 11 日，违反了《粮食流通管理条例》[2]。在整个诉讼阶段，被告人王力军及其辩护人、相应的人民法院、人民检察院对案件认定的事实及证据均无异议，均肯认王力军之行为系属行政违法。不可否认，王力军违法收购玉米行为具备形式上的违法性，但争议或存疑之处在于其行政违法行为应否被纳入犯罪圈，以非法经营罪规制？行为成立犯罪，应满足形式上的违法性、实质上具有严重的社会危害性以至达到应受惩罚的

---

〔1〕　参见内蒙古自治区巴彦淖尔市中级人民法院（2017）内 08 刑再 1 号刑事判决书。
〔2〕　如无特别说明，本文所称《粮食流通管理条例》均指 2013 年修订版。

程度。原审判决无疑是对王力军行政违法行为严重社会危害性的肯认。再审庭审中，原审被告人王力军认为其行为不构成非法经营罪；其辩护人认为无证收购玉米的行为不具有社会危害性、刑事违法性和应受刑罚惩罚性，不符合非法经营罪罪刑规范的构成要件，定罪科刑有违刑法谦抑性原则，应宣告无罪。再审判决认为，王力军行为违反了当时的国家粮食流通管理有关规定，但尚未达到严重扰乱市场秩序的危害程度，不具备与非法经营罪罪刑规范相当的社会危害性和刑事处罚的必要性，所以不构成非法经营罪。

　　王力军无证照经营行为涉嫌违反《刑法》第 225 条第（四）项的规定，"其他严重扰乱市场秩序的非法经营行为"。该项是继前三项明确列举之后的"兜底条款"。在规范不断翻新的新型经济犯罪的过程中，非法经营罪兜底条款发挥着不可或缺的作用，为本罪的适度扩张预留了必要的规范空间，非法放贷行为的司法犯罪化即是适例。但兜底条款本身构成要件的缺失以及打击新型经济犯罪的迫切现实需求，极易导致该条款的不规范适用，非法经营罪司法适用的异化扩张现象愈加凸显，存在将不应被认定为犯罪的行为作犯罪化处理的风险，避免非法经营罪兜底条款的滥用并使其回归理性显得尤为必要。实体方面，应准确把握本罪的罪状要素，并达致刑法适用的形式与实质相一致。质言之，行为应系违反国家规定的行政犯，且符合非法经营罪的法益侵害性，即行为违反国家规定情节严重以至扰乱市场秩序；此外，基于比照同类规则，行为还应具备与前三项明确列举之非法经营行为相当的社会危害性。程序方面，根据最高人民法院《关于准确理解和适用刑法中"国家规定"的有关问题的通知》（法〔2011〕155 号；以下简称《理解和适用"国家规定"通知》）的规定，行为是否属于兜底条款规制范围，应以司法解释的明确规定为主要依据，若无具体司法解释予以明晰，审理法院应当作为法律适用问题层报最高人民法院，相关法院径行适用兜底条款的做法系明显的程序性违法。正如学者言明，"适用兜底条款应当有立法解释或者司法解释明文规定。在兜底条款中，如果一个行为即使符合罪状要素但是并没有司法解释的支撑，亦不能认定为犯罪。"[1]在适用兜底条款而没有司法解释时，应当坚持按照相关法律规定启动逐级层报制度。

---

[1] 叶晓川等："非法经营罪的异化扩张与理性限缩"，载《行政管理改革》2020 年第 9 期。

案涉法理精释

从法院查明的事实来看，王力军无证照收购玉米的经营行为违反了当时的行政法规《粮食流通管理条例》。但争议焦点在于王力军行政违法行为的严重程度是否达到犯罪程度。一审判决认为，"王力军非法收购玉米，非法经营数额 218 288.6 元，数额较大，其行为构成非法经营罪"，这种以数额评定行政违法行为严重程度的司法实践是典型的"唯数额论"。不得不承认"虽然非法经营的数额，违法所得额，造成的重大损失等具体数额的规定能够比较直观的反映行为的严重程度，但不能仅仅依靠数额来认定情节严重程度，因为数额有时难以计算，且可能会随着市场变化而处于不确定的状态。"[1]在法定犯的场合下，不是任何该当构成要件的行为都具有法益侵害的危险性或实害性，从而作犯罪化处理。刑法的介入意味着行为成立犯罪，应同时满足刑事违法性、严重的社会危害性和应受刑罚惩罚性三个基本要素，缺少任何一个要素，行为都不应被纳入犯罪圈。正如学者强调，"刑事违法性是行为触犯刑罚法规，具有构成要件符合性，是法条文本层面的评价；社会危害性是行为实质违法的评价；应受刑罚惩罚性是行为人对其触犯刑律的危害行为可谴责性的评价。危害性和可谴责性是在刑事违法性基础上的实质评价，认定的犯罪不仅违法而且有害、有责，方能合乎天理人情。"[2]从形式上来看，王力军非法收购玉米行为齐备了非法经营罪罪刑规范的构成要件，但实际上，该行为缺乏社会危害性或者说其社会危害性程度尚不足以发动刑法对其予以规制。

一、追本溯源：非法经营罪的历史流变

非法经营罪是近代以来的法定产物，由"投机倒把"罪演变而来。中华人民共和国成立初期，我国刑事司法实践经历了一个长达 30 年（1949～1979）无法（刑法）可依的时期，但这并非意味着在这时期，我国刑事司法实务停滞不前，或者压根就没有犯罪行为发生。实际上，"这个时期，我国司

---

〔1〕　田委："非法经营罪兜底条款的规范解读——以王力军'非法'经营玉米案为例"，载《法治社会》2017 年第 6 期。

〔2〕　阮齐林："刑事司法应坚持罪责实质评价"，载《中国法学》2017 年第 4 期。

法机关照常运作，刑事审判活动照常开展。只不过，这是一种没有刑法的刑事审判。"〔1〕彼时，主要依据党的政策对犯罪行为予以规制，辅之以单行刑法。〔2〕1979 年，我国第一部刑法典问世。其后，伴随着我国改革开放实践的深入推进，1979 年《刑法》的修改补充工作也随之展开。"自 1997 年刑法颁行以来，中国刑法修订（修正）的规范形式，迄今为止采用了刑法修正案和单行刑法两种形式。"〔3〕其中，修正案已颁行 11 个，现行有效的单行刑法 1 个。〔4〕

实际上，新中国成立以来的刑法发展史，也是一部投机倒把罪从无到有、从有到被分解、非法经营罪从无到有的演变史。1956 年底，社会主义三大改造的完成标志着我国进入社会主义初级阶段，经济生活的重心转变为大力发展公有制，实行计划经济体制。在这个时期，"投机倒把"规制的是破坏计划经济体制之行为，主要是指"利用投机以囤积居奇、买空卖空、掺杂作假、抬升物价等方式扰乱市场牟取暴利的行为。"〔5〕在不同的时期，国家经济政策的侧重点不同，其规制的主要内容也有所变化，投机倒把行为便随着政治经济形势的变化而变化。总的来说，不外乎两种类型，一是典型的投机倒把行为，例如倒卖类的；二是非典型的投机倒把行为，有的甚至是超越了投机倒把本身含义涵摄范围。例如，1963 年国务院颁布的《关于打击投机倒把和取缔长途贩运的几个政策界限的暂行规定》将投机倒把范围扩大至"长途贩运、雇工剥削"。〔6〕但直到 1979 年，"投机倒把"才被正式写入刑法典中。1979 年《刑法》分则第三章破坏社会主义经济秩序罪第 117 条规定，"违反金融、外汇、金银、工商管理法规，投机倒把，情节严重的，处三年以下有期徒刑或者拘役，可以并处、单处罚金或者没收财产。"

根据刑法分则条文对具体犯罪构成要件的描述方式，学理上将罪状划分为叙明罪状、引证罪状、简单罪状和空白罪状四种形式，其中"空白罪状仅

---

〔1〕 陈兴良："投机倒把罪：一个口袋罪的死与生"，载《现代法学》2019 年第 4 期。

〔2〕 如 1951 年颁布的《中华人民共和国惩治反革命条例》和《妨害国家货币治罪暂行条例》、1952 年颁布的《中华人民共和国惩治贪污条例》。

〔3〕 参见魏东："刑法修正案观察与检讨"，载《法治研究》2013 年第 2 期。

〔4〕 《全国人民代表大会常务委员会关于惩治骗购外汇、逃汇和非法买卖外汇犯罪的决定》，1998 年 12 月 29 日第九届全国人民代表大会常务委员会第六次会议通过。

〔5〕 谢冬慧："'投机倒把'的法律史检视"，载《北方论丛》2010 年第 3 期。

〔6〕 参见雷颐："'投机倒把'的来龙去脉"，载《文摘报》2018 年 12 月 1 日，第 8 版。

仅对罪名及法定刑作了明确的规定，而将犯罪构成要件的全部或部分内容委诸于其他规范或制度加以填补和充实"[1]质言之，1979 年《刑法》虽然明文规定了"投机倒把罪"，但刑法理论研究以及司法实务在认定行为人行为是否构成该罪的时候要向刑法之外的其他规范寻求依据。详言之，这些规范包括金融、外汇、金银、工商管理法规。1997 年《刑法》修订时，"投机倒把罪"退出历史舞台，被分解为若干罪名，其中包括第 225 条的"非法经营罪"。

新刑法施行后，该条文经历了几次补充与完善，分别是 1999 年 12 月 25 日全国人大常委会通过的《中华人民共和国刑法修正案（一）》和 2009 年 2 月 28 日全国人大常委会通过的《中华人民共和国刑法修正案（七）》。前者第 8 条将"非法经营罪"增补"未经国家有关主管部门批准，非法经营证券、期货或者保险业务的"，作为《刑法》第 225 条第三项，而原第三项顺延为第四项。后者则对"非法经营罪"第三项进行了再次增补，增加了"非法从事资金支付结算业务的"内容。至此，现行刑法非法经营罪条款完整表述为，"违反国家规定，有下列非法经营行为之一，扰乱市场秩序，情节严重的，处五年以下有期徒刑或者拘役，并处或者单处违法所得一倍以上五倍以下罚金；情节特别严重的，处五年以上有期徒刑，并处违法所得一倍以上五倍以下的罚金或者没收财产：

（一）未经许可经营法律、行政法规规定的专营、专卖物品或者其他限制买卖的物品的；

（二）买卖进出口许可证、进出口原产地证明以及其他法律、行政法规定的经营许可证或者批准文件的；

（三）未经国家有关主管部门批准非法经营证券、期货、保险业务的，或者非法从事资金支付结算业务的；

（四）其他严重扰乱市场秩序的非法经营行为。"

通过简单地纵向梳理，不难得出结论：从 1979 年《刑法》第一次以法典形式明文规定投机倒把到 1997 年《刑法》将其分解为包括非法经营罪在内的诸多罪名，立法者沿用空白罪状以及兜底条款的立法技术。这为非法经营罪的合理扩张以适应社会经济发展预留必要的规范空间，凸显刑法适用兼具原则性与灵活性的特征。一方面，空白罪状所指向的犯罪行为内容在其他行

---

〔1〕 张建军："论空白罪状的明确性"，载《法学》2012 年第 5 期。

政法规中已有规定，避免刑法条文过度冗长；"另一方面，参照的法律、法规对行为规范作了较为详尽的规定，这样可以指示行为人应对自己的行为是否违法尽到最大的注意义务。"〔1〕此外，兜底条款的适用能够收到严密法网之效，非法经营罪是国家在实现社会管理职能，具体来说是在管理市场经济秩序过程中出现的犯罪，但市场经济复杂多变，难以要求立法者在最初制定刑法之时一一预见并且事无巨细地予以规定。对于具有严重社会危害性的非法经营行为，由于无法通过规范解释以适用非法经营罪前三项或刑法其他罪刑规范的明确规定予以规制，兜底条款的适用强有力地弥补了刑法对于该类行为的规制不力与适用的僵硬性。但实质上，兜底条款的适用往往是在借用非法经营罪前三项条款的构成要件，如"违反国家规定"、"严重危害社会主义市场经济秩序"且"具备与前三项明确列举之非法经营行为同等的社会危害性"，这种构成要件上的规范缺失易导致非法经营罪在司法适用上的不当扩张，难以避免无罪行为犯罪化的可能，例如将刷单炒信行为认定为非法经营罪以及王力军违法收购玉米案。

二、刑事责任的追究：形式与实质的统一

刑事责任产生的前提或原因系实施犯罪行为，刑由罪生，由罪生刑，刑事责任乃实施犯罪行为的必然结果。法谚有云，"无犯罪则无刑事责任"，不存在犯罪行为，或行为不成立犯罪，刑事责任不可能产生。因之，刑事责任的追究最终又回到犯罪构成判断的基础问题上。我国承继了前苏联的犯罪构成理论模式，将犯罪客体、犯罪客观方面、犯罪主体、犯罪主观方面作为犯罪构成要件，形成平面耦合式犯罪构成理论体系模式。不同的是，德日犯罪判断理论多采取阶层化的体系，即对行为依次进行构成要件符合性、违法性与有责性的判断。〔2〕虽然各国最初选择的犯罪构成体系各不相同，且在现代国家，多元犯罪构成体系并存之现象早已普遍。但至少有一点是相通的，即在判断行为是否构成犯罪，从而决定是否追究刑事责任时，普遍坚持形式与实质的统一理念。如在德日犯罪判断体系中，构成要件符合性判断系形式判断，在这一阶段，只考虑行为人是否在具有罪过的情况下，实施了剥夺他人

---

〔1〕 蒋铃："刑法中'违反国家规定'的理解和适用"，载《中国刑事法杂志》2012年第7期。
〔2〕 参见张明楷：《犯罪构成体系与构成要件要素》，北京大学出版社2010年版，第4页。

生命等客观事实，至于该剥夺他人生命行为的实质属性，例如是否构成正当防卫，则被放在犯罪判断过程的第二个阶段即违法性的阶段予以考量。[1]

坚持形式与实质的统一理念并非刑事领域专有，行政领域也遵循同样原则。只强调行为是否在形式上违反白纸黑字的法条，而忽视行为的实质社会危害性审查，由此作出的行政决定根本经不住考验。2019 年的"坐大巴带白菜萝卜被罚款"事件就是很好的事例。[2]事件缘起于湖北高速公路警察总队三支队监利大队民警对过往车辆的例行检查。检查人员在一辆粤 BBL519 大型普通客车行李仓中发现一袋萝卜白菜、一袋花生和肉，经查明系一名乘客回家过年看望父母所带。执勤交警认定司机实施"客运机动车违反规定载货"的交通违法行为，作出了 200 元罚款的行政处罚决定。

本案执勤交警依据的是《中华人民共和国道路交通安全法》（以下简称《道路交通安全法》）第 49 条："……客运机动车不得违反规定载货"。从规范视角分析，若客车司机违规搭载货物，交警当然可以对其进行处罚。但本案的争议点在于一袋萝卜白菜、一袋花生和肉属于《道路交通安全法》第 49 条中的"货物"范围吗？退一步说，即使承认一袋萝卜白菜、一袋花生和肉是货物，那么对司机进行处罚真的符合立法精神、立法目的吗？鉴于货物本身的属性，普通客车违规载货会大大降低客车本身的安全性能，给乘客的人身财产带来潜在的危险，应当认为，《道路交通安全法》规定客车不得载货的立法目的与精神在于保护乘客的人身财产安全。但本案中为人情交往目的而携带的一袋萝卜白菜、一袋花生和肉的社会危险性何在？若该具体行政行为未得到及时纠正，势必造成民众通勤途中不敢轻易携带瓜果蔬菜的社会效果，私主体行为将受此影响而进一步萎缩，因为将形式上符合行政违法，但实质上并不具备社会危害性的行为视为行政不法之举，并对其予以惩罚，系对私主体人身财产权利的不当侵害，反映了行政权力对社会生活领域的不当介入。在舆论的审视与监督下，相关行政主体深刻地意识到了自身行政执法行为的违法性，并于 1 月 27 日发布通报称，"对万某某（大巴司机）交通违法事实认定证据不充分、法律依据不足，处罚失当……撤销处罚决定，暂停相关民

---

〔1〕　参见黎宏："我国犯罪构成体系不必重构"，载《法学研究》2006 年第 1 期。

〔2〕　参见"乘客带蔬菜上大巴，司机被罚 200 元"，载 https://baijiahao. baidu. com/s? id＝162386 5843408544195，最后访问日期：2021 年 5 月 19 日。

警执法工作并展开调查，责成监利大队大队长向当事人赔礼道歉。"

刑事惩罚的严重程度远远高于行政处罚，既然行政机关在作出行政行为时都要遵循形式与实质的统一，那么刑法在介入规制行为之时更应该遵循这一理念。毕竟，刑事惩罚乃最严厉、最严苛的责任承担形式，若不能坚持形式与实质统一，很容易造成冤假错案。

（一）形式层面：行为的行政违法性追问

非法经营罪是行政犯。行政犯是指违反行政法上的义务且情节严重，应受刑罚惩罚的行政违法行为。其与行政违法行为的区别在于二者违反行政法上义务的严重程度，可以将行政犯理解为行政违法的加重犯，是指以"行政违反+加重要素"为构造的犯罪。[1]这种行为因"其违法程度严重，而超越了行政不法之量的规定，而具有了刑事不法性质，所以被处以刑罚制裁。"[2]前已述及，行为成立犯罪应坚持形式与实质的统一：在形式上具有刑事违法性，在实质上具有严重社会危害性以及应受刑罚惩罚性。行政犯的违法性考察应兼顾行政不法与刑事不法，且前者先于后者。诚如学者强调，"为了保持法秩序统一原理，不至出现没有违反行政管理法规的行为却违反了刑法，避免在违法位阶上的矛盾，须富有成效地确定法定犯的行政违法性并进而为其刑事违法性的判断提供充足的前提条件。"[3]这是因为行政犯是严重的行政违反以至刑法主动介入规制，若行为并未违反行政法，又或者是行为虽然违反了行政法，但只具有与行政处罚或民事责任相当的程度，这两种情况都不会被纳入犯罪圈。

"违反国家规定"是行政犯罪成立的前提条件。"在司法认定的过程中，首先需要借助国家的相关规定来判断行为人具体危害行为的违法性，然后在此基础上进一步确定其危害程度是否达到犯罪的追诉标准。"[4]行为成立非法经营罪，首先应符合本罪犯罪构成要件中的前置性条件——违反"国家规定"。何为国家规定？《刑法》第96条规定，"本法所称违反国家规定，是指违反全国人民代表大会及其常务委员会制定的法律和决定，国务院制定的行政法规、规定的行政措施、发布的决定和命令。"对"国家规定"的准确把握

〔1〕 参见张明楷："行政违反加重犯初探"，载《中国法学》2007年第6期。
〔2〕 姜涛："行政犯与二元化犯罪模式"，载《中国刑事法杂志》2010年第12期。
〔3〕 刘艳红："法定犯与罪刑法定原则的坚守"，载《中国刑事法杂志》2018年第6期。
〔4〕 刘德法、尤国富："论空白罪状中的'违反国家规定'"，载《法学杂志》2011年第1期。

关乎罪与非罪，关乎行为是行政不法，还是刑事犯罪。本文认为，对非法经营罪罪刑规范前置性条件的规范适用应从其制定主体、涵摄范围、种类限度等方面重点把握。

1. "国家规定"制定主体有限

"国家规定"是在中华人民共和国领域内普遍产生效力的规范性文件。在我国以宪法为顶点设计的统一法律秩序当中，宪法、全国人民代表大会及其常委会制定的法律、国务院制定的行政性法规，在全国范围内生效。从应然层面来看，只有它们才能成为非法经营罪的前置性"国家规定"。

从实然层面上来说，《刑法》第96条规定的"国家规定"仅限于全国人民代表大会及其常委会、国务院这三家机构制定的法律法规，并不包括应然层面上的宪法，这似乎并不难理解。第一，从规范内容上来看，宪法是我国的根本大法，规定的是国家的根本制度和根本任务、公民最基本的权利和义务、国家机构的组织原则和职权；从效力位阶上来看，宪法具有最高的法律效力，一切法律、法规都不得同宪法相抵触。根本大法的地位决定宪法无法对国家所有事物一一详细规定，事无巨细全部囊括不仅不利于宪法的实施，反而有损其权威。但作为非法经营罪成立前提依据的前置性"国家规定"在内容上必须是明确的，这是罪刑法定原则的内在应有之义。行政犯将一部分或全部构成要件的认定委诸前置性国家规定，担此大任的规范表述应是明确的，不能含糊不清，否则就有可能背离罪刑法定原则。因之，宪法不能作为确定成立非法经营罪之前置性条件的援引对象。第二，我国法律秩序是以宪法为顶点设计的，一切法律法规的制定都必须以宪法为依据，不得与宪法相抵触，可以说，依据宪法制定的所有下位法都是对宪法的具体实施。所以，《刑法》第96条规定的"国家规定"虽然在形式上不包括宪法，但从实质上来说是包含宪法规范和宪法精神在内的。

"国家规定"的制定主体应限于全国人民代表大会及其常务委员会以及国务院三家国家机构，这与现代国家权力功能划分是相互契合的。国家权力包括立法权、行政权和司法权。在我国，全国人民代表大会是我国的最高权力机关，全国人大常务委员会是其常设机关，全国人民代表大会及其常委会行使国家立法权。国务院是我国的最高行政机关，行使国家行政权。这三家机构制定的法律法规系"国家规定"，并无争议。而行使国家司法权的最高司法机关（最高人民法院和最高人民检察院）并不享有立法权限，因此由"两高"

在审判与检察工作过程中具体适用法律问题的司法解释不是"国家规定"。

2. "国家规定"不含司法解释

司法解释是最高人民法院、最高人民检察院对于人民法院、人民检察院在审判、检察工作中具体应用法律的问题所作出的解释。前已述及，"两高"作出的司法解释不应包括在非法经营罪的"国家规定"中。虽然最高人民法院《理解和适用"国家规定"通知》第3条规定，"各级人民法院审理非法经营犯罪案件，要依法严格把握《刑法》第二百二十五条第（四）的适用范围。对被告人的行为是否属于刑法第二百二十五条第（四）规定的'其它严重扰乱市场秩序的非法经营行为'，有关司法解释未作明确规定的，应当作为法律适用问题，逐级向最高人民法院请示。"这似乎会产生一种认识偏差：司法解释也能认定特定社会行为是否属于非法经营罪第（四）项的规制范围。笔者认为，并不能因此得出司法解释属于"国家规定"的结论：其一，司法机关并不具有立法权限，不能创制法律，只能在现有法律规定的基础上，就司法机关在工作过程中具体应用法律的问题发布司法解释；其二，司法从属于立法，司法解释权从属于立法权。司法解释只能以立法已有的、明确的规定为唯一的依据。即使法律法规不甚明确，司法者要进行解释，也只能以原有的法律法规为基础，对规范本身进行解释，不可超越规范本身。即使随着市场经济的发展，新型的非法经营行为会不断翻新涌现，也只能等待立法机关修改或重新制定法律来明确"国家规定"之内容。"在制定法国家，确定究竟哪些行为有社会危害，后果是否严重，乃至应受刑罚处罚，这并非可由司法机关自行决定的问题。这只能在民意基础上由立法机关通过立法过程作为一般性的事实问题来确认。"[1]因此《刑法》第96条规定的"国家规定"不应包括最高人民法院与最高人民检察院作出的司法解释。虽然《理解和适用"国家规定"通知》强调，各级人民法院在刑事审判工作中，对有关案件所涉及的"违反国家规定"的认定，要依照相关法律、行政法规及司法解释的规定准确把握。这里将司法解释连同法律以及行政法规一起放到对具体案件所涉及"违反国家规定"认定的位置上，并非默认司法解释是"国家规定"，其意义在于指导司法实务部门以及法学理论研究者在认定相关案件被告人行为是否属于"其他严重扰乱市场秩序的非法经营行为"而无法律法规明确规

---

〔1〕 苏力：《是非与曲直——个案中的法理》，北京大学出版社2019年版，第354页。

定时，应参照相关司法解释的内容来认定被告人行为的性质。毕竟司法解释是对作为"国家规定"的法律规范本身的解释。

3. "国家规定"种类有限

《刑法》第96条明确"国家规定"的种类限于全国人民代表大会及其常务委员会制定的法律和决定，国务院制定的行政法规、规定的行政措施、发布的决定和命令。就政府部门制定的行政性法律规范而言，只有国务院制定的相关规范性法律文件系属"国家规定"，国务院各部门规章以及地方各级人民政府规章不属"国家规定"之列。有学者认为，如果上位法有相关规定，需要部门规章作出具体规定的，应当视为"国家规定"，例如，依据国务院《危险化学品安全管理条例》的有效授权，国家安监局制定并公布的《危险化学品名录》属于非法经营罪中的"国家规定"范畴。[1]持反对意见的学者认为，"从实质上认为，根据上述国家规定中的授权，下位阶的规章等规范性文件确立非法经营行为种类的条款属于国家规定，也是不妥的。因为刑法要求参照的是'国家规定'，也就是授权其他'国家规定'对犯罪客观构成要件的具体要素进行明确，而该'国家规定'却再次授权给下位法予以确定，这违反了《中华人民共和国立法法》的相关规定精神。"[2]本文也持否定观点。权且不予理论是否应当承认"国家规定"的"二次授权"情形的存在。即使经过有效授权，地方各级人民政府或者国务院下属部门制定的规章仍不能视为"国家规定"。首先，《中华人民共和国立法法》第9条、第65条分别规定了对国务院和经济特区所在地的省、市的人民代表大会及其常务委员会的立法授权，并未见对于规章制定主体立法授权之规定。其次，我国《中华人民共和国立法法》明确规定，有关犯罪与刑罚的立法事项属于绝对保留范围，只能由法律规定，其他规范无权规定，否则构成违法。国务院尚且无权规定，更遑论其下属部门？最后，即使存在这样的授权规定，经授权制定的规章也不能是"国家规定"，其性质仍属规章。例如，全国人大授权国务院制定的行政法规性质仍是行政法规，而不宜认定为狭义的法律。可见，将经国务院有效授权的立法作为国务院制定的规范，从而认定为"国家规定"，有偷换概念

---

〔1〕　参见吴大勇、周天京："论非法经营罪中的'国家规定'"，载《中国检察官》2016年第7期。

〔2〕　于志强、郭旨龙："'违反国家规定'的时代困境与未来方向——以非法经营罪为切入点进行规范体系的审视"，载《江汉论坛》2015年第6期。

之嫌。

(二) 实质层面：行为的社会危害性追问

特定社会行为具备形式上的违法性只是行为成立犯罪的必要条件。日本学者松宫孝明认为，即便行为在形式上违反法律，但从实质上来看不具有违法性或者不具有责任，也不是犯罪。犯罪从实质上来看是违法、有责的行为，而且法律对之预设了刑罚。[1]犯罪实质乃严重的法益侵害性与有责性，对刑事责任的追究应实现形式与实质统一的坚守。

刑法的目的乃保护法益，刑法规范明令禁止危害社会的行为，法益侵害性是犯罪的实质特征。因为兜底条款不具备自己的构成要件，根据同质解释的原则，被"纳入'兜底条款'进行刑法评价的对象，应当与该刑法条文业已明确规定的法律类型或者具体犯罪的实质内涵具有相同的性质与特征。"[2]换言之，判断特定经营行为是否属于"其他严重扰乱市场秩序的经营行为"之涵摄范围，应当以《刑法》第225条前三项具体列举的非法经营行为为参照进行解释。

虽然非法经营罪是作为类罪名"破坏社会主义市场经济秩序罪"下的"扰乱市场秩序"中的个罪名，但其并非意图将所有扰乱市场秩序的非法经营行为纳入调控范围。[3]本罪罪状设置表明，非法经营行为针对的是违反市场准入制度，未经许可擅自经营的行为，旨在保护通过特定许可管理形成的市场经营秩序。[4]例如非法经营罪条款第（一）项所规定的犯罪对象为"法律、行政法规规定的专营、专卖物品或者其他限制买卖的物品"。专营、专卖物品如烟草专卖品，限制买卖物品如限制买卖的文物，一、二类以外的珍贵野生动植物及其制品，等等。以烟草制品为例，《中华人民共和国烟草专卖法》第32条规定，对于无烟草专卖零售许可证而经营烟草制品零售业务的行为，由工商行政管理部门对其处以相应的行政处罚措施。2003年12月23日，

---

〔1〕 参见［日］松宫孝明：《刑法总论讲义》，钱叶六译，中国人民大学出版社2013年版，第4页。

〔2〕 刘宪权："操纵证券、期货市场罪'兜底条款'解释规则的建构与应用——抢帽子交易刑法属性辨正"，载《中外法学》2013年第6期。

〔3〕 参见刘树德：《"口袋罪"的司法命运：非法经营的罪与罚》，北京大学出版社2011年版，第10～12页。

〔4〕 参见陈超然："非法经营行为的法律界限研究"，载《同济大学学报（社会科学版）》2014年第3期。

最高人民法院、最高人民检察院、公安部、国家烟草专卖局印发《关于办理假冒伪劣烟草制品等刑事案件适用法律问题座谈会纪要》（商检会〔2003〕4号；以下简称《办理假冒伪劣烟草制品刑事案件的高检纪要》）第 3 条对未经烟草专卖行政主管部门许可，无生产许可证、批发许可证、零售许可证，而生产、批发、零售烟草制品的行为适用法律问题作出了明确的规定，规定上述非法经营行为满足法定的非法经营数额、违法所得数额等情形之一的，适用非法经营罪定罪处罚。我国对于烟草制品的经营活动实行政府管制政策，擅自经营是非法经营活动，同时具有《办理假冒伪劣烟草制品刑事案件的高检纪要》情形之一的，构成非法经营罪。行政许可是国家行政机关在特定条件下，对特定对象解除禁令，允许他人为一定行为的行政活动，是国家对某些市场设置的准入门槛。行政许可包括一般许可与特别许可，一般许可如驾驶证；特别许可如烟草专卖。二者区别在于禁止的范围，前者并未一般地禁止，只要具备规定的资格，经主管机关审批即可，社会公众容易进入；特别许可事项是对特定人或特定事解除禁令，这意味着该领域的准入门槛较一般行政许可更高，普通公众难以进入。行为人未取得行政许可而从事相应事项，进入相应领域，系属行政违法行为，但只有违反特殊许可事项，行为人才有可能构成非法经营罪。"一般许可的设置侧重对各类市场主体的管理和服务，而特别许可还涉及生产资料或资源的合理配置、市场经济秩序的维护等，对两者的违反所造成的社会危害性显然不可等同视之。所以，为违反特别许可的经营行为配置刑罚手段有其现实合理性，市场准入只能经由特定行政许可的设置而实现，而未经工商注册登记经营等违反一般许可的行为仅具有行政违法性，不具有刑事违法性。"[1]

犯罪的实质是法益侵害，但是并非任何危害社会的行为都要受到刑罚处罚。成立非法经营罪，不仅要违反国家规定，且要求情节严重以至严重扰乱市场秩序。这里的"情节严重"是本罪的定罪情节，"单纯的行为还不足以使违法性达到值得科处刑罚的程度。只有加上情节，才可能是行为对法益的侵害升高到构成犯罪的程度。"[2]在认定是否构成非法经营罪时，首先判断特定社会行为的行政违法性，即行为人是否实施了违反国家规定的经营行为；其

---

〔1〕 郑伟、葛立刚："刑行交叉视野下非法经营法律责任厘定"，载《法律适用》2017 年第 3 期。
〔2〕 余双彪："论犯罪构成要件要素的'情节严重'"，载《中国刑事法杂志》2013 年第 8 期。

次要对其违规经营行为可能涉及的情节进行整体判断；最后得出情节是否严重乃至是否需要科处刑罚的结论。例如王力军无证照收购玉米案，可以综合违法经营时间、雇佣的工人数量、无证照经营违法所得、违法经营额、无证照经营是否存在侵权行为，现有证据是否能够证明行为人无证照违规经营行为存在危害人体健康、存在重大安全隐患、威胁公共安全、破坏环境资源等情形，以实质性地考量行为的社会危害性程度。

本案处理评述

一、形式层面：刑事违法性的肯认

客观上，行为人王力军在未办理粮食收购许可证及工商营业执照的前提下从事玉米购销行为，违反《粮食流通管理条例》。《粮食流通管理条例》第2条规定，本法规制的粮食经营活动涵摄范围具体包括粮食的购、销、存、运、加工、进出口等，条例所称粮食，是指小麦、稻谷、玉米、杂粮及其成品粮。[1]《粮食流通管理条例》第8条、第9条、第10条规定的是在中国境内从事第2条所述粮食收购活动的必要条件。

对于王力军无证照收购玉米行为是否属于该条例第2条的规制范围，学界观点不一。例如，有论者认为王力军的行为乃帮助行为：一方面帮助粮农，便利和促进粮农进行玉米销售；另一方面帮助国家收购粮食。持论者认为，王力军所实施的行为与《粮食流通管理条例》所规制的行为不具有同等性，从而否认王力军行为的行政违法性，进而无须再深入考察其刑事违法性。[2]该观点不乏可推敲之处。首先，本文认为，王力军从粮农手中买入未经脱粒得成品玉米即本条款所规定的粮食的收购；其次，王力军将收购的玉米自行加工脱粒即本条款规定的粮食的加工；最后，王力军将已脱粒玉米出售给巴彦淖尔市粮油公司杭锦后旗蛮会分库，即本条款规定的粮食的销售。从文义解释出发，王力军的经营行为完全符合本条款的规定，可进一步得出结论：

---

〔1〕《粮食流通管理条例》第2条："在中华人民共和国境内从事粮食的收购、销售、储存、运输、加工、进出口等经营活动（以下统称粮食经营活动），应当遵守本条例。前款所称粮食，是指小麦、稻谷、玉米、杂粮及其成品粮。"

〔2〕 参见宁利昂、邱兴隆："'无证收购玉米'案被改判无罪的系统解读"，载《现代法学》2017年第4期。

王力军在从事相关经营活动之前，应满足《粮食流通管理条例》第 9 条规定的条件。结合法院查明的案情事实可知，王力军经营玉米行为是行政不法毋庸置疑。试图通过将王力军行为排除在该条例第 2 条规定的"收购、加工、运输和销售"之外，从而达到出罪效果的出罪路径是不可取的。因为出罪路径的错误也是对罪刑法定原则的违背。罪刑法定原则的坚持不仅仅要求合法入罪，也要求合法出罪。

二、实质层面：社会危害性的肯定与应受刑罚惩罚的否定

行为成立犯罪，不仅要满足形式上的违法性，还要在实质上具有严重的社会危害性以至达到情节严重应受惩罚的程度。"具有违法性（分行政违法性和刑事违法性）的行为不一定都构成犯罪，还应该看其是否对社会有害，以及是否达到了需要科处刑罚的必要。"[1]本案焦点在于，王力军无证照违法从事玉米收购业务的行为是否具有社会危害性？如果具有，那么危害性何在？又是否严重到需要刑法介入规制的程度？

（一）社会危害性的肯定

为保护粮食安全，维护粮食流通秩序，我国《粮食流通管理条例》规定经营者从事粮食收购必须具备资金筹措能力、粮食仓储能力、粮食质检和保管能力，此外，还需经依法申请获得国家许可并经登记办理营业执照，才可从事粮食的收购等经营活动。随着交通的便捷，经营者的经营行为所潜在的影响范围往往是跨区域乃至是跨越国域的，对粮食经营行为进行严格管控关乎社会公众"舌尖上的安全"。有学者认为，王力军从粮农处收购玉米并转手卖给粮仓与人们在农贸市场上通常见到的买卖行为并无二致，属于正常的市场经济活动。本文认为，持此论者并未仔细分析王力军在收购玉米到出售给粮仓的过程中所扮演的角色。在这个过程中，王力军已经超越日常生活中消费者的身份，实际上扮演着玉米经纪人和经营者的角色。消费者购买粮食的目的不外乎供家庭所用，经营者购买粮食的目的包括但不限于销售以营利，这种行为潜在的影响面是跨区域的，远远超过了一般公众所理解的日常消费行为所涵盖的范围。王力军既没有遵守法律规定向办理工商登记的部门同级的粮食行政管理部门提交书面申请，并提供资金、仓储设施、质量检验和保

---

〔1〕　卢建平："王力军改判无罪的深层次逻辑"，载《人民法院报》2017 年 2 月 18 日，第 3 版。

管能力等证明材料，也没有获得许可并进行登记，公众难以知晓其是否具备粮食收购的资质，国家对粮食经营活动的规制目的也极易落空。不可否认，这便是一种社会危害性，只不过问题在于其对社会的危害是否严重到必须以刑法介入抗制的程度。

（二）严重社会危害性的否定

王力军无证照从事玉米收购业务系违反国家规定的行为，且具有一定社会危害性，但这并非意味着其行为具有与刑法非法经营罪罪刑条款前三项明文确定的非法经营行为相当的社会危害性。前已述及，非法经营罪侵害的法益是国家的准入制度，这些经营活动所对应的市场仅对取得国家特别许可的主体开放，正因如此，行为人未经行政主管部门特别批准许可而擅自从事相关经营活动，才有可能对相关市场秩序造成严重损害。虽然按照当时的法律规定，王力军收购玉米的经营行为同样需要行政主管部门的批准，但这并非特别许可事项。换言之，包括玉米收购在内的粮食经营市场未禁止一般人进入。经营主体只要具备《粮食流通管理条例》第9条规定的资质条件，经申请依法获得国家许可并经登记办理营业执照，都可以从事相关经营活动。因此，王力军违规收购玉米行为并不具有与刑法规制的非法经营行为相当的社会危害性，认为王力军无证照收购玉米的行为构成非法经营罪系属不利于当事人的类推解释，这无疑背离了罪刑法定原则的底线。

三、实体处理：行政处罚优于刑罚惩罚

王力军无证照收购玉米的行为不仅受到《粮食流通管理条例》第41条的规制，同时也违反了《无照经营查处取缔办法》（2011年）第14条的规定。[1]本文认为，对于王力军无证收购玉米的行为，应结合上述两部法规优先适用行政处罚。

《粮食流通管理条例》第41条对未经粮食行政管理部门许可或者未在工商行政管理部门登记擅自从事粮食收购活动规定了三档责任承担形式：第一档法律责任为"由工商行政管理部门没收非法收购的粮食"；第二档为"情节

---

〔1〕《无照经营查处取缔办法》2003年1月6日公布，2011年1月8日修订施行。2017年8月6日，国务院公布《无证无照经营查处办法》，2017年10月1日正式施行，同时废止2003年1月6日国务院公布的《无照经营查处取缔办法》。

严重的，并处非法收购粮食价值 1 倍以上 5 倍以下的罚款"；最后一档升格为刑事责任"构成犯罪的，依法追究刑事责任"。[1]《无照经营查处取缔办法》第 14 条对于未依法取得许可证或者其他批准文件和营业执照，擅自从事经营活动的无照经营行为规定的责任承担方式分别是：由工商行政管理部门依法予以取缔，没收违法所得；触犯刑律的，依照刑法关于非法经营罪、重大责任事故罪、重大劳动安全事故罪、危险物品肇事罪或者其他罪的规定，依法追究刑事责任；尚不够刑事处罚的，并处 2 万元以下的罚款；无照经营行为规模较大、社会危害严重的，并处 2 万元以上 20 万元以下的罚款；无照经营行为危害人体健康、存在重大安全隐患、威胁公共安全、破坏环境资源的，没收专门用于从事无照经营的工具、设备、原材料、产品（商品）等财物，并处 5 万元以上 50 万元以下的罚款。

在王力军无证收购玉米一案中，首先，王力军违规（未经许可且未经登记）收购粮食的行为并未达到"情节严重"的程度，可适用《粮食流通管理条例》最低档的行政处罚，即由工商行政管理部门没收非法收购的粮食。其次，对于其无照经营的行为是否达到"经营规模较大、社会危害性严重"问题的判断，应综合考量，不应唯数额论之：（1）从违法经营时间来看，王力军违法经营时间跨度为 2014 年 11 月 13 日至 2015 年 1 月 20 日，经营时长不足 3 个月，很难说形成一定经营规模；（2）从雇佣的工人数量来看，王力军并未雇佣工人，而是独自完成收购加工到销售的整个流程，属于农村个体户；（3）从无照经营违法所得来看，王力军经营 3 个月仅获利 6000，相当于一个月 2000 的收入；（4）从违法经营额来看，非法经营数额达到 218 288.6 元；（5）从无照经营是否存在侵权行为来看，案件侦查所掌握的证据并不能证明王力军无照经营行为存在危害人体健康、重大安全隐患、威胁公共安全、破坏环境资源的情形；此外，王力军每斤玉米收购价为 0.94 元，出售给国有粮仓的价格为 1.09 元，并未超过国家规定的限额，未侵犯国家以及粮农的合法权益；（6）从其人身危险性来看，王力军案发后主动到公安机关投案自首，主动退缴全部违法所得等行为可以证明王力军的人身危险性较低。同时，一

---

〔1〕《粮食流通管理条例》第 41 条："未经粮食行政管理部门许可或者未在工商行政管理部门登记擅自从事粮食收购活动的，由工商行政管理部门没收非法收购的粮食；情节严重的，并处非法收购粮食价值 1 倍以上 5 倍以下的罚款；构成犯罪的，依法追究刑事责任。由粮食行政管理部门查出的，移交工商行政管理部门按照前款规定予以处罚。"

审法院对本案刑罚裁量与缓刑的适用也能从侧面凸显王力军较低的人身危险性。虽然从违法经营数额来看，王力军的无照经营行为确实达到"经营规模较大"的程度，但是正如上文所述，是否"经营规模较大、社会危害性严重"应综合考量。最后，不论是王力军的违规收购粮食行为，还是其无照经营行为，其社会危害程度均未达到犯罪程度。笔者认为可适用处罚最轻的行政处罚，对其违规收购玉米行为，由工商行政管理部门没收非法收购的粮食；对于其无照经营行为，由于未达到"经营规模较大、社会危害性严重"之程度，应适用"由工商行政管理部门依法予以取缔、没收违法所得"加"罚款"的模式。

法律适用依据

一、《中华人民共和国刑法》（2011 年修正）

第 225 条：违反国家规定，有下列非法经营行为之一，扰乱市场秩序，情节严重的，处五年以下有期徒刑或者拘役，并处或者单处违法所得一倍以上五倍以下罚金；情节特别严重的，处五年以上有期徒刑，并处违法所得一倍以上五倍以下罚金或者没收财产：

……

（四）其他严重扰乱市场秩序的非法经营行为。

第 72 条：对于被判处拘役、三年以下有期徒刑的犯罪分子，同时符合下列条件的，可以宣告缓刑，对其中不满十八周岁的人、怀孕的妇女和已满七十五周岁的人，应当宣告缓刑：

（一）犯罪情节较轻；

（二）有悔罪表现；

（三）没有再犯罪的危险；

（四）宣告缓刑对所居住社区没有重大不良影响。

……

第 73 条：……

有期徒刑的缓刑考验期限为原判刑期以上五年以下，但是不能少于一年。

缓刑考验期限，从判决确定之日起计算。

第 52 条：判处罚金，应当根据犯罪情节决定罚金数额。

第 96 条：本法所称违反国家规定，是指违反全国人民代表大会及其常务委员会制定的法律和决定，国务院制定的行政法规、规定的行政措施、发布的决定和命令。

二、《中华人民共和国刑事诉讼法》（2012 年修正）

第 195 条：在被告人最后陈述后，审判长宣布休庭，合议庭进行评议，根据已经查明的事实、证据和有关的法律规定，分别作出以下判决：

（一）案件事实清楚，证据确实、充分，依据法律认定被告人有罪的，应当作出有罪判决；

（二）依据法律认定被告人无罪的，应当作出无罪判决；

（三）证据不足，不能认定被告人有罪的，应当作出证据不足、指控的犯罪不能成立的无罪判决。

三、《关于适用〈中华人民共和国刑事诉讼法〉的解释》（法释〔2012〕21 号）

第 389 条：再审案件经过重新审理后，应当按照下列情形分别处理：

（一）原判决、裁定认定事实和适用法律正确、量刑适当的，应当裁定驳回申诉或者抗诉，维持原判决、裁定；

（二）原判决、裁定定罪准确、量刑适当，但在认定事实、适用法律等方面有瑕疵的，应当裁定纠正并维持原判决、裁定；

（三）原判决、裁定认定事实没有错误，但适用法律错误或者量刑不当的，应当撤销原判决、裁定，依法改判；

（四）依照第二审程序审理的案件，原判决、裁定事实不清、证据不足的，可以在查清事实后改判，也可以裁定撤销原判，发回原审人民法院重新审判。

原判决、裁定事实不清或者证据不足，经审理事实已经查清的，应当根据查清的事实依法裁判；事实仍无法查清，证据不足，不能认定被告人有罪的，应当撤销原判决、裁定，判决宣告被告人无罪。

四、《关于准确理解和适用刑法中"国家规定"的有关问题的通知》（法〔2011〕155号）

第3条：各级人民法院审理非法经营犯罪案件，要依法严格把握刑法第二百二十五条第（四）的适用范围。对被告人的行为是否属于刑法第二百二十五条第（四）规定的"其它严重扰乱市场秩序的非法经营行为"，有关司法解释未作明确规定的，应当作为法律适用问题，逐级向最高人民法院请示。

五、《粮食流通管理条例》（2013年修订）

第2条：在中华人民共和国境内从事粮食的收购、销售、储存、运输、加工、进出口等经营活动（以下统称粮食经营活动），应当遵守本条例。前款所称粮食，是指小麦、稻谷、玉米、杂粮及其成品粮。

第8条：从事粮食收购活动的经营者，应当具备下列条件：

（一）具备经营资金筹措能力；

（二）拥有或者通过租借具有必要的粮食仓储设施；

（三）具备相应的粮食质量检验和保管能力。

前款规定的具体条件，由省、自治区、直辖市人民政府规定、公布。

第9条：取得粮食收购资格，并依照《中华人民共和国公司登记管理条例》等规定办理登记的经营者，方可从事粮食收购活动。

申请从事粮食收购活动，应当向办理工商登记的部门同级的粮食行政管理部门提交书面申请，并提供资金、仓储设施、质量检验和保管能力等证明材料。粮食行政管理部门应当自受理之日起15个工作日内完成审核，对符合本条例第八条规定具体条件的申请者作出许可决定并公示。

第10条：取得粮食行政管理部门粮食收购资格许可的，应当依法向工商行政管理部门办理设立登记，在经营范围中注明粮食收购；已在工商行政管理部门登记的，从事粮食收购活动也应当取得粮食行政管理部门的粮食收购资格许可，并依法向工商行政管理部门办理变更经营范围登记，在经营范围中注明粮食收购。

第41条：未经粮食行政管理部门许可或者未在工商行政管理部门登记擅自从事粮食收购活动的，由工商行政管理部门没收非法收购的粮食；情节严重的，并处非法收购粮食价值 1 倍以上 5 倍以下的罚款；构成犯罪的，依法追究刑事责任。

由粮食行政管理部门查出的，移交工商行政管理部门按照前款规定予以处罚。

第三章

思路网侵犯著作权案

——刑法分则条文用语的相对性与统一性

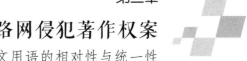

案件基本概况

一、案情概要

2008年8月，被告人周某全注册成立北京心田一品科技有限公司（以下简称"心田一品公司"），雇佣被告人苏某源、曹某、贾某洋、李某然等人运营思路网。思路网站下设门户网（网址 www. siluhd. com）、思路论坛（网址 bbs. siluhd. com），并以 HDstar 论坛（网址 www. hdstar. org）作为内站。思路网的运行架构共设有三层：第一层为展示层，即 www. siluhd. com，主要介绍大量影视资讯以及高清影音设备产品等；第二层是思路论坛，供高清视频爱好者进行日常交流。在思路论坛网页页面最下方有一个"HDstar"的标志，点击便出现一个会员登录界面，而会员资格的获得，必须有网站管理员发出的邀请码，该邀请码需要会员在淘宝（"思路淘宝店"）等网站花钱购买。第三层为 HDstar 论坛，会员通过输入用户名和密码进入，这一层为会员提供大量的盗版影视剧、音乐及游戏软件的网址。海量的片源是思路网的核心内容，也是用来吸引用户和广告商的砝码。思路网获取片源的方式有二：一是网站工作人员通过购买正版蓝光光盘或者其他途径获得片源，自己压好后再上传到服务器中，为用户提供下载链接；二是利用 PT（PrivateTracker 私用种子服务器）技术，鼓励用户上传自己手中的高清影片，也就是俗称的"种子"。为了得到更多的"种子"，思路网用奖励积分等多种形式，鼓励会员上传高清影片并给予很多优惠权限，但要求上载量不能小于下载量，并且上载的质量也要经过其他会员打分，否则将失去权限。

由于被告人周某全注册心田一品公司时，多数用户的普通 DVD 播放机无法播放蓝光高清影音作品，思路网便在淘宝店中向网友销售高清播放机等产品，并依托网站推广，在中关村、马家堡西路开设2家实体店，销售电脑硬件、高清播放机、家庭影院等高清影音周边产品，且预存数字高清影片，形成"产业链"，同时发展其他店主在思路网投放广告。硬盘网络销售商、被告人寇某杰在思路网上投放团购硬盘广告，付给思路网广告费，获得可以免费下载高清影视作品的会员账号及一定数量的邀请码。其后，被告人寇某杰雇佣崔某等人利用该会员账号从思路网上免费下载高清影视作品，并在淘宝店销售硬盘时，通过在"宝贝"名称上注明加 10 元附赠 2T 容量高清影视作品的方式，将所下载的高清影视作品有偿提供给客户。

据统计，2009 年 1 月至 2013 年 4 月间，被告人周某全、苏某源等通过运营思路网，未经著作权人许可，以会员制方式，将他人享有著作权的 22 296 件影视、音乐等作品以种子形式上传至 HDstar 论坛，供 2.6 万余注册会员下载，累计下载量达 2000 余万次，营利方式主要是在思路网站接受投放广告，并通过销售网站注册邀请码和 VIP 会员资格。被告人寇某杰则于 2012 年 5 月至 2013 年 4 月间，雇佣被告人崔某等人，未经著作权人许可，复制他人享有著作权的电影至 4000 余份硬盘中，并通过淘宝网店予以销售。在思路网侵犯著作权过程中，被告人苏某源作为技术总监全权管理心田一品公司日常事宜，其他被告人则负责管理 100 多人的团队、日常检测和网站维护工作。2013 年 4 月至 5 月，被告人周某全、苏某源、寇某杰等悉数被公安机关抓获，相关犯罪工具亦被依法扣押、冻结。

二、处理结论

北京市海淀区人民法院一审认为，被告人周某全雇佣被告人苏某源、曹某、李某然、贾某洋以营利为目的，未经著作权人许可，通过信息网络传播他人作品，情节特别严重；被告人寇某杰雇佣被告人崔某以营利为目的，未经著作权人许可，复制发行他人作品，情节特别严重，上述被告人的行为均已构成侵犯著作权罪，应予惩处。北京市海淀区人民检察院指控被告人周某全、苏某源、寇某杰、曹某、李某然、贾某洋、崔某犯有侵犯著作权罪的事实清楚，证据确实充分，指控罪名成立。其中，被告人周某全在共同犯罪中起主要作用，系主犯，被告人苏某源、曹某、贾某洋、李某然在共同犯罪中起次要作用，系从犯；被告人寇某杰在共同犯罪中起主要作用，系主犯；被告人崔某在共同犯罪中起次要作用，系从犯；且被告人苏某源、曹某、贾某洋、李某然、崔某到案后及庭审中均能如实供述自己的罪行，法院对其五人均依法减轻处罚，并对被告人曹某、贾某洋、李某然、崔某依法适用缓刑，以观后效。鉴于被告人寇某杰到案后及庭审中能如实供述自己的罪行，认罪态度较好，法院对其亦依法从轻处罚。对辩护人的相关辩护意见，酌定予以采纳。据此，依照《刑法》第 217 条第（一）项，第 25 条第 1 款，第 26 条第 1 款、第 4 款，第 27 条，第 53 条，第 67 条第 3 款，第 72 条第 1 款、第 3 款，第 73 条第 2 款、第 3 款之规定，以侵犯著作权罪分别判处七名被告人五年至一年有期徒刑不等，各并处罚金 100 万元至 2 万元不等。

一审宣判后，被告人苏某源、寇某杰不服，认为一审判决事实不清、量刑过重，向北京市第一中级人民法院提出上诉。被告人苏某源提出，HDstar论坛会员并没有 2.6 万，很多会员 IP 是重复的，原判量刑过重，请求二审法庭适用缓刑；寇某杰认为，所经营淘宝网店上的 4000 余块移动硬盘并非都拷贝了电影，可通过同天销售的移动硬盘价格差异予以区分，一审判决量刑过重。

北京市第一中级人民法院经审理认为：原审法院根据上诉人苏某源、寇某杰及原审被告人周某全、曹某、李某然、贾某洋、崔某犯罪的事实、犯罪的性质、情节和对于社会的危害程度所作出的判决，事实清楚，证据确实、充分，定罪及适用法律正确，量刑适当，审判程序合法，应予维持。对于苏某源及其辩护人所提原判量刑过重，请求二审法庭对苏某源减轻处罚并给予缓刑的上诉理由及辩护意见，无法律依据，不予支持。对寇某杰所提原判量刑过重的辩解，缺乏法律依据，亦不予支持。依法裁定：驳回苏某源、寇某杰的上诉，维持原判。[1]

案件诉争聚焦

既然刑法使用语言描述罪刑规范，而语言自身带有强烈的多意性，理解刑法条文的内容不可避免需要面对用语的相对性和统一性。从法秩序统一性原则以及体系解释的解释方法出发，对刑法分则乃至整体法秩序内部的同一用语应当原则上坚持做同一化理解，以避免法秩序内部的紊乱以及人民守法

---

〔1〕 参见北京市海淀区人民法院（2014）海刑初字第 526 号刑事判决书；北京市第一中级人民法院（2014）一中刑终字第 2516 号刑事裁定书。

的不便。然而，由于立法者用语习惯的差异，以及用语本身的歧义性，同一用语在表达意涵时将囊括不同的对象，因此又必须在统一性原则的基础上，例外地肯定用语的相对性，这种相对性既包括刑法内部不同条文的相对，也包括刑法与其他部门法的相对。是否承认刑法用语的相对性，应当根据用语所在法条法益保护的特殊需要以及其他部门法衔接协调的需要而定。

在思路网侵犯著作权案中，被告人寇某杰雇佣崔某，未经著作权人许可，使用专业拷贝软件将他人享有著作权的 2300 余部高清影视作品复制至 4000 余份移动硬盘中，通过淘宝网店予以销售，谋取非法利益。寇某杰的行为完全符合电子媒介阶段"复制发行"的典型特征，符合《中华人民共和国著作权法》（以下简称《著作权法》）关于"复制"和"发行"的理解，即未经著作权人许可，将侵犯他人著作权的高清影视作品复制于有形载体—移动硬盘之上，并通过销售已复制侵权作品的移动硬盘向社会提供他人的作品，谋取非法利益，被认定为侵犯著作权罪惩处，应无疑义。

与寇某杰的侵犯著作权行为样态不同，被告人周某全等人并未将他人的数字作品复制于有形载体，不存在通过销售复制有侵权数字作品的有形载体向社会公众提供作品的可能，而是未经著作权人许可，以会员制的方式将 2 万余部他人享有著作权的电影、电视、音乐等作品以种子文件的形式上传 HDstar 论坛，供 2.6 万余名注册会员下载，并通过在思路网站上投放广告收取广告费及销售注册邀请码和 VIP 会员资格营利。在《著作权法》意义上，周某全等人的行为难以评价为"复制""发行"，而属于网络环境下通过信息网络传播他人作品、侵犯他人信息网络传播权的行为。由此可见，如何规范认定网络环境中"复制发行"，是判定侵犯著作权罪成立与否的重点及难点所在。

"复制发行"是侵犯著作权罪四种行为方式之一，也是侵犯著作权罪最普遍、最典型的犯罪行为。然而，随着现代信息网络技术的飞速发展，利用信息网络技术实施侵犯著作权的案件日益增多，受网络开放性、及时性与多元性特征的综合影响，利用网络侵犯著作权的行为呈现出与传统"复制发行"相异化的诸多特征，即网络环境中侵犯著作权的行为已然摆脱现实地域限制并可在瞬间完成，行为对著作权人享有的著作权的侵犯以及对社会经济秩序的破坏具有不可控性。

侵犯著作权罪是以《著作权法》授予之著作权为对象的法定犯罪，但

《刑法》第 217 条中"复制发行"的认定是否应当以《著作权法》的相关规定为依托？网络环境中"复制发行"是否需要与《著作权法》的解释保持一致，侵犯著作权人享有的信息网络传播权的行为是否可以归入"复制发行"的范畴？行为人开设网站，以会员制的方式将他人享有著作权的电影、电视、音乐等作品以种子文件的形式上传，供注册会员下载的，可否被认定为"复制发行"？网络环境中"复制发行"行为的严重社会危害性应当如何具体评价？特别是在司法解释规定的"非法经营数额"、"传播他人作品数量"以及"注册会员人数"等标准同时存在的场合，应如何选取和确定定罪处罚标准？作为处罚标准的"注册会员人数"是否包括免费会员？

案涉法理精释

为保护著作权人享有的著作权，《刑法》第 217 条规定了四种侵犯著作权的犯罪行为，其中，"复制发行"是侵犯著作权罪四种行为方式之一，也是侵犯著作权罪最普遍、最典型的犯罪行为。司法实践中，"复制发行"认定标准严格与否，在相当程度上决定了侵犯著作权罪成立范围的宽窄，反映了刑法保护著作权的广度和深度。然而，由于数字技术的广泛运用，网络环境中侵犯著作权犯罪的"复制发行"行为表现出与传统侵犯著作权行为明显且重大的异化，准确规范地认定网络环境中"复制发行"，对于有效保护著作权人的合法权益、维护社会经济的正常秩序，具有重要意义。

一、"复制发行"的历史变迁及表现

著作权，是指作者及其他著作权人基于文学艺术和科学作品依法享有的人身和财产权利。著作权制度与信息传播技术保持着紧密关系，其诞生、变迁与信息传播技术的发展、革新有着彼此对应的关联，是不同时期信息传播技术的真实写照。对此，日本学者富田彻男精练地指出，"著作权法是传播技术的产物。"[1]事实上，一直以来，著作权又被称作"版权"（Copy-right），意为复制权、翻印权，是随着印刷术的采用、作品的传播而出现的，是在废除封建印刷商和书商的图书垄断特权、推行印刷自由和保护作者权利的社会

---

〔1〕 ［日］富田彻男：《市场竞争中的知识产权》，廖正衡等译，商务印书馆 2000 年版，第 40 页。

运动中逐渐萌发并发展起来的。按照信息传播技术的发展历史，著作权制度的变迁大致可以划分为四个阶段，不同阶段的"复制发行"的表现形式各具特点：

前著作权阶段。这一阶段作品也在通过手稿、抄本的方式传播，但复制、传播的成本过于高昂，复制作品难以成为一件有利可图之事。诚如西班牙学者利普希克所言，"书籍以手抄本的形式复制，这是一个缓慢而又艰苦的过程。因为，抄本的费用很高，总数也极为有限。加上能够得到作品的人数有限，可以说没有实施保护的特殊法律意义。"[1]

印刷媒介阶段。随着造纸术和印刷术的发明及广泛运用，以书籍、报纸等平面媒介为载体的作品大量出现，复制作品的技术难度和传播成本大大降低，擅自复制并发行他人作品成为攫取非法利益的便利手段。这一阶段，作品的复制行为和后续发行行为一起，共同推动著作权人利益的实现：著作权人事先通过大规模复制活动制作大量有形复制件，并经由发行（公开销售）有形复制品来实现作品产生的经济利益。"在传统印刷技术的特定历史时期，'复制'与'发行'存在着必然的因果关系。复制权作为一种'预示权'，本身就融入了著作权人对'发行权'的传播利益诉求。"[2]

电子媒介阶段。受益于声光复制传播技术的发展，作品的载体不再仅限于平面印刷制品，电影作品、录音和录像制品等新的作品形式不断涌现，作品的电子化特征逐渐显明。因电子作品被固定于光盘、胶片和磁带等有形载体，作品的复制更加便捷、传播的手段更加多元，催生了直接传播作品的租赁、广播电视等新兴行业，使著作权从集中控制转为控制直接传播（公开再现）作品的其他行为。为因应电子技术带来的冲击、兼顾作者利益和作品传播，这一阶段的著作权法将电影作品、录音录像制品的出租权以专有权利的形式赋予作者，并创设"邻接权"，用以保护作品传播者就表演、录音制品和广播电视节目享有的权利。"邻接权可以说是著作权法在电子复制技术环境下适应社会需求的结果，是利用特定复制技术固定现有作品的专有权。"[3]

---

〔1〕 ［西］德利娅·利普希克：《著作权和邻接权》，联合国教科文组织译，中国对外翻译出版公司 2000 年版，第 15 页。

〔2〕 李杨：《著作权法个人使用问题研究——以数字环境为中心》，社会科学文献出版社 2014 年版，第 154 页。

〔3〕 冯晓青、胡梦云：《动态平衡中的著作权法——"私人复制"及其著作权问题研究》，中国政法大学出版社 2011 年版，第 11 页。

数字媒介阶段。数字技术，即信息数字化处理技术，是运用 0 和 1 两位数字编码，通过计算机、光缆、通信卫星等设备，来表达、传输和处理所有信息的技术。数字技术具有鲜明的优势，其联通计算机、信息处理设备和信息传播网，使计算机发挥强大的数据处理能力，同时还因具备较高的抗干扰和抗失真能力，能够保证各类信息的传播、复制更加精确。[1]而数字技术对著作权制度的影响几乎是革命性的，既带来"作品信息数字化"，产生"数字作品"这类新型作品形式，且推动作品的"复制发行"发生根本性变革，即数字技术使复制数字作品的成本几乎降至为零，复制件的图效、音质等传播效果却又与作品原件无异。"无论是字符、声音、语言和图像，也无论是中文还是外文，都使用世界上共同的两个数字 0 和 1 编码来表达、传输和处理，到了终端，即用户手上，又原原本本地还它以本来面目。"[2]至此，为最大限度维护著作权人的合法利益，在"复制发行"以外，著作权法还特别赋予著作权人"信息网络传播权"，但"网络传播行为从本质上同时包括了作品的复制和发行，是复制行为和发行行为的统一。"[3]作品在网络传输的过程中发行与复制同时存在，传输是发行，发行是被传输的复制。

纵观著作权制度的变迁，尽管不同历史阶段的"复制发行"因受同时代传播技术手段的影响呈现出不同的表现形式，但自著作权制度诞生之日起，著作权即与"复制发行"密不可分，并在其后的变迁中，复制权、发行权逐渐演变为著作权最主要的权能，成为著作权其他权能的基础，甚至被称之为"著作权的精髓"[4]。伴随着信息传播技术的不断改进，作品的"复制发行"也得以革新，不仅"复制发行"的成本日益低廉化，而且"复制发行"的方式也逐渐多元化，这既为作品的广泛传播、著作权人利益的最大化创造了条件，也为不法分子侵犯著作权提供了便利。

二、网络环境中"复制发行"的异化

随着信息化时代的到来，信息、知识正在以系统的方式被应用于变革物

---

[1] 参见张今：《版权法中私人复制问题研究——从印刷机到互联网》，中国政法大学出版社 2008 年版，第 126 页。

[2] 鲍立泉：《技术视野下媒介融合的历史与未来》，华中科技大学出版社 2013 年版，第 8 页。

[3] 王健主编：《网络法的域外经验与中国路径》，中国法制出版社 2014 年版，第 372 页。

[4] 《保护文学和艺术作品伯尔尼公约（1971 年巴黎文本）指南》，刘波林译，中国人民大学出版社 2002 年版，第 44 页。

质资源，正在替代劳动成为国民生产中"附加值"的源泉。这种革命性的变化不仅会改变生产过程，更重要的是它将通过改变社会的通讯和传播结构，而催生出一个全新的时代和全新的社会。[1]在信息化时代，受益于数字技术的发展和普及，作品以数字化形式保存和交流成为可能，大量新型数字作品如雨后春笋般涌现，并且传统作品也借助数字技术的转化而获得在网络空间快速传播的能力，从而有力地促进传统著作权从"印刷型权利—电子型权利—数字化权利"的转变与升华。但恰如梅塞纳所言，"新技术为人和社会创造了新的机会，也产生了新的问题。"[2]信息网络技术内在的开放多元、轻便快捷、广泛及时地上传或下载信息等特点，使得网络在丰富作品形式、拓展著作权权能的同时，客观上为侵犯著作权提供了新手段、新方式，进而促成网络环境中"复制发行"呈现出与传统不同的异化特征。

第一，"复制发行"目的之异化。根据《刑法》第217条，侵犯著作权罪的成立以行为人主观上具备"以营利为目的"的目的要件，但网络环境中"复制发行"的目的却呈现出多元化的特征。在印刷媒介阶段和电子媒介阶段，行为人擅自"复制发行"他人作品，往往是出于直接谋取非法经济利益的考虑，但在网络环境中，受价值观多元化的影响，行为人除直接谋取非法经济利益外，还可能为了提高网站知名度、吸引更多网民、赚取积分、提升网络账户等级，甚至是为了开玩笑或恶作剧等非经济利益的多元目的，擅自"复制发行"他人的作品。"网络环境下行为人实施犯罪行为的目的是多元化的，其犯罪行为所产生的非法所得或非法经营利润很少甚至没有，但是其犯罪后果的严重性却不会因缺失经济因素而降低，反而会因为经济因素之外的其他社会危害后果而使得行为的社会危害性提高。"[3]这些不直接谋取非法经济利益的"复制发行"行为，对作者享有之著作权益所造成的损害丝毫不亚于直接谋取非法经济利益的侵权行为，但却可能因为难以认定存在"以营利为目的"的主观要素，而不被认定为侵犯著作权罪。

第二，"复制发行"样态之异化。随着数字技术的广泛适用，作品传播不再以有形复制作为必然条件，复制只是增加作品的完全再现机会，而未增加

---

〔1〕　参见李祖鹏：《手机思维：改写未来的26条商规》，机械工业出版社2015年版，第19页。
〔2〕　吴国盛编：《技术哲学经典读本》，上海交通大学出版社2008年版，第24页。
〔3〕　刘品新主编：《网络时代刑事司法理念与制度的创新》，清华大学出版社2013年版，第127页。

作品的载体数量；作品复制件的发行也不再是传播作品的唯一手段，毕竟数字作品以数字化形式存在后，已然成为一种脱离物理介质的独立形式，无需再借助有形载体即可独立传播，其在网络空间的"发行"的实质是数据的无形传输，并无载体的实质转移。此外，在网络环境中，复制行为逐渐演变为一切作品使用行为（无论是个人学习、欣赏等正常使用行为还是后续传播的侵权行为）的前提条件。复制成为技术上附带的必要步骤，控制复制会产生严重的负面影响——影响个人对作品的正常使用。[1]与之相应，作品的发行则获得诸多新途径，不必拘泥于原来的出版发行单一渠道，并且复制与发行之间的时间间隔也不断缩减，以至于数字作品的复制与发行往往同步进行。

第三，"复制发行"后果之异化。侵犯著作权犯罪的传统认定中，侵权复制品的数量以及行为人的非法获利数额通常可以作为"复制发行"危害后果的评价要素，然而在网络环境中，"复制发行"后果表现出强烈的不确定性。其一，网络的开放性使得利用数字技术"复制发行"他人作品的社会危害性，得到无限地延伸和几何性倍增，"复制发行"危害后果的严重程度和持续时间都被极大地拓展；其二，网络的虚拟性及复制的无形性使得网络环境中的"复制发行"既难以查明，也难以计量，更难以合理评估著作权人遭受的利益损失；其三，在网络环境中，著作权人利用作品的收益机会并非必然与复制发行的数量相联系，查明、计算复制件的数量对于确定著作权的侵权行为不再像印刷媒介和电子媒介那样，是一种有效的评判方式，"复制发行"后果的评估还须另寻他途。

"新媒体技术所革新的不仅仅是某一种传播形式，它是对一切传播形式的一次完全的革新。"[2]由于数字技术与著作权制度的联结，网络环境中作品的"复制发行"也实现了"完全的革新"，其突破时空限制，获得前所未有的便捷性，极大地促进了作品的传播和知识的交流，增加著作权人获取利益的机会，但数字技术带来的"复制发行"异化导致对著作权的侵犯更为容易、后果更为严重，这些异化特征的客观存在对侵犯著作权罪的司法认定发起了严

---

〔1〕 参见易健雄：《技术发展与版权扩张》，法律出版社 2009 年版，第 202 页。

〔2〕 闫岩：《数字原住民的聚合与分化——湖北青少年新媒体使用情况调查报告》，山东教育出版社 2015 年版，第 2 页。

峻挑战，传统的司法认定规则是否可以继续演绎于网络环境中"复制发行"的规范认定，则不无疑义。

三、著作权法上"复制发行"的认定

在我国著作权法立法史上，作为单一术语的"复制发行"仅于 1990 年《著作权法》中出现。[1] 2001 年《著作权法》修正，废除"复制发行"的表述，改为"复制、发行"，这种写法一直持续至今。在现行著作权法中，"复制"与"发行"是两个相互区别但彼此联系的概念，是分别依托《著作权法》所规定的"复制权"与"发行权"两项独立权能进行界定的。

根据《著作权法》第 10 条，"复制权"是以印刷、复印、拓印、录音、录像、翻录、翻拍、数字化等方式将作品制作一份或者多份的权利。基于可复制性乃作品之基本属性，在著作权的诸多权能中，复制权无疑是著作权人就作品所享有的最首要、最基本的权利。正如美国学者戈斯汀所言，著作权原始的含义即指对某一特定作品加以复制——最初仅限于文字作品——以及未经许可禁止他人复制的权利。[2] 按照"复制权"的定义，复制是通过特定方法将特定作品固定于有形物质载体并使作品完全重复再现的行为。通常而言，著作权法上复制行为需要满足两个条件：一是该行为应当在有形物质载体上重复再现作品内容；二是再现的作品能够相对持久稳定地固定于该有形物质载体。在认定是否存在复制行为时，必须客观判断"有形物质载体"与"持久稳定地固定"两个要素。其中，承载作品的"有形物质载体"主要有纸张、磁带、录像带、胶片、光盘等几种，而用以"持久稳定地固定"作品的手段则包括印刷、复印、拓印、录音、录像、翻录、翻拍几种。根据作品载体形式的变换，复制行为可以分为以下几类：（1）"从平面到平面"的复制；（2）"从平面到立体的复制"；（3）"从立体到平面"的复制；（4）"从立体到立体"的复制；（5）数字环境下的复制行为，典型如将作品以各种技

---

[1] 如 1990 年《著作权法》第 39 条："录音录像制作者对其制作的录音录像制品，享有许可他人复制发行并获得报酬的权利。该权利的保护期为五十年，截止于该制品首次出版后第五十年的 12 月 31 日。被许可复制发行的录音录像制作者还应当按照规定向著作权人和表演者支付报酬。"其中，"复制发行"就是以单一术语的形式呈现的。

[2] 参见［美］保罗·戈斯汀：《著作权之道：从谷登堡到数字点播机》，金海军译，北京大学出版社 2008 年版，第 1 页。

术手段固定在芯片、光盘、硬盘和软件磁盘等媒介之上；将作品上传至网络服务器；将作品从网络服务器或他人计算机中下载到本地计算机中；通过网络向其他计算机用户发送作品等。[1]

在著作权制度中，发行与复制通常联系在一起，"发行是复制所追求的目的，没有发行，没有作为物质实体的书籍、音像制品进入市场，复制就失去了意义。"[2]关于"发行"的概念，1991年公布施行的《中华人民共和国著作权法实施条例》（以下简称《著作权法实施条例》）（已失效）第5条规定："……发行，指为满足公众的合理需求，通过出售、出租等方式向公众提供一定数量的作品复制件……"其后，鉴于2001年《著作权法》将"发行"的含义直接规定在《著作权法》第10条"发行权"的定义中，2002年公布施行的《著作权法实施条例》删除了对"发行"的解释。2001年《著作权法》单独规定了出租权，故对发行作出限定：发行是通过出售和赠与作品原件或复制件的方式向公众提供作品的行为。发行的本质是作品原件或复制件有形载体的所有权转移，构成发行行为应符合两个基本条件：一是必须向公众提供作品的复制件，且其数量必须满足公众的合理需求；二是必须通过有形载体的流通提供作品复制件。[3]

由此观之，在著作权法意义上，复制行为与发行行为均具备有形性特征，需要依托有形物质载体始能确定。其中，复制行为是通过将作品固定于有形物质载体而实现作品的完全重复再现。与复制行为相衔接，发行行为则是通过出售或赠与的方式，将固定于有形物质载体的作品原件和复制件置于流通状态。应当承认，强调复制行为和发行行为的有形性对于印刷媒介时代和电子媒介时代的著作权人权利的保护尚属充分，但在信息网络时代则将陷入与保护数字作品作者权利的现实需要严重脱节的窘境。网络环境中，实现数字作品著作权充分保护的途径不外有二：一是放弃复制发行和发行行为的有形性特征，扩大解释复制行为和发行行为；二是维持复制行为和发行行为的有形性特征，另设新型权利予以保护。我国的著作权立法者采取了第二种路径，增设"信息网络传播权"，但这又诱发作品网络发行与作品网络传播的界分

---

〔1〕 参见王迁：《知识产权法教程》，中国人民大学出版社2009年版，第96~97页。

〔2〕 张今：《版权法中私人复制问题研究——从印刷机到互联网》，中国政法大学出版社2008年版，第83页。

〔3〕 参见段维：《网络时代的版权法律保护》，湖北教育出版社2006年版，第36页。

难题。

网络发行与网络传播行为在行为模式和行为结果上具有相似性，都是向社会公众提供作品的行为，但二者存在着本质区别。所谓"网络传播行为"，亦即初始提供行为，是将作品等上传至或者以其他方式置于向公众开放的网络服务器中的行为。[1]网络传播行为不可能转移有形载体的所有权，显然不同于传统的发行行为。一方面，在网络环境中，作品的有形载体是网络服务器的硬盘，即便是访问或者用户下载网络服务器中的作品，也不会导致作为作品载体的网络服务器硬盘的所有权转移，因而并非通过转移有形载体所有权的方式提供作品。另一方面，网络传播行为的对象不同于发行行为。网络传播的对象限于作品内容，公众只可在传播期间享受作品内容，而不必占有承载作品的有形载体；发行行为则需要包含转让作品复制件所有权的意思表示，公众可以无期限地通过所拥有的复制件享受作品内容。[2]正是鉴于网络传播与网络发行存在本质之不同，《著作权法》才在既有"发行权"的基础上，增设"信息网络传播权"。

四、司法解释中"复制发行"的认定

在我国刑事司法实践中，"复制发行"既是侵犯著作权罪最典型的行为方式，也是侵犯著作权罪司法认定最主要的难点。为准确认定"复制发行"，我国刑事司法解释曾多次作出解释，明确了侵犯著作权罪"复制发行"中复制与发行各自的内涵及彼此之间的关系。

关于"复制发行"中复制与发行的关系，我国刑法理论界存在复制与发行必须同时具备的"复制并发行说"、否定发行单独可构成侵犯著作权罪的"发行否定说"以及只要具备复制或发行之一的"复制或发行说"的激烈争论。[3]然而，从最大限度保护著作权人权利的角度出发，早在1998年12月，最高人民法院《关于审理非法出版物刑事案件具体应用法律若干问题的解释》

---

〔1〕　参见孔祥俊：《网络著作权保护法律理念与裁判方法》，中国法制出版社2015年版，第51页。

〔2〕　参见何怀文："网络环境下的发行权"，载《浙江大学学报（人文社会科学版）》2013年第8期。

〔3〕　参见李洪江："《最高人民法院、最高人民检察院关于办理侵犯知识产权刑事案件具体应用法律若干问题的解释（二）》的理解与适用"，载《中国检察官》2007年第5期。

第 3 条即将"复制发行"解释为"复制、发行或者既复制又发行"。这虽遭到有关学者的反对，[1]但却在我国刑事司法解释中得到持续支持。如 2007 年 4 月，"两高"《关于办理侵犯知识产权刑事案件具体应用法律若干问题的解释（二）》第 2 条明确规定："复制发行"，包括复制、发行或者既复制又发行的行为。

就"复制发行"的内涵来看，为应对信息产业飞速发展过程中日益猖獗的"在线盗版"，即网络环境下的复制和发行盗版软件行为，2004 年 12 月，"两高"《关于办理侵犯知识产权刑事案件具体应用法律若干问题的解释》第 11 条第 3 款规定，通过信息网络向公众传播他人文字作品、音乐、电影、电视、录像作品、计算机软件及其他作品的行为，应当视为"复制发行"。该规定对"复制发行"作出与《著作权法》不同的理解，将侵犯著作权人信息网络传播权的行为视为"复制发行"，由此开启以侵犯著作权罪惩治通过信息网络向公众传播他人作品行为的先河。2005 年 10 月"两高"《关于办理侵犯著作权刑事案件中涉及录音录像制品有关问题的批复》规定，未经录音录像制作者许可，通过信息网络传播其制作的录音录像制品的行为，应当视为"复制发行"。尽管该两部规定只是将通过信息网络传播作品的行为视为"复制发行"，而非视为"发行"，但考虑到单纯复制却不向公众提供他人的作品或者录音录像制品，不可能等同于"通过信息网络向公众传播他人作品或录音录像制品"，通过信息网络传播作品的行为只应属于"发行"。事实上，这一解读在 2011 年 1 月"两高一部"《关于办理侵犯知识产权刑事案件适用法律若干问题的意见》（以下简称《意见》）得到明确体现，《意见》第 12 条具体列举"发行"包括总发行、批发、零售、通过信息网络传播以及出租、展销等活动。按照这些规定，在网络环境中，行为人以营利为目的，未经著作权人许可，通过信息网络传播的方式传播他人作品的，依法属于"复制发行"他人作品，应当以侵犯著作权罪论罪科刑。在对网络环境下"复制发行"的样态作出新理解的基础上，《意见》还对评估"复制发行"后果的要素进行重新界定，即不仅维持原非法经营数额和作品数量的标准，而且新增"实际被点击数"和"注册会员人数"两项标准，以适应网络环境下打击侵犯著作

---

[1] 参见刘方、单民:《侵犯知识产权犯罪的定罪与量刑》，人民法院出版社 2001 年版，第 218 页。

权犯罪的现实需要。

五、司法解释"复制发行"认定的质疑与辨正

前述司法解释关于"复制发行"的认定结论遭到某些学者的质疑和批判。如有学者提出，著作权法意义上的"发行"并非"第一次发行"或"总发行"，"两高"将"复制发行"解释为"复制或发行"是错将"发行"等同于"第一次发行"或"总发行"，将导致《刑法》第 217 条与《刑法》第 218 条的冲突，从而架空《刑法》第 218 条关于销售侵权复制品罪的规定。此外，将"通过网络传播作品"视为"复制发行"是错将"网络传播"等同于"发行"，有越权之嫌，在法理上应当受到质疑。[1]也有论者立足侵犯著作权罪的法定犯特征批判道，"在《著作权法》中，信息网络传播权是一项与发行权并列的、独立的财产权。它控制下的信息网络传播行为与传统发行权控制下的发行行为是性质不同的两种行为，三则司法解释将'信息网络传播行为'解释为'发行行为'，明显地违反了侵犯著作权罪作为法定犯的'两次违法'原理或特征。因为刑事司法者在界定信息网络传播行为时，必须要考虑《著作权法》（前置法）对信息网络传播行为的界定。在《著作权法》中信息网络传播行为与发行行为是性质不同的两种行为，刑事司法解释却无视这种差别，将一种行为解释为另一种行为。这不仅是一个逻辑的悖谬，也是对刑法法定犯与'两次违法'原理的根本违反。"[2]

在本书看来，上述学者的质疑和批判值得进一步辨正，司法解释关于"复制发行"认定的既有规则应当予以肯定。诚然，在著作权法意义上，"复制权"、"发行权"和"信息网络传播权"的确是著作权人享有的 3 种具有独立内涵的权能，利用信息网络传播作品与通过销售或赠与转移作品原件或复制件的发行行为确实存在质的差别，并且《刑法》第 217 条规定之侵犯著作权罪也确属法定犯，其构成应该具有"二次违法"的特征，但是通过信息网络传播他人作品或者录音录像制品的行为，也应当认定为《刑法》第 217 条规定之"复制发行"。原因有四：

---

〔1〕　参见王迁："论著作权意义上的'发行'——兼评两高对《刑法》'复制发行'的两次司法解释"，载《知识产权》2008 年第 1 期。

〔2〕　刘杨东、侯婉颖："论信息网络传播权的刑事保护路径"，载《法学》2013 年第 7 期。

第一，刑法解释具有独立性，并不完全取决于前置法的理解。毋庸置疑，刑法具有补充性、二次性，但这并不否定相对于其他法律规范而言刑法的独立性。"刑法作为惟一规制犯罪与刑罚的部门法，具有独立的规制对象和范围，具有相对于其他法律而言独立的价值观念和评价机制。"[1]然而，刑法是以刑罚这种最严厉的制裁措施实现保护特定法益的目的，并不从属于民法、行政法等前置法，刑法条文的解释必须结合法益保护的具体目的独立地展开，避免刑法解释的依附性、片面性和形式性，不能任何情形下都无差别地以前置法为根据。"在刑法的适用解释上，刑法具有独立性。刑法一旦制定出来，就应当解释适用，不可能刑法制定出来之后而以刑法具有补充性为由不予适用，这在根本上违反法律原则。要把握刑法的补充性，其关键在于对行为的入罪化应当慎重，不能轻言入刑立罪。但在司法上解释刑法时，就应当尊重刑法的独立意义。"[2]

刑法独立性原则，赋予刑法用语的相对性特征。即便在刑法典内部，对同一用语的解释结论也会因为场合、行为、对象的不同而呈现区别，遑论分处于刑法和刑法前置法的用语。因此，只要解释结论有助于实现刑法任务、维持刑法体系协调，对《刑法》中"复制发行"作出有别于《著作权法》的理解也并无不可。更何况，《刑法》中"复制发行"系属单一术语，而与现行《著作权法》中"复制""发行"的分别表述明显不同。尽管《刑法》中"复制发行"直接脱胎于1990年《著作权法》，但2001年《著作权法》采用"复制、发行"替代"复制发行"后，已经通过一次全面修订与十次修正的刑法典，却并未作出与《著作权法》相应的修改，而是继续维持"复制发行"的表述，这便意味着在"复制发行"的理解上，《刑法》有意采取与作为前置法的《著作权法》不同的立场，旨在将其界定为一个综合反映"复制"与"发行"实质内涵的整体用语。

第二，将侵犯信息网络传播权评价为侵犯著作权罪，并不违反"二次违法"的要求。侵犯著作权罪是我国刑法分则第三章"破坏社会主义市场经济秩序罪"规定的特定经济犯罪，也是一种典型的法定犯。法定犯是与自然犯相对的犯罪分类，意指违反非刑事法律法规，危害社会派生生活秩序，依法

---

[1] 肖中华："空白刑法规范的特性及其解释"，载《法学家》2010年第3期。
[2] 顾肖荣等主编：《体系刑法学：刑法论》，中国法制出版社2012年版，第181页。

应受刑罚处罚的行为。[1]在违法性判断上，法定犯具有"二次违法"的鲜明特征，"行政违法性是刑事违法性的前提，刑事违法性是行政违法性发展的后果。行为人只有触犯了某类经济行政管理法律法规，具有严重的社会危害性，才构成犯罪。"[2]换言之，法定犯的"二次违法"特征的要求在于：行为在违反一定的经济行政管理法律法规、具备行政违法性的基础上，进一步违反刑法的相关规定，但并未强调行为所违反的经济行政管理法律法规与刑法规范必须具有同一性。只要某种行为具有违反经济行政管理法规的行政违法性，同时又能为刑法分则具体条文所涵摄，即可肯定行为具有"二次违法"特征，从而构成相应的法定犯罪。诚然，信息网络传播权是与复制权、发行权并列的权利，但根据《著作权法》第47条，侵犯著作权人信息网络传播权，通过信息网络传播其作品的行为，具有违反《著作权法》的经济行政违法性，若其又可评价为《刑法》第217条之"复制发行"，那么以侵犯著作权罪惩罚擅自通过信息网络传播作品的行为，就并不违反侵犯著作权罪之"二次违法"的法定犯特征。

第三，擅自通过信息网络传播他人作品，符合"复制发行"的实质内涵。鉴于法益具有作为犯罪构成要件解释目标的机能，解释某种犯罪的构成要件，必须明确刑法规定该罪是为了保护何种法益为指导。"对某种犯罪的违法构成要件的解释结论，必须使符合这种犯罪的违法构成要件的行为确实侵犯了刑法规定该犯罪所要保护的法益，从而使刑法规定该犯罪、设立该条文的目的得以实现。"[3]关于"复制发行"的实质内涵，必须以《刑法》第217条的规范目的以及侵犯著作权罪的保护法益作为解释的指导原理，应在遵循罪刑法定原则的前提下，当行为具有处罚的必要性与合理性时，对"复制发行"作实质性的扩大解释，既不能仅停留在"复制发行"的字面含义上，也不能停留在《著作权法》的有关界定上。

侵犯著作权罪的保护法益是以著作权人合法利益为基础和核心的著作权管理制度，而著作权人的合法利益又集中体现于对作品传播的控制上，即著作权人通过亲自或者许可他人将作品复制成多份并通过销售、赠与等方式发

---

〔1〕　参见李莹：《法定犯研究》，法律出版社2015年版，第33页。
〔2〕　宋浩波、靳高风主编：《犯罪学》，复旦大学出版社2009年版，第459页。
〔3〕　张明楷：《刑法分则的解释原理》（上），中国人民大学出版社2011年版，第353页。

行作品（复制件），从而在为社会公众提供作品的同时，实现自身就作品享有的经济利益。侵犯著作权罪对著作权合法权益保护的主要方式，就是禁止行为人未经许可，擅自将他人的作品复制成多份，或者通过销售等向社会公众提供作品的发行行为谋取非法经济利益，至于复制是否必须存在于有形载体，发行是否必须伴随有形载体的转移，则因对著作权人合法权益的实现并无实质影响，而与侵犯著作权罪之"复制发行"的内涵无关。毕竟严重侵犯著作权人享有之信息网络传播权的行为，尽管缺乏"复制"与"发行"的有形性特征，但同样会极大地损害著作权的合法权益。"网络空间作品'复制件'的转移，不需要像模拟环境下需要以物质形式固定的复制件转移为条件，而只是轻轻地点击一下鼠标即可完成对数字化作品的传送，接受者获得的数字化作品与发送者完全一样，并且可以十分方便地通过打印形式将其'还原成'模拟环境下物质形式固定的复制件（纸质件）。"[1]事实上，信息网络传播行为可分解成复制和发行两种行为，客观上符合"复制发行"的实质内涵。通常而言，经过信息网络传播作品一般要经过下述几个步骤：（1）把作品存进网络服务器的硬盘里，有的还要先把传统作品通过扫描等方式储存在计算机里，然后再存进网络服务器的硬盘里；（2）公众根据需要访问服务器节点并由服务器把信息发送到自己 ISP 的网络服务器硬盘或内存；（3）公众再把信息从自己 ISP 的服务器下载到主机的内存或缓冲区里，然后经由计算机的处理由显示器或音箱等输出设备把信息传递给公众。[2]因此，擅自通过信息网络传播他人作品的行为在技术层面可分解为作品数字化、作品上传、下载作品及浏览使用作品等一系列操作程序，实质上同时包含复制行为和发行行为，是复制行为和发行行为的综合体，是"复制发行"在网络领域的特殊表现，是一种新形式的"复制发行"。

第四，销售侵权复制品罪的客观存在，证实"复制发行"应当作出不同于《著作权法》的解释。质疑司法解释"复制发行"认定规则的学者提出，对"复制发行"作并列解释，即解释为复制或发行，将可能扩大《刑法》第二百一十七条侵犯著作权罪的打击范围，使其直接囊括《刑法》第二百一

---

〔1〕 冯晓青、胡梦云：《动态平衡中的著作权法——"私人复制"及其著作权问题研究》，中国政法大学出版社 2011 年版，第 218~219 页。

〔2〕 参见潘灿君：《著作权法》，浙江大学出版社 2013 年版，第 234 页。

十八条的规制范围，造成刑法条文体系间的逻辑混乱。[1]然而本书认为，质疑者的这一论断的逻辑值得商榷。"导致刑法条文体系间的逻辑混乱"的真正根源，并非司法解释将"复制发行"界定为"复制或发行"，而是质疑者错误地理解侵犯著作权罪法定犯的"二次违法"特征，强行要求《刑法》规定的"复制发行"，特别是"发行"，必须作出与《著作权法》一致解释。

　　具体来说，既然《刑法》在第217条侵犯著作权罪之后，紧接着以第218条规定销售侵权复制品罪，用以惩罚以营利为目的，销售明知是《刑法》第217条规定的侵权复制品，违法所得数额巨大的行为，那么，从刑法体系内部协调的立场出发，《刑法》第217条中"复制发行"，特别是"发行"的理解，就应该不包括"销售侵权复制品"的行为，否则《刑法》第218条销售侵权复制品罪的规定将不可避免地架空。然而，如果像质疑者那般，完全按照《著作权法》对"发行"的解释，由于销售作品复制品乃发行行为最典型的形态，以营利为目的，销售侵权复制品的行为，即应整体性纳入侵犯著作权罪的惩治范围，从而使销售侵权复制品罪的规定被完全虚置。因此，只要对《刑法》第217条"复制发行"作出与《著作权法》不同的理解，将"发行"限制解释为"第一次发行"或"总发行"，将《刑法》第218条中"销售"限制解释为"零售"，即便将"复制发行"解释为"复制或发行"，也将使侵犯著作权罪与销售侵权复制品罪各自拥有自己的规制对象，不至出现侵犯著作权罪替代销售侵权复制品罪的现象。实际上，限制解释《刑法》第217条中"发行"不会导致质疑者所担忧的违反罪刑法定原则：其一，对构成犯罪的积极要件进行合理的限制解释，将限缩该罪的规制范围，不会导致对行为人不利的法律后果，不会与罪刑法定原则人权保障机能存在紧张关系；其二，质疑者自身都承认，将该"发行"限制解释为"第一次发行"或"总发行"，符合社会公众的日常用语习惯，"反映了普通公众对'发行'的一般认识"。[2]既然如此，将"发行"作出与《著作权法》不同的解释，将不会超出社会公众的预测可能性范围，不可能制约社会公众的行动自由。

　　综上所述，在信息网络时代，出于保护网络环境下著作权的现实考量，

---

　　〔1〕　参见王骐："对侵犯著作权罪中网络型'复制发行'的再理解"，载《赤峰学院学报（哲学社会科学版）》2015年第3期。

　　〔2〕　参见王迁："论著作权意义上的'发行'——兼评两高对《刑法》'复制发行'的两次司法解释"，载《知识产权》2008年第1期。

司法解释对《刑法》第217条中的"复制发行"作出与《著作权法》不同的解释，果断抛弃《著作权法》中"复制"与"发行"的有形性特征，将通过信息网络传播作品的行为解释为"复制发行"，将"发行"限制解释为"第一次发行"或"总发行"，不仅根本地维持了刑法的独立性地位、契合侵犯著作权罪"二次违法"的法定犯特征，还有力地保护了著作权人的合法权益、不至出现侵犯著作权行为的处罚漏洞，也有效地实现刑法体系内部的协调、使侵犯著作权罪与销售侵权复制品罪成为互不交叉、彼此衔接的两种犯罪，因而值得继续肯定和支持。

本案处理评述

思路网称号称"中国数字高清第一门户网站"、国内最"顶尖"的蓝光高清网站。周某全等人利用思路网大肆侵犯他人著作权，因该案技术关系之复杂、侵权手段之隐蔽、侵权形式之新颖、涉案人员及作品数量之众多，被媒体广泛报道为"中国版权第一案"，入选"2014年中国法院十大知识产权案件"。[1]将侵权作品的种子文件上传至互联网供注册会员下载而被追究刑事责任，在国内尚属首例。该案的准确处理，契合了当下净化互联网空间、加大网络著作权保护的时代背景，极大地震慑了通过信息网络侵犯著作权的犯罪行为。

在该案中，被告人寇某杰雇佣崔某，未经著作权人许可，使用专业拷贝软件将他人享有著作权的2300余部高清影视作品复制至4000余份移动硬盘中，通过淘宝网店予以销售，谋取非法利益。寇某杰的行为完全符合电子媒介阶段"复制发行"的典型特征，符合《著作权法》关于"复制"和"发行"的理解，即未经著作权人许可，将侵犯他人著作权的高清影视作品复制于有形载体—移动硬盘之上，并通过销售已复制侵权作品的移动硬盘向社会提供他人的作品，谋取非法利益，被认定为侵犯著作权罪惩处，应无疑义。

与寇某杰的侵犯著作权行为样态不同，被告人周某全等人并未将他人的

---

〔1〕参见陶凯远主编：《中国知识产权指导案例评注》（第7辑），中国法制出版社2016年版，第101~107页。

数字作品复制于有形载体，不存在通过销售复制有侵权数字作品的有形载体向社会公众提供作品的可能，而是未经著作权人许可，以会员制的方式将3万余部他人享有著作权的电影、电视、音乐等作品以种子文件的形式上传HDstar论坛，供2.6万余名注册会员下载，并通过在思路网站上投放广告收取广告费及销售注册邀请码和VIP会员资格营利。在《著作权法》意义上，周某全等人的行为难以评价为"复制"和"发行"，而属于网络环境下通过信息网络传播他人作品、侵犯他人信息网络传播权的行为。然而，因刑法解释具有不依附于《著作权法》有关规定的独立性，完全可以从侵犯著作权罪的保护法益出发，实质解释《刑法》第217条规定的"复制发行"，将擅自利用信息网络传播他人作品的行为评价为"复制发行"，使之适应惩罚网络环境下侵犯著作权犯罪的新形势和新要求。

事实上，《刑法修正案（十一）》正是认可并采取了上述立场，将"复制发行"与"通过信息网络向公众传播"等同对待，以使刑法关于侵犯著作权罪的规定适应网络环境和信息网络技术发展的现实需要。《刑法修正案（十一）》第20条将修正前的情形（一）修正为"未经著作权人许可，复制发行、通过信息网络向公众传播其文字作品、音乐、美术、视听作品、计算机软件及法律、行政法规规定的其他作品的"，即增加"通过信息网络向公众传播"的行为手段；在修正前条文的情形（三）中也增加"通过信息网络向公众传播"的行为手段。这样的修正一方面是为了在表述上尽量与《著作权法》的规定保持一致，另一方面则是"考虑到互联网信息技术更新换代的影响，通过网络途径侵犯著作权的现象日益严重，涉及的人数往往不计其数，造成的危害后果也难以估量，因此，应将'信息网络传播'单独列为侵犯著作权犯罪的行为方式之一，严肃查处借助网络技术实施的侵犯著作权及相关权的行为。"[1]在网络环境下，"复制发行"的实质内涵为：行为人未经著作权人许可，擅自将他人的作品复制成多份，或者通过销售等向社会公众提供作品，至于复制是否必须存在于有形载体，发行是否必须伴随有形载体的转移，则在所不问。周某全等人上传高清数字作品种子文件供注册会员下载，虽未直接将高清数字作品复制于有形载体，也未通过转移该有形载体的方式向社会

---

[1]　赵秉志：《〈刑法修正案（十一）〉理解与适用》，中国人民大学出版社2021年版，第215~216页。

公众提供他人作品，但却属于集高清数字作品数字化、复制和发行等系列程序于一体的行为，实质是擅自利用信息网络传播他人作品、侵犯信息网络传播权的行为，应当认定为《刑法》第 217 条规定的"复制发行"行为，以侵犯著作权罪予以惩处。

关于"复制发行"危害后果的评价要素，《意见》第 13 条规定了"非法经营数额"、"传播他人作品数量"、"传播他人作品实际被点播次数"以及"注册会员数"。在本案中，同时出现"非法经营数额"、"传播他人作品数量"以及"注册会员数"三种，考虑到仅有被告人供述对通过广告非法获利大概情形的描述，且会员收费也存在会员种类不同而收费方式有异等变量，非法经营的具体数额难以确定，同时涉案 HDstar 论坛中的种子数量虽有 3 万余部，但其中存在网络用户自行上传的部分，现有证据无法证实被告人上传或组织上传的作品数量，最终法院选取"注册会员数"作为标准评价周某全等人"复制发行"的危害后果。以"注册会员人数"作为"复制发行"危害后果评价要素，主要是因为注册会员人数多寡直接决定侵权作品的影响大小，形象地反映了"复制发行"的社会危害范围，至于注册会员是属于收费会员还是免费会员，则不具有重要意义。毕竟免费会员虽无需缴纳会员费，但其浏览涉案网站或者下载免费高清数字作品，会使网站的广告浏览量增加，而被告人则可借此间接获得非法经济利益。

法律适用依据

一、《中华人民共和国刑法》（2011 年修正）

第 217 条：以营利为目的，有下列侵犯著作权情形之一，违法所得数额较大或者有其他严重情节的，处三年以下有期徒刑或者拘役，并处或者单处罚金；违法所得数额巨大或者有其他特别严重情节的，处三年以上十年以下有期徒刑，并处罚金：

（一）未经著作权人许可，复制发行其文字作品、音乐、电影、电视、录像作品、计算机软件及其他作品的；

（二）出版他人享有专有出版权的图书的；

（三）未经录音录像制作者许可，复制发行其制作的录音录像的；

（四）制作、出售假冒他人署名的美术作品的。

二、《中华人民共和国著作权法》（2001 年修正）

第 10 条：著作权包括下列人身权和财产权：

（一）发表权，即决定作品是否公之于众的权利；

（二）署名权，即表明作者身份，在作品上署名的权利；

（三）修改权，即修改或者授权他人修改作品的权利；

（四）保护作品完整权，即保护作品不受歪曲、篡改的权利；

（五）复制权，即以印刷、复印、拓印、录音、录像、翻录、翻拍等方式将作品制作一份或者多份的权利；

（六）发行权，即以出售或者赠与方式向公众提供作品的原件或者复制件的权利；

（七）出租权，即有偿许可他人临时使用电影作品和以类似摄制电影的方法创作的作品、计算机软件的原件或者复制件的权利，计算机软件不是出租的主要标的的除外；

（八）展览权，即公开陈列美术作品、摄影作品的原件或者复制件的权利；

（九）表演权，即公开表演作品，以及用各种手段公开播送作品的表演的权利；

（十）放映权，即通过放映机、幻灯机等技术设备公开再现美术、摄影、电影作品和以类似摄制电影的方法创作的作品等的权利；

（十一）广播权，即以无线方式公开广播或者传播作品，以有线传播或者转播的方式向公众传播广播的作品，以及通过扩音器或者其他传送符号、声音、图像的类似工具向公众传播广播的作品的权利；

（十二）信息网络传播权，即以有线或者无线方式向公众提供作品，使公众可以在其选定的时间和地点获得作品的权利；

（十三）摄制权，即以摄制视听作品的方法将作品固定在载体上的权利；

（十四）改编权，即改变作品，创作出具有独创性的新作品的权利；

（十五）翻译权，即将作品从一种语言文字转换成另一种语言文字的权利；

（十六）汇编权，即将作品或者作品的片段通过选择或者编排，汇集成新作品的权利；

（十七）应当由著作权人享有的其他权利。

著作权人可以许可他人行使前款第（五）项至第（十七）项规定的权利，并依照约定或者本法有关规定获得报酬。

著作权人可以全部或者部分转让本条第一款第（五）项至第（十七）项规定的权利，并依照约定或者本法有关规定获得报酬。

三、《关于办理侵犯知识产权刑事案件具体应用法律若干问题的解释（三）》（法释〔2020〕10号）

第2条：在刑法第二百一十七条规定的作品、录音制品上以通常方式署名的自然人、法人或者非法人组织，应当推定为著作权人或者录音制作者，且该作品、录音制品上存在着相应权利，但有相反证明的除外。

在涉案作品、录音制品种类众多且权利人分散的案件中，有证据证明涉案复制品系非法出版、复制发行，且出版者、复制发行者不能提供获得著作权人、录音制作者许可的相关证据材料的，可以认定为刑法第二百一十七条规定的"未经著作权人许可""未经录音制作者许可"。但是，有证据证明权利人放弃权利、涉案作品的著作权或者录音制品的有关权利不受我国著作权法保护、权利保护期限已经届满的除外。

四、《关于办理侵犯知识产权刑事案件适用法律若干问题的意见》（法发〔2011〕3号）

......

十二、关于刑法第二百一十七条规定的"发行"的认定及相关问题

"发行"，包括总发行、批发、零售、通过信息网络传播以及出租、展销等活动。

非法出版、复制、发行他人作品，侵犯著作权构成犯罪的，按照侵犯著作权罪定罪处罚，不认定为非法经营罪等其他犯罪。

十三、关于通过信息网络传播侵权作品行为的定罪处罚标准问题

以营利为目的，未经著作权人许可，通过信息网络向公众传播他人文字作品、音乐、电影、电视、美术、摄影、录像作品、录音录像制品、计算机

软件及其他作品，具有下列情形之一的，属于刑法第二百一十七条规定的"其他严重情节"：

（一）非法经营数额在五万元以上的；

（二）传播他人作品的数量合计在五百件（部）以上的；

（三）传播他人作品的实际被点击数达到五万次以上的；

（四）以会员制方式传播他人作品，注册会员达到一千人以上的；

（五）数额或者数量虽未达到第（一）项至第（四）项规定标准，但分别达到其中两项以上标准一半以上的；

（六）其他严重情节的情形。

实施前款规定的行为，数额或者数量达到前款第（一）项至第（五）项规定标准五倍以上的，属于刑法第二百一十七条规定的"其他特别严重情节"。

十四、关于多次实施侵犯知识产权行为累计计算数额问题

依照最高人民法院、最高人民检察院《关于办理侵犯知识产权刑事案件具体应用法律若干问题的解释》第十二条第二款的规定，多次实施侵犯知识产权行为，未经行政处理或者刑事处罚的，非法经营数额、违法所得数额或者销售金额累计计算。

二年内多次实施侵犯知识产权违法行为，未经行政处理，累计数额构成犯罪的，应当依法定罪处罚。实施侵犯知识产权犯罪行为的追诉期限，适用刑法的有关规定，不受前述二年的限制。

五、《关于办理侵犯知识产权刑事案件具体应用法律若干问题的解释（二）》（法释〔2007〕6号）

第1条：以营利为目的，未经著作权人许可，复制发行其文字作品、音乐、电影、电视、录像作品、计算机软件及其他作品，复制品数量合计在五百张（份）以上的，属于刑法第二百一十七条规定的"有其他严重情节"；复制品数量在二千五百张（份）以上的，属于刑法第二百一十七条规定的"有其他特别严重情节"。

第2条：刑法第二百一十七条侵犯著作权罪中的"复制发行"，包括复制、发行或者既复制又发行的行为。

侵权产品的持有人通过广告、征订等方式推销侵权产品的，属于刑法第二百一十七条规定的"发行"。

非法出版、复制、发行他人作品，侵犯著作权构成犯罪的，按照侵犯著作权罪定罪处罚。

六、《关于审理非法出版物刑事案件具体应用法律若干问题的解释》（法释〔1998〕30号）

第3条：刑法第二百一十七条第（一）项中规定的"复制发行"，是指行为人以营利为目的，未经著作权人许可而实施的复制、发行或者既复制又发行其文字作品、音乐、电影、电视、录像作品、计算机软件及其他作品的行为。

第四章

赵春华非法持有枪支案

—— 刑法解释的反推适用与展望

案件基本情况

一、案情概要

被告赵春华从他人处以 2000 元的价格接手了 9 支枪及弹夹、气球等物品，用于摆摊经营射击气球生意，并自行购买了塑料子弹。2016 年 8 月至 10 月，上诉人赵春华在天津市河北区李公祠大街附近的海河亲水平台，摆设射击游艺摊位进行营利活动。2016 年 10 月 12 日 22 时许，天津市公安局河北分局民警在巡查过程中，当场在赵春华经营的摊位上查获枪形物 9 支及配件、塑料弹等物，并依法将赵春华传唤到公安机关。经天津市公安局物证鉴定中心鉴定，现场查获的 9 支枪形物中的 6 支为能正常发射、以压缩气体为动力的枪支。涉案枪支已由公安机关依法没收。

二、处理结论

一审法院天津市河北区人民法院于 2016 年 12 月 17 日作出 (2016) 津 0105 刑初 442 号刑事判决。一审法院认为，被告人赵春华违反国家对枪支的管制制度，非法持有枪支，情节严重，其行为已构成非法持有枪支罪。公诉机关指控被告人赵春华犯非法持有枪支罪罪名成立，应定罪科刑。被告赵春华当庭自愿认罪，可以酌情从轻处罚。一审法院采纳被告人赵春华的辩护人所提的被告人具有坦白情节且系初犯的辩护意见。据此，一审法院依照《刑法》第 128 条第 1 款及《关于审理非法制造、买卖、运输枪支、弹药、爆炸物等刑事案件具体应用法律若干问题的解释》第 5 条第 2 款第 (二) 项的规定，判决被告人赵春华犯非法持有枪支罪，判处有期徒刑三年六个月。

一审判决做出后，原审被告人赵春华以其不知道持有的是枪支，没有犯罪故意，行为不具有社会危害性且原判量刑过重为由提出上诉。二审天津市第一中级人民法院依法组成合议庭，公开开庭审理了该案。经审理，二审法院做出以下决定：

不采纳辩护人关于"涉案枪形物的提取、包装和送检过程违反公安部《法庭科学枪支物证的提取、包装和送检规则》规定，侦查人员未对查获的枪形物现场进行编号；随手抓取枪形物，破坏了物证表面痕迹，使物证遭到污染；未按规定封装并填写标签；没有证据证明涉案枪形物的保管过程，无法确定是否与其他枪支混同。因此，涉案枪形物不能确定是从赵春华处查获，依法不能作为定案证据"的辩护意见，二审法院认为，公安机关在侦查过程中，虽未按照公安部相关规定现场对涉案枪形物进行编号、封装和填写标签，但严格依照刑事诉讼法的规定制作了搜查笔录、扣押决定书、扣押清单，并对查扣过程进行了同步录像；将赵春华带回派出所后，经其确认给涉案枪形物贴上标签予以封存。一审庭审期间，赵春华本人对扣押送检的枪形物当庭予以了确认。二审期间，检察机关从天津市公安局河北分局依法调取了相关情况说明，进一步证明了涉案枪支依法提取、扣押、保管、送检的过程。上述证据相互印证，证据之间没有矛盾，能够确定涉案枪支为上诉人赵春华所持有，排除被混同的可能性。侦查机关未在第一现场对涉案枪形物进行编号、封装和填写标签，以及随手抓取枪形物，不影响证据关联性的认定。辩护人的上述辩护意见二审法院不予采纳。

不采纳辩护人关于"公安部制定的《枪支致伤力的法庭科学鉴定判据》所依据的试验及理由不科学、不合理，该"判据"确定的枪支认定标准不合法，且属内部文件，不能作为裁判的法律依据"的辩护意见。《中华人民共和国枪支管理法》（以下简称《枪支管理法》）第46条规定："本法所称枪支，是指以火药或者压缩气体等为动力，利用管状器具发射金属弹丸或者其他物质，足以致人伤亡或者丧失知觉的各种枪支。"此规定未包含可供执行的、具体的量化标准，需要由有权机关做出进一步规定。《枪支管理法》第4条明确规定"国务院公安部门主管全国的枪支管理工作"，据此，公安部作为枪支管理主管部门有权制定相关规定，本案鉴定所依据的《公安机关涉案枪支弹药性能鉴定工作规定》《枪支致伤力的法庭科学鉴定判据》均合法有效，应当适用。

不采纳辩护人关于"《枪支鉴定书》因检材的提取、包装和送检过程违法，不能确定与赵春华的关联；鉴定所依据的《枪支性能的检验方法》未经公开，属尚未公布的规定；出具鉴定书的鉴定机构只有枪弹痕迹鉴定资质，并无枪支鉴定资质，鉴定书不能作为定案证据"的辩护意见。二审法院认为，公安部印发的《公安机关涉案枪支弹药性能鉴定工作规定》规定，涉案枪支、弹药的鉴定由地（市）级公安机关负责，各地可委托公安机关现有刑事技术鉴定部门开展枪支、弹药的鉴定工作，故本案鉴定机构具备相关鉴定资质；《枪支性能的检验方法》系公安部正式颁布的规范性文件，辩护人认为该规定属"尚未公布的规定"没有事实根据；枪支的关联性问题前已述及。综上，本案《枪支鉴定书》系具有鉴定资质的鉴定机构，对赵春华持有的枪形物依照法定程序和方法做出的结论，符合刑事诉讼法及相关司法解释对鉴定意见审查与认定的要求，且经法庭举证、质证，应依法予以采信并作为认定案件事实的证据。

不采纳辩护人关于"上诉人赵春华不知自己持有的是枪支的上诉理由及其认为自己持有的是玩具枪而非真枪，其对行为对象存在认识错误，不具备非法持有枪支犯罪的主观故意"的辩护意见。二审法院认为，涉案枪支外形与制式枪支高度相似，以压缩气体为动力、能正常发射、具有一定致伤力和危险性，且不能通过正常途径购买获得，上诉人赵春华对此明知，其在此情况下擅自持有，即具备犯罪故意。至于枪形物致伤力的具体程度，不影响主观故意的成立。

不采纳辩护人关于"赵春华的行为不具有任何社会危害性"的辩护意见，二审法院认为，枪支独有的特性使其具有高度危险性，因此，《枪支管理法》第3条明确规定"国家严格管制枪支。禁止任何单位或者个人违反法律规定持有、制造（包括变造、装配）、买卖、运输、出租、出借枪支"，非法持有枪支本身即具有刑事违法性和社会危害性。

综合考虑赵春华非法持有的枪支均刚刚达到枪支认定标准，犯罪行为的社会危害相对较小，其非法持有枪支的目的是从事经营，主观恶性、人身危险性相对较低，二审期间能如实供述犯罪事实，认罪态度较好，有悔罪表现等情节，可酌情予以从宽处罚并适用缓刑。

综上，依照《刑法》第128条第1款、第67条第3款、第72条第1款、第73条第2款、第3款、第76条，《刑诉法》第225条第1款第（二）项及《关于审理非法制造、买卖、运输枪支、弹药、爆炸物等刑事案件具体应用法律若干问题的解释》第5条第2款第（二）项之规定，判决维持天津市河北区人民法院（2016）津 0105 刑初 442 号刑事判决对上诉人赵春华的定罪部分，即"被告人赵春华犯非法持有枪支罪"；撤销天津市河北区人民法院（2016）津 0105 刑初 442 号刑事判决对上诉人赵春华的量刑部分，即"判处有期徒刑三年六个月"；"上诉人赵春华犯非法持有枪支罪，判处有期徒刑三年，缓刑三年。在缓刑考验期限内，依法实行社区矫正"。[1]

案件诉争聚焦

本案不论一审天津市河北区人民法院还是二审天津市第一中级人民法院均认为被告赵春华构成非法持有枪支罪，二审天津市第一中级人民法院支持一审天津河北区人民法院的定罪与量刑判决。对上诉人赵春华的上诉理由予以部分支持，认为赵春华非法持有的枪支刚刚达到枪支的认定标准，且其非法持有枪支的目的是从事经营，主观恶性、人身危险性相对较低，二审期间能如实供述犯罪事实，认罪态度较好，有悔罪表现等情节，依法可判从宽处罚并适用缓刑。

本案经二审法院终审判决，依然认定赵春华构成非法持有枪支罪，唯一不同的是在量刑上对赵春华予以减轻。该判决一经作出，其社会效果不理想，引起社会哗然。本案之所以引起社会哗然，主要是因为判决结果未能实现"国法"与"人情"的有机统一。

本案焦点在于赵春华持有"枪形物"的行为是否为"非法"行为，其"持有"行为是否为持有型犯罪的"持有"行为，其持有的"枪形物"是否为刑法意义上的"枪支"，即对《枪支管理法》第 46 条规定的"本法所称枪支，是指以火药或者压缩气体等为动力，利用管状器具发射金属弹丸或者其他物质，足以致人伤亡或者丧失知觉的各种枪支"中的以压缩空气为动力，发射其他物质的认定以及对赵春华有无认识其持有的"枪形物"为"枪"的可能性的认定。

---

[1] 参见天津市第一中级人民法院第（2017）津 01 刑终 41 号刑事判决书。

案涉法理精释

一、非法持有枪支罪之"非法"

对于《刑法》上"非法"的解释，理论界历来存在争议，主要争议焦点为"非法"为非法条之法还是非法秩序之法，也即文义解释与目的解释之争。德国著名刑法学家汉斯·韦尔策尔认为，非法行为是指违反社会相当性的行为，是与社会整体秩序相背的行为。[1]车浩教授亦认为，非法之"法"，不是指某一成文的法律法规，而是指整个法秩序。法秩序的内涵不仅由成文法律法规构成，社会历史习惯、善良风俗、公众的法感情等也构成法秩序的内涵。学界主要观点认为非法持有枪支罪中的"非法"要件指的是违反整体法秩序。[2]

二、非法持有枪支罪之"持有"

将非法持有枪支罪归为持有型犯罪主要是考虑到枪支所具有的高度危险性质。而对"持有"的解释也不应该仅仅是文义解释。"持有这个概念，从刑法典存在开始，即被多次重新加以定义并被更正，但迄今为止却从未能成功地找到一个可以将所指称的类型精确地予以表达的定义。"[3]"持有"文义上可解释为行为人实力上的控制，但由于持有型犯罪过度地强调法益保护而忽略人权保障，其正当性依据历来也受到理论界及实务界的质疑。[4]非法持有枪支罪的"持有"应当是主客观的统一。客观上，行为人必须实力上予以控制。主观上，行为人必须具有相关犯罪的故意。坚持刑法意义上的"持有"主客观相统一是学界的一致观点，但持有型犯罪的主观罪过是故意还是过失目前尚无统一定论。[5]本书认为非法持有枪支罪的"持有"主观罪过不可能

〔1〕　参见［德］汉斯·韦尔策尔：《目的行为论导论：刑法理论的新图景》，陈璇译，中国人民大学出版社 2015 年版，第 1 页。

〔2〕　参见辛宜谦："赵春华非法持枪案的法教义学分析"，载《现代商贸工业》2019 年第 3 期。

〔3〕　张明楷：《刑法学》，法律出版社 2003 年版，第 157 页。

〔4〕　参见陈洪兵："持有型犯罪的正当性根据及其适用"，载《东方法学》2016 年第 3 期。

〔5〕　参见陈自强、高扬："浅析持有型犯罪之主观罪过"，载《西南石油大学学报（社会科学版）》2017 年第 6 期。

为过失，其主观罪过至少为间接故意甚至直接故意，仅在此条件下，方可认定非法持有枪支罪的"持有"为刑法意义上的持有。

因此，在考量赵春华非法持有枪形物的"持有"是否为刑法意义上的持有时，一方面既要考量赵春华是否实力控制该枪形物，另一方面又需要综合判断赵春华的主观罪过为间接故意或直接故意，做到从客观到主观，主客观相统一。

三、非法持有枪支罪"枪支"范围的质疑与辨正

《枪支管理法》第 46 条规定："本法所称枪支，是指以火药或者压缩气体等为动力，利用管状器具发射金属弹丸或者其他物质，足以致人伤亡或者丧失知觉的各种枪支。"公安部关于枪支认定的标准，曾存在"松木板标准"和"猪眼睛标准"。[1]所谓"松木板标准"，是指 2001 年公安部实施的《公安机关涉案枪支弹药性能鉴定工作规定》确定的以干燥松木板为实验对象的枪支认定标准，其比动能大概为 16 焦耳/平方厘米。所谓"猪眼睛标准"是指 2010 年公安部印发的《公安机关涉案枪支弹药性能鉴定工作规定》确认的以猪眼睛为实验对象的枪支认定标准，其比动能为 1.8 焦耳/平方厘米。

可见，赵春华非法持有枪支案中，对枪支认定的关键在于对"以压缩气体为动力，发射其他物质，足以致人丧失知觉"的认定。以上的"其他物质"应当解释为与金属弹丸相当的物质。"足以致人失去知觉"应当解释为与金属弹丸相当威力、击打相同部位造成轻伤以上的失去知觉，而并非特殊地针对人体的例如眼睛等脆弱部位。根据我国《刑法》及《刑诉法》的相关法律规定，触犯《刑法》应当达到"轻伤"以上，所以"足以致人失去知觉"应当解释为"轻伤"以上。《枪支管理法》第 4 条明确规定"国务院公安部门主管全国的枪支管理工作"，公安部 2010 年印发的《公安机关涉案枪支弹药性能鉴定工作规定》明确了枪支认定标准，其中"对不能发射制式弹药的非制式枪支，按照《枪支致伤力的法庭科学鉴定判据》（GA/T 718—2007）的规定，当所发射弹丸的枪口比动能大于等于 1.8 焦耳/平方厘米时，一律认定为

---

[1] 参见熊德禄："刑事司法裁量的边际均衡——从枪支认定标准与赵春华案切入"，载《环球法律评论》2020 年第 1 期。

枪支"。

该规定仅规定了比动能大于等于 1.8 焦耳/平方厘米时，认定为枪支，如此一来，买卖、持有玩具枪、仿真枪等很容易被认定为枪支相关的犯罪。著名专家季峻曾做射击实验证明 1.5 焦耳比动能[1]的射击可以使眼睛等比较脆弱的人体部位轻伤，[2]进而 1.8 焦耳的比动能也必然使眼睛等脆弱部位轻伤，但是 1.8 焦耳的比动能并不必然造成人体的其他部位轻伤。根据《人体损伤程度鉴定标准》的规定，"眼球穿通伤或者眼球破裂伤"的为轻伤二级；"眼球损伤影响视力"的为轻微伤。"挫伤面积达体表面积 6%"的为轻伤二级；"挫伤面积 15cm² 以上"的为轻微伤。《枪支管理法》规定的"足以致人伤亡或丧失知觉"是指能够造成人体绝大部分的轻伤以上的伤害，因此 1.8 焦耳/平方厘米比动能的伤害程度与发射金属弹丸，致人伤亡或丧失知觉不具有同等的危险性。

此外，经实践检验，"猪眼睛标准"有越刑之嫌。早年在"松木板标准"的统一标准下，枪支管理活动并未产生不良的社会效果，但当下降到"猪眼睛标准"时，却发生了赵春华案般的"刑法越界事件"。之所以将 16 焦耳/平方厘米的比动能阈值下放到 1.8 焦耳/平方厘米，是因为考虑到当时全国出现了大量的仿造枪支伤人案件，为了集中力量打击枪支类犯罪，便下调了比动能下限阈值，但可以明确的是，如此急促且为了打击而打击的规定是必然有违《刑法》谦抑性原则的。

四、违法认识可能性的反推认定

犯罪嫌疑人主观故意的认定涉及刑法、刑事诉讼法等许多问题，是一个在理论及实践中都存在争议的难题。非法持有枪支罪的"明知"问题是非法持有枪支罪的主观故意的认定难点。该问题是罪与非罪认定的关键因素之一，涉及犯罪构成的问题，因此要严格该证明标准。主观故意的推定在实践及理

---

〔1〕 比动能，即焦耳/平方厘米，比动能的大小实际由 m 质量，V 速度，A 碰撞面积三个因素决定。公式表示为 $E=\frac{1}{2}mV^2$，E 为比动能，单位焦耳/平方厘米；$\frac{1}{2}mV^2$ 为弹丸动能，单位为焦耳，其中 m 为弹丸质量，V 为发射速度；S 为弹丸最大接触面积。由此可知，弹丸质量和速度越大，接触面积越小，比动能越大。1.5 焦耳比动能的射击可以使眼睛等比较脆弱的人体部位轻伤。

〔2〕 参见季峻："关于枪支'杀伤力'鉴定的讨论"，载《中国刑警学院学报》2001 年第 1 期。

论上存在着争议，在许多司法解释里，到底用不用"推定"这个概念，一直未达成共识。虽然未明确是否使用"推定"这一概念，但本书拟通过一系列客观事实来反推认定行为人的主观故意。如可以根据行为人使用的武器、攻击的部位、造成的后果等客观要件来认定行为人的杀人故意或伤害故意。再如，可以根据行为人的知识文化水平、社会阅历、认知程度、窝藏地点、窝藏方式等综合因素判断行为人是否具有认识毒品的可能性。

另一方面是违法认识可能性。违法认识可能性是主观故意认定的前提。若如行为人不具备违法认识的可能，刑法便不能强求行为人具有相应的犯罪故意。法定犯时代的到来导致了"不知者不为罪"的传统观念与责任主义的正面冲突。"法定犯的增多表明刑法规制的任务日益加重，刑事政策上也不允许追求'不知法者不为罪'的理想图景。"[1]但"近年来一系列案件的发生彰显了违法性认识对于司法公正审判的重要性，真正于实践有意义的论点应转移至违法性认识的罪责阻却效力。"[2]

本书认为，认定行为人是否具有违法认识可能性要坚持从客观到主观的认识路线。主观意识作为空泛抽象的存在，在认定时行为人是否具有违法认识可能性时，不可仅凭行为人的一面之词，也不可依靠孤证定案。要认定行为人是否具有违法认识可能性必须搜集大量的客观证据，使证据间能够相互佐证，形成证据链，进而依据搜集的客观证据链反推行为人的主观状态。

本案处理评述

一、赵春华的"持有"行为并非刑法意义上的非法持有

本书认为对刑法意义上的"非法"解释应当进行目的解释，解释为非法秩序之非法，而非仅仅为非法条之法，若仅对"非法"进行文义解释，那么将不能抓住"非法"的核心要义，甚至违背立法者的本意。本案中，抛开枪的真假与群众的认识，赵春华"非法持有枪形物"的行为也并未违反整体法

---

〔1〕 车浩："法定犯时代的违法性认识错误"，载《清华法学》2015年第4期。

〔2〕 张毅蓉："违法性认识缺失的当代解读"，载《山西省政法管理干部学院学报》2019年第1期。

秩序，因而其行为并非刑法意义上的非法持有，故而刑法不能谴责该行为。理由有二：

其一，赵春华"非法持有枪形物"的行为并未引起法秩序的混乱，刑法缺乏谴责该行为的客观基础。摆摊打气球已融入街边文化，成为市民娱乐休闲的组成部分，市民并未感受到"地摊枪支"所带来的威胁。相反，相当部分市民积极参与该"射击"活动，如若刑法可以谴责赵春华的持有行为，那参与该活动的市民也理应受到相应的谴责，这反而扰乱了整体法秩序，恶法的萌芽也将由此而生。

其二，赵春华的"持有"行为不具主观故意，不能认定为非法持有枪支罪的非法持有。关于赵春华的"持有"行为不具主观故意的证据，主要有两方面。首先，赵春华从他人手中接收该套"枪支"，以一般人的观念来看，其"前任"摆地摊经营尚未受到刑法管制，甚至于未受到行政处罚，法秩序未给予赵春华相应的预判，故而刑法不能强求其具有违法认识的可能性；其次，赵春华购买9支"枪支"及其相关经营设备共花费2000元与真枪的一般市场价值不相符，由一般人的眼光来看，不认为2000元能够购买到9支枪支外加经营设备，由此可推断赵春华购买该"枪支"时不具备认识到枪支的主观意识。

二、赵春华的"枪支"也并非刑法意义上的枪支

《枪支管理法》第46条的规定及公安部2010年印发的《公安机关涉案枪支弹药性能鉴定工作规定》中对非制式枪支作出的具体规定是枪支界定最直接的依据，但《公安机关涉案枪支弹药性能鉴定工作规定》关于枪支的界定有过度缩小《枪支管理法》第46条规定之嫌疑。比动能1.8焦耳/平方厘米仅仅能造成人体如眼睛等比较脆弱的部位轻伤，而不必然造成其他部位轻伤。

赵春华非法持有枪支案中，赵春华持有的为"以压缩气体为动力，发射塑料弹"的"枪支"。本书认为，赵春华持有的"枪支"并非《枪支管理法》第46条所称的枪支。主要理由如下：首先，该塑料bb弹在性质上很难认定为与金属弹丸具有相同的性质。其次，该"枪支"以压缩气体为动力，发射塑料弹丸，仅能造成人眼等脆弱部位轻伤，而对人体其他部位并不必然造成轻伤以上，故不应入刑。《人体损伤程度鉴定标准》规定，体表"挫伤面积

15cm² 以上"的仅为轻微伤；"挫伤面积达体表面积 6%"的为轻伤二级。"猪眼睛标准"的 1.8 焦耳/平方厘米仅仅能造成人体如眼睛等比较脆弱的部位轻伤，而不能造成体表面积 6% 的挫伤。最后，"猪眼睛标准"的 1.8 焦耳/平方厘米的规定有违刑法的谦抑性，其是刑事政策的产物而并非《刑法》的规定，故而赵春华的枪支不能被认定为刑法意义上的枪支。

三、赵春华不具备违法认识可能性

本案被告人赵春华不具备违法认识可能性，因而主观上阻却了其责任。首先，购买途径寻常，赵春华无违法认识可能性。本案被告人赵春华由他人处接收该套枪支，且仅花费 2000 元，以社会一般人的眼光来看，"他人"可以摆摊打气球经营，赵春华也可以为同样的行为，其无违法认识可能性。其次，2000 元购买 9 支"枪支"外加一套经营设备，与真枪一般价格大相径庭，可反推赵春华缺乏主观故意。最后，赵春华生活环境，文化水平可佐证其无违法认识可能性。赵春华出生于辽宁省海城市，户籍地为内蒙古自治区呼伦贝尔市鄂伦春自治旗克一河镇索图罕林场 2537 号。先于老家种植木耳，后于案发两年前到天津生活。由此可知，赵春华文化水平低，常年生活环境为农村。摆摊射击气球于 80 年代至 90 年代成为边远中小城市市民娱乐的街头文化，在边远中小城市，此类活动是被允许的。而本案当事人赵春华常年居住在边远中小城市，基于生活环境，可反推其不具备违法认识可能性。

法津适用依据

一、《中华人民共和国刑法》（2015 年修正）

第 5 条：刑罚的轻重，应当与犯罪分子所犯罪行和承担的刑事责任相适应。

第 61 条：对于犯罪分子决定刑罚的时候，应当根据犯罪的事实、犯罪的性质、情节和对于社会的危害程度，依照本法的有关规定判处。

第 128 条第 1 款：违反枪支管理规定，非法持有、私藏枪支、弹药的，处三年以下有期徒刑、拘役或者管制；情节严重的，处三年以上七年以下有期徒刑。

二、《中华人民共和国枪支管理法》（2015 修正）

第 46 条：本法所称枪支，是指以火药或者压缩气体等为动力，利用管状器具发射金属弹丸或者其他物质，足以致人伤亡或者丧失知觉的各种枪支。

三、《关于涉以压缩气体为动力的枪支、气枪铅弹刑事案件定罪量刑问题的批复》（法释〔2018〕8 号）

一、对于非法制造、买卖、运输、邮寄、储存、持有、私藏、走私以压缩气体为动力且枪口比动能较低的枪支的行为，在决定是否追究刑事责任以及如何裁量刑罚时，不仅应当考虑涉案枪支的数量，而且应当充分考虑涉案枪支的外观、材质、发射物、购买场所和渠道、价格、用途、致伤力大小、是否易于通过改制提升致伤力，以及行为人的主观认知、动机目的、一贯表现、违法所得、是否规避调查等情节，综合评估社会危害性，坚持主客观相统一，确保罪责刑相适应。

二、对于非法制造、买卖、运输、邮寄、储存、持有、私藏、走私气枪铅弹的行为，在决定是否追究刑事责任以及如何裁量刑罚时，应当综合考虑气枪铅弹的数量、用途以及行为人的动机目的、一贯表现、违法所得、是否规避调查等情节，综合评估社会危害性，确保罪责刑相适应。

四、《公安机关涉案枪支弹药性能鉴定工作规定》（2001）

三、鉴定标准。

......

（三）对于不能发射制式（含军用、民用）枪支子弹的非制式枪支，按下列标准鉴定：将枪口置于距厚度为 25.4mm 的干燥松木板 1 米处射击，当弹头穿透该松木板时，即可认为足以致人死亡；弹头或弹片卡在松木板上的，即可认为足以致人伤害。具有以上两种情形之一的，即可认定为枪支。

......

五、《公安机关涉案枪支弹药性能鉴定工作规定》（2010）

三、鉴定标准。

……

（三）对不能发射制式弹药的非制式枪支，按照《枪支致伤力的法庭科学鉴定判据》（GA/T 718-2007）的规定，当所发射弹丸的枪口比动能大于等于1.8焦耳/平方厘米时，一律认定为枪支。

……

第五章

马乐利用未公开信息交易案

——援引法定刑的司法适用

案件基本概况

一、案情概要

2011年3月9日至2013年5月30日期间，被告人马乐担任博时基金管理有限公司旗下的博时精选股票证券投资经理，全权负责投资基金投资股票市场，掌握了博时精选股票证券投资基金交易的标的股票、交易时间和交易数量等未公开信息。马乐在任职期间利用其掌控的上述未公开信息，从事与该信息相关的证券交易活动，操作自己控制的"金某""严某甲""严某乙"三个股票账户，通过临时购买的不记名神州行电话卡下单，先于（1~5个交易日）、同期或稍晚于（1~2个交易日）其管理的"博时精选"基金账户买卖相同股票76只，累计成交金额10.5亿余元，非法获利人民币19 120 246.98元。2013年7月17日，马乐主动到深圳市公安局投案，且到案之后能如实供述其所犯罪行，属自首；马乐认罪态度良好，违法所得能从扣押、冻结的财产中全额返还，判处的罚金亦能全额缴纳。

二、处理结论

广东省深圳市中级人民法院一审认为，被告人马乐作为基金管理公司从业人员，利用其职务便利所获取的未公开信息，违反规定，从事与该信息相关的证券交易活动，情节严重，其行为已构成利用未公开信息交易罪。公诉机关指控的罪名成立，依法应予惩处。但刑法中并未对利用未公开信息交易罪规定"情节特别严重"的情形，因此，依法只能认定马乐的行为属于"情节严重"。马乐具有自动投案的情节，且到案之后能如实供述其所犯罪行，是自首，依法可以从轻处罚。马乐认罪态度良好，其违法所得能从扣押冻结的财产中全额返还，判处的罚金亦能全额缴纳，确有悔罪表现，另经深圳市福田区司法局社区矫正和安置帮教科调查评估，对马乐宣告缓刑对其所居住的社区没有重大不良影响，符合适用缓刑的条件，决定对其适用缓刑。依照《刑法》第 180 条第 4 款、第 1 款、第 67 条第 1 款、第 72 条、第 73 条、第 52 条、第 53 条、第 64 条之规定，判决：一、被告人马乐犯利用未公开信息交易罪，判处有期徒刑 3 年，缓刑 5 年，并处罚金人民币 1884 万元；二、违法所得人民币 18 833 374.74 元依法予以追缴，上缴国库。

一审宣判后，广东省深圳市人民检察院抗诉提出，被告人马乐的行为应认定为犯罪情节特别严重，依照"情节特别严重"的量刑档次处罚；马乐的行为不属于退赃，应当认定为被司法机关追赃。一审判决适用法律错误，量刑明显不当，应当依法改判。

广东省人民检察院支持抗诉认为，《刑法》第 180 条第 1 款规定的内幕交易、泄露内幕信息罪存在"情节严重"和"情节特别严重"两种情形和两个量刑档次，该条第 4 款规定，利用未公开信息交易情节严重的，依照第 1 款的规定处罚。从刑法设置上来说，同一法条的不同款项在处罚上应该有一个协调性，这种处罚的参照不可能只是部分参照，应该是全部参照。本案中，马乐的证券交易成交额为 10.5 亿余元，获利 1800 多万元，应认定其犯罪"情节特别严重"，一审判决认定其犯罪"情节严重"，属于认定情节错误，应予纠正。马乐有自首情节，且积极退赃，一审对其作出判三缓五的处罚，基本符合法定的量刑幅度。

广东省高级人民法院二审认为，《刑法》第 180 条第 4 款规定，证券交易所、期货交易所等金融机构从业人员以及有关监管部门或者行业协会的工作人员，利用未公开信息交易，情节严重的，依照第 1 款的规定处罚，该条款并未对利用未公开信息交易罪规定有"情节特别严重"情形；而根据第 180 条第 1 款的规定，情节严重的，处五年以下有期徒刑或者拘役，并处或者单处违法所得一倍以上五倍以下罚金，故本案马乐利用未公开信息，非法交易股票 76 只，累计成交金额人民币 10.5 亿余元，从中获利人民币 1883 万余元，属于犯罪情节严重，应在该量刑幅度内判处刑罚。原审判决认定事实清楚，证据确实、充分，量刑适当，审判程序合法。抗诉机关的抗诉理由不成立，不予采纳，裁定驳回抗诉，维持原判。

二审裁定生效后，广东省人民检察院提请最高人民检察院按照审判监督程序向最高人民法院提出抗诉。最高人民检察院抗诉提出，《刑法》第 180 条第 4 款属于援引法定刑的情形，应当引用第 1 款处罚的全部规定；利用未公开信息交易罪与内幕交易、泄露内幕信息罪的违法与责任程度相当，法定刑亦应相当；马乐的行为应当认定为犯罪情节特别严重，对其适用缓刑明显不当。本案终审裁定以《刑法》第 180 条第 4 款未对利用未公开信息交易罪规定有"情节特别严重"为由，对此情形不作认定，降格评价被告人的犯罪行为，属于适用法律确有错误，导致量刑不当，并且对类似案件及法律适用有重大误导，应当依法纠正。

最高人民法院再审认为，原审被告人马乐作为基金管理公司从业人员，利用因职务便利获取的未公开信息，违反规定，从事与该信息相关证券交易活动的行为已构成利用未公开信息交易罪。马乐利用未公开信息交易股票 76只，累计成交额人民币 10.5 亿余元，非法获利人民币 1912 万余元，属于情节特别严重，应当依法惩处。鉴于马乐主动从境外回国投案自首；在未受控制的情况下，将股票兑成现金存在涉案三个账户中并主动向中国证券监督管理委员会说明情况，退还了全部违法所得；认罪悔罪态度好；赃款未挥霍，原判罚金刑得已全部履行等情节，对马乐可予减轻处罚。第一审判决、第二审裁定认定事实清楚，证据确实、充分，定罪准确，但因对法律条文理解错误，导致量刑不当，应予纠正，依法判决：原审被告人马乐犯利用未公开信息交易罪，判处有期徒刑三年，并处罚金人民币 1913 万元；违法所得人民币19 120 246.98 元依法予以追缴，上缴国库。[1]

案件诉争聚焦

在整个诉讼阶段，被告人马乐及其辩护人、相对应的人民法院、人民检察院对马乐行为的定性皆不存在争议，均肯定马乐的行为构成《刑法》第180 条第 4 款规定的利用未公开信息交易罪。存在争议的是，针对马乐利用未公开信息进行"老鼠仓"交易的犯罪行为，究竟应该如何量刑？

作为利用未公开信息交易罪的罪刑条款，《刑法》第 180 条第 4 款没有明

---

〔1〕　参见广东省深圳市中级人民法院（2014）深中法刑二初字第 27 号刑事判决书；广东省高级人民法院（2014）粤高法刑二终字第 137 号刑事裁定书；中华人民共和国最高人民法院（2015）刑抗字第 1 号刑事判决书。

确、直接规定该罪的法定刑，而是采用"援引法定刑"立法技术，通过规定"依照第一款的规定处罚"，援引内幕交易、泄露内幕信息罪法定刑作为利用未公开信息交易罪的法定刑。但从《刑法》第180条第1款的具体规定来看，内幕交易、泄露内幕信息罪的法定刑包括"情节严重"和"情节特别严重"两档，那么，构成利用未公开信息交易罪的，是应当并且只应按照该条第1款"情节严重"档法定刑裁量刑罚，还是应当按照该条第1款全部法定刑，根据利用未公开信息交易犯罪行为情节严重程度，选择适用"情节严重"与"情节特别严重"两档法定刑？简言之，利用公开信息交易罪的法定刑应如何确定？《刑法》第180条第4款"情节严重的，依照第一款的规定处罚"的法律性质究竟为何？是属于利用未公开信息交易罪的"定罪条款"，抑或属于该罪的"量刑条款"？在对其法律性质的解释存在较大争议时，可否依据"存疑有利于被告原则"将其认定为"量刑条款"，仅对利用未公开信息交易罪适用《刑法》第180条第1款规定的"情节严重"所对应的基本法定刑，而排除该款"情节特别严重"加重法定刑之适用？

<h2 style="text-align:center">案涉法理精释</h2>

诚然，马乐利用未公开信息交易案的争议焦点不在于马乐行为的定性，而在于对马乐的犯罪行为如何量刑，即如何规范解释《刑法》第180条第4款中"情节严重的，依照第一款的规定处罚"，但"刑由罪生"，刑罚乃犯罪的特定法律后果，犯罪系刑罚的必要前提和基础。作为犯罪本体的不法和责任，根本且直接地决定对该犯罪所适用刑罚的种类和幅度。"无论如何，犯罪与刑罚的关系，即罪刑机理的决定因素是犯罪而不是刑罚。"[1]显然，罪刑基本关系也在利用未公开信息交易罪中得到具体体现，利用未公开信息交易罪刑罚裁量问题的妥善解决离不开对利用未公开信息交易罪本身的准确理解。

一、利用未公开信息交易罪的本体

利用未公开信息交易罪，是指证券交易所、基金管理公司等金融机构的从业人员以及有关监管部门或行业协会的工作人员，利用职务便利获取的内

---

[1] 张绍彦：《刑罚的使命和践行》，法律出版社2003年版，第23页。

幕信息以外的其他未公开的信息，违反规定，从事与该信息相关的证券、期货交易活动，或者明示、暗示他人从事相关交易活动，情节严重的行为。本罪的主要规制对象是证券、期货交易中的"老鼠仓"（FrontRunning，"先跑的鼠"），即行为人在用公有资金拉升股价之前，先用个人（包括相关关系人或利益相关者）资金在低价位买入建仓，再用公有资金将股价拉升到一定高位后，率先卖出个人持仓，进而从中获利的行为。[1]因这种在埋仓偷吃"公家粮"的行为，与老鼠偷进粮仓颇为类似，故被形象地称为"老鼠仓"。

从本质上看，"老鼠仓"属于一种特殊的内幕交易，是证券、期货领域因履行职务而掌握未公开信息者，在信息完全不对称的情况下，滥用所掌握的尚未公开但对证券、期货交易价格有重大影响的信息，以提前买入或提前卖出的手段，攫取非法利益或者转嫁风险损失，是资产管理与代客理财领域的一大"顽疾"。随着我国证券、期货市场的发展和繁荣，"老鼠仓"的严重社会危害性日益凸显，单纯依靠经济行政法律规范已经无法有效惩罚和预防"老鼠仓"，如在证监会揪出的首例基金"老鼠仓"案中，上投摩根成长先锋基金原经理唐某自担任基金经理助理起便以其父亲和第三人账户，先于基金建仓买入新疆众和的股票，非法获利逾150万元，但却因缺乏相应的刑法规定而无法追究唐某的刑事责任，唐某仅被证监会科以取消基金从业资格、没收违法所得并罚款50万元以及终身市场禁入的行政处罚。[2]出于加大打击证券、期货市场犯罪，规范金融市场交易行为，弥合内幕交易、泄露内幕信息罪处罚漏洞的实际需要，《中华人民共和国刑法修正案（七）》第2条在《刑法》第180条内幕交易、泄露内幕信息罪的罪刑条款之后增加一款作为第4款，增设利用未公开信息交易罪，从而将"老鼠仓"行为正式纳入刑法惩治范围。值得注意的是，尽管《中华人民共和国刑法修正案（七）》采用叙明罪状的方式，对利用未公开信息交易罪的构成特征作了详细的描述，但却未直接规定利用未公开信息交易罪的法定刑，而是运用"援引法定刑"的立法技术，援引内幕交易、泄露内幕信息罪的法定刑作为该罪的法定刑，由此成为后续利用未公开信息罪刑罚裁量之争的根本诱因。

----

〔1〕　参见张新文主编：《中国资本市场投资词典》，中国财政经济出版社2014年版，第470页。

〔2〕　参见商文："整肃基金业 证监会开出'老鼠仓'处罚第一单"，载《上海证券报》2008年4月22日，第2版。

根据《刑法》第 180 条第 4 款，构成利用未公开信息交易罪应当满足以下要件：

在保护法益方面，利用未公开信息交易罪侵犯的法益是证券、期货交易的正常秩序。利用未公开信息交易犯罪行为严重背离行为人对其所属公司及公众投资者负有的诚信义务，严重损害资本市场的公平、公正和公开制度，严重破坏证券、期货交易的正常秩序，从根本上动摇证券、期货市场的根基。

在行为方式方面，利用未公开信息交易罪表现为利用职务便利获取的内幕信息以外的其他未公开的信息，违反规定，从事与该信息相关的证券、期货交易活动，或者明示、暗示他人从事相关交易活动，情节严重的行为。第一，所谓"利用职务便利"，意指行为人利用担任从事证券、期货交易职务所具有的经办、经手或主管相关信息的权力及方便条件；第二，"内幕信息以外的其他未公开的信息"，非指证券、期货交易中任何不为公众所知悉的信息，而系不为公众所知悉，对证券、期货交易价格有重要影响的内幕信息以外的投资经验、技术分析、监管调控、行业咨询等信息；第三，就本罪的行为内容而言，行为人违反证券投资基金法等法律、行政法规、部门规章等的规定，可以亲自实施禁止从事的损害客户利益或违背受托义务的交易行为或交易活动，也可以在获知未公开信息的基础上，通过明示、暗示的方式，建议其他人进行与未公开信息直接关联的证券、期货交易行为。"如果行为人只是单纯地通过各种手段向公众披露该信息，而没有明示或暗示任何特定的他人从事相关交易活动的，其行为不能成立本罪。"[1]第四，本罪的成立要求利用未公开信息交易的行为达到"情节严重"的程度。[2]

在行为主体方面，利用未公开信息交易罪乃纯正身份犯，构成本罪要求行为人必须具备相应的特殊身份。《刑法》第 180 条第 4 款详细列举了本罪的三类犯罪主体：一是证券交易所、期货交易所等交易市场机构的工作人员；二是证券公司、期货经纪公司、基金管理公司、商业银行、保险公司等金融

---

〔1〕 浙江省丽水市人民检察院课题组、陈海鹰："利用未公开信息交易罪疑难问题探析"，载《河北法学》2011 年第 5 期。

〔2〕 根据最高人民检察院、公安部《关于公安机关管辖的刑事案件立案追诉标准的规定（二）》"情节严重"的具体标准是："（一）证券交易成交额累计在五十万元以上的；（二）期货交易占用保证金数额累计在三十万元以上的；（三）获利或者避免损失数额累计在十五万元以上的；（四）多次利用内幕信息以外的其他未公开信息进行交易活动的；（五）其他情节严重的情形。"

机构的从业人员；三是证监会、保监会、银监会等监管部门或者行业协会的工作人员。本罪的主体为自然人，单位不能独立成为本罪的主体。

在责任形式方面，构成利用未公开信息交易罪必须是出于故意，即行为人明知自己的行为会发生严重扰乱证券、期货交易正常秩序的后果，并且希望或放任这种结果发生。其中特别重要的是，行为人必须对所利用的信息属于"内幕信息以外的其他未公开信息"存在主观明知，但是否具备牟利的目的，则在所不问。

二、援引法定刑援引对象范围之争

《刑法》第180条第4款虽然规定了利用未公开信息交易罪的罪状，但却并未直接规定本罪的法定刑，而是采用"援引法定刑"的立法技术，援引内幕交易、泄露内幕信息罪的法定刑，但其对内幕交易、泄露内幕信息罪法定刑援引的对象范围如何划定？是全部援引，还是部分援引呢？这事关利用未公开信息交易罪法定刑的确定，也是马乐利用未公开信息交易案的争论焦点。

（一）援引法定刑的概念

一个完整的罪刑规范总是由罪状和法定刑两部分组成，罪状是刑法规范对犯罪具体状况的描述，指明适用该罪刑规范的条件，而法定刑则是刑法规范对符合罪状描述行为所规定的法律制裁后果，包括刑种和刑度两方面的内容。通常而言，罪状描述和法定刑配置是一一对应的关系，即特定罪状配置特定的法定刑，但刑事立法过程中，出于某种特殊考虑，罪状与法定刑之间的对应关系可能被打破，不同罪状描述完全可能配置同一法定刑，典型如《刑法》第382条规定的贪污罪与《刑法》第385条规定的受贿罪虽然罪状描述大相径庭，却共享同一法定刑。在刑事立法中，为了追求刑法立法的简洁、凝练，避免刑法条文法律后果规定的不必要的重复、冗长，"援引法定刑"的立法技术应运而生并被广泛运用，从而形成了罪状描述与法定刑配置不对应的不典型现象。

"援引法定刑"，又称"援引刑"，是指"刑法条文规定某些犯罪须援引其他条款的法定刑处罚，援引法定刑不是独立的法定刑形式，而是运用相对确定的法定刑的一种方式。"[1]鉴于具备避免不必要重复、使法律条文更加简

---

〔1〕《中华法学大辞典》编委会编：《中华法学大辞典（简明本）》，中国检察出版社2003年版，第887页。

练的优点，援引法定刑很早便运用在刑事立法之中。据考证，援引法定刑在唐律中即已得到广泛使用，如《卫禁律》规定："赍禁物私度关者，坐赃论；赃轻者，从私造、私有法。"[1]在现行刑法典中，援引法定刑亦并不罕见，不仅有罪名相同的援引法定刑，还有罪名不同的援引法定刑。前者如2021年《刑法》第120条之一第2款，"为恐怖活动组织、实施恐怖活动或者恐怖活动培训招募、运送人员的"，既与该条第1款"资助恐怖活动组织、实施恐怖活动的个人的，或者资助恐怖活动培训的"共同构成"帮助恐怖活动罪"，同时也援引该条第1款的规定处罚；后者如《刑法》第125条第2款与第1款所示的情形，该条第2款规定之"非法制造、买卖、运输、储存毒害性、放射性、传染病病原体等物质，危害公共安全的"，构成"非法制造、买卖、运输、储存危险物质罪"，但却援引该条第1款"非法制造、买卖、运输、邮寄、储存枪支、弹药、爆炸物罪"的法定刑。

（二）援引法定刑的适用

尽管援引法定刑具有简化、凝练刑法条文的先天优势，但却极有可能因为简练而诱发歧义。毋庸置疑，司法实践中，根据罪刑法定主义的要求，援引法定刑条款犯罪的法定刑应当适用被援引犯罪的法定刑，但对援引法定刑的具体范围，则不无争议。可以肯定的是，在被援引犯罪的法定刑仅存在一档的场合，直接援引该法定刑即可，不存在所谓全部援引还是部分援引的疑难。如《刑法》第223条第2款"投标人与招标人串通投标，损害国家、集体、公民的合法利益的，依照前款的规定处罚"，因该条第1款串通投标罪的法定刑只存在"三年以下有期徒刑或者拘役，并处或者单处罚金"一档，故"投标人与招标人串通投标，损害国家、集体、公民的合法利益的"，只能在"三年以下有期徒刑或者拘役，并处或者单处罚金"裁量刑罚。然而，在被援引犯罪存在多档法定刑的情形，特别是像《刑法》第180条第4款和第1款这类援引法定刑适用前提与被援引法定刑适用前提适用相同表述（如"情节严重"）的，援引法定刑的适用则存在部分援引说与全部援引说的对立。

部分援引说主张，援引法定刑只应援引相同适用前提所对应的那部分法定刑，与适用前提不同的法定刑不在援引对象之列。就利用未公开信息交易罪而言，由于刑法没有明确规定该罪具有"情节特别严重的"情形，且两高

---

[1] 钱大群：《唐律研究》，法律出版社2000年版，第133~134页。

的司法解释中对此也无明确规定，就应该认为该罪只存在"情节严重的"一种情况，只能援引内幕交易、泄露内幕信息罪中"情节严重"所对应的基本法定刑，即对该罪最高只能判处 5 年有期徒刑。在马乐利用未公开信息交易案中，广东省深圳市中级人民法院与广东省高级人民法院均持这一立场，如广东省高级人民法院二审裁定认为："《中华人民共和国刑法》第 180 条第 4 款规定，证券交易所、期货交易所等金融机构从业人员以及有关监管部门或者行业协会的工作人员，利用未公开信息交易，'情节严重的，依照第一款的规定处罚'，该条款并未对利用未公开信息交易罪规定有'情节特别严重'情形……抗诉机关提出马乐的行为应认定为'情节特别严重'缺乏法律依据，不予采纳。"[1]

关于部分援引说的合理性，有学者从罪刑法定原则的基本要求、体系解释与司法实践的一贯做法三个层面具体展开。首先，罪刑法定原则要求凡是法律没有明文规定的行为均不受惩处，凡是法律没有明文规定的刑罚均不能适用，且根据刑法严格解释规则，《刑法》第 180 条第 4 款未明文规定"情节特别严重的"罪状，司法者不应突破刑法文本的通常字面含义，将"情节严重"扩张至"情节特别严重的"。退一步讲，在解释"情节严重"存在两种不同方案时，依据有利于被告原则，也应采用对被告人最有利的解释方案，将"情节严重"解释为一种独立的罪状，单纯援引该条第 1 款的"情节严重"的情形。其次，如果将《刑法》第 180 条第 4 款中的"情节严重"解释为按照第 1 款的全部两档罚则处罚，势必得出第 4 款包含"情节严重"和"情节特别严重"两种罪状的结论，这就出现违反体系解释要求的自相矛盾和不相协调之处。最后，从彼时已有的司法实践做法来看，自"老鼠仓"入刑以来，司法机关也一直在有意无意地严守"五年以下有期徒刑或者拘役"的界限。[2]

与部分援引说相对，全部援引说则认为，援引法定刑所援引的是被援引条款包括基本法定刑、加重法定刑和减轻法定刑在内的全部法定刑，而不是仅援引与被援引条款中相同适用前提对应的法定刑幅度。就马乐利用未公开信息交易案而言，《刑法》第 180 条第 4 款规定的"依照第一款的规定处罚"，

---

〔1〕　参见广东省高级人民法院（2014）粤高法刑二终字第 137 号刑事裁定书。

〔2〕　参见王欣元、康相鹏："利用未公开信息交易罪疑难问题探析"，载《法学》2014 年第 6 期。

是指依照第 1 款规定的全部两档法定刑处罚，利用未公开信息交易罪的法定刑配置完全等同于内幕交易、泄露内幕信息罪，既包括"情节严重"对应的基本法定刑，也包括"情节特别严重"对应的加重法定刑。全部援引说得到办理该案的市、省、最高检三级检察机关的持续肯定，[1]最终被最高人民法院所支持。[2]鉴于案件在援引法定刑适用方面所具有的典型指导意义，最高人民检察院与最高人民法院先后将马乐利用未公开信息交易案遴选为指导性案例，并在"要旨"或"裁判要点"中强调：《刑法》第 180 条第 4 款规定的利用未公开信息交易罪援引法定刑的情形，应当是对第 1 款内幕交易、泄露内幕信息罪全部法定刑的引用，即利用未公开信息交易罪应有"情节严重""情节特别严重"两种情形和两个量刑档次。[3]

全部援引说得到众多专家学者的拥趸，成为援引法定刑适用的主流学说。针对部分援引说的论据，全部援引说持论者予以了有效回应。如最高人民检察院孙谦副检察长，通过运用文义解释方法指出："从文义上看，刑法第 180 条第 4 款'情节严重'的表述并不排斥全部援引法定刑"，"从语法结构分析，刑法第 180 条第 4 款是全部援引同条第 1 款的法定刑。"[4]由此证实，坚持全部援引说并未逾越《刑法》第 180 条第 4 款"情节严重"表述的可能文义范围。又如古加锦博士运用体系解释方法，对众多刑法分则其他援引法定刑条款解释后总结道："从体系解释论来看，我国刑法分则规定的援引法定刑，所援引的都是被援引条款的全部法定刑（包括加重量刑幅度、减轻量刑幅度），而不是仅援引基本量刑幅度。"[5]关于彼时利用未公开信息交易罪尚无一例生效判决肯定全部援引说的根源，谢杰博士提出："司法解释规定内幕交易、泄露内幕信息罪'情节严重'、'情节特别严重'的量化判断标准，利用未公开信息交易罪却只有'情节严重'的入罪标准，而没有司法解释对其'情节特别

---

[1] 参见邹坚贞："市、省和最高检为何层层抗诉'马乐案' 最高检意欲推动老鼠仓判决立新规？"，载《中国经济周刊》2014 年第 49 期。

[2] 参见中华人民共和国最高人民法院（2015）刑抗字第 1 号刑事判决书。

[3] 参见《最高人民检察院〈关于印发最高人民检察院第七批指导性案例的通知〉》（高检法研字〔2016〕7 号）；《最高人民法院〈关于发布第 13 批指导性案例的通知〉》（法〔2016〕214 号）。

[4] 孙谦："援引法定刑的刑法解释——以马乐利用未公开信息交易案为例"，载《法学研究》2016 年第 1 期。

[5] 古加锦："利用未公开信息交易罪司法适用的疑难问题研究"，载《政治与法律》2015 年第 2 期。

严重'的判断尺度做出规定。"[1]最后，针对法律适用存争议是否适用存疑有利于被告原则，蒋惠龄教授强调："该原则的射程是有限的，仅与事实认定有关，而与法律适用无关。换言之，如果司法机关在法定范围内，想尽办法也仍然无法排除对关键事实的怀疑时，就应该作出有利于被告人的结论，禁止在刑事程序中运用没有被完全证明的事实对被告人产生不利后果。……在事实并无争议和疑问的场合，应当完全排斥存疑时有利于被告原则的适用。"[2]

三、部分援引说合理性之再质疑

从发生史来看，援引法定刑援引对象范围之争并非从来就有，至少一直以来未成为值得关注的问题，该争议的产生并激化源自理论界和实务界对马乐利用未公开信息交易案的广泛关注和讨论，特别是一审法院和二审法院只是将马乐利用未公开信息交易行为认定为"情节严重"，仅仅"判处有期徒刑三年，缓刑五年，并处罚金人民币1884万元"，引发舆论一片哗然和质疑，普遍的认识是量刑畸轻、是"鼓励老鼠仓的做法"。[3]基于此，援引法定刑条款是部分援引还是全部援引，将直接决定刑法惩治采用援引法定刑的犯罪行为的力度和态度，从而成为关涉是否坚持罪责刑相适应的刑法基本原则以及是否维护社会公众朴素的公平正义感情的重大理论和实践议题。

部分援引说与全部援引说就援引法定刑的援引对象范围形成非此即彼的鲜明对立，两种学说中必有正确与错误之别。然而吊诡的是，两种学说都通过积极运用刑法解释方法，从遵循罪刑法定原则的基本要求、体系解释、司法实践的做法等方面着手证成自身主张的妥当性，那么，为何会出现前述结论上的对立呢？事实是，相同的论据与相似的论证方法将合逻辑地得出相同或相似的结论，出现结论对立的原因必然在于一方对其论据的理解或某些社

---

[1]　谢杰："利用未公开信息交易罪量刑情节的刑法解释与实践适用——'老鼠仓'抗诉案引发的资本市场犯罪司法解释反思"，载《政治与法律》2015年第7期。

[2]　蒋惠龄："马乐利用未公开信息交易再审案评析"，载《中国法律评论》2016年第2期。

[3]　参见朱邦凌："审判马乐：不能让'老鼠'笑'基民'哭"，载《每日经济新闻》2014年4月1日，第2版；吴倩："逾九成网友称：马乐案处罚过轻"，载《广州日报》2014年4月8日，第A11版；李允峰："国内最大老鼠仓案不能轻判了事"，载《证券时报》2014年4月9日，第A008版；皮海洲："'马乐案'维持原判，'严打'成空谈?"，载《新京报》2014年10月31日，第B02版；赵瑞希："马乐'老鼠仓'案，检方为何层层抗诉：自2011年以来，陆续有'老鼠仓'被查，但涉案的原基金经理入刑时间均未超四年"，载《新华每日电讯》2014年12月12日，第4版。

会现实的解读存在偏差，以至最终结论出现谬误。就此而言，全部援引说值得肯定，部分援引说的合理性存有质疑余地。

（一）罪刑法定原则并不内在地要求刑法解释必须坚持严格解释或存疑有利于被告原则

罪刑法定原则乃"现代法治国家最为重要的刑法基石"，[1]其主要机能在于通过预先的、成文的法律明文规定国家刑罚权内容及其行使条件，保障国民的预测可能性，从而保障国民免受公权力不必要干涉的自由，其对刑法解释的基本要求在于不能逾越刑法条文可能文义的最大界限，类推适用刑法条文。"刑法解释在原则上，不得超出法条文字所容许的范围，而以条文的可能文意，包括：文字的自然意义、各文字间的相关意义，以及贯穿全部文字的整条意义等，作为解释刑法条文的最大界限。"[2]罗克辛教授也明确指出："仅仅在可能的词义这个框架内的解释本身，就同样能够起到保障法律的预防性作用，并且使违反禁止性规定的行为成为应受谴责的。"[3]据此，只要没有超过在刑法条文可能文义界限的刑法解释，就能够满足保障国民预测性的基本要求，从而实现罪刑法定原则保障自由的最低标准，至于"严格解释"与"有利于被告原则"均与罪刑法定原则的解释规制机能没有必要联系。

一方面，所谓"严格解释"，是指对法律的解释应当作出忠实于条文的宣告性表述，既不能使法律条文所规定的意义不到位或遗漏，也不能超出法律条文所规定的意义。[4]通常而言，严格解释只是强调刑法解释要坚持严谨、严格的态度，不能脱离刑法文本对刑法条文进行恣意解释。刑法严格解释不强制刑事法官仅限于对立法者有规定的各种可能的情形适用刑法，只要所发生的情形属于法定形式范围内，法官均可将立法者有规定的情形扩张至法律并无规定的情形。[5]也就是说，刑法严格解释既不等同于限制解释，也不排斥扩张解释，而是强调刑法解释必须严格以刑法文本为依托，必须以可能语

---

〔1〕 林钰雄：《新刑法总则》，元照出版有限公司 2014 年版，第 36 页。

〔2〕 林山田：《刑法通论》（上册），元照出版有限公司 2008 年版，第 156~157 页。

〔3〕 ［德］克劳斯·罗克辛：《德国刑法学总论：犯罪原理的基础构造》（第 1 卷），王世洲译，法律出版社 2005 年版，第 86 页。

〔4〕 参见卢建平等：《刑事政策与刑法完善》，北京师范大学出版社 2014 年版，第 219 页。

〔5〕 参见［法］卡斯东·斯特法尼等：《法国刑法总论精义》，罗结珍译，中国政法大学出版社 1998 年版，第 143 页。

义为解释的界限，"一般禁止进行法律漏洞补充和类推适用等'造法'行为"。[1]既然在文义上，《刑法》第180条第4款"情节严重"的表述并不排斥将该条第1款规定的全部法定刑，无疑全部援引说就没有违反严格解释的立场，而与罪刑法定原则的基本要求相适应。

另一方面，虽然罪刑法定原则基于自由保障机能的立场，不禁止有利于行为人的溯及既往以及类推适用，但却无法依此肯定要求刑法解释必须坚持存疑有利于被告的原则。有利于被告原则的法理依据是基于刑事诉讼中国家和被告人力量悬殊的考虑，在国家公权力无法查清案件事实时，按照无罪推定的基本原则，应将疑点利益归于被告。"在法院依职权对所有的事实、证据进行认定后，仍不能确信的，不得使刑事诉讼程序悬而不决，而必须基于法安全事由，在规定的期限内结束刑事诉讼程序。这就产生了这样的必要性，即在'不能确信'的情况下，鉴于对判决具有重要意义的事实，同样地作出实体判决。因为，那些不能完全得到认证的事实，不能转嫁到被告人身上而不利于被告人，因此，在对判决具有重要意义的事实存怀疑的情况下，应作出有利于被告人的裁决。"[2]因事实存疑而有利于被告的原则具有明显的适用领域，不能推及刑法解释存疑的场合。

针对刑法解释以有利于被告为原则的常见错误，肖中华教授曾准确地批判道："如果有利于被告应当成为刑法解释原则，则意味着最有利于被告为原则的刑法解释是最正当的刑法解释，那么，解决刑法解释争议问题就可能变得非常简单了，因为人们只要判断哪一种解释结论对被告最有利，就可以采用该种结论；但也许变得异常复杂，因为为了追求刑法解释的合理化——最有利于被告人的解释，将导致'争相'有利于被告而进行刑法解释的混乱和荒唐。"[3]事实上，刑法内容由文字表述，而文字具有多义性、不确定性和模糊性，"解释的任务是使法律者把法律概念的内容和范围想象为具体。"[4]而刑法解释任务的达成，必须以相应的保护法益作为解释原理和原则，通过对文字组成的刑法概念进行语义、逻辑、历史以及合目的性的解释，探明刑法

---

[1]　参见赵宁：《罪状解释论》，上海人民出版社2014年版，第92页。

[2]　[德]汉斯·海因里希·耶赛克、托马斯·魏根特：《德国刑法教科书》，徐久生译，中国法制出版社2001年版，第178页。

[3]　肖中华："刑法适用（解释）常见错误之批判"，载《法治研究》2015年第3期。

[4]　[德]卡尔·恩吉施：《法律思维导论》，郑永流译，法律出版社2014年版，第79页。

条文的规范性意义。在对特定刑法条文同时存在两种以上的解释时，应当以最有利于实现保护法益目的的解释结论为准，而非采用有利于被告的原则，这是刑法保护法益的根本任务所必然决定的。

退一步讲，即便肯定有利于被告原则可以适用于实体刑法解释领域的学者，也承认该原则在实体刑法适用的前提是"刑法适用上难以解决的疑难与困惑"，即因为刑法无明文规定、刑法规定及其适用冲突以及刑法规定模棱两可等原因，导致"刑法的规定与既已认定的事实之间不完全符合，以至司法者无所适从。"[1]然而，马乐利用未公开信息交易案中，是否存在持论者所言的"刑法适用上难以解决的疑难与困惑"呢？对此，最高人民法院明确予以否定："法条没有重复表述不等同于法律没有明确规定。在法律已有明确规定的情况下，应当适用该法律规定，而不再适用有利于被告人的原则。"[2]应当承认，《刑法》第180条第4款虽未"明文规定"利用未公开信息交易罪的法定刑，但却为了避免刑法条文内部不必要的重复，采用援引法定刑立法技术"明确规定"该罪的法定刑，[3]即援引内幕交易、泄露内幕信息罪的法定刑，该规定明确、清晰，不存在刑法无明文规定、刑法规定及其适用冲突或者刑法规定模棱两可等缺憾，不具备援用有利于被告原则作为解释依据的前提条件。

（二）刑法用语含义的相对性特征决定全部援引说并未违反刑法体系解释的协调性要求

部分援引论者从体系解释的角度出发，认为全部援引说将《刑法》第180条第4款"情节严重"解释为包括该条第1款"情节严重"和"情节特别严重"两种罪状，实则是将体系解释的结论等同于刑法用语含义的完全统一性，即同一刑法用语应当做出相同理解，而不论该用语的体系位置如何。不过，将体系解释与刑法用语含义同一化是值得商榷的。具体来说，体系解释是根据特定刑法条文在整个刑法规范以至整个法律体系中的地位，联系相

[1] 邱兴隆："有利被告论探究——以实体刑法为视角"，载《中国法学》2004年第6期。
[2] 中华人民共和国最高人民法院（2015）刑抗字第1号刑事判决书。
[3] 在刑法领域，"明文"与"明确"具有不同的内涵，"明文""更注重的是形式意义，强调的是法律有规定，从而解决有法可依的问题。"明确"以"明文"为前提，但"明文"又不能等同于"明确"，"明确"有着较"明文"更高的标准。（参见陈兴良："刑法的明确性问题：以《刑法》第225条第4项为例的分析"，载《中国法学》2011年第4期；梁根林、[德]埃里克·希尔根多夫主编：《中德刑法学者的对话——罪刑法定与刑法解释》，北京大学出版社2013年版，第12页。）

关法条的含义，阐明其含义的解释方法。体系解释的思想基础在于法律秩序内部协调和统一的要求，"法律秩序应该是由协调的并且规范的价值标准所组成的有序的规范结构。内部存在矛盾的法律秩序将损害对一切公民的、统一的法律标准的要求，并因此损害法律平等的要求。"〔1〕然而，"某一个字在法律秩序中，并非都是同一意义。"〔2〕在同一部刑法典中，刑法用语含义的统一性固然是体系解释的内在追求，但是体系解释并不等于必须对同一刑法用语做出完全相同的解释。为实现刑法典内部协调与统一，体系解释不仅不排斥，反而要求刑法用语含义具有相对性，即同一刑法用语根据其在刑法典中位置的不同而具有不同的含义。"承认刑法用语的相对性，并非破坏了刑法的体系性、协调性，而正是为了实现刑法的体系性与协调性；对刑法用语作相对解释，并非与体系解释相对立，而正是体系解释的一种具体表现。"〔3〕对此，张明楷教授也明确予以肯定，"为了实现刑法的正义理念，为了维护刑法的协调，对同一用语在不同场合或者针对不同行为、对象做出不同解释是完全必要的。"〔4〕

承认刑法用语含义的相对性，对《刑法》第 180 条第 4 款中"情节严重"做出与该条第 1 款"情节严重"不同的解释，既不会出现前述部分援引论者所谓的"自相矛盾和不相协调之处"，也不会造成蒋惠岭先生所担心的"文理不通"，即"把两个完全相同的'情节严重的'表述解释为一个是定罪条件，一个定罪兼量刑条件，会让人觉得有点牵强；而且在援引法定刑之后会造成第 4 款的行为描述之后有双重'情节严重的'表述（因为还必须加上一个'情节严重的'作为量刑条件），这便会造成文理不通。"〔5〕详言之，刑法分则条文是由罪状与法定刑组成的，"刑法分则各本条中的'……的，'是罪状的标志，即只要分则条文所规定的是具体犯罪的法定刑，那么，'处……'之前的'……的，'所规定的必然是罪状或假定条件。"〔6〕从《刑法》第 180 条第 4 款的规范构造来看，"……，情节严重的"系利用未公开信息交易罪的完整罪状，"依照第一款的规定处罚"乃该罪法定刑的表述。其中，"情节严

---

〔1〕　[德]伯恩·魏德士：《法理学》，丁晓春、吴越译，法律出版社 2013 年版，第 316 页。

〔2〕　[德]考夫曼：《法律哲学》，刘幸义等译，法律出版社 2003 年版，第 151 页。

〔3〕　吴允锋：《经济犯罪规范解释的基本原理》，上海人民出版社 2013 年版，第 159 页。

〔4〕　张明楷：《刑法分则的解释原理》（下），中国人民大学出版社 2011 年版，第 780 页。

〔5〕　蒋惠岭："马乐利用未公开信息交易再审案评析"，载《中国法律评论》2016 年第 2 期。

〔6〕　张明楷：《刑法分则的解释原理》（上），中国人民大学出版社 2011 年版，第 170 页。

重"是罪状的组成部分，是区分罪与非罪的重要标志，是我国刑法立法"定性+定量"基本模式的直接体现，其功能在于：作为整体评价要素，标示单纯利用未公开信息进行证券、期货交易的行为本身，尚未达到作为犯罪处理所需的严重社会危害性的程度，排除"情节较轻"、"情节轻微"或者"情节显著轻微"的利用未公开信息交易行为的刑事可罚性，从而控制刑法惩治利用未公开信息交易行为的范围。反观《刑法》第 180 条第 1 款的规范构造，"……，情节严重的，处……；情节特别严重的，处……。"其中，"情节严重"固然具有区分罪与非罪、控制刑法惩治范围的功能，但由于其后存在"情节特别严重"这一法定刑升格的特殊情形，故而该"情节严重"的意义更多的是与"情节特别严重"形成法定刑档次的阶梯关系，从而体现其作为"（基本）量刑条款"的本质属性。正是基于《刑法》第 180 条第 4 款与第 1 款规范构成存在明显差异，将该两款中的"情节严重"的法律属性分别做出"定罪条款"和"量刑条款"的差异化判定，是刑法用语含义相对性的内在体现，并未违反刑法体系解释所追求的协调性和统一性。

（三）司法实践坚持部分援引说立场的一贯做法不能为部分援引说提供正当性根据

毋庸讳言，自 2009 年 2 月 28 日《中华人民共和国刑法修正案（七）》正式生效实施到 2014 年 10 月 20 日马乐利用未公开信息交易案二审宣判，我国刑事审判实践对利用未公开信息交易案自觉或不自觉地坚持部分援引说的立场，即《刑法》第 180 条第 4 款援引法定刑的援引范围仅限于该条第 1 款内幕交易、泄露内幕信息罪中"情节严重"所对应的基本法定刑档次，而不包括"情节特别严重"的加重法定刑档次。[1]部分援引论者敏锐地发现了司法实践坚持部分援引说的一贯做法，并以此作为证成部分援引说的正当性。

然而，以本书之见，存在的不一定是合理的，合理的才必然是存在的，部分援引论者的论证方法值得商榷。一方面，该论证方法存在倒果为因的逻

---

[1] 这一司法立场在李某利用未公开信息交易案的最终裁判结果上得到明确体现：前公募明星基金经理李某利用职务便利，通过实际控制的 2 个证券账户，先于或同期于其管理的基金买入或卖出相同股票两只，累计成交额超过 5200 万元，非法获利总额约 1071 万余元且不具备自首情节，最终被判处有期徒刑 4 年，罚金 1800 万人民币，违法所得一千余万元予以追缴（参见上海市高级人民法院（2013）沪高刑终字第 5 号刑事裁定书）。该案是彼时处罚最重的利用未公开信息交易案，其累计成交额及非法获利额早已达到内幕交易、泄露内幕信息罪"情节特别严重的"标准，但却仅被认定为"情节严重"。

辑谬误。正确的论证思路应该是在援引法定刑援引对象范围上部分援引说具有正当性（因），始能证成司法实践坚持部分援引说的一贯做法（果）的合理性，而不是相反；另一方面，该论证方法存在从"实然"推导"应然"、从"事实"推导"规范"的推理错误。诚如冯军教授所言，"不少人依靠直觉根据身边存在的东西来行动，也就是说，用经验给行动定位。然而，经验并非总是可靠的，只有将经验与法规范相结合，才可能选择应该在交往中贯彻的行动模式。人们眼见的事实当然重要，但是，刑法不能仅仅从事实出发。"〔1〕司法实践坚持部分援引说的一贯做法属于"实然""事实""经验"的范畴，无法为部分援引说提供正当性根据。事实上，有专家已经明确警示，司法实践的这种做法给惩罚和预防利用未公开信息交易犯罪传递了不利信号。"迄今为止，所有已经判决的利用未公开信息交易案件，除韩刚案外，均达到了内幕交易、泄露内幕信息罪"情节特别严重"的标准，却均在 5 年以下有期徒刑的幅度内量刑，并有多人适用缓刑。两类危害性相当、犯罪数额相当的犯罪，在量刑上却存在明显的档次差别，这种错误的法律适用不仅没有实现惩罚和预防犯罪的目的，反而使利用未公开信息交易成为低风险、高收益的代名词，在一定程度上纵容了该类犯罪。"〔2〕

四、全部援引说正当性之再证成

从表面来看，援引法定刑适用的争议是围绕援引对象范围是部分援引还是全部援引展开，但究其实质，是对援引法定刑条款的法律性质存在根本性认知差异：将其理解为"定罪条款"，援引法定刑则需要援引被援引犯罪的全部法定刑；将其理解为"量刑条款"，援引法定刑则只能部分援引，即援引与被援引犯罪法定刑适用前提相同或相对应的法定刑。"援引法定刑处罚的犯罪与被援引的法定刑处罚的犯罪，通常在社会危害性的性质和程度方面最相类似，这是援引法定刑存在的客观依据。"〔3〕鉴于利用未公开信息交易罪是援引内幕交易、泄露内幕信息罪的法定刑，援引法定刑条款究竟是"定罪条款"抑或"量刑条款"，就应当取决于对利用未公开信息交易罪与内幕交易罪、泄

---

〔1〕　冯军：《刑法问题的规范理解》，北京大学出版社 2009 年版，"前言"。

〔2〕　孙谦："援引法定刑的刑法解释——以马乐利用未公开信息交易案为例"，载《法学研究》2016 年第 1 期。

〔3〕　曲新久主编：《刑法概论》，中国长安出版社 2004 年版，第 171 页。

露内幕信息罪违法与责任是否相同的实质判断。部分援引说将援引法定刑条款的法律性质界定为"量刑条款"，仅援引内幕交易、泄露内幕信息罪"情节严重"所对应的基本法定刑，其潜在意思是利用未公开信息交易罪的违法与责任程度不及内幕交易、泄露内幕信息罪，但事实果真如此？

利用未公开信息交易罪与内幕交易、泄露内幕信息罪共处于《刑法》第180条之中，两罪在保护法益、行为构造、责任形式上具有较强关联性和相似性，两罪的区别直接体现在：作为两罪犯罪对象的"内幕信息"与"未公开信息"内容上的明显差异。尽管内幕信息与未公开信息在信息的秘密性和价格敏感性上存在共性，但"未公开信息与内幕信息基本特征上的共性只是处于抽象、静止的概括层面，在司法实践具体、动态的分析判断层面，未公开信息与内幕信息在未公开性、价格敏感性问题上的判断标准与法律依据截然不同。"[1]具体而言，按照《中华人民共和国证券法》第75条，内幕信息是指证券交易活动中，涉及公司的经营、财务或者对该公司证券的市场价格有重大影响的尚未公开的信息，主要包括公司股权结构或债务担保的重大变化、高管人员变动、重大合同、经营状况等对上市公司证券市场价格有重大影响、按照相关规定应及时向社会公开但尚未公开的信息。利用未公开信息交易罪之"未公开信息"，与内幕信息处于非此即彼的关系，是"资产管理机构、代客理财机构即将用客户投资购买某个证券金融产品的决策信息。"[2]"未公开信息"的内涵及范围缺乏前置法的明确规定，大致包括两大类：按照规定无须向公众披露的商业秘密，以及虽应披露但尚未以法定方式披露的信息。[3]两罪犯罪对象的差异也内在地决定了两罪直接侵害对象上的区别。内幕交易、泄露内幕信息罪侵害的主要是不特定多数社会公众投资者和股民的合法权益，而利用未公开信息交易罪侵害的则主要是资产管理机构中客户的合法利益。

---

〔1〕 谢杰："利用未公开信息交易罪行为对象的刑法分析"，载《江苏警官学院学报》2011年第6期。

〔2〕 刘源、候倩倩："利用未公开信息交易罪探究"，载《上海政法学院学报（法治论丛）》2011年第2期。

〔3〕 如证券交易所、证券公司、基金公司等掌握的投资者持仓量、新进建仓量、加减仓量、资金流动量等具体交易数据即属于"按照规定无须向公众披露的商业秘密"；国家统计局定期公布的宏观经济数据，中国人民银行宣布调整利率、存款准备金率的信息以及基金公司定期通过季报、半年报、年报等形式向投资者披露的投资信息在法定公开期限以前，就属于"虽应披露但尚未以法定方式披露的信息"。

然而，未公开信息与内幕信息存在的上述差异以及由此导致直接侵害对象上的区别，可否反映利用未公开信息交易罪与内幕交易、泄露内幕信息罪在违法与责任程度上存在实质区别呢？对此，刘宪权教授持肯定态度，"一般而言，内幕信息对于证券、期货市场价格的影响非常直接且巨大，'其他重大未公开信息'的价格影响性相对而言较为间接且不如内幕信息如此显著。因此，利用内幕信息进行交易、泄露内幕信息与利用未公开信息进行交易或者泄露未公开信息行为的社会危害性均不同。……《刑法修正案（七）》增设的利用未公开信息交易罪与刑法原来规定的内幕交易、泄露内幕信息罪，因为社会危害性上存在较大的差异，它们在违法程度和责任程度上当然就不可能完全一致。"[1]反对意见则认为，"内幕交易与利用未公开信息交易在核心层面的实质危害上具有明确的共性。内幕交易与利用未公开信息交易的实质危害均聚焦于行为人触犯资本市场竞争规则而制造不公平的信息优势，即违反资本市场法律规范利用尚未公开的信息的经济价值从事相关金融交易、损害其他市场参与者合法权益。……内幕交易是滥用了应及时向市场所有参与者披露的信息的经济价值，利用未公开信息交易滥用了应排他性地基于客户利益而使用的信息的经济价值，两者都是基于谋取个人交易利益的目的而实施的严重侵害资本市场信息竞争机制与其他市场参与者利益的行为，具有相同的危害实质。"[2]

在本书看来，从事实层面评价利用未公开信息交易罪与内幕交易、泄露内幕信息罪可能仁者见仁、智者见智，无法得出一致的结论，但以利用未公开信息交易罪入刑较晚为由，证成其违法与责任程度低于内幕交易、泄露内幕信息罪，本书不敢苟同。

一方面，除去立法者认知有限不论，同一行为的社会危害性具有流动性特征，有社会危害性的行为可能因社会变迁而缺乏值得刑罚处罚的社会危害性，没有社会危害性的行为也可能因为客观情势变化而成为值得刑罚处罚的社会危害性。同时，严重社会危害性也并非立法者将其犯罪化的充分条件，是否对某种行为给予犯罪化，还需要考虑该危害行为在社会中发生的概率。

---

[1]　刘宪权："论利用未公开信息交易罪法定刑的设置及适用"，载《现代法学》2016年第5期。

[2]　谢杰："利用未公开信息交易罪量刑情节的刑法解释与实践适用——'老鼠仓'抗诉案引发的资本市场犯罪司法解释反思"，载《政治与法律》2015年第7期。

毕竟法律是通过类型化的方式调整社会关系、规范社会交往，如果某种行为的发生概率相对较低，法律完全没有介入之必要。利用未公开信息交易行为是否犯罪化，根本地取决此种行为的社会危害性，但也无法脱离此种行为的发生概率。这一点在《中华人民共和国刑法修正案（七）》的权威解读中得到肯定，[1]也得到经济学家的承认。"吴敬琏等经济学家就揭露过'基金黑幕'，其中也包括'老鼠仓'问题。只不过，当时操纵股市、内幕交易、非法集资、掏空上市公司资金等问题更为突出，'老鼠仓'问题不太显眼而已。现在，随着对操纵股市等问题治理力度的加大，判了不少操纵者的刑，还有不少高管成了证券市场禁入者，情况有了很大好转。在这种背景下，'老鼠仓'问题相对突出起来了。"[2]

另一方面，从增设罪刑条文的方式来看，利用未公开信息交易罪的违法与责任程度与内幕交易、泄露内幕信息罪相当。当前，我国刑法增设罪名是通过修正案的形式进行，而修正刑法条文的方式有二：一是通过在原条文中增加特定款，二是在相关条文之后，增加第×条之一。两种增设方式反映了新设犯罪与原犯罪之间违法与责任程度的差异，以第二种形式增设通常是说明两罪在行为对象、行为方式、行为领域、侵害法益种类上的相似性，而不意味两罪违法与责任的相当，如《中华人民共和国刑法修正案（八）》以"刑法第133条之一"的形式增设的"危险驾驶罪"与《刑法》第133条交通肇事罪就是二者只是在行为发生的领域和侵害法益种类方面具有相似性，但违法与责任程度则存在档次的差别。据此，如果利用未公开信息交易罪的违法与责任程度低于内幕交易、泄露内幕信息罪，那么《中华人民共和国刑法修正案（七）》完全应当依照惯例在《刑法》第180条之后新增一条作为"《刑法》第180条之一"，而不是在《刑法》第180条内部增加一款作为该条第4款。

事实上，在《中华人民共和国刑法修正案（七）》（草案）审议过程中，中国人大网即多次转载新华网、《检察日报》的消息：《中华人民共和国刑法修正案（七）》明确规定，我国严惩金融从业人员老鼠仓行为，最高可

---

〔1〕 参见黄太云："《刑法修正案（七）》解读"，载《人民检察》2009年第6期；许永安："《刑法修正案（七）》的立法背景与主要内容"，载 http://www.npc.gov.cn/zgrdw/npc/xinwen/rdlt/fzjs/2009-03/05/content_ 1482958. htm，最后访问日期：2021年5月20日。

〔2〕 顾肖荣："近期证券市场的主要涉罪问题"，载《法学》2007年第6期。

处 10 年有期徒刑。[1]由此反映出，作为最高立法机关主办的官方网站已经肯定利用未公开信息交易罪与内幕交易、泄露内幕信息罪具有相当的违法与责任程度，包括"情节严重"和"情节特别严重"两档法定刑，《刑法》第 180 条第 4 款"情节严重"属于"定罪条款"，利用未公开信息交易罪的法定刑应当援引内幕交易、泄露内幕信息罪全部法定刑的全部援引说具有正当性。

本案处理评述

在马乐利用未公开信息交易案中，被告人马乐作为博时基金管理公司从业人员，利用其担任博时精选基金经理的职务便利所获取的未公开信息，自其任职基金经理时即违反规定，从事与该未公开信息相关的"老鼠仓"交易活动。其违规交易历时之长、涉及股票之多、累计成交额之大、非法获利额之巨，被金融界称为"证监会查处史上最大基金'老鼠仓'案"。[2]纵观该案的整个诉讼过程，其历经广东省深圳市中级人民法院一审、广东省深圳市人民检察院抗诉、广东省高级人民法院二审、广东省人民检察院提请最高人民检察院按照审判监督程序向最高人民法院提出抗诉、最高人民法院再审并依法改判，最终因具有较强的指导意义，先后被最高人民检察院遴选为检例第 24 号指导性案例，被最高人民法院遴选为 61 号指导案例。该案的处理在我国刑事法治史上具有重要意义，创造出多个"第一案"，既是最高人民检察院以法律适用错误为由向最高人民法院提起抗诉的"第一案"，也是最高人民法院直接开庭审理、最高人民检察院派员出庭履行职务的刑事抗诉"第一

---

〔1〕　参见商文："我国拟修改刑法严惩金融领域'老鼠仓'行为　最高可处十年有期徒刑"，载《上海证券报》2008 年 8 月 26 日，第 4 版；王丽丽："传销、逃税、'老鼠仓'等犯罪将有重要修改"，载《检察日报》2008 年 12 月 23 日，第 4 版。

〔2〕　"证监会查处史上最大基金'老鼠仓'"，载《经济导刊》2014 年第 2 期。值得注意的是，由马乐制造的"证监会查处史上最大基金'老鼠仓'"的记录不久即被上海汇添富基金基金经理苏某打破。在苏某利用未公开信息交易案中，苏某自 2009 年 3 月至 2012 年 10 月利用职务便利获取的基金股票交易情况等未公开信息，使用其控制的堂弟、堂弟媳等人的证券账户，先于或同期于其操控的基金买入或者卖出相同的"领先科技""华联控股""中天城投"等 130 只股票，累计交易金额人民币 7.33 亿余元，非法获利 3652 万余元。(参见李幛喆编著：《中国股市发展报告（2014）》，经济管理出版社 2015 年版，第 194~195 页。)

案"，还成为由三级人民检察院接力抗诉并最终得以撤销原生效裁判的经济犯罪"第一案"。

在马乐利用未公开信息交易案中，被告人马乐任博时精选基金经理期间，利用职务便利获知的博时精选交易的标的股票、交易时点和数量等内幕信息以外的其他非公开信息，通过其在投资权限内有完全控制权的"金某"、"严某进"和"严某雯"证券账户先于（1~5 个交易日）其管理的"博时精选"基金账户买入，基金账户再买入，先于（1~2 个交易日）基金账户卖出，基金账户再卖，总共交易股票 76 只，累计成交金额 10 亿余元，非法获利 1900 万余元。马乐的行为应当评价为基金管理公司从业人员，利用因职务便利获取的内幕信息以外的其他未公开的信息，违反规定，从事与该信息相关的证券交易活动，并且达到"立案追诉标准"关于"情节严重"的具体标准，依法构成利用未公开信息交易罪。

《中华人民共和国刑法修正案（七）》增设利用未公开信息交易罪，采用援引法定刑的立法技术，在详细描述该罪罪状的前提下，通过规定"依照第一款的规定处罚"，援引内幕交易、泄露内幕信息罪的法定刑作为该罪的法定刑。援引法定刑立法技术的运用，意味着在规范评价上，利用未公开信息交易罪与内幕交易、泄露内幕信息罪的违法与责任程度相当，《刑法》第 180 条第 4 款中"情节严重"条款的法律性质是"定罪条款"而非"量刑条款"，其要旨在于避免法条文字表述重复，防止将"情节不严重"的利用未公开信息交易行为作为犯罪予以处罚。鉴于《刑法》第 180 条第 4 款已经明确规定利用未公开信息交易罪的法定刑，不存在"刑法适用上难以解决的疑难与困惑"，缺乏存疑有利于被告原则的适用前提，不能将援引法定刑援引对象范围理解为部分援引。从罪刑法定原则基本要求、体系解释协调性以及《刑法》第 180 条第 4 款的规范构造出发，应当肯定援引法定刑的适用是对被援引犯罪法定刑的全部援引，即利用未公开信息交易罪的法定刑，同内幕交易、泄露内幕信息罪一样，具有"情节严重"和"情节特别严重"两个档次。

当前，我国刑事司法解释尚未明确规定作为利用未公开信息交易罪"量刑情节"的"情节严重"和"情节特别严重"的具体标准，唯有最高人民检察院、公安部《关于公安机关管辖的刑事案件立案追诉标准的规定（二）》对利用未公开信息交易罪的立案追诉标准，即作为该罪"定罪情节"的"情节严重"做出明文规定。有鉴于此，既然利用未公开信息交易罪与内幕交易、泄露内幕信息罪在法定刑配置上具有相同性，作为权宜之计，可以暂时援用"两高"《关于办理内幕交易、泄露内幕信息刑事案件具体应用法律若干问题的解释》第7条内幕交易、泄露内幕信息罪"情节特别严重"的法定刑升格标准。由于马乐利用未公开信息交易案涉及股票76只，累计成交额10亿余元，非法获利额1900万余元，既符合"证券交易成交额在二百五十万元以上的"情形，也达到"获利或者避免损失数额在七十五万元以上的"情形，应当认定为"情节特别严重"，在"五年以上十年以下有期徒刑，并处违法所得一倍以上五倍以下罚金"法定刑幅度中量定基准刑。

法律适用依据

一、《中华人民共和国刑法》（2009 年第一次修正）

第180 条：证券、期货交易内幕信息的知情人员或者非法获取证券、期货交易内幕信息的人员，在涉及证券的发行，证券、期货交易或者其他对证券、期货交易价格有重大影响的信息尚未公开前，买入或者卖出该证券，或者从事与该内幕信息有关的期货交易，或者泄露该信息，或者明示、暗示他人从事上述交易活动，情节严重的，处五年以下有期徒刑或者拘役，并处或者单处违法所得一倍以上五倍以下罚金；情节特别严重的，处五年以上十年以下有期徒刑，并处违法所得一倍以上五倍以下罚金。

单位犯前款罪的，对单位判处罚金，并对其直接负责的主管人员和其他直接责任人员，处五年以下有期徒刑或者拘役。

内幕信息、知情人员的范围，依照法律、行政法规的规定确定。

证券交易所、期货交易所、证券公司、期货经纪公司、基金管理公司、商业银行、保险公司等金融机构的从业人员以及有关监管部门或者行业协会的工作人员，利用因职务便利获取的内幕信息以外的其他未公开的信息，违反规定，从事与该信息相关的证券、期货交易活动，或者明示、暗示他人从事相关交易活动，情节严重的，依照第一款的规定处罚。

二、《关于印发最高人民检察院第七批指导性案例的通知》（高检发研字〔2016〕7号）

马乐利用未公开信息交易案（检例第24号）

【要　旨】

刑法第一百八十条第四款利用未公开信息交易罪为援引法定刑的情形，应当是对第一款法定刑的全部援引。其中，"情节严重"是入罪标准，在处罚上应当依照本条第一款内幕交易、泄露内幕信息罪的全部法定刑处罚，即区分不同情形分别依照第一款规定的"情节严重"和"情节特别严重"两个量刑档次处罚。

【指导意义】

我国刑法分则"罪状+法定刑"的立法模式决定了在性质相近、危害相当罪名的法条规范上，基本采用援引法定刑的立法技术。本案对刑法第一百八十条第四款援引法定刑理解的争议是刑法解释的理论问题。正确理解刑法条文，应当以文义解释为起点，综合运用体系解释、目的解释等多种解释方法，按照罪刑法定原则和罪责刑相适应原则的要求，从整个刑法体系中把握立法目的，平衡法益保护。

1. 从法条文义理解，刑法第一百八十条第四款中的"情节严重"是入罪条款，为犯罪构成要件，表明该罪情节犯的属性，具有限定处罚范围的作用，以避免"情节不严重"的行为也入罪，而非量刑档次的限缩。本条款中"情节严重"之后并未列明具体的法定刑，不兼具量刑条款的性质，量刑条款为"依照第一款的规定处罚"，应当理解为对第一款法定刑的全部援引而非部分援引，即同时存在"情节严重""情节特别严重"两种情形和两个量刑档次。

2. 从刑法体系的协调性考量，一方面，刑法中存在与第一百八十条第四款表述类似的条款，印证了援引法定刑为全部援引。如刑法第二百八十五条第三款规定"情节严重的，依照前款的规定处罚"，2011年《最高人民法院、最高人民检察院关于办理危害计算机信息系统安全刑事案件应用法律若干问题的解释》第三条明确了本款包含有"情节严重""情节特别严重"两个量刑档次。另一方面，从刑法其他条文的反面例证看，法定刑设置存在细微差别时即无法援引。如刑法第一百八十条第二款关于内幕交易、泄露内幕信息罪单位犯罪的规定，没有援引前款个人犯罪的法定刑，而是单独明确规定处五年以下有期徒刑或者拘役。这是因为第一款规定了情节严重、情节特别严重两个量刑档次，而第二款只有一个量刑档次，并且不对直接负责的主管人员和其他直接责任人员并处罚金。在这种情况下，为避免发生歧义，立法不会采用援引法定刑的方式，而是对相关法定刑作出明确表述。

3. 从设置利用未公开信息交易罪的立法目的分析，刑法将本罪与内幕交易、泄露内幕信息罪一并放在第一百八十条中分款予以规定，就是由于两罪虽然信息范围不同，但是其通过信息的未公开性和价格影响性获利的本质相同，对公众投资者利益和金融管理秩序的实质危害性相当，行为人的主观恶性相当，应当适用相同的法定量刑幅度，具体量刑标准也应一致。如果只截取情节严重部分的法定刑进行援引，势必违反罪刑法定原则和罪刑相适应原则，无法实现惩罚和预防犯罪的目的。

第六章
于欢故意伤害案
——正当防卫相关问题的认定

案件基本概况

一、案情概要

2016 年 4 月 14 日 16 时许，赵某纠集郭某 2、郭某 1、苗某、张某 2 等 11 人到源大公司讨债。20 时 48 分，苏某按郭某 1 要求到办公楼一楼接待室，被告人于欢及公司员工张某 3、马某陪同。21 时 53 分，杜某 5 等人进入接待室讨债，将苏某、被告人于欢的手机收走放在办公桌上。杜某 5 用污秽语言辱骂苏某、被告人于欢及其家人，将烟头弹到苏某胸前衣服上，将裤子褪至大腿处裸露下体，朝坐在沙发上的苏某等人左右转动身体。在马某、李某 2 劝阻下，杜某 5 穿好裤子，又脱下被告人于欢的鞋让苏某闻，被苏某打掉。杜某 5 还用手拍打被告人于欢面颊，其他讨债人员实施了揪抓被告人于欢头发或按压被告人于欢肩部不准其起身等行为。22 时 07 分，公司员工刘某打电话报警。22 时 17 分，民警到达源大公司接待室了解情况。22 时 22 分，民警警告双方不能打架，然后到院内寻找报警人。被告人于欢、苏某欲随民警离开接待室，杜某 5 等人阻拦，并强迫被告人于欢坐下，被告人于欢拒绝。杜某 5 等人卡被告人于欢颈部，将被告人于欢推拉至接待室东南角。被告人于欢持尖刀，警告杜某 5 等人不要靠近。杜某 5 出言挑衅并逼近被告人于欢，被告人于欢遂捅刺杜某 5 一刀，又捅刺围逼在其身边的程某、严某、郭某 1 各一刀。造成杜某 5 死亡。严某、郭某 1 重伤，程某轻伤。

二、处理结论

山东省聊城市中级人民法院一审认为：首先，虽然于欢及母亲的人身自由权利受到限制，且遭到对方辱骂和侮辱，但对方均未有人使用工具。且在派出所已经出警的情况下，被告人于欢及母亲的生命健康权利被侵犯的现实危险性较小，不存在防卫的紧迫性。故被告人于欢持尖刀捅刺被害人不存在正当防卫意义的不法侵害前提，辩护人认为被告人于欢系防卫过当的意见不予采纳。其次，被告人于欢被围困后，在接待室较小范围内持尖刀刺被害人腹、背各捅刺一刀，并没有表现出对某一被害人连续捅刺致其死亡的行为，也没有对离其较远的对方其他人捅刺。从被告人于欢当时所处环境以及对被害人捅刺的部位、刀数，结合被告人于欢案发当日下午起，一直受到被害人要账纠缠，当公安人员到达现场后急于离开接待室的心态综合分析，被告人于欢具有伤害对方的故意。公诉机关认定被告人于欢构成故意伤害罪符合主客观相统一的定罪要求，不能因出现了被害人死亡结果而客观归罪，定性为故意杀人。最后，被告人于欢面对众多讨债人的长时间纠缠，不能正确处理冲突，持尖刀捅刺多人，致一名被害人死亡、二名被害人重伤、一名被害人轻伤，其行为构成故意伤害罪。

山东省高级人民法院二审则认为：首先，当民警到达现场后，上诉人于欢和其母苏某欲随民警走出接待室时，杜某5等人阻止二人离开，并对上诉人于欢实施推拉、围堵等行为，在上诉人于欢持刀警告时仍出言挑衅并逼近。上诉人于欢是在人身安全面临现实威胁的情况下才持刀捅刺，且其捅刺的对象都是在其警告后仍向前围逼的人，可以认定其行为是为了制止不法侵害。因此，上诉人于欢的行为具有防卫性质。其次，根据《刑法》规定，对正在进行的行凶、杀人、抢劫、强奸、绑架以及其他严重危及人身安全的暴力犯罪，公民有权进行特殊防卫。经查，上诉人于欢的父母于欢明与苏某系主动向吴某借贷，自愿接受吴某所提10%的月息。既不存在于欢明、苏某被强迫向吴某高息借贷的事实，也不存在吴某强迫于欢明、苏某借贷的事实，与司法解释有关强迫借贷按抢劫罪论处的规定不符。因此，本案并不存在适用特殊防卫的前提条件。再次，根据《刑法》规定，正当防卫明显超过必要限度造成重大损害的，属于防卫过当，应当负刑事责任。评判防卫是否过当，应当从不法侵害的性质、手段、紧迫程度和严重程度，防卫的条件、方式、强度和后果等情节综合判定。经查，在民警走出接待室期间，上诉人于欢和讨债人员均可看见停在院内的警车警灯闪烁，应当知道民警并未离开；在上诉人于欢持刀警告不要逼过来时，杜某5等人虽有出言挑衅并向于欢围逼的行为，但并未实施强烈的攻击行为。即使四人被上诉人于欢捅刺后，杜某5一方也没有人对上诉人于欢实施暴力还击行为。因此，上诉人于欢面临的不法侵害并不紧迫和严重，而其却持利刃连续捅刺四人，致一人死亡、二人重伤、一人轻伤，应当认定上诉人于欢的防卫行为明显超过必要限度造成重大损害，构成防卫过当。最后，虽然上诉人于欢连续捅刺四人，但捅刺对象都是当时围逼在其身边的人，未对离其较远的其他不法侵害人进行捅刺，亦未对同一不法侵害人连续捅刺。可见，上诉人于欢的目的在于制止不法侵害并离开接待室，不具有追求或放任致人死亡危害结果发生的故意。因此，上诉人于欢不能构成故意杀人罪。[1]

案件诉争聚焦

在"于欢故意伤害案"中，一审判决既未认定被告人于欢成立正当防卫，也未认定其构成防卫过当，而是按照一般的故意伤害罪判处无期徒刑，显然是否认了于欢的反击行为具有防卫性质，随后引起社会舆论哗然。于欢上诉后，二审法院认定上诉人于欢具有防卫情节，同时认为其防卫行为超过了必要限度，构成防卫过当，改判为五年有期徒刑，使得社会舆论逐步平息。案件虽了，但在刑法理论上所引发的思考并未止步。

我国早在 1979 年《刑法》中就对正当防卫作出规定，但鉴于当时在司法实务中对于正当防卫的认定标准过高，往往错将正当防卫认定防卫过当甚至是故意犯罪，严重挫伤了公民实施正当防卫行为的积极性，为扭转这一局面，正当防卫制度几经博弈后，在 1997 年《刑法》中作了重大修改。然而，自 1997 年《刑法》修订 20 余年来，立法者的良苦用心并未传导至司法层面，司法机关对正当防卫认定标准的把握仍然过于严苛，误将正当防卫认定为防卫过当甚至故意犯罪的情形依然层出不穷。特别是"于欢故意伤害案"所引发的全民关注与社会议论，暴露出正当防卫的司法适用存在许多问题。在"于欢故意伤害案"中，一审法院判决与二审法院判决的不同结论虽有自身的见解，但仍具有学术讨论的空间。例如，在《刑法》第 20 条第 1 款中"不法侵害正在进行"如何判断？《刑法》第 20 条第 3 款中"行凶"与"其他严重危及人身安全的暴力犯罪"又作何种理解？明显超过必要限度与重大损害的

---

[1] 参见山东省聊城市中级人民法院（2016）鲁 15 刑初 33 号刑事附带民事判决书；山东省高级人民法院（2017）鲁刑终 151 号刑事判决书。

关系究竟为何？明显超过必要限度与重大损害的规范释义是什么？若防卫行为被认定为防卫过当，其主观罪过是否就一定为犯罪故意？凡此种种，都需要我们从理论层面对正当防卫的司法适用问题深入研讨与分析。

案涉法理精释

正当防卫与防卫过当的界分问题并非刑法理论中的新问题。在"于欢故意伤害案"中，虽然二审法院判决肯定了被告人于欢的行为具有防卫性质，较一审法院的判决结论有所进步，但其仍未厘清正当防卫与防卫过当的界限。这不能简单地归咎于立法上的阙如。从纵向来看，2015 年《刑法》第 20 条对 1979 年《刑法》第 17 条进行重大修改，并且新增特殊正当防卫的规定，显然在立法层面对正当防卫的限度要求持宽容态度；从横向来看，相较于德国、日本等域外国家，我国正当防卫的立法规定也更具优越性。[1]那么，究竟是什么原因导致我国正当防卫制度中宽松的立法精神并未顺利从立法层面贯彻至司法层面？本书认为，其中的缘由不胜枚举，但可以肯定的是，理论界此前对正当防卫制度中某些问题的研究还不够具体、细致，可操作性较小，致使我国司法实务部门对正当防卫法律适用中一些细节问题出现模棱两可的状态。因此，为缓和我国正当防卫制度在立法与司法上长期以来存在的矛盾与冲突，有必要以"于欢故意伤害案"为切入点，对当前我国正当防卫司法适用存在的误区进行剖析，并在既有研究成果基础上，进一步细化对正当防卫制度中某些问题的研究，以期为我国正当防卫案件的刑法规制提出更加具体而明确并具可操作性的方案。

那么，在"于欢故意伤害案"中，一审、二审法院的判决具体聚焦了正当防卫制度中哪些疑难问题呢？本书认为，一审、二审法院判决的争议焦点至少涉及正当防卫制度中以下四个方面的问题。

一、不法侵害正在进行的判定

"于欢故意伤害案"一审判决书中明确表述：虽然被告人于欢当时的人身

---

〔1〕　参见张明楷："正当防卫与防卫过当的司法认定"，载《法律适用（司法案例）》2018 年第 20 期。

自由权利受到对方限制，也遭到对方辱骂和侮辱，但对方均未有人使用工具，且在派出所已经出警的情况下，被告人于欢及其母亲的生命健康权利被侵犯的现实危险性较小，不存在防卫的紧迫性，故于欢持尖刀捅刺对方不存在正当防卫意义的不法侵害前提，辩护人认为于欢系防卫过当的意见不予采纳。可见，在一审法院判决中，法院否认于欢构成防卫过当，其理由在于"于欢故意伤害案"中不存在"不法侵害"这一前提条件。因此，如何判断"正在进行的不法侵害"也就成为识别于欢行为性质的关键。关于"正在进行的不法侵害"的判断，又可进一步分为两个问题：一是"不法侵害范围"的确定；二是不法侵害"正在进行"的认定。

（一）"不法侵害范围"的确定

"不法侵害"的存在是成立正当防卫的起因条件。如果没有不法侵害，当然也就不存在对不法侵害的正当防卫。[1]关于不法侵害的范围，理论上存在三种观点：[2]一是"犯罪行为说"，该说认为不法侵害行为仅指犯罪行为而不包括一般的违法行为。二是"无限制的犯罪违法说"，该说主张不法侵害行为不仅包含犯罪行为还包含一般的违法行为。三是"有限制的违法犯罪说"，该说对第二种理论作了一定地限缩，该说认为并非所有的违法犯罪行为都可成为不法侵害，只有那些具有侵害紧迫性，采取防卫行为可减轻或避免危害结果的违法犯罪行为，才属于正当防卫中的不法侵害。本书认为，第一种观点将不法侵害单纯地理解为犯罪行为明显是对公民正当防卫权利的不当限制，与立法目的不符；第二种观点立足于防卫人的立场，充分认识到正当防卫制度是法律赋予公民保护合法权益的武器，值得肯定，但该说也存在过于绝对的瑕疵，若任何违法犯罪行为都可以成为正当防卫的对象，对防卫行为缺少必要的制约，又极易造成正当防卫权利的滥用。因而，本书赞同第三种观点，即判断一个行为是否属于不法侵害行为，关键在于识别这种行为是否具有法益侵害的紧迫性。正如陈兴良教授所言，作为防卫起因的不法侵害，必须同时具备两个基本特征：一是法益的侵害性。法益的侵害性是正当防卫成立的前提和基础，没有法益侵害就不会涉及侵害紧迫性的问题。二是侵害的紧迫

〔1〕 参见陈兴良："正当防卫如何才能避免沦为僵尸条款——以于欢故意伤害案一审判决为例的刑法教义学分析"，载《法学家》2017年第5期。

〔2〕 参见贾成宽："论正当防卫制度中的不法侵害"，载《中国刑事法杂志》2008年第6期。

性。要求不法侵害具有侵害紧迫性的特征就排除了那些不具备紧迫性的不法侵害成为防卫起因的可能，从而将正当防卫权利行使的范围控制在合理的范围内。[1]总之，作为正当防卫起因的不法侵害，必须同时具备上述两个特征。

然而，有时候不法侵害是否具备紧迫性却并非那么容易判断。在司法实践中，积极的、作为的、动态的不法侵害其紧迫性是显而易见的。故有传统观念习惯性地认为只有对方"打我"或身体上受到侵害时，才有"防卫"的权利。[2]换言之，这种传统观点认为只有不法侵害人积极主动地实施暴力侵害才具有不法侵害的紧迫性。在"于欢故意伤害案"中，一审判决之所以未将"限制人身自由"认定为"不法侵害"，正是受这种传统观念的影响。对此，本书认为，不法侵害行为范围不宜仅仅将其限定为积极的、作为的、故意的、暴力的行为，它应当包含消极的、不作为的、过失的、非暴力的行为。其原因在于，一方面，我国《刑法》第 20 条及司法解释并未将"不法侵害行为"的范围限定为积极的、作为的、故意的、暴力的行为。另一方面，这一结论为国外刑法理论所承认。例如，日本学者大塚仁教授认为：所谓"侵害"，就是对他人的权利造成实害或者危险，不问是故意行为还是过失行为，是基于作为还是不作为。[3]可见，在刑法理论中不法侵害的范围非常广泛，但凡是具有紧迫性的、不实施防卫就无法排除侵害的行为，都应当被纳入到不法侵害行为的范畴，而不论其行为的表现形式如何。不能认为不法侵害人实施的是消极的、不作为的、过失的、非暴力的行为，就否认公民反击行为的防卫性质。只要不法侵害人实施的侵害行为具有法益侵害性、紧迫性，公民当然可以对其实施反击，至于反击行为是否过当，则是正当防卫制度中的另一个问题即防卫限度的判断，它不应与反击行为性质的判断问题相混淆。

（二）不法侵害"正在进行"的认定

不法侵害"正在进行"是成立正当防卫的时间要件。行为人只有对"正在进行"的不法侵害才能实施防卫。所谓不法侵害"正在进行"，是指不法侵

---

〔1〕　参见陈兴良：《规范刑法学》（上册），中国人民大学出版社 2017 年版，第 144~145 页。

〔2〕　参见李晓明："'正当防卫'四十年：'于欢案'映射刑法第 20 条的修改"，载《河北法学》2020 年第 4 期。

〔3〕　参见［日］大塚仁：《刑法概说（总论）》，冯军译，中国人民大学出版社 2002 年版，第 325 页。

害已经开始且尚未结束的这段时间。[1]不法侵害"正在进行"的判断是认定不法侵害时极其容易让人产生误解的问题。有人认为不法侵害仅仅指侵害的那一瞬间。然而，这种理解是片面的。若按照此种理解将防卫人实施防卫的时间限定在狭小的区间内，则防卫人无论防卫迟早，都会被以犯罪论处，这极不利于正当防卫制度价值的充分发挥。

在刑法理论上，关于不法侵害开始的时间，当前主要存在以下几种学说：[2]第一种是"着手说"，该说认为只有当不法侵害行为"着手"时，才可采取防卫措施；第二种是"进入侵害现场说"，该说认为只要不法侵害人进入到侵害现场就可以对其实施防卫；第三种是"紧迫危险说"，该说主张以合法权益直接面临不法侵害的危险作为不法侵害开始的时间，具体包含不法侵害已经着手实施，合法权益正在遭受侵害以及不法侵害行为迫在眉睫，合法权益将要遭受侵害两种情况。本书认为，第一种观点将"着手"作为不法侵害开始的时间，从操作上看似便利，但事实上，在部分犯罪中，"着手"的认定本就是一个十分复杂的问题，连刑法学者都尚存诸多争议，更不必说让普通公民对其判定。因而，该说在实践中不具有可操作性；此外，在某些情形下，虽然不法侵害行为尚未着手实行，但不法侵害一旦着手，则可能使被侵害人错失防卫时机。例如，不法侵害人在实施枪杀行为时，无论是以不法侵害人举枪瞄准视为着手，还是以扣动扳机视为着手，如果严格地要求被侵害人只有在不法侵害人着手时才能进行防卫，这将难以保护被侵害人的合法权益。对于第二种观点，他人进入现场时，合法权益未必就一定会受到紧迫的危险。因为当他人进入现场时，对方主观上是否具备不法侵害的意思任何人都难以知晓，若他人主观上并不存在不法侵害的意思，却对其实施打击，则会产生假想防卫的问题。况且，这里的"现场"究竟如何定义，其标准也是模糊的。因此，"进入侵害现场说"难以界定不法侵害开始的时间。而第三种观点，本书认为是合理的，一方面，将不法侵害开始的时间由"着手"提前至"危险"，意味着成立正当防卫的范围扩大，这有利于保护被害人的合法权益；另一方面，将危险限定为紧迫的危险，又可以避免"进入侵害现场说"中将不法侵害开始的时间过于提前的缺陷。因为正当防卫本质上是以私力救

---

[1] 参见张明楷：《刑法学》（上册），法律出版社2016年版，第201页。
[2] 参见黎宏：《刑法学总论》，法律出版社2016年版，第131页。

济代替公力救济，在公力救济方面，刑法对犯意表示的危险以及预备阶段的缓和危险通常是不予处罚的，既然公力救济都不对其进行处罚，自然也不允许私力救济对其惩罚。因此，紧迫危险说具有相当的合理性。该观点也为境外刑法判例所认可。德国刑法判例认为，一旦对被保护的利益的迫在眉睫的侵害直接产生危险，正当防卫状况即已经开始。[1]

　　同样，在刑法理论上，关于不法侵害结束的时间也存在以下几种立场：[2]一是"侵害行为停止说"，该说以不法侵害行为停止的时间作为不法侵害结束的时间。一般而言，这种理论能够覆盖大多数不法侵害结束的情形，但此种观点也有一定局限，因为不法侵害行为无论是自动停止还是被动停止，都有继续产生侵害的可能，若严格要求被侵害人在侵害行为停止后就不得采取防卫措施，则不利于被侵害人合法权益的保护。二是"离去现场说"，该说主张以不法侵害人离开侵害现场的时间作为不法侵害的结束时间。这种学说的优势在于可以与"进入侵害现场说"保持连贯，但其缺陷也是明显的，若不法侵害人在实施侵害行为时，突然离开现场，就意味着被侵害人必须立即停止防卫行为，否则可能产生事后防卫的问题。因此，该说也会阻碍防卫人采取防卫措施。三是"结果形成说"，该说将危害结果形成的时间作为不法侵害结束的时间。该说的主张有一定道理，但是对于财产性不法侵害，如财物被抢时，抢劫行为虽已经形成危害结果，但如果在现场采取必要的防卫措施，还来得及挽回损失的，就应当认为不法侵害尚未结束，公民可以对其进行防卫，否则无法对公民的合法权益提供充分保护。四是"紧迫危险消除说"，即将紧迫危险的消除作为认定不法侵害结束的时间。本书认为，对于不法侵害结束的时间，"紧迫危险消除说"值得提倡。其理由在于：首先，采用该说可与不法侵害开始时间的标准保持一致；其次，该说克服了前三种学说固有的缺陷，因为无论是侵害行为停止后、侵害人离去现场后，还是危害结果形成后都可能继续存在不法侵害的危险；最后，该说将危险限定为紧迫的危险，也有助于防止公民滥用防卫权，保护不法侵害人的合法权益。因为紧迫的危险意味着当不法侵害下降为缓和危险，被侵害人可以采取其他手段予以救济时，被

---

〔1〕　参见［德］汉斯·海因里希·耶赛克、托马斯·魏根特：《德国刑法教科书》，徐久生译，中国法制出版社 2001 年版，第 461 页。

〔2〕　参见司伟攀："正当防卫认定有关问题探究——以最高检'第十二批指导性案例'为例"，载《法律适用》2019 年第 10 期。

侵害人不得再以防卫的名义实施反击。

综上，本书认为，对于不法侵害"正在进行"的判断，可采用"紧迫危险说"作为统一的判定标准，即当不法侵害的紧迫危险来临时则不法侵害开始，当不法侵害的紧迫危险消除时则不法侵害结束。需要特别注意的是，若不法侵害处于持续状态，尽管从形式上看不法侵害人在某段时间停止了不法侵害，但从实质上看，不法侵害人仍然存在再次反复攻击的可能，则表明不法侵害的紧迫危险尚未消除，不法侵害正在进行，此时应当允许被侵害人采取防卫措施。不能认为不法侵害人完成侵害举动后，被侵害人就不能再实行防卫。只有当不法侵害在形式上及实质上均已经停止，不会再产生新的不法侵害，被侵害人才不得采取防卫措施。[1]

二、特殊防卫的认定

"于欢故意伤害案"一审判决后，于欢及其辩护人在上诉意见中认为，根据有关司法解释，讨债人员的行为构成抢劫罪，于欢捅刺抢劫者的行为属特殊防卫，应适用特殊防卫的规定免责，而不能认定于欢构成故意伤害罪。二审法院审理后认为，在本案中，于欢父母系主动向讨债人员高息借贷，并不存在于欢父母被强迫向讨债人员高息借贷的事实，本案情形与司法解释有关强迫借贷按抢劫罪论处的规定并不相符，因此，本案并不具备适用特殊防卫条款的前提条件。对此，有学者对二审法院关于本案特殊防卫的认定结论持否定意见，如周光权教授认为，对于少数持续侵害可以考虑将该侵害行为视为行凶或其他与绑架、强奸具有类似危险性的严重危害人身安全的暴力行为，从而肯定反击者的特殊防卫权。[2]当然，更多的学者对二审法院的结论表示支持，如陈兴良教授认为，本案中虽然讨债人员存在拘禁、殴打和辱骂等不法侵害行为，但这是为了对债务人施加精神压力，以便达到还债的效果。从这个意义上说，讨债人员并不具备致于欢母子人身伤亡的目的和行为。因此，本案于欢的行为不存在适用特殊防卫条款的前提条件。[3]

---

〔1〕 参见［德］克劳斯·罗克辛：《德国刑法学总论：犯罪原理的基本构造》（第1卷），王世洲译，法律出版社2005年版，第434页。

〔2〕 参见周光权："论持续侵害与正当防卫的关系"，载《法学》2017年第4期。

〔3〕 参见陈兴良："正当防卫如何才能避免沦为僵尸条款——以于欢故意伤害案一审判决为例的刑法教义学分析"，载《法学家》2017年第5期。

可见，虽然二审法院对本案是否存在适用特殊防卫的情形作出了认定，但在理论与实践中仍然存有争议。故此，对《刑法》中特殊防卫条款的准确理解与适用就显得具有特别的意义。特殊防卫条款的适用除需要具备普通正当防卫中的时间、对象和主观三个条件外，同时还需具备特殊的防卫起因条件。所谓特殊防卫的起因条件，我国《刑法》第 20 条第 3 款将其规定为"行凶、杀人、抢劫、强奸、绑架以及其他严重危及人身安全的暴力犯罪"。由于立法及司法解释并未对上述规定作出具体的解释，因此，对特殊防卫的认定，关键在于准确地把握特殊防卫起因条件的内涵与外延。大体而言，需要把握以下几点：

首先，"行凶"一词并非标准的法律用语，其较为抽象与模糊，故并不容易把握。因此，想要清晰地界定"行凶"的内涵与外延，就必须对其进行体系性解释。在《刑法》第 20 条第 3 款中，由于"杀人"已被单独罗列，因而从法律意义上讲"行凶"应当指故意伤害行为。进一步而言，这里的"行凶"还应当指可能致人重伤或者死亡的故意伤害行为。因为《刑法》第 20 条第 3 款的设置采用的是列举加概括的方式，除了列举"行凶"这种犯罪行为外，该款还以"其他严重危及人身安全的暴力犯罪"作了概括性的规定。申言之，若不法侵害人只是实施一般的拳脚殴打，尚不足以造成被侵害人重伤或者死亡的，则不能将其看作"行凶"。

其次，杀人、抢劫、强奸、绑架应是指不法侵害人采用暴力手段实施杀人、抢劫、强奸、绑架的犯罪行为，若仅仅是采用麻醉、胁迫等非暴力手段实施杀人、抢劫、强奸、绑架行为的，则不能对不法侵害人进行特殊防卫。当然，若要对上述四种犯罪行为进行特殊防卫，除了要求这四种犯罪必须以暴力手段实施外，最为关键的还是这四种犯罪行为在实质上严重危及到他人的人身安全。

最后，从"其他严重危及人身安全的暴力犯罪"的立法原意来看，特殊防卫中不法侵害的范围并不限于刑法条文所列举的行为，但凡与杀人、抢劫、强奸、绑架等危及人身安全具有同等严重程度的暴力犯罪行为，都应当允许被侵害人进行特殊防卫。具体而言，有学者认为，这些行为还包括指武装叛乱、武装暴乱、暴力劫持航空器、暴力劫持船只、汽车等犯罪行为。[1]

---

〔1〕　参见黎宏：《刑法学总论》，法律出版社 2016 年版，第 143~144 页。

总而言之，作为特殊防卫起因条件中的不法侵害行为必须要符合以下几个条件：首先，不法侵害行为必须是暴力犯罪行为。所谓暴力行为是指不法侵害人针对人的身体实施强烈肉体打击的行为，该行为可以借助工具进行，也可以不利用工具直接用身体进行。暴力行为只能以积极的、作为和故意的方式实施。同时，这种暴力行为还必须达到犯罪的程度。如果不法侵害人采用的是非暴力手段实施的犯罪行为或者尚不构成犯罪的轻微暴力行为以及一般违法暴力行为，则不能适用特殊防卫的规定。其次，不法侵害行为还必须危及到他人的人身安全。换言之，即使财产安全受到暴力犯罪行为的严重威胁也不能对其进行特殊防卫。那么，"危及人身安全的暴力犯罪"包含哪些呢？从刑法分则所列举的犯罪来看，它主要包含侵犯人格权和身体权的犯罪，其中侵犯人格权的犯罪偏重的是对名誉、人格尊严等精神性权利的侵害，而侵犯身体权的犯罪主要包括对生命权、健康权、性自主权等身体方面权利的侵害。[1]最后，这种危及人身安全的暴力犯罪行为还必须达到"严重"的程度。若不法侵害行为尚未达到严重危及他人人身安全的程度，即使不法侵害行为是针对他人人身安全的暴力犯罪，也不能实施特殊防卫。以侮辱罪为例，虽然不法侵害人以暴力手段对他人实施侮辱行为，既危及到他人的人身安全，又构成犯罪，但由于这种危及人身安全的暴力犯罪并未达到"严重"的程度，因此，不能适用特殊防卫的规定。那么，何谓"严重"的程度呢？本书认为，只有当不法侵害人实施的危及他人人身安全的暴力犯罪有可能会造成重伤或者死亡的结果，才能达到"严重"的程度。

三、防卫限度的判断

在"于欢故意伤害案"二审判决中，二审法院认定于欢的反击行为具有防卫性质，相较于一审判决的结论甚至大量类似案件的结论已然是一种进步。但随之而来的问题是：二审法院将于欢的防卫行为认定防卫过当就一定正确么？从表面上看，二审法院的判决似乎从侵害角度和防卫角度罗列了大量判定要素进行全面的分析，但是仔细分析则会发现，这些要素之间存在逻辑混乱的弊病，它们并未指出统摄防卫过当认定的基本准则。由此，针对于欢是

---

[1] 参见姜涛："行为不法与责任阻却：'于欢案'的刑法教义学解答"，载《法律科学（西北政法大学学报）》2019年第1期。

否构成防卫过当这一问题在学界产生了严重分歧。根据《刑法》第 20 条第 2款的规定，判断一个防卫行为是否构成防卫过当，关键在于对防卫限度条件的把握，也即防卫行为是否"明显超过必要限度造成重大损害"。然而，当前对怎样理解"明显超过必要限度造成重大损害"，在刑法理论存在争议。虽然有学者对此问题已作了较多研究，但至今仍未能给出一个较为具体而明确的方案。一方面，这体现在"明显超过必要限度"与"造成重大损害"的关系尚未在理论上形成统一的共识；另一方面，还表现在"明显超过必要限度"与"造成重大损害"的规范释义在理论中模糊不清。对于前述问题，由于立法及司法解释也未给出明确判断标准，客观上造成司法实务部门在审理防卫案件时变得似是而非。因此，为了保证正当防卫制度在司法实务中正确适用，有必要在既有理论的基础上，进一步将前述问题予以厘清。

（一）明显超过必要限度与造成重大损害的关系

关于"明显超过必要限度"与"造成重大损害"的关系，当前刑法理论上存在"一元论"与"二元论"的观点分野。一元论者认为，"明显超过必要限度"与"造成重大损害"是一个有机联系的整体，二者只是一个问题的两个方面，它们互相印证、互为因果，只有在防卫行为造成重大损害的情况下，才存在明显超过必要限度的问题，不存在所谓"手段过当"而"结果不过当"或者与之相反的现象，因此，在司法实践中，判断防卫行为是否过当时，只需要关注防卫行为是否"造成重大损害"。黎宏、张明楷等持有该种观点。[1]而二元论者认为，"明显超过必要限度"与"造成重大损害"是相互独立的条件，二者是并列的，只有这两个要件同时具备，才能认定行为人构成防卫过当。高铭暄、劳东燕等持有该种观点。[2]

长期以来，"一元论"的观点在司法实务中占据着重要地位，这是因为当不法侵害行为、防卫行为以及损害结果等要素摆在一起时，最吸引审判人员眼球的必定是损害结果，加之在司法实践中，对"重大损害"的判断相对容易，而对"明显超过必要限度"的判断，操作起来却甚为复杂，由此审判人员便会选择更为简单的以"造成重大损害"反推"明显超过必要限度"的判

---

〔1〕 参见黎宏：《刑法学总论》，法律出版社 2016 年版，第 141 页；张明楷：《刑法学》（上），法律出版社 2016 年版，第 212 页。

〔2〕 参见高铭暄："正当防卫与防卫过当的界限"，载《华南师范大学学报（社会科学版）》2020年第 1 期；劳东燕："防卫过当的认定与结果无价值论的不足"，载《中外法学》2015 年第 5 期。

断模式，最终这种"一元论"就演变为纯粹的"唯结果论"。在"于欢故意伤害案"中，二审法院将上诉人于欢认定为防卫过当，正是基于这种"一元论"的判断思路，但若按照"二元论"的观点，上诉人于欢的防卫行为是否构成防卫过当则值得进一步商榷。因此，本书认为对于防卫限度判断应采用"二元论"的观点，其理由在于：首先，从实际发生的案件来看，无论是防卫行为明显超过必要限度但未造成重大损害的情形，还是防卫行为未明显超过限度但造成重大损害的情形都是完全存在的。比如，身体强壮的甲面对身体瘦小的不法侵害人乙的攻击时，防卫人甲原本可以利用自身体能优势轻易将对方制服，但甲却抢起铁锤反击，而乙因躲闪迅速只造成其皮肤轻微擦伤。该例就属于防卫行为明显超过必要限度但没有造成重大损害的情形；又如，在最高人民检察院第 12 批指导性案例第 45 号案例中，其指导意义提到，"陈某的防卫行为致实施不法侵害的 3 人重伤，客观上造成了重大损害，但防卫措施并没有明显超过必要限度"。其次，在判断防卫限度时，"一元论"将"明显超过必要限度"与"造成重大损害"进行一体评价，造成本就不明确的防卫限度判断标准变得更加模糊，导致司法人员陷入"唯结果论"的深渊。如陈璇教授所言："将明显超过必要限度与造成重大损害的判断融为一体的做法，会使立法者限制防卫过当成立的目的落空，客观上对唯结果论起到了推波助澜的作用。"[1]反观"二元论"，它将"明显超过必要限度"与"造成重大损害"进行区分考察，则有助于司法人员在具体审理正当防卫案件时考虑更加全面。最后，按照"一元论"的观点，若"重大损害"在防卫限度的判断中是决定性因素，为什么《刑法》第 20 条第 2 款不直接规定防卫行为造成重大损害就是防卫过当？如此一来，《刑法》第 20 条第 2 款关于"明显超过必要限度"的规定岂不是"画蛇添足"？[2]

解决完"一元论"与"二元论"的问题，主要的冲突就演化为"二元论"内部"明显超过必要限度"与"重大损害"孰轻孰重的问题。换言之，在防卫限度的判断中，"明显超过必要限度"与"造成重大损害"是否存在先后判断的问题。对此，存在"行为优先说"与"结果优先说"两种观点。

---

[1] 参见陈璇："正当防卫、维稳优先与结果导向——以'于欢故意伤害案'为契机展开的法理思考"，载《法律科学（西北政法大学学报）》2018 年第 3 期。

[2] 参见周光权："正当防卫的司法异化与纠偏思路"，载《法学评论》2017 年第 5 期。

"结果优先说"是指，在防卫限度的判断中，首先应当判断防卫行为是否造成重大损害，其次才看防卫行为是否明显超过必要限度。因此，有学者认为，"明显超过必要限度"与"造成重大损害"同为防卫限度的构成条件，二者在考量地位上无所谓高低，至于评价时间上的先后，仅仅存在于思考层面，所以区别二者的时间先后并无太多意义。当然，在实际操作中，先判断防卫行为是否"造成重大损害"似乎更有利于节约司法成本。[1]而所谓"行为优先说"是指，在判断防卫行为是否过当时，只有先确定防卫行为"明显超过必要限度"后，才有必要进一步检验损害是否重大。当前，在司法实践中，"结果优先说"已被司法人员贯彻已久。但是，相比较而言，本书却更加赞同"行为优先说"的理论，其理由如下：

一方面，"结果优先说"会导致司法人员在判断防卫限度时，孤立片面地考察防卫结果，从而不当地扩大防卫过当的范围。在司法实践中，防卫限度的判断从防卫结果着手，实际上是一种事后判断的方式，它会导致审判人员将关注的重心放在损害结果上，从而降低"明显超过必要限度"的判断价值。当不法侵害人一旦出现重伤或者死亡的结果，审判人员则会先入为主，主观地认为防卫行为都"明显"超过了必要限度。从而会陷入一种司法误区，即只要在防卫中发生死伤的结果，都成立防卫过当。[2]当前，在我国司法实践中，司法机关将大量涉及防卫性质的刑事案件都认定为防卫过当，正是源于"结果优先说"这种思维方式在司法实务中大行其道。

另一方面，"行为优先说"的阶层性特征提高了入罪门槛，使正当防卫成立的范围适度扩张。"行为优先说"的阶层性特征是相对于"结果优先说"的一体化特征而存在的。在"结果优先说"的思维下，司法人员往往从防卫结果出发，只要防卫行为造成重伤、死亡的结果，直接就得出防卫行为明显超过必要限度的结论，从而将正当防卫成立的空间几乎压缩为零。反之，"行为优先说"的阶层性特征则表明，防卫过当的成立必须要依顺序从"明显超过必要限度"与"重大损害"两个角度出发进行双层检验。具体而言，防卫过当成立首先要满足第一阶层即防卫行为明显超过必要限度，只有在满足第

---

〔1〕　参见汪雪城："防卫限度判断标准的司法检视与理论反思——基于 750 个刑事样本的实证考察"，载《法学家》2019 年第 6 期。

〔2〕　参见陈兴良："正当防卫如何才能避免沦为僵尸条款——以于欢故意伤害案一审判决为例的刑法教义学分析"，载《法学家》2017 年第 5 期。

一阶层的前提下，才有必要进一步探讨防卫过当成立的第二阶层即防卫结果是否属于重大损害。由此，在"行为—结果"的双层检验机制下，防卫过当的认定门槛得到提高，正当防卫的适用空间也得到扩张。

总而言之，对防卫限度条件的判断，必须要同时具备"明显超过必要限度"与"造成重大损害"两个要素，若只存在其一，则无法认定防卫过当。此外，对防卫限度的判断，司法人员还要遵循"行为—结果"的逻辑进路，只有当防卫行为"明显超过必要限度"时，才有必要进一步检验防卫行为所造成的损害结果是否重大。唯有如此，才能避免司法人员陷入"唯结果论""事后诸葛论"等思维误区，实现对防卫案件准确定性。[1]

（二）明显超过必要限度的判断

既然明确了以"行为—结果"作为防卫限度的认定路径，那么接下来需要首要解决的问题就是"明显超过必要限度"的判断标准问题。由于我国立法及司法解释并未具体规定何谓"明显超过必要限度"，造成"明显超过必要限度"的判断标准并不明确。为解决此问题，理论界早期逐渐形成了"必需说"与"基本相适应说"两种比较具有影响力的观点。[2]"必需说"认为，只要防卫人的防卫行为在客观上是制止不法侵害所必需的就不认为明显超过必要限度；而"基本相适应说"则认为，防卫行为与不法侵害行为在行为的方式、强度、后果等方面应当基本相适应。之后，"必需说"与"基本相适应说"又融合为"折衷说"在理论中兴起，并逐渐成为通说观点。"折衷说"认为，明显超过必要限度的判断原则上以制止不法侵害所必需为标准，但又要求防卫行为与不法侵害在行为的方式、强度、后果等方面应当基本相适应不能存在过于悬殊的差异。然而，只要仔细观察即可发现，这种理论只是在形式上改头换面，实则不过是变相沿袭了"基本相适应说"的核心观点。因为，根据折衷理论的观点，虽然确定防卫行为乃制止不法侵害所必需，但只要防卫与侵害之间不能保持基本相适应，则防卫行为仍然会被认为明显超过必要限度。可见，"基本相适应说"的标准在"折衷说"中持有最终的否决权。由于"折衷说"这种理论也会不当地扩大防卫过当的范围，近年来，特

---

[1] 参见梁根林："防卫过当不法判断的立场、标准与逻辑"，载《法学》2019 年第 2 期。

[2] 参见高铭暄、马克昌主编：《刑法学》，北京大学出版社、高等教育出版社 2017 年版，第 135 页。

别是随着"于欢故意伤害案"的发生，"折衷说"的通说地位开始遭到动摇。如劳东燕教授对此种观点提出有力的质疑。[1]那么，对于"明显超过必要限度"的认定究竟应当采用何种判定标准呢？本书认为，可以考虑引入"比例原则"构建相对合理的判定标准。事实上，我国早已有少数司法实务部门开始尝试性地将"比例原则"引入到必要限度的判断之中。[2]

比例原则发端于德国公法学，从最初的警察法学延伸到行政法学，最后上升为宪法上违宪审查的基本标准，其在公法领域素来有"帝王条款"之称。该原则包含以下三项内容，即适当性原则、必要性原则以及狭义比例原则。[3]最近，一些学者已经关注到比例原则对于刑法领域的重要指导意义。[4]但涉及比例原则与明显超过必要限度关系的论述却是寥若晨星。有鉴于此，在明显超过必要限度的判断中引入"比例原则"前，需要首先解决的问题就是引入"比例原则"的正当性依据何在。

有学者认为，比例原则原本发端于行政法，它旨在用以限制国家公权力行使。因此，比例原则仅能用于调整国家与公民之间的关系，或者至多被扩张至调整弱式意义上的平等主体之间的法律关系，它无法适用于调整强式意义上的平等主体之间的法律关系。比如，在正当防卫中，由于它仅仅涉及公民与公民之间的利益冲突关系，因而也无法适用比例原则。[5]本书认为，这样的观点是值得商榷的。首先，比例原则的确起源于行政法，然而，该原则实际早已跨越行政法的疆域上升为整个法律体系所普遍适用的宪法性原则。虽然目前少有国家在直接在宪法中明确规定比例原则，但各国却都间接承认着比例原则的宪法地位。[6]比如，《中华人民共和国宪法》第51条规定："中华人民共和国公民在行使自由和权利的时候，不得损害国家的、社会的、集

〔1〕　参见劳东燕："防卫过当的认定与结果无价值论的不足"，载《中外法学》2015年第5期。

〔2〕　参见刘立杰："正当行为处置不当导致犯罪如何定罪量刑"，载《人民司法》2011年第20期。

〔3〕　参见姜昕："比例原则释义学结构构建及反思"，载《法律科学（西北政法学院学报）》2008年第5期。

〔4〕　参见于改之、吕小红："比例原则的刑法适用及其展开"，载《现代法学》2018年第4期。

〔5〕　参见田宏杰："比例原则在刑法中的功能、定位与适用范围"，载《中国人民大学学报》2019年第4期。

〔6〕　参见门中敬："比例原则的宪法地位与规范依据——以宪法意义上的宽容理念为分析视角"，载《法学论坛》2014年第5期。

体的利益和其他公民的合法的自由和权利。"这一规定正是对比例原则精神的宪法体现。而刑法作为宪法的下位法，自然也应当遵守比例原则。因此，比例原则作为一项宪法性原则，将其引入作为明显超过必要限度的判断标准，具备当然的适用基础。其次，在法治社会下，任何损害公民基本权利的行为要具有合法性，除了具备正当化的根据外，还必须严守一定的权利边界。申言之，在防卫中，虽然国家承认防卫人可以通过损害不法侵害人的权益达到保护自己权益的目的，具备正当化的根据，但是防卫人若想要成立正当防卫，还必须接受比例原则的制约。[1]最后，从实质上看，正当防卫并非完全不涉及国家与公民间的关系。因为防卫权具有替代国家刑罚权的性质，[2]加之比例原则的目的在于限制国家公权力给公民造成过度侵犯。因此，从这个意义上讲，防卫限度必然要受到比例原则的约束。

既然比例原则可以作为判断标准，那么就需要对比例原则如何在"明显超过必要限度"的判断中具体适用进行讨论。本书认为，应从以下三方面着手：（1）适当性原则，又称合目的性原则，该原则在正当防卫中是指，防卫人采取的防卫措施必须具有制止不法侵害保护合法权益的目的。可见，适当性这一原则在明显超过必要限度的判断中，并不具有太多独立的判断价值。因为只要行为人所实施的行为被认定具有防卫性质，则无论防卫行为是否明显超过必要限度，都可以具有制止不法侵害保护合法权益的目的。事实上，在防卫中，适当性这一原则已经被必要性原则所包含，因为只有当行为人具有防卫目的时，才能进一步探讨对不法侵害人侵害的大小是否必要的问题。（2）必要性原则，又称最小损害原则，该原则是指，当防卫人在实施防卫行为时，若存在多种可以保护合法权益的途径，防卫人应当选择对不法侵害人损害最小的一种。必要性原则与"明显超过必要限度"的判断直接关联，因此对必要性原则的把握才是比例原则具体适用的关键。首先，必要性原则并非指防卫人只能对不法侵害人实施无下限的缓和损害。必要性原则应当是指以不法侵害行为的危险性程度为基础，在此基础上选择对不法侵害人损害最小的手段。换言之，若不法侵害的危险程度越高，则允许防卫行为给不法侵

---

[1] 参见张翔："基本权利冲突的规范结构与解决模式"，载《法商研究》2006年第4期。

[2] 参见魏东、钟凯："特别防卫权的规范解释与滥用责任"，载《国家检察官学报》2013年第6期。

害人可造成的最小损害的下限越高。因为在不法侵害中，不法侵害者一般是有预谋、有准备的，不法侵害者究竟会作出怎样的举动，防卫人一般无法预见。例如，甲为报复乙而持木棍上甲家，当乙打开家门时甲便使用木棍对其殴打，乙本可徒手制服甲，但乙却持菜刀反击。在该案例中，虽然乙徒手就可制服甲，但由于甲是持有木棍危险程度较高，因此乙持菜刀反击的行为并不违反必要性原则，但若乙使用猎枪反击，由于枪击行为并非与不法侵害人危险程度相称的最小伤害行为，因此违反了必要性原则。其次，必要性原则并非要求武器必须对等。当不法侵害方与防卫方人数都为单一的个体时，若防卫人客观上的反击能力远小于不法侵害人的侵害强度，即使防卫人持刀反击赤手空拳的不法侵害人，也不能认为防卫行为违反了必要性原则；此外，若不法侵害方人数较多，而防卫方只有一人时，即使防卫人持刀反击，也不能认为防卫行为违反了必要性原则。因为在不法侵害中，不法侵害人是否携带武器并非确定其强度的唯一因素。除武器外，人数、环境以及防卫人的客观反击能力都影响着不法侵害的强度。因此，在判断防卫行为是否违反必要性原则时，关键在于对比不法侵害方的侵害强度与防卫方的防卫力量，若不法侵害方的侵害强度远大于防卫方的防卫力量，那么即使防卫方使用武器弥补自己的防卫力量，也不能认定违反了必要性原则。只有不法侵害方的侵害强度与防卫方的防卫力量相比，不占优势时，武器对等原则才能发挥作用。最后，明显超过必要限度中的"明显"二字表明，即使防卫行为超过了必要限度重大损害，但若不是"明显"超过必要限度，也不能认定防卫人构成防卫过当。比如，应然的防卫行为是给不法侵害人造成轻伤，当实际的防卫造成不法侵害人重伤时，尚不能认定防卫行为明显超过必要限度，只有实际的防卫造成不法侵害人死亡时，才能认定防卫行为明显超过必要限度。（3）狭义比例原则，又称法益均衡原则。该原则是指防卫行为所侵害的法益不得远高于所保护的法益，否则防卫行为就不具有正当性。当前，在防卫限度的判断标准中贯彻适当性原则和必要性原则基本上已经达成共识，但是对于狭义比例原则的态度学者们却存在着争议。[1]有学者认为，由于狭义比例原则建立在利益衡量的基础之上，它往往会得出唯结果论的结论，因此在防卫限度的判

---

[1] 参见陈璇："正当防卫与比例原则——刑法条文合宪性解释的尝试"，载《环球法律评论》2016年第6期。

断中不宜适用狭义比例原则。[1]本书认为，这样的观点值得斟酌。因为防卫人实施防卫行为在大多数情况下不是为了制止不法侵害行为已经实际造成的损害，而是为了防止不法侵害人将不法侵害行为所产生的危险现实化。事实上，狭义比例原则所强调的利益衡量并非仅将防卫行为所造成的损害与不法侵害行为已经造成的损害相比较，而是指将防卫行为所造成的损害与不法侵害行为可能造成的最大损害危险相比较，如此便不会出现唯结果论的问题。正如张明楷教授所言，将利益衡量等同于将防卫行为所造成的损害与不法侵害者已经实际造成的损害相比较，是一种常识性错误。[2]还有部分学者认为，只要防卫行为是能够有效制止不法侵害的最低手段，就没有明显超过必要限度，从而不存在进行利益衡量的余地。[3]一旦将狭义比例原则引入防卫限度的判断，那么即便防卫行为是有效制止不法侵害的最低手段也无权实施。这就意味着，防卫人对自己法益遭受不法侵害时要么负忍受义务，待来日寻求司法机关的帮助；要么就只有奋起反抗，承担被认定为防卫过当的风险。但是这样的做法与正当防卫中"法无需向不法让步"的立法目的是相背离的。[4]换言之，上述观点表明，在防卫限度的判断中，只要防卫行为满足比例原则中的适当性原则和必要性原则即可，至于狭义比例原则根本无需考虑。本书认为，这样的观点值得商榷。诚然，上述观点站在防卫人的立场对防卫限度的确定进行解读，契合了正当防卫制度"正不必向不正低头"的立法初衷，有助于保障公民的合法权益，也有助于防止司法实务部门陷入"唯结果论"的误区。然而，在防卫行为的场合，对任何一方权利的绝对尊重，都将以牺牲另一方的权利为代价。[5]在防卫限度的判断中，若只承认比例原则中的适当性原则和必要性原则，否认狭义比例原则的存在，就会使不法侵害人包括生命权在内的合法权益无法得到保障。例如，乙盗走甲的手机，甲发现后立刻追赶乙，但由于乙奔跑速度极快，甲眼见追不上乙，便捡起地上石头砸向

---

〔1〕 参见于改之、吕小红："比例原则的刑法适用及其展开"，载《现代法学》2018年第4期。

〔2〕 参见张明楷："正当防卫的原理及其运用——对二元论的批判性考察"，载《环球法律评论》2018年第2期。

〔3〕 参见梁根林："防卫过当不法判断的立场、标准与逻辑"，载《法学》2019年第2期。

〔4〕 参见陈璇："正当防卫与比例原则——刑法条文合宪性解释的尝试"，载《环球法律评论》2016年第6期。

〔5〕 参见徐成："防卫限度判断中的利益衡量"，载《法学研究》2019年第3期。

乙，造成乙死亡，于是甲拿回了自己的手机。从该案看，若甲捡起地上石头砸向乙是当时唯一能采取的最低有效防卫手段，那么根据前述观点，甲的防卫行为并未明显超过必要限度。但这样的结论相信难以让社会大众所接受。事实上，在德国，当不法侵害人与被保护的法益之间出现显著不均衡时，也不允许实施防卫行为。[1]特别是防卫人不能为了微小的利益，而以符合"必要性原则"为由，对不法侵害人实施致命的反击。正当防卫固然是公民的重要权利，但它也并非绝对权，它受到生命至上原则的限制。[2]因此，在明显超过必要限度的判断标准中除了需要比例原则中的适当性原则与必要性原则外，也不能放弃狭义比例原则。唯有如此，才能兼顾防卫人与不法侵害人两者的合法权益。

（三）重大损害的判断

如前所述，在防卫限度的判断中，虽然"明显超过必要限度"作为主导性判断标准应当优先考察，但也不能忽视"重大损害"这一辅助性判断标准。关于"重大损害"的认定标准，目前存在两种观点：一是结果比较标准，即将防卫行为所造成的损害与不法侵害可能造成的侵害相比较，如果两者出现明显失衡，则认为造成重大损害；二是结果认定标准，即对防卫结果进行单独评价，对"重大损害"本身进行定义。[3]本书赞同第二种观点。一方面，"明显超过必要限度"的判断中已经包含了防卫行为所侵害的法益与不法侵害可能侵害的法益的利益衡量，若在"重大损害"的判断中再次衡量，则属于重复判断，有浪费司法资源之嫌；另一方面，按照第一种观点，容易使司法实务部门将防卫行为所造成的损害与不法侵害实际造成的损害简单比较，陷入"唯结果论"的司法误区。因此，结果认定标准更具合理性。

那么，"重大损害"究竟应当如何界定？本书认为，根据我国理论学说与实务经验，宜将"重大损害"界定为重伤以及死亡的结果。易言之，即使防卫行为明显超过必要限度给不法侵害人造成轻伤或者财产方面的损害，由于该损害并非"重大损害"，不应认定为防卫过当。其理由在于：首先，根据刑

---

[1]　参见张明楷："正当防卫的原理及其运用——对二元论的批判性考察"，载《环球法律评论》2018年第2期。

[2]　参见魏汉涛、张如："激活正当防卫条款的路径再思考"，载《中国高校社会科学》2020年第1期。

[3]　参见孙长瑜："正当防卫限度的认定"，载《江西警察学院学报》2016年第3期。

法体系解释的要求，刑法用语在同一条文之间要保持相互协调。既然《刑法》第 20 条第 3 款将防卫行为造成的后果规定为"伤亡"。因此，《刑法》第 20 条第 1 款、第 2 款中的"损害"与"重大损害"也应该限定在对不法侵害人人身方面的损害；其次，根据两阶层犯罪构成体系，作为客观违法层面阻却事由的正当防卫，其适用前提是防卫行为在形式上已经具备了犯罪的客观要件，否则就可以直接认定防卫行为因不符合犯罪的客观要件而出罪。进一步而言，只有防卫行为给不法侵害人的人身造成轻伤及以上损害，才有可能进入正当防卫的讨论范畴，因为给他人造成轻微伤目前在我国还不具有刑法上的可罚性。因此，《刑法》第 20 条第 1 款中的"损害"应当指轻伤及以上的损害。既然《刑法》第 20 条第 1 款中的"损害"应理解为轻伤及以上的损害，那么《刑法》第 20 条第 2 款中的"重大损害"自然就应该是重伤及以上后果，否则就无法体现"重大损害"与"损害"的区别。最后，将"重大损害"界定为重伤以及死亡的结果也为司法实务界所支持。例如在赵泉华故意伤害案中，二审法院亦认为，"重大损害"应当指给不法侵害人造成重伤以上的损害。[1]

四、防卫过当罪过形式的认定

"于欢故意伤害案"中，二审法院的裁判仅止于阐述于欢为什么构成防卫过当，至于为何对于欢按故意犯罪定性，法院却未给予任何说明。事实上，本案的认定结论在司法实践中并非个别现象。有学者通过对 722 例被认定为防卫过当的案件进行梳理分析，发现在被认定为防卫过当的 798 名犯罪人中，有 698 人被定性为故意犯罪，而被认定为过失犯罪的仅有 10 人。[2]可见，在司法实践中大多防卫过当案件都以故意犯罪定性，鲜有案件按过失犯罪处理。

对于上述问题，在刑法理论上亦素有争议，以至于有学者感慨：防卫过当罪过形式的问题可以说是正当防卫制度中观点最混乱的问题之一。[3]当前，在刑法理论上关于防卫过当的罪过形式的观点大致可归结为以下三类：一是

---

〔1〕 参见中华人民共和国最高人民法院刑事审判第一庭、第二庭编：《刑事审判参考》（总第 38 辑），法律出版社 2004 年版，第 104 页。

〔2〕 参见尹子文："防卫过当的实务认定与反思——基于 722 份刑事判决的分析"，载《现代法学》2018 年第 1 期。

〔3〕 参见陈兴良：《刑法适用总论》（上卷），中国人民大学出版社 2006 年版，第 310 页。

故意与过失并存说；二是间接故意与过失并存说；三是过失说。[1]可见，学界对防卫过当罪过形式可谓是众说纷纭，但绝大多数学者认为，防卫过当的罪过形式通常应当是犯罪过失，只有少数学者认为可以是犯罪故意。

显然，在防卫过当的罪过形式这个问题上，司法实践的处理与大多学者的观点截然不同。那么，究竟是什么原因造成实务与理论形成如此大的差距？有学者认为这主要源于我国司法人员形式的理解了犯罪故意，误将防卫故意当做了犯罪故意，由此造成实务中大量防卫过当的案件被认定为故意犯罪。[2]这样的理解有一定道理，但问题是在假想防卫的场合，司法人员为何又未将防卫故意与犯罪故意混淆，而认定其成立过失犯罪或者意外事件？例如，在一起假想防卫的案件中，最高人民法院就提到，不能把刑法理论上讲的故意与心理学理论上所讲的故意等同、混淆起来。[3]在本书看来，造成前述现象的原因，主要是基于司法实践中长期以来"唯结果论"的惯性思维，即在防卫过当罪过形式的判断中，一旦防卫人给不法侵害人造成重伤或死亡的结果，司法人员随即便认定防卫人防卫过当，加之司法人员对犯罪故意存在形式理解，就很容易得出防卫人构成故意犯罪的结论。反之，在假想防卫中，司法人员始终关注的重点是行为人的主观状态，他们认为假想防卫虽然是行为人有意实施的行为，但这种故意是基于行为人对客观事实发生了误认，行为人以为自己是在对不法侵害实行正当防卫，所以其主观状态通常是过失或者意外事件。

因此，本书认为，防卫过当的罪过形式只能是过失，而不能是故意，其理由如下：首先，我国刑法学界通说认为，防卫过当需要具备防卫意识，虽然在防卫意识内部存有许多争议，但都至少要求行为人具有防卫认识这个前提。当行为人基于防卫意识与对正在进行的不法侵害行为进行反击时，行为人主观上潜意识地会认为这是法律所允许的行为，无法认识自己的行为是危害社会的行为。而刑法上的犯罪故意，是指明知自己的行为会发生危害社会

---

[1] 参见朱刚灵："防卫过当的罪过形式认定——以二元论为视角的展开"，载《四川警察学院学报》2017年第1期。

[2] 参见赵金伟："结果无价值论视角下的防卫过当责任形式研究"，载《西部法学评论》2017年第4期。

[3] 参见中华人民共和国最高人民法院刑事审判第一庭、第二庭编：《刑事审判参考》（总第17辑），法律出版社2001年版，第12页。

的结果并且希望或者放任这种结果发生的心理态度。换言之，若行为人明知自己的行为会超过必要限度造成重大损害，那么就否认了防卫的前提，从而构成单纯的故意犯罪。正如有学者所言，正当防卫与故意犯罪两者如水火一样无法在正当防卫行为中同时具备兼容共存。[1]其次，关于防卫过当减免刑罚的依据有"违法减少说"、"责任减少说"以及"违法责任减少说"三种观点。我国《刑法》规定防卫过当应当"减轻"或者"免除"处罚，这说明防卫过当不仅违法性在减少，其主观上的非难可能性也在减少，因此，宜采用"违法责任减少说"的观点。因为无论采用"违法减少说"还是"责任减少说"的观点，它都只能说明《刑法》为何规定防卫过当应当"减轻"处罚，而无法说明为何应当"免除"处罚，而只有当二者同时具备时，防卫过当才有"免除"处罚的空间。由此可见，既然行为人主观上的非难可能性在减少，这表明防卫过当的罪过形式至多是犯罪过失，而不是犯罪故意，因为犯罪故意无法体现行为人主观上非难可能性的减少。最后，在假想防卫中，行为人是导致无辜之人损害，而在防卫过当中，行为人是给不法侵害人造成损害。显然，假想防卫的不法程度高于防卫过当。而对于假想防卫的罪过形式，当前无论是实务观点还是理论通说都认为在假想防卫的主观应当是犯罪过失或意外事件。既然不法程度更高的行为其主观上被认定为犯罪过失或者意外事件，那么将不法程度相对较低的防卫过当认定为故意犯罪，明显存在逻辑漏洞。

本案处理评述

"于欢故意伤害案"作为"2017年度人民法院十大刑事案件"，[2]受到网民普遍关注，在社会上引起强烈反响。本案集中反映了当前我国正当防卫司法适用与立法价值理念之间的矛盾与冲突，是我国正当防卫司法适用问题的"大暴露"，并且该案涉及正当防卫制度中诸多具有争议的问题，极具代表性。在"于欢故意伤害案"中，二审法院的改判结论对一审法院正当防卫制度司

---

[1] 参见杨兴培："'正当防卫过当'与'过失犯罪'"，载《检察风云》2019年第20期。
[2] 参见丁珈："人民法院报评出2017年度人民法院十大刑事案件"，载https://www.chinacourt.org/article/detail/2018/01/id/3148430.shtml，最后访问日期：2021年5月20日。

法适用问题的纠偏，不仅推动着正当防卫制度在理论与立法向更高层次发展，更促进着我国法治事业的进步。

在本案中，虽然讨债人员并未对于欢及其母亲直接施以暴力侵害，但于欢及其母亲却遭受讨债人员非法拘禁长达 6 个多小时，且在此期间讨债人连续不断地采用辱骂、裸露下体等方式侮辱于母，并通过拍打面颊、按压肩部等方式侵犯于欢的人身权利，致使于欢的精神饱受摧残。当于欢要求离开拘禁现场时，讨债人仍然横加阻拦，并将于欢推拉至接待室角落里，意图实施暴力侵害。由此可见，讨债人员的行为显然具有法益侵害的紧迫性，属于不法侵害，且不法侵害的紧迫危险一直都处于一种持续状态。因此，于欢拾起办公桌上的水果刀对杜某等人进行捅刺完全具备实施防卫行为的前提。至于防卫行为是否存在过当，则是另一个需要考察的问题。

那么，本案中的不法侵害行为是否达到了特殊防卫所要求的侵害程度？也即于欢在本案中是否构成特殊防卫？有学者认为，在本案中，多个黑社会组织成员长时间非法拘禁和暴力威胁被害人，足以认定为"行凶"；其中的强制猥亵手段与强奸类似，针对这种侵害完全可以按照《刑法》第 20 条第 3 款的规定，行使无限防卫权。[1]本书认为，虽然杜某等人在拘禁于欢及其母亲期间，对于母实施了侮辱行为，同时也采用拍打面颊、按压肩部等轻微暴力手段侵犯于欢的人身权利，但其危险毕竟限于造成轻伤的程度内，不法侵害人的侵害行为尚未达到"杀人、抢劫、强奸、绑架"等严重危及人身安全的程度。因此，二审法院对本案特殊防卫的认定结论并无不当。

需要进一步检视的是，本案中于欢是否属于防卫过当？在二审判决中，法院认为，虽然不法侵害方实施了轻微暴力行为，但其不法侵害程度并不紧迫和严重，反观于欢却使用水果刀造成不法侵害方一死三伤的结果，两者造成的损害存在明显差异，因此于欢构成防卫过当。显然，二审法院在认定本案于欢的防卫行为是否超过限度上，采用的是将不法侵害行为给防卫人造成的实际损害与防卫行为给不法侵害人造成的实际损害进行比较的判断方法，本质上是对"一元论"及"结果优先说"观点的承袭。但若采用"二元论"及"行为优先说"的观点，则会发现二审法院的结论存在严重的瑕疵。按照

---

[1] 参见"陈兴良、周光权等刑法学界 21 位专家关于'辱母杀人案'的观点汇总"，载 https://www.sohu.com/a/130 914817_ 184391，最后访问日期：2021 年 5 月 20 日。

"二元论"及"行为优先说"的观点，在判断于欢的防卫行为是否超过必要限度时，应当对于欢的防卫行为是否"明显超过必要限度"以及是否"造成重大损害"分别进行判断，并且对于于欢的防卫行为是否"明显超过必要限度"需要先行判断，其判断的标准为比例原则。首先，在本案中，虽然民警到达过拘禁现场，但当时并未及时制止不法侵害人对于欢及其母亲实施侵害行为。这就意味着于欢想要解除拘禁，就只能依靠自己的力量实施防卫。因此，于欢实施防卫行为具有制止不法侵害保护合法权益的正当目的，符合比例原则中的适当性原则。其次，在防卫过程中，虽然于欢持水果刀进行反击，而不法侵害方未使用任何工具，但是从当时双方的力量对比来看，不法侵害方的人数高达 11 人，而防卫方仅有于欢 1 人。可见，双方力量对比悬殊，若于欢要依靠自身力量摆脱拘禁，就必定要借助于具有一定杀伤力的工具来弥补自己的力量上的劣势。此外，于欢在持刀反击时也相当有节制，在防卫前他先警告不法侵害方不要靠近，防卫时也仅对四个围逼过来的不法侵害人各捅刺一刀，并未连续实施反击，且对距离较远的其他不法侵害人亦并未实施反击。因此，从这个角度讲，于欢在能够保护自身合法权益的前提下，选择的正是对不法侵害人损害最小的一种防卫措施，符合比例原则中的必要性原则。最后，不法侵害人对于欢及其母亲实施非法拘禁的时间长达 6 个多小时，且在此期间不法侵害人毫无停止侵害之意，即便在警察离开后依然步步围逼，继续对于欢实施推搡等行为。由此，相信任何一名正常人都会感受到不法侵害"累积升高"的危险，若于欢不采取激烈的反抗，则可能随着侵害演化为致命的攻击。因此，虽然于欢持刀造成一死三伤的结果，但是与不法侵害方可能造成的损害相比，并不存在过度的悬殊。于欢的防卫行为符合比例原则中的狭义比例原则。综上，本书并不认同二审法院的结论，即于欢的行为应是正当防卫。

即便于欢的防卫行为构成防卫过当，本案是否一定构成故意犯罪？这是本案中极具争议但二审法院却有意回避的问题。本书认为，于欢实施持刀捅刺的行为绝对是一个有意的行为，但只要承认于欢实施的是防卫行为，于欢就必定具有防卫意识，而如果于欢基于防卫意识对正在进行的不法侵害行为实施反击，于欢主观上潜意识会认为这是法律所允许的行为，加之于欢在当时的情境下，他的心理是极其恐惧和慌张的，于欢难以认识到自己的行为是危害社会的行为。因此，在不考虑期待可能性的责任阻却事由下，于欢即便构成防卫过当，也至多构成疏忽大意的过失犯罪。

法津适用依据

一、《中华人民共和国刑法》（2015 年修正）

第20条：为了使国家、公共利益、本人或者他人的人身、财产和其他权利免受正在进行的不法侵害，而采取的制止不法侵害的行为，对不法侵害人造成损害的，属于正当防卫，不负刑事责任。

正当防卫明显超过必要限度造成重大损害的，应当负刑事责任，但是应当减轻或者免除处罚。

对正在进行行凶、杀人、抢劫、强奸、绑架以及其他严重危及人身安全的暴力犯罪，采取防卫行为，造成不法侵害人伤亡的，不属于防卫过当，不负刑事责任。

二、《关于依法适用正当防卫制度的指导意见》（法发〔2020〕31 号）

第5条：准确把握正当防卫的起因条件。正当防卫的前提是存在不法侵害。不法侵害既包括侵犯生命、健康权利的行为，也包括侵犯人身自由、公私财产等权利的行为；既包括犯罪行为，也包括违法行为。不应将不法侵害不当限缩为暴力侵害或者犯罪行为。对于非法限制他人人身自由、非法侵入他人住宅等不法侵害，可以实行防卫。不法侵害既包括针对本人的不法侵害，也包括危害国家、公共利益或者针对他人的不法侵害。对于正在进行的拉拽方向盘、殴打司机等妨害安全驾驶、危害公共安全的违法犯罪行为，可以实行防卫。成年人对于未成年人正在实施的针对其他未成年人的不法侵害，应当劝阻、制止；劝阻、制止无效的，可以实行防卫。

第6条：准确把握正当防卫的时间条件。正当防卫必须是针对正在进行的不法侵害。对于不法侵害已经形成现实、紧迫危险的，应当认定为不法侵害已经开始；对于不法侵害虽然暂时中断或者被暂时制止，但不法侵害人仍有继续实施侵害的现实可能性的，应当认定为不法侵害仍在进行；在财产犯罪中，不法侵害人虽已取得财物，但通过追赶、阻击等措施能够追回财物的，可以视为不法侵害仍在进行；对于不法侵害人确已失去侵害能力或者确已放弃侵害的，应当认定为不法侵害已经结束。对于不法侵害是否已经开始或者结束，应当立足防卫人在防卫时所处情境，按照社会公众的一般认知，依法作出合乎情理的判断，不能苛求防卫人。对于防卫人因为恐慌、紧张等心理，对不法侵害是否已经开始或者结束产生错误认识的，应当根据主客观相统一原则，依法作出妥当处理。

第 10 条：防止将滥用防卫权的行为认定为防卫行为。对于显著轻微的不法侵害，行为人在可以辨识的情况下，直接使用足以致人重伤或者死亡的方式进行制止的，不应认定为防卫行为。不法侵害系因行为人的重大过错引发，行为人在可以使用其他手段避免侵害的情况下，仍故意使用足以致人重伤或者死亡的方式还击的，不应认定为防卫行为。

第 11 条：准确把握防卫过当的认定条件。根据刑法第二十条第二款的规定，认定防卫过当应当同时具备"明显超过必要限度"和"造成重大损害"两个条件，缺一不可。

第 12 条：准确认定"明显超过必要限度"。防卫是否"明显超过必要限度"，应当综合不法侵害的性质、手段、强度、危害程度和防卫的时机、手段、强度、损害后果等情节，考虑双方力量对比，立足防卫人防卫时所处情境，结合社会公众的一般认知作出判断。在判断不法侵害的危害程度时，不仅要考虑已经造成的损害，还要考虑造成进一步损害的紧迫危险性和现实可能性。不应当苛求防卫人必须采取与不法侵害基本相当的反击方式和强度。通过综合考量，对于防卫行为与不法侵害相差悬殊、明显过激的，应当认定防卫明显超过必要限度。

第 13 条：准确认定"造成重大损害"。"造成重大损害"是指造成不法侵害人重伤、死亡。造成轻伤及以下损害的，不属于重大损害。防卫行为虽然明显超过必要限度但没有造成重大损害的，不应认定为防卫过当。

第 15 条：准确理解和把握"行凶"。根据刑法第二十条第三款的规定，下列行为应当认定为"行凶"：（1）使用致命性凶器，严重危及他人人身安全的；（2）未使用凶器或者未使用致命性凶器，但是根据不法侵害的人数、打击部位和力度等情况，确已严重危及他人人身安全的。虽然尚未造成实际损害，但已对人身安全造成严重、紧迫危险的，可以认定为"行凶"。

第 16 条：准确理解和把握"杀人、抢劫、强奸、绑架"。刑法第二十条第三款规定的"杀人、抢劫、强奸、绑架"，是指具体犯罪行为而不是具体罪名。在实施不法侵害过程中存在杀人、抢劫、强奸、绑架等严重危及人身安全的暴力犯罪行为的，如以暴力手段抢劫枪支、弹药、爆炸物或者以绑架手段拐卖妇女、儿童的，可以实行特殊防卫。有关行为没有严重危及人身安全的，应当适用一般防卫的法律规定。

第 17 条：准确理解和把握"其他严重危及人身安全的暴力犯罪"。刑法第二十条第三款规定的"其他严重危及人身安全的暴力犯罪"，应当是与杀人、抢劫、强奸、绑架行为相当，并具有致人重伤或者死亡的紧迫危险和现实可能的暴力犯罪。

第七章

昆山反杀案

——后续反杀行为的限度判断

案件基本概况

（一）案情概要

2018 年 8 月 27 日 21 时 30 分许，于某某骑自行车在江苏省昆山市震川路正常行驶，刘某醉酒驾驶小轿车（事后经检测，血液酒精含量 87mg/100ml），向右强行闯入非机动车道，与于某某险些碰擦。刘某的一名同车人员下车与于某某争执，经同行人员劝解返回时，刘某突然下车，上前推搡、踢打于某某。虽经劝解，刘某仍持续追打，并从轿车内取出一把砍刀（系管制刀具），连续用刀面击打于某某颈部、腰部、腿部。刘某在击打过程中将砍刀甩脱，于某某抢到砍刀，刘某上前争夺，在争夺中于某某捅刺刘某的腹部、臀部，砍击其右胸、左肩、左肘。刘某受伤后跑向轿车，于某某继续追砍 2 刀均未砍中，其中 1 刀砍中轿车。刘某跑离轿车，于某某返回轿车，将车内刘某的手机取出放入自己口袋。民警到达现场后，于某某将手机和砍刀交给处警民警（于某某称，拿走刘某的手机是为了防止对方打电话召集人员报复）。刘某逃离后，倒在附近绿化带内，后经送医抢救无效，因腹部大静脉等破裂致失血性休克于当日死亡。于某某经人身检查，见左颈部条形挫伤 1 处、左胸季肋部条形挫伤 1 处。8 月 27 日当晚公安机关以"于某某故意伤害案"立案侦查，8 月 31 日公安机关查明了本案的全部事实。

（二）处理结论

2019 年 9 月 1 日，江苏省昆山市公安局根据侦查查明的事实，按照《刑法》第 20 条第 3 款的规定，认定于某某的行为属于正当防卫，不负刑事责任，决定依法撤销于某某故意伤害案。其间，公安机关依据相关规定，听取了检察机关的意见，昆山市人民检察院同意公安机关的撤销案件决定。

1. 昆山市检察机关同意撤案的意见与理由

第一，关于"行凶"标准的认定问题。检察机关将"严重危及人身安全的暴力犯罪"作为认定行凶的判断标准，摒弃以往"必须具有明确故意的行为才是行凶行为"的实务观点，扩大不法侵害严重性的认定范围，将不法侵害升级的可能性也作为不法侵害严重性的内在要件，转变实务界一贯认定不法侵害行为必须具备现实危险性的固有观念。

第二，关于刘某的侵害行为是否属于"正在进行"的问题。检察机关坚持判断侵害行为是否已经结束，应看侵害人是否已经实质性脱离现场以及是否还有继续攻击或再次发动攻击的可能。本案中于某某抢得砍刀顺势反击时，刘某既未放弃攻击行为也未实质性脱离现场，不能认为侵害行为已经停止。

第三，关于于某某的行为是否为正当防卫的问题。检察机关认为不法侵害行为既包括实害行为也包括危险行为，对于危险行为同样可以实施正当防卫。这是因为暴力犯罪的人身危险性高，如果苛求实害后果的对等性，则不当地缩小了正当防卫依法的成立范围，不仅有违鼓励公民与违法犯罪行为做斗争的刑事政策理念，而且也不利于弘扬社会主义核心价值观。

2. 最高人民检察院的指导意见

其一，行凶行为的认定。首先必须是暴力犯罪，对于非暴力犯罪或一般暴力行为，不能认定为行凶；其次，必须是严重危及人身安全，即对人的生命、健康构成严重危险。在具体案件中，有些暴力行为的主观故意尚未通过客观行为明确表现出来，或者行为人本身就是持概括故意予以实施，这类行为的故意内容虽不确定，但已表现出多种故意的可能，其中只要有现实可能造成他人重伤或死亡的，均应当认定为"行凶"。

其二，不法侵害正在进行的认定。所谓正在进行，是指不法侵害已经开始但尚未结束。不法侵害行为多种多样、性质各异，判断是否正在进行，应就具体行为和现场情境作具体分析，判断标准不能机械地对刑法上的着手与既遂作出理解、判断，因为着手与既遂侧重的是侵害人可罚性的行为阶段问题，而侵害行为正在进行，侧重的是防卫人的利益保护问题。所以，不能要求不法侵害行为已经加诸被害人身上，只要不法侵害的现实危险已经迫在眼前，或者已达既遂状态但侵害行为没有实施终了的，就应当认定为正在进行。

其三，特殊防卫的谨慎适用。刑法作出特殊防卫的规定，目的在于进一步体现"法不能向不法让步"的秩序理念，同时肯定防卫人以对等或超过的强度予以反击，即使造成不法侵害人伤亡，也不必顾虑可能成立防卫过当因而构成犯罪的问题。然而特殊防卫行为的极端强势性也导致其适用的谨慎性，这主要表现为特殊防卫不存在防卫过当的问题，因而对于因民间矛盾引发、不法与合法对立不明显以及夹杂泄愤报复成分的案件，在认定特殊防卫时应当十分慎重。

3. 最高人民法院、最高人民检察院、公安部的指导意见[1]

其一，准确把握正当防卫的起因条件与时间条件。指导意见指出，不法侵害既包括侵犯生命、健康权利的行为，也包括侵犯人身自由、公私财产等权利的行为，既包括犯罪行为，也包括违法行为。不应将不法侵害不当限缩为暴力侵害或者犯罪行为，对于不法侵害已经形成现实、紧迫危险的，应当认定为不法侵害已经开始；对于不法侵害虽然暂时中断或者被暂时制止，但不法侵害人仍有继续实施侵害的现实可能性的，应当认定为不法侵害仍在进行。

其二，防止将滥用防卫权的行为认定为防卫行为。对于显著轻微的不法侵害，行为人在可以辨识的情况下，直接使用足以致人重伤或者死亡的方式进行制止的，不应认定为防卫行为。不法侵害系因行为人的重大过错引发，行为人在可以使用其他手段避免侵害的情况下，仍故意使用足以致人重伤或者死亡的方式还击的，不应认定为防卫行为。

其三，准确理解和把握"行凶"和"其他严重危及人身安全的暴力犯罪"。根据《关于依法适用正当防卫制度的指导意见》第15条的规定，下列行为应当认定为"行凶"：(1)使用致命性凶器，严重危及他人人身安全的；(2)未使用凶器或者未使用致命性凶器，但是根据不法侵害的人数、打击部位和力度等情况，确已严重危及他人人身安全的。虽然尚未造成实际损害，但已对人身安全造成严重、紧迫危险的，可以认定为"行凶"。同时，《刑法》第20条第3款规定的"其他严重危及人身安全的暴力犯罪"，应当是与杀人、抢劫、强奸、绑架行为相当，并具有致人重伤或者死亡的紧迫危险和现实可能的暴力犯罪。

其四，准确把握一般防卫与特殊防卫的关系。对于不符合特殊防卫起因条件的防卫行为，致不法侵害人伤亡的，如果没有明显超过必要限度，也应

---

[1] 《关于依法适用正当防卫制度的指导意见》。

当认定为正当防卫，不负刑事责任。[1]

案件诉争聚焦

本案中，检察机关主要通过对"行凶"行为（适用《刑法》第20条第3款的前提）与不法侵害正在进行的认定（正当防卫的时间要件）来论证防卫行为构成特殊防卫，以此来逃避对是否超过防卫限度的具体回应，这固然有实务界仍然坚持特殊防卫并无限度要求的原因。但值得反思的是，过度放松限度要件但严苛适用准入门槛的特殊限度理论是否合理？特殊防卫的特殊之处究竟体现在何处？以及本案适用特殊防卫是否妥当？

众所周知，正当防卫的起因条件决定了紧迫的侵害发生之前的"先发制人"与紧迫的侵害消除之后的"追击"都不是正当防卫。[2]因此，关于后续反杀行为性质的分歧主要集中于后续反杀行为是成立特殊防卫还是防卫过当的定性问题，其中防卫过当又被分无责的防卫过当与有责的防卫过当。简言之，在成立特殊防卫还是防卫过当的问题上，是否具备特殊防卫之情状是问题的核心；而在有责的防卫过当与无责的防卫过当的问题上，是否存在可避免的认识错误才是问题的关键。具体到本案而言，刘海龙跑向轿车的行为是否意味着不法侵害的终止？如果认为此时不法侵害并未终止，那么逃离行为是否意味着不法侵害程度的降低，进而是否会对防卫限度的判断有所影响？随后于海明持刀追砍的行为又该作何评价？是否属于事后的追击行为？这些均为亟待解决的问题。

案涉法理精释

一、后续反杀行为司法裁判立场的法理透视

一体性评价与分析性评价在评价方法上的差异导致对后续防卫行为的刑法评价发生明显的两极分化。一体性评价立足于防卫行为的整体性，在肯定

---

〔1〕　参见最高人民检察院指导案例47号（2018年）。

〔2〕　参见［日］松原芳博：《刑法总论重要问题》，王昭武译，中国政法大学出版社2014年版，第115页。

后续防卫行为具备防卫性质的基础上，一体性地评价防卫行为；而分析性评价则是在对防卫行为作出初步刑法评价的基础上，将其人为割裂并分别评价前后防卫行为。

（一）一体性评价与分析性评价的理论辩驳

一体性评价是指在复数行为的场合，只要满足防卫意思一致性与防卫行为的连续性等认定行为一体性的主客观基础，就能通过全体性评价认定复数行为成立一个防卫过当。[1]这是因为后续反杀行为虽然并不具备"不法侵害正在进行"这样的防卫前提，但是后行为与前行为在事实层面具有相当的关联性，因此将其视为具有连续性的防卫整体具有逻辑上的自洽性。但是这样的整体性视角，不免具有回溯性地认定犯罪成立的诟病，即在法律评价层面，存在对前行为违法性评价的事后变更。针对违法性复活这一点，有学者主张在量的过失防卫中，第一暴行与第二暴行作为连续一体加以把握，仅仅从第一行为来看成立正当范围的场合，二者的法益侵害加以区别，仅仅将第二暴行作为过剩的处罚根据。[2]这样既没有不当的扩大正当防卫成立的场合，也没有将正当防卫部分纳入处罚根据，从而在违法性评价层面弥补一体性视角的缺憾。除却上述理由，对被告而言，整体判断也可得到减免刑罚，亦即较为有利的处断结果。毕竟事后防卫，很大程度上是由被害人的紧急不法侵害行为所引致的，行为人在责任上具有可以宽恕或者理解的一面，即便其因为防卫不适时而成立犯罪，但在处罚上也必须与一般犯罪区分开来。[3]

与此相反，所谓分析评价是指，严格区分防卫过当的整体事实和防卫过当作为阻却责任事由审查对象的过当部分。[4]具体而言，是以被害人的攻击程度变化作为划分节点，将变化前行为人面对较高度攻击状态，与变化后行为人面对较低度攻击取得优势的状态认为是不同的事实状态，从而在不同阶段对所发生的行为人行动加以区分评价，各自判断其是否合乎正当防卫的

---

[1] 参见曾文科："论复数防卫行为中的评价视角问题——以日本判例为素材的分析"，载《中国案例法评论》2015 年第 1 期。

[2] 参见［日］高桥直哉："复数的反击行为与过剩防卫的成否"，高娜、李立丰译，载《刑法论丛》2015 年第 2 期。

[3] 参见黎宏："事后防卫处理的日中比较——从'涞源反杀案'切入"，载《法学评论》2019年第 4 期。

[4] 参见郑逸哲："'正当防卫的"客观合法要件"'和以'"攻击终止"作为"解除条件"的"附条件故意"'"，载《法令月刊》2007 年第 3 期。

要件。〔1〕在此基础上，有学者进一步将防卫过当部分区分为条件内的构成要件该当部分和条件外的构成要件该当部分。〔2〕分析性评价方法一方面兼具避免量的过剩防卫作为一个概念范畴覆盖范围太小的扩张功能，另一方面又避免了回溯认定犯罪成立的理论缺憾。然而应当注意到的是，分析性评价的判断方法不仅导致事态发展的客观连续性和前后行为的内在正当性遭到侵蚀，也造成在刑法评价层面不当限制防卫过当范围的弊端，尤其是在防卫过当因果关系不明的情况下，基于存疑时有利于被告的原则，防卫人并不对过当结果承担刑事责任。这意味着在可以肯定防卫行为与防卫结果之间的因果关系的前提下，仅仅因为人为区分导致的前行为还是后行为与结果之间的因果关系不明，而否认整体防卫行为与防卫结果之间的因果关系，有违应得刑罚的刑法理念。

（二）行为一体性判断的主客观基础

目前，行为一体性的判断基础主要包括不法侵害的持续性、行为样态的同质性、复数行为的综合性、防卫行为的应激性与防卫意思的一致性等主客观因素。下文通过对行为一体性判断因素的有机整合，将其归类为客观基础与主观基础。

1. 行为一体性判断的客观基础

客观基础是行为一体性判断的前提要件，也是防卫行为在事实层面的延续，主要表现为防卫情状的客观存在与防卫行为的自然过渡问题，这些客观要件为整体性判断提供了相对客观且可量化、易操作的事实基础。

第一，不法侵害的持续性。不法侵害的持续进行作为成立防卫行为的前提要件，在行为一体性判断过程中，仍然是认定后续行为具备防卫性质的重要因素，其主要表现为不法侵害在时间维度上的持续，其紧迫性、危险性也随着时间的推移仍在继续。在论证不法侵害的持续性时，时间上的相近具有天然的优势，而时间场所上的连续则表现为时间相近的衍生产物，二者均为后续防卫行为仍处于防卫行为的余势中提供了有利的客观依据。

在不法侵害终止的问题上，目前存在事前判断说与事后判断说这两种学

〔1〕 参见黄士轩："初探'量的防卫过当'——评最高法院101年度台上字第2536号刑事判决"，载《月旦裁判时报》2018年第69期。
〔2〕 参见［日］高桥直哉："复数的反击行为与过剩防卫的成否"，高娜、李立丰译，载《刑法论丛》2015年第2期。

说，事前判断说将认知能力因素内置于正当防卫客观要件的判断之中，主张只要行为人对事实的误判无可避免即应"将错就错"，直接以行为人主观认识的情况肯定正当防卫的成立。与此相反，事后标准说则将认知能力因素定位在正当防卫客观要件的判断框架之外，在确定不法侵害存否以及强弱时，不考虑行为人的心理状态和辨识能力。〔1〕

第二，行为样态的同质性。在行为表征上表现为防卫行为的关联性，在内在本质上表现为防卫行为的一致性，二者均为一体性地评价前后行为提供了有利根据。至于法益侵害一致性与防卫手段相当性作为行为样态同质性的附属特征，则在判断过程中起到辅助判断的作用。值得注意的是，两个暴行虽然在时间上、场所上具有连续性，但从继续实施侵害以及被告人有无防卫意思这点来看，性质明显不同。〔2〕可见，防卫意识是否一致便是前后行为是否具备同质性的关键。

第三，复数行为的综合性。复数行为均对结果具有较高的贡献力，基于行为与结果之间的因果关系，将二者看作一个整体不仅具有因果关系上的当然性，更在事实层面具备事态发展的连续性。复数行为的综合性在一定程度上也体现为不法侵害持续性与行为样态同质性的共同作用。

2. 行为一体性判断的主观基础

主观基础是行为一体性判断的后置要件，这是因为主观基础更多体现为防卫人自身的防卫意思连续性、防卫行为应激性等主观评价内容，较客观基础具有更多主观因素。

一是防卫行为的应激性。不法侵害作为一种主动的侵害行为，在通常情况下，侵害人都是在侵害动机支配下实施的。而防卫人面对不法侵害，是一种应激状态下的被动反应。在双方激烈对抗的防卫状态下，防卫人出于高度紧张、惶恐的应激心理，对于不法侵害程度认知能力和防卫行为强度判断能力有所下降在所难免，因而苛求防卫人准确地把握防卫强度实属强人所难。〔3〕

---

〔1〕 参见陈璇："正当防卫中的'误判特权'及其边界"，载《中国法学（文摘）》2019 年第 2 期。

〔2〕 参见〔日〕仲道祐树："防卫行为的构造与防卫过当"，谢佳君、袁媛译，载《海峡法学》2018 年第 2 期。

〔3〕 参见陈兴良："本案为何不是防卫过当：唐雪正当防卫案的法理分析"，载《法制日报》2019 年 12 月 31 日，第 2 版。

二是防卫意思的连续性。防卫意思一般指防卫意图，作为一种事实状态的存在，其既可能是合法的，也可能是不法的。合法的防卫意图是成立正当防卫的必要前提，其合法性则体现为认识攻击行为，因而判断攻击行为的不法性，进而形成防卫意图。可以看出，这是一个由认识到判断到形成的递进过程。除此之外，基于主客观相统一的刑法评价原则，防卫人的主观心理状态在刑法评价层面更多是通过客观情况来反映，如防卫不法侵害的持续性、时间地点的接续性，行为样态的同质性与手段的相当性，等等。

（三）不法侵害程度降低的教义学透视

后续反杀行为的一体性判断是在整体肯定防卫行为的连续性与防卫情境的延续性的基础上，从方法论角度来整体性的认定防卫行为，但是方法论层面的肯认并不能掩盖防卫行为是否过当的限度判断问题，因此，在不法侵害终止或者不法侵害程度降低的过程中，追击的防卫行为是否超过必要限度，仍然是值得进一步探讨的问题。

1. 不法侵害程度降低的语义辨析

不法侵害程度降低，是指在不法侵害人实施不法侵害行为的过程中，因各种客观或主观原因所导致的人身危险性降低的情形。从宏观角度而言，不法侵害程度降低是存在于不法侵害正在进行与不法侵害已然终止之间的中间状态，也是承接不法侵害正在进行与已然终止的临时过渡状态；而从微观角度而言，不法侵害程度降低只是防卫过程中不法侵害程度强弱变化的客观描述，这意味不法侵害程度降低呈现一种随机样态，案情的发展可能经历从不法侵害程度降低到不法侵害程度增强的小范围波动。

不法侵害正在进行作为不法侵害程度降低的上位概念，是讨论不法侵害程度降低的前提要件，而不法侵害的终止则是不法侵害持续降低的必然结果。三者之间的语义逻辑关系，致使不法侵害程度降低主要包括不法侵害直接从正在进行状态降低至终止状态与不法侵害虽然存在程度上的降低但并未完全终止这两种情形。

2. 不法侵害程度降低的理论分类

不法侵害程度降低行为性质的辨析是进一步探讨防卫限度的必要问题。本书在借鉴日本刑法中将防卫过当区分为质的防卫过当与量的防卫过当的基础上，将不法侵害程度降低进一步细分为质的程度降低与量的程度降低。质的程度降低是指不法侵害降低程度十分明显足以被防卫人所感知，主要表现为不法侵害从正在进行降低到终止等变化幅度较大的情形。而量的程度降低则是指不法侵害程度降低并不明显且难以为防卫人所感知，主要表现为不法侵害仍然正在进行，但是其强度、危险性大大降低。

在适用范围层面，量的程度降低较质的程度降低更为普遍。这是因为在防卫过程中，防卫人与不法侵害人之间的对抗更多是互负输赢、有来有往的博弈行为，因此在防卫力量的戏剧性反转后，双方基于惯性，短时间内仍然持续打斗状态，但是防卫力量的反转导致侵害人原本的力量优势消失甚至显露出力量劣势，应当说任何的戏剧性反转并不是当时立马就显露出绝对的力量劣势，而是在持续的打斗过程逐渐显露出力量劣势，因此只有劣势状态的持续会进一步导致不法侵害质的程度降低。

在注意义务层面，质的程度降低较量的程度降低被赋予更高程度的注意义务。在量的程度降低的场景下，防卫力量的细微变化只能在事后的客观分析中被进一步放大。在高度紧张、慌乱的场景下，防卫人的认知能力受到影响，因此作出错误判断便实属情有可原。而在质的程度降低的情形下，不法侵害的巨大变化使得防卫人对防卫情状的认知更为明晰，认识错误的适用空间被极大地压缩。在不法侵害大幅度减轻且可以被明显感知的状态下，防卫人被赋予一种特殊的注意义务，这是社会伦理限制赋予防卫限度的特殊要求。

在刑事责任层面，质的程度降低较量的程度降低更具备被谴责的事实基础。在阶层犯罪论中，刑事责任是联通犯罪与刑罚的关键所在，正如"无责任则无刑罚"所言，责任是成立犯罪的必要条件。规范责任论认为在行为人具有实施其他行为的可能性时，行为人却实施违法行为，行为人就应受谴责，就有责任。[1]具体而言，在不法侵害质的程度降低的情境下，防卫人由于自身的疏忽，对本该注意到的客观变化视而不见，因此具备责任层面的可谴责性。对此可能有人质疑侵害人无端发动侵害行为，对事态发展负有绝对责任，为何反而要求防卫人对此负责。但应当明确的是，在质的程度降低的情境下，如果保持原有的攻击强度，侵害人很大程度上成立防卫过当，在此类濒临防卫过当界限的危急时刻，处于力量优势的防卫人便基于社会团结义务和法确证需求降低等社会伦理限制，对客观情况的剧烈变化负有相应的注意义务。

---

〔1〕 参见冯军："刑法中的责任原则——兼与张明楷教授商榷"，载《中外法学》2012年第1期。

3. 不法侵害程度降低的理论价值

不法侵害程度降低作为不法侵害正在继续与不法侵害已然终止的子命题，其前后关联的特殊性质决定了其理论研究的依附性，然而在反杀案这类的疑难案件中，不法侵害程度降低的细微变化也在限度判断中起着重要作用。

第一，刑法研究对不法侵害程度降低的理论缺位。不法侵害终止意味着不法侵害正在进行的结束，二者在语义逻辑上属于非此即彼的互斥关系，因此通过不法侵害终止定义不法侵害正在进行的反证模式具有当然的合理性。但是这样的二分法则致使不法侵害程度降低这一客观情变的教义学释义并未得到相应重视。在昆山案的相关评论中，有学者指出除非有确凿的证据与充分事实表明，不法侵害人已经丧失了侵害能力或者明确表示放弃继续侵害，否则，都要认定不法侵害人还在继续侵害的过程中，哪怕他暂时处于弱势状态。[1]由此可见，由于正当防卫行为的极度不确定与极端强势性，不法侵害程度降低的教义学研究被隐藏在不法侵害仍旧继续的话题下，然而这样粗略的判断，掩盖了不法侵害程度降低在限度判定中的理论价值，使得防卫限度理论始终处于各持己见的混沌状态。

第二，案情细微变化对防卫行为性质的巨大影响。不法侵害程度降低作为防卫过程中事态发展的客观表现，是承接不法侵害正在进行的临时过渡状态，在普通案件中不法侵害程度降低多表现为量的程度减轻，对其进一步区分并无现实意义。但在疑难案件中，防卫力量的戏剧性转变可能构成质的程度降低，如本案不法侵害人甩脱砍刀以致被反杀，此时案情发展的细微变化对于认定防卫行为性质便具有重要意义。

第三，社会伦理限制对防卫限度判断的精确要求。不可否认防卫行为也为攻击者制造了一个危险情境，在不法侵害程度降低甚至终止之后，法确证的需求也随着不法侵害的降低而呈现降低状态。除此之外，社会团结义务与禁止权利滥用的社会伦理限制思想也进一步使得防卫限度的判断在原有基础上更为精细化，更为关注不法侵害发生质的改变后限度判断的具体标准。

二、后续反杀行为防卫限度裁判的具体规则

正当防卫制度的基础思想是防卫行为正当性得以证立的内在动因，本书

---

〔1〕 参见周详：“没动手打过架的，莫空谈正当防卫”，载微信公众号“法学学术前沿”，2018年8月31日上传。

立足于正当防卫制度的基础思想与基本价值，深入剖析防卫权利虚置的内在原因，在法理层面为防卫限度的司法判断提供基本的观念依托。

（一）防卫限度裁判的法理基础

后续反杀行为司法认定规则的探讨离不开防卫限度法理基础的滋养，在法治国家保护人权的共识下，应当明晰对防卫限度根据进行双向限定是法治国家对公民赋予自我保护权利、法秩序维护义务以及宪法上和平义务的必然体现。

1. 防卫限度根据的正向说明

正当防卫的基础思想主要包括，保护法益的个人主义与确证法秩序的超个人主义，以及兼具个人主义与超个人主义论证要素的二元论。其中，康德被视为个人主义的理论代表，其从权利概念和强制权能之间的分析性关联出发，认为正当防卫的根据在于人格间相互承认的权利关系；而黑格尔则是所谓的超个人主义的创始人，其在规范层面论及权利的现实存在性与不法的虚无性，并提出正当防卫是一种论证不法虚无性的方式，在权利地位上，也承认正当防卫权的严格补充地位。[1]以个人主义为核心的优越利益说、法益悬置说等学说完全否认法确证原则作为正当防卫法理根基的理论价值；[2]以超个人主义为内容的法权原则，则认为二元论与个人保全原理、法确证原则均无法为正当防卫提供主要的理论支撑，因此提倡以法权原则为正当防卫之正当化根据；[3]兼采个人主义与超个人主义的二元论则主张，在个人权利保护原则的基础上，以法确证原则补充保护原则。

优越的利益保护原理只是在不法侵害者与防卫人之间进行利益衡量，认为即使是从不法侵害者与防卫人之间的利益而言，防卫人的利益绝对（或者本质上）优越于不法侵害者。[4]但其利益最大化的基本理念与正当防卫的基本精神存在内在冲突，主要体现为正当防卫意在容许个人遭受他人不法攻

〔1〕参见［德］米夏埃尔·帕夫利克："康德和黑格尔的正当防卫理论"，赵雪爽译，载《刑事法评论》2017年第2期。

〔2〕参见魏超："法确证利益说之否定与法益悬置说之提倡——正当防卫正当化依据的重新划定"，载《比较法研究》2018年第3期。

〔3〕参见陈川："正当防卫的法权根据"，载《河南财经政法大学学报》2021年第2期。

〔4〕参见张明楷："正当防卫的原理及其运用——对二元论的批判性考察"，载《环球法律评论》2018年第2期。

击时无须加以退让或另寻有效协助，纵使正面迎击将激化冲突且升高损害亦然。[1]对于优越利益原则所暴露出来的理论缺陷，罗克辛教授主张在个人权利保护原则的基础上，以法确证原则补充保护原则，从保护个人行为自由的角度，弥补被侵害人躲避义务的理论缺憾。[2]这是因为法确证原则的优越性呈现在其可有效地诠释正当防卫的基本设定，具体表现为法确证原则可以强调透过防卫者反击不法侵害者，确认并证明法秩序本身效力的持续效果。[3]

虽然目前相关理论研究均基于德日理论成果展开，但值得重视的是，正当防卫制度在我国特殊的历史背景导致我国正当防卫制度的正当化基础明显异于德日理论，甚至有学者认为用德日刑法理论来限缩正当防卫是"南橘北枳"。[4]这是考虑到在制度渊源方面，我国一直存在血亲复仇的历史和鼓励防卫的传统；在刑事政策方面，一直坚定鼓励公民与违法犯罪行为作斗争的理念；在社会治安综合治理方面，一直贯彻群防群治的工作原则。防卫限度理论的众说纷纭导致我国司法实务呈现出一方面肯定正当防卫的天然正当性，另一方面又严苛限度要件的扭曲样态。因此，应当在着重关注我国国家本位与社会团结的特殊情况的基础上，探寻和发展适合中国司法实践的正当防卫之正当化根据。[5]

2. 防卫限度根据的反向限定

正当化原理作为防卫行为正当性的逻辑起点，是正当防卫行为得以证立的内在动因，而社会伦理限制则是防卫行为内在正当性受损的例外规定，二者一正一反共同建构正当防卫制度的法理基础。

社会伦理限制源于德国刑法理论，是指遭受到他人攻击者，不可以毫无任何限制、甚至积极地反击不法侵害，这是因为法律虽保护个人合法权利，许可受侵害者反击，但个人行使权利仍应考虑权利的社会意义，不应仅为保护权利，就无限制地采用防卫措施，权利保护必须在一定程度上做出让步。

---

〔1〕 参见周漾沂："正当防卫之法理基础与成立界限：以法权原则为论述起点"，载《台大法学论丛》2019 年第 3 期。

〔2〕 参见［德］克劳斯·罗克辛："正当防卫与法确证"，王德政译，载《西北师大学报（社会科学版）》2018 年第 2 期。

〔3〕 参见许恒达："正当防卫与挑唆前行为"，载《月旦刑事法评论》2016 年第 2 期。

〔4〕 参见高艳东："用德日刑法理论限缩正当防卫是'南橘北枳'"，载《检察日报》2019 年10 月 19 日，第 3 版。

〔5〕 参见梁根林："防卫过当不法判断的立场、标准与逻辑"，载《法学》2019 年第 2 期。

其适用情形主要包括：欠缺责任能力的不法侵害行为；干扰法益程度极其轻微的不法侵害行为；亲密亲属之间的不法侵害行为；因被挑唆而实施的不法侵害行为。[1]

目前论证社会伦理限制的主要学说理论有期待可能性说、权力滥用说、法确证需求降低说、最低限度的社会团结义务说，等等。其中，期待可能性说是指，如果防卫人可以被期待在不损失其名誉或其他利益的情况下规避不法侵害，那么就不允许进行正当防卫。但是这种见解在逻辑上有导致循环论证的危险，而且由于所谓"名誉或其他利益的损失"往往只能根据防卫人个人的状况确定，从而使得这一见解在实务中也很难适用。因此，今天的德国学界和判例都已经不再采用这种观点。[2]

权利滥用说则认为所谓社会伦理的限制是指防卫人在某些占据力量优势或者特殊关系中滥用了正当防卫权。有学者认为，权利滥用说并未提出明确的判断标准，因此在是否滥用权利的标准上存在理论缺憾。除此之外，权利滥用的理论主张也极易造成防卫人根本不能实施防卫权利的尴尬局面。[3]然而值得思考的是，社会伦理限制作为规范层面的例外限制，本身就具有抽象性与模糊性，论证其合理性的权利滥用说不免也具有相同的特性，因此未提出明确的判断标准并不能否定权利滥用说在规范层面的理论价值。

法确证需求降低说则是指，在社会伦理限制情境下，捍卫法秩序的需求低于一般的正当防卫，倘若优先采取防卫手段以保护私人利益即不合理，反而应该本于个人利益的社会性，暂时不以个人利益保护为首要选项，毋宁须顾虑侵害者利益的保全。[4]虽然法确证遭到诸多批驳，但不可否认的是，法确证需求降低说立足于法确证原则，充分说明了社会伦理限制的正当性与合理性。毕竟在二元论内部，个人保护原则是基本原则，法确证原则是补充原则。个人保护原则决定了正当防卫的必要性，其功能在于扩张正当防卫，而法确证原则决定了正当防卫的相当性（需要性），其功能在于限制正当防卫。由此可以合理解释，为什么面对无责任能力人的不法侵害、轻微的不法侵害、

---

〔1〕 参见许恒达："从个人保护原则重构正当防卫"，载《台大法学论丛》2016年第1期。

〔2〕 参见王钢："出于营救目的的酷刑与正当防卫——战后德国最具争议之刑法问题评析"，载《清华法学》2010年第2期。

〔3〕 参见王俊："反抗家庭暴力中的紧急权认定"，载《清华法学》2018年第3期。

〔4〕 参见许恒达："从个人保护原则重构正当防卫"，载《台大法学论丛》2016年第1期。

特殊关系人的不法侵害时，正当防卫应该有所限制。[1]

最低限度的社会团结义务是指，防卫人生活在同一社会里的公民互相负有提供最起码的帮助的义务，如果这种提供帮助不会给帮助者自己带来重大危险或者仅仅需要忍受微不足道的损失的话。但是，对刑法上的正当防卫而言，基本团结义务不仅具有提供积极帮助的内容，也具有为了不给他人造成重大损害而忍受自己利益的微小损失的义务。[2]具体而言，社会团结原则的正当性可从以下两方面得到论证：第一，《中华人民共和国宪法》第1条第2款规定："社会主义制度是中华人民共和国的根本制度"。社会主义原则的确立，意味着我国的法秩序在维护公民个人自由的同时，必然也强调公民之间应当互相扶助、国家应当为弱者提供照顾。第二，对个人自由的限制只能来自于公民自身基于理性的同意，此类理性同意主要表现为，主体之间的互相承认与确保自身最基础利益的理性选择。[3]

在质的程度降低的情境下，不法侵害人的侵害行为濒临终止，其对法秩序的侵害程度有所降低，捍卫法秩序的需求也低于一般的正当防卫，如果此时防卫人由于自身的疏忽大意，并未尽到相应的注意义务，则可能构成过失犯罪。然而单纯法确证需求的降低并不能合理解释为何将不法侵害程度降低的情境也纳入社会伦理限制的适用范围，因此社会伦理限制的适用还需进一步论证说明。

第一，社会团结义务的理论争议在于不法侵害人前一秒还在实施可能危及防卫人生命的侵害行为，而下一秒防卫人便要无端身负社会团结义务，在生命健康权益遭受严重威胁的瞬间，仍然要求防卫人履行社会团结义务似乎有些强人所难。然而社会团结思想本质是社会共同体成员之间应当在一定程度上互相照应，任何人在必要时都应适当地为他人牺牲自身利益，部分地放弃自己的自由，其目的在于防止对自由平等的强调演变为极端的个人主义。[4]在质的程度降低的情境下，不法侵害已经轻微到可以忽略不计的程度，在绝对优势的防卫地位下，防卫人的个人自由与个人权利均已得到保障，其防卫行为已经抵达到权利保护的边缘，如果允许其继续实施防卫行为，

---

〔1〕　参见欧阳本祺："论法确证原则的合理性及其功能"，载《环球法律评论》2019年第4期。

〔2〕　参见冯军："防卫过当：性质、成立要件与考察方法"，载《法学》2019年第1期。

〔3〕　参见陈璇："生命冲突、紧急避险与责任阻却"，载《法学研究》2016年第5期。

〔4〕　参见陈璇："生命冲突、紧急避险与责任阻却"，载《法学研究》2016年第5期。

便违反了为了不给他人造成重大损害而忍受自己利益的微小损失的社会团结义务。

第二，权利滥用的本质在于对行为人非基于法律上的正当目的实施不法行为的谴责，在正当防卫领域则意指依照防卫目的来实施防卫行为。在质的程度降低的情境下，不法侵害已经濒临终止，防卫人捍卫自身权利与法秩序的防卫目的达成，此时如果继续以原有的攻击强度实施防卫行为，便构成对防卫权利不合目的地滥用。

综上所述，单纯法确证需求的降低并不能合理阐释在反杀案中引入社会伦理限制的合理性与正当性，本书在法确证需求降低的基础上，吸收社会团结与权利滥用思想，充分论证说明在质的程度降低的情境下引入社会伦理限制的必要性，应当承认社会伦理限制的合理证成并非单一要素的绝对贯彻，而是多重因素的综合作用。

（二）防卫限度判断的理论聚讼

在"必要限度"的判断问题上，刑法学界主要存在基本相适应说、必要说、折衷说、二元论等学说。基本相适应说囿于理论缺陷而被摈弃，而折衷说所暴露出来的唯结果论倾向则导致其通说地位遭到质疑，基于此不少学者转而重视必要说对司法实践的理论指导意义。

1. 防卫限度判断的学理评析

折衷说主张"必要限度的掌握和确定，应当以防卫行为是否能制止住正在进行的不法侵害为标准，同时考察所防卫的利益的性质和可能遭受的损害的程度，同不法侵害人造成损害的性质、程度大体相适应。"[1]对于折衷说，有学者提出批评观点，通说往往在折衷的"外衣"下，悄悄地放弃了行为必要性标准，而采取了法益衡量说，实为没有折衷的折衷说，鉴于行为必要性和法益衡量存在根本矛盾，是两个完全不同的标准，且二者之间不存在任何联系，也没有相互转化的连接点，因此将必要说与法益衡量说进行综合的折衷说并不能克服单一理论的缺陷。[2]而实际上，"明显超过必要限度"与"造成重大损害"是正当防卫限度条件的一体两面，后者是前者的具体表现，前

---

〔1〕 高铭暄主编：《刑法专论》，高等教育出版社2002年版，第442~443页。

〔2〕 参见罗世龙："正当防卫限度的合理认定：行为必要说之提倡"，载《刑事法评论》2017年第2期。

者是后者的判断标准。[1]

必要说是指以事前的判断，一个理性的第三人会采取同样强度之行为，即属必要（非过当）。这是因为正当防卫是要让被害人的合法利益受到保护，如果要求被害人采取迂回手段或是付出其他代价，就不能称之为正当防卫。[2]必要说基于行为无价值的立场，重视防卫行为必要性在刑法评价中的意义，在正当防卫因限度条件逐渐沦为僵尸条款的现实背景下，该说排除了唯结果论的倾向，是立于当下司法实践的理论纠偏。然而在理论与实务均主张扩张防卫限度的大热潮下，对主流观点的批判思考也十分必要，这是因为任何理论学说均有自己独特的适用空间，并不存在绝对有效的适用范围，因此在司法改革的进程中，要十分警惕矫枉过正现象的发生，避免让限度要件在司法实务中呈现不轻易认定到轻易认定的极端变化。

正当防卫法教义学的停滞与徘徊，使得刑法学者另辟蹊径，从行政法学与宪法理论着手，对正当防卫制度进行合宪性的填充与修正。继折衷说在实务操作中畸化为唯结果论，学者们在折衷说的基础上提出二元论，即主张未明显超过必要限度的行为需同时满足比例性和必要性的要求。所谓比例性，是指防卫行为的强度与侵害行为的强度不能明显失衡。所谓必要性，是指有不同防卫手段可供选择时，所选择的防卫手段应属所有有效制止不法侵害行为中最温和的手段。[3]但是不少学者对这种合宪性的填充与修正持怀疑态度。第一是比例原则作为宪法原则，其实质在于对公权力的限制，而防卫行为作为个人权利，将其拟制为公权力行为，不免在适用前提上存在逻辑瑕疵；第二是比例原则中效益主义的思想基础，必然会导致一种社会集体利益极大化倾向，并不利于防卫人自身利益的保护。然而正如不同法域之间的法律移植行为，不同部门法之间的法律借鉴行为，在一定程度上更多是取其精华、去其糟粕的改造行为，因此在刑法学研究场域苛求对宪法精神的准确贯彻，便失去了合宪性的填充与修正的意义。至少在刑法正当防卫问题构造中，并非不能转换成为防卫自己之权利（目的），而将防卫行为视作达成防卫目的之手段，据以权衡其妥适性（有效性）、必要性，以及目的（防卫权利之利益）

---

[1]　参见周加海、左坚卫：“正当防卫新型疑难问题探讨”，载《山东公安专科学校学报》2001年第4期。

[2]　参见许哲涵：“打若还手防卫过当”，载《月旦法学教室》2018年第188期。

[3]　参见肖中华、朱璨：“论正当防卫中必要限度条件的激活”，载《法学杂志》2019年第4期。

与手段（防卫所生之损害）间是否显失均衡（过当），进而在以国家公权力为规范对象的比例原则之外，开创比例原则的新思维，促进法学典范的变迁与进化。[1]

在本书看来，"折衷说"中的行为必要性与法益均衡性之间并非当然的并列关系，而是正当防卫限度条件的一体两面。虽然折衷说在实务操作层面似乎有向一元论理论逃匿的嫌疑，但不可否认的是折衷说所蕴含的既鼓励又限制的理念符合现代刑法的内在精神，这也是法治国家对公民赋予自我保护权利、法秩序维护义务以及宪法上的和平义务的必然体现。之所以出现理论层面符合内在精神，而实务操作层面畸化为唯结果论的问题，是因为唯结果论的思维模式符合人类认知事物的普遍规律，并且损害结果在防卫限度的司法判断过程中发挥提示重大损害和辅助判断行为限度的作用。[2]此种论述较严格区分结果限度与行为限度的理论学说似乎有些冗杂，并且可能造成未来一段时间内，关于防卫限度的判断，学界与实务界之间仍会存在不小的分歧的混乱局面。[3]然而这样的拖泥带水正是我们为正确认知事物本质所做出的必然牺牲，独立的将结果限度排除于行为限度的刑法评价体系，不仅违背了人类认知事物的普遍规律，也不具有现实的可操作。可以说，二元论的出现实质上是对折衷说的进一步具象化，其吸收行政法学与宪法理论中的比例原则，对行为限度与结果限度之间的关系做一定修正，使得形而上的刑法理念变得更具操作性。

2. 特殊防卫条款的规范性质

防卫限度标准作为划分防卫行为是否完全正当的分界线，是正当防卫制度的核心要点，也是认定防卫行为的关键所在，通过对一般防卫与特殊防卫之间逻辑关系的正确理解，可以对防卫限度标准进行不同维度的诠释。

《刑法》第 20 条第 3 款规定："对正在进行行凶、杀人、抢劫、强奸、绑架以及其他严重危及人身安全的暴力犯罪，采取防卫行为，造成不法侵害人伤亡的，不属于防卫过当，不负刑事责任。"针对第 20 条第 3 款的性质，目

---

[1] 参见李建良："正当防卫、比例原则与特别牺牲——刑法与宪法的思维方式与理路比较"，载《月旦法学杂志》2019 年第 291 期。

[2] 参见周光权："正当防卫的司法异化与纠偏思路"，载《法学评论》2017 年第 5 期。

[3] 参见喻浩东："论免除罪责的防卫过当——从最高法 93 号指导性案例的反思切入"，载《法学》2020 年第 7 期。

前学界存在不同认识：一是将其认定为正当防卫的特殊防卫条款，原因在于该条款赋予防卫人无限防卫权，即防卫人对正在进行行凶、杀人、抢劫、强奸、绑架以及其他严重危及人身安全的暴力犯罪可以实施造成侵害人死亡的正当防卫行为。二是将其视为正当防卫的注意条款，本质上与前两款的规定并无不同，可以造成侵害人死亡的防卫结果也是由不法侵害的危险性、紧迫性决定的，实则是不同程度的不法侵害对应不同程度的防卫强度的提示性表述。

认定特殊防卫条款的主要原因有以下几点：第一，从正当防卫条款之间的逻辑关系而言，对正当防卫限度进行修正的是《刑法》第 20 条第 2 款，而非第三款。第二，从防卫认识的主观限定方面而言，特殊防卫条款并无"为了使国家、公共利益、本人或者他人的人身、财产和其他权利"免受不法侵害的主观认识限定。第三，从增设特殊防卫条款的立法目的来看，行为人在面临该种严重危及人身的暴力犯罪时，心理上处于高度紧张状态，不能苛求行为人采取适当的手段进行防卫。[1]

而认定注意条款的主要原因则体现为：首先，特殊防卫理论并不具有区别于普通防卫的法理根据。主要是很难说明一般防卫与特殊防卫之间在正当化根据方面存在本质差别，毕竟如果二者具有不同的正当化根据，就应当是不同类型的犯罪阻却事由。[2]其次，特别防卫权的立法理由决定了《刑法》第 20 条第 3 款是注意规定。从立法沿袭来看，特殊防卫条款的设置其实是司法实务严苛限度要件的立法回应，在可能导致误判的方面增设一个说明性的条款，增强刑事司法的可操作性和明确性。[3]最后，防卫条款之间的逻辑关系决定了特殊防卫条款只能是注意条款。毕竟防卫结果的严重失衡并不能仅仅因为防卫对象的特殊性而划归正当，在坚持特殊防卫论的立场下，特殊防卫的正当性与合理性仍然值得进一步探讨，与此同时，猝然地在我国正当防卫领域引入期待可能性理论的做法也值得商榷。

综上所述，特殊防卫论者对限度问题持一种较为保守的语义解释，在文

---

[1] 参见黎宏："'法不能向不法让步'的另一种表现形式"，载《人民法院报》2019 年 7 月 25 日，第 6 版。

[2] 参见张明楷："防卫过当：判断标准与过当类型"，载《法学》2019 年第 1 期。

[3] 参见魏东、钟凯："特别防卫权的规范解释与滥用责任"，载《国家检察官学院学报》2013 年第 6 期。

义上对防卫对象做限定解释，即仅指正在进行行凶、杀人、抢劫、强奸、绑架以及其他严重危及人身安全的暴力犯罪进行可以致人死亡、重伤的防卫行为，甚至一度对"其他严重危及人身安全的暴力犯罪"的教义学阐释也持一种谨慎态度。而注意条款论者则对限度问题持较为开放的解释方法，通过将其解释为注意规定，扩大防卫对象的范围，更为注重防卫限度在具体案件中的灵活判断。从特殊防卫论到注意规定论的理论变迁，可以看出教义学研究在防卫限度方面的巨大进步，这既反映出刑法学界对司法实务僵化限度条件的理论回应，又折射出刑法学者对限度条件所蕴含的价值取向的重新审视。

（三）防卫限度判断的教义学诠释

在实践中，"明显超过必要限度"并"造成重大损害"是规范释义与司法适用的焦点所在。如何理解并认定这两个核心规范要素的内涵，是解决司法判断难题的关键。[1]

1. 限度要素的逻辑关系

一般认为，"明显超过必要限度"针对的是行为限度，"造成重大损害"则涉及对结果限度的界定。[2]而就"明显超过必要限度"与"造成重大损害"之间的关系逻辑，主要存在并列说、包容说、同一说三种观点。[3]

一方面，在客观认识层面，应当肯定行为必要性与法益均衡性具有内在的统一性。这是因为司法裁判往往是立足于事后的客观事实，对防卫行为作出法律判断，[4]在此意义上应当承认损害结果的客观性决定了其必定是司法机关思量防卫人所实施的防卫行为是否过当的重要因素。毕竟在排除非意志因素的情况下，损害结果一般是行为的客观反映，违反认知规律将损害结果单独置于独立的评价体系，并不利于整体性的评价防卫行为。因此，在重视防卫行为与防卫结果之间的逻辑关系的基础上，对防卫行为以及损害结果进行整体评价是判断防卫限度的题中应有之义。

〔1〕 参见高铭暄："正当防卫与防卫过当的界限"，载《华南师范大学学报（社会科学版）》2020 年第 1 期。

〔2〕 参见劳东燕："结果无价值逻辑的实务透视：以防卫过当为视角的展开"，载《政治与法律》2015 年第 1 期。

〔3〕 参见汪雪城："防卫限度判断标准的司法检视与理论反思——基于 750 个刑事样本的实证考察"，载《法学家》2019 年第 6 期。

〔4〕 参见孔祥参、徐启明："论作为责任阻却事由的特殊防卫"，载《东北大学学报（社会科学版）》2020 年第 4 期。

另一方面，在司法判断层面，应当将行为必要性置于司法判断的优先地位。虽然立法上同时规定防卫行为必要性和利益衡量原理，判断上二者孰先孰后原本是无所谓的，因为其各自都能够发挥限定和阻截功能，但在司法判断层面，还是应当肯定防卫必要性判断的重要性，将其置于司法评价的优先地位。[1]一是语义解释的逻辑优势。刑法条文的表述为"正当防卫明显超过必要限度造成重大损害的，应当负刑事责任，但是应当减轻或者免除处罚。"因此将行为必要性判断置于结果重大性判断之前在语义解释方面具有天然的优势。二是司法纠偏的无奈之举。将行为必要性判断置于结果重大性判断之前，其目的在于充分发挥结果重大性的辅助判断和注意提示功能，从而遏制司法实务中的唯结果论倾向，扩大正当防卫的适用范围。

2. 限度要素的规范释义

通说认为，必要限度原则上应以制止不法侵害所必需为标准，同时要求防卫行为与不法侵害行为在手段、强度等方面，不存在过于悬殊的差异。[2]有学者在此基础上提出，防卫行为"明显超过"必要限度就是指实际的防卫行为给不法侵害人的人身安全所造成的危险（以下简称"实际危险"），比必要限度所允许的危险即最低强度的有效防卫行为给不法侵害人的人身安全所造成的危险（以下简称"标准危险"），至少高出一个档次。[3]其中，"明显超过"意味着只要防卫行为与不法侵害行为之间不存在防卫人单方极度强势的场景，则认定行为并未超过必要限度。就所谓行为限度要素而言，有学者将其具象化为防卫行为的必要性、防卫行为的合理性、防卫行为的应激性三个面向，在客观判断层面，立足于理性第三人面对不法侵害的正常反应来进行行为必要性与合理性的限度判断；在主观判断层面，着眼于防卫行为的应激特征，将防卫人在遭遇不法侵害的恐慌、惊惧，所导致的认知能力的降低等主观因素纳入行为限度判断的考虑范围，折射出对防卫人利益优先保护的刑法理念。[4]在扩张防卫限度的热潮下，学界对"重大损害"这一结果限度要

---

〔1〕　参见周光权："正当防卫的司法异化与纠偏思路"，载《法学评论》2017 年第 5 期。

〔2〕　参见贾宇主编：《刑法学》（上册·总论），高等教育出版社 2019 年版，第 198~199 页。

〔3〕　参见邹兵建："正当防卫中'明显超过必要限度'的法教义学研究"，载《法学》2018 年第 11 期。

〔4〕　参见陈兴良："本案为何不是防卫过当：唐雪正当防卫案的法理分析"，载《法制日报》2019 年 12 月 31 日，第 2 版。

件的理解也从原来的只包括重伤或死亡的绝对化理解，发展为损害的重大性是相对于侵害行为的严重性而言的相对化理解，但在鼓励正当防卫的刑事政策理念下，逐步又回到原来的重大损害只包括重伤或死亡的绝对化理解。可以发现，防卫限度要素的理解实际上往往取决于解释者愿意朝着哪个方向去做出解释。在法教义学阐释的表象之下，隐藏着更为深层的权力逻辑。[1]然而对于重大损害必须进行动态考虑，需要根据不法侵害的缓急、强度及其类型、防卫手段与强度的必要性，以及所防卫的利益等方面，进行综合判断得出妥当结论。[2]

三、后续反杀行为中假想防卫理论的适用路径

不法侵害质的程度降低的情境下，防卫人也存在对防卫情状的错误认识，其与假想防卫中有何关联，是否有适用假想防过当的可能均为亟待解决的问题。

（一）假想防卫与认识错误的前世今生

典型的假想防卫是指客观上没有满足正当防卫的要件，行为人却误认为存在相当于正当防卫的事实，并由此实施了防卫行为，也即不法侵害错误的假想防卫。[3]除此之外，广义的假想防卫论认为对象错误的假想防卫及事后延长的假想防卫也属于假想防卫概念范畴。[4]可见，广义的假想防卫是将对不法侵害强度的误认也归为假想防卫。关于假想防卫的体系定位，中国台湾学者普遍认为假想防卫属于容许构成要件错误，专指涉及阻却违法事由的事实误认，亦即客观上并无现在不法侵害的防卫情状，主观上却误认有防卫情状，从而产生防卫意识。[5]而中国大陆学者则倾向于假想防卫属于事实认识错误中的行为性质认识错误。[6]

---

〔1〕 参见陈洪杰："'事后'防卫行为的入罪与出罪——基于法社会学视角的分析"，载《苏州大学学报（法学版）》2020年第4期。

〔2〕 参见张明楷："唐雪防卫行为的简要分析"，载《检察日报》2019年12月31日，第3版。

〔3〕 参见［日］松原芳博：《刑法总论重要问题》，王昭武译，中国政法大学出版社2014年版，第191页。

〔4〕 参见苏雄华："假想防卫与其他不当防卫的竞合形态分析———以假想防卫过当为中心"，载《哈尔滨工业大学学报（社会科学版）》2010年第2期。

〔5〕 参见许恒达："正当防卫与挑唆前行为"，载《月旦刑法评论》2016年第2期。

〔6〕 参见贾宇主编：《刑法学》（上册·总论），高等教育出版社2019年版，第188页。

在不法侵害质的程度降低的情境下，适用假想防卫的主要障碍在于不法侵害质的程度降低并非不法侵害的绝对终止，其包含着不法侵害虽已大幅度降低但仍然存在并未终止的情形，因此存在缺乏适用典型假想防卫的前提要件。然而不法侵害质的程度降低虽然体现为不法侵害是否终止的类型表征，但实质上是被归类为事后延长的假想防卫。因此，在广义的假想防卫概念下，并不存在适用前提缺失的逻辑漏洞。

（二）认识错误与注意义务的因缘际会

在质的程度降低的情境下，认识错误作为注意义务的归责基础，是防卫人受到非难评价的根本原因，然而特殊注意义务的证立不仅需要正向地论证说明，更需要反向地限定分析。

1. 特殊注意义务的正向论证说明

由于社会生活的复杂多样致使法律不可能将各种复杂的情况都明确规定出来，只可能对注意义务择其重要者作出抽象的、概括的规定，而对于大量的注意义务只能让其以不成文的社会生活习惯规则、道德规则等形式存在着。[1]因此，在不法侵害质的程度降低过程中，防卫人因何具备特殊注意义务以及注意义务的具体内容均需特别证立。

其一，质的程度降低是特殊注意义务成立的事实基础。不法侵害质的程度降低作为攻击效果显著变化的客观判断要件，行为人对其的主观认知能力已上升为独立的注意义务。究其原因，在质的程度降低的情境下，由于不法侵害的降低程度十分明显且足以被防卫人所感知，因此尽管防卫人出于紧张、害怕等主观情绪的影响，从而忽视防卫情状的客观变化，也不能掩盖其对防卫情境考察的过失。

其二，严重误判才是防卫为人受到非难评价的归责基础。在不法侵害程度降低的情形下，防卫人对不法侵害攻击效果产生错误认识是假想防卫发生的根本原因，而防卫过程事态发展的极度不确定性导致防卫人产生轻微误判实属难免，因此只有在不法侵害攻击效果产生严重误判的情境下，对防卫人进行非难评价才具有相当的合理性。

其三，社会伦理限制是特殊注意义务成立的法理基础。单纯严重误判并

---

[1]　参见陈兴良、周光权：《刑法学的现代展开》（Ⅰ），中国人民大学出版社 2015 年版，第199 页。

不足以支撑建构独立的特殊注意义务理论,应当肯定在不法侵害发生质的变化的情境下,不法侵害对法秩序侵害程度也存在同等程度的减轻,其与社会团结义务和禁止权利滥用思想的共同作用,为严重误判受到非难评价奠定了坚实的法理基础。

2. 特殊注意义务的反向限定分析

基于风险社会高效运转的现实需求,刑法学者在原有注意义务的基础上延伸出信赖原则与危险分配等反向限制理论。信赖原则作为风险社会的产物,是指在存在足以信赖被害人或者第三人尤其是前者不会做出不适当行动之情况的场合,行为人以此为前提恰当行动即可,即使是被害人或者第三人违背了这种信赖原则,采取不适当行动最终导致了侵害结果的发生,也不能追究行为人的过失责任。信赖原则主要适用于交通事故类案件中,对于判断是否存在过失责任具有重要意义。除此之外,在医疗活动等场合,也存在信赖原则适用的空间。[1]可见,信赖原则的本质便在于将预见可能与注意义务分离,从而缩小过失责任的适用范围,达到提高社会效率,激活社会活力的目的。

而所谓允许的危险,是指某种具有危害倾向的行为,因其有益于社会而允许其实施的合法行为,例如,医生为挽救病人的生命或健康实施手术的行为,科学家为科学的进步而实行的危险性实验的行为,司机为交通运输而驾驶高速度的交通工具的行为,消防队员为扑灭火灾实施的灭火行为等。虽然都是具有一定的危害社会的风险,但在一定范围内必须允许其存在,并不认为这些活动是非法的。可以说,信赖原则是与被允许的危险、危险分配原则互为表里的。[2]

然而信赖原则与危险分配等反向限制理论并不适用于正当防卫情境下所延伸出来的特殊注意义务理论。其一,限定原则的适用基础缺失。信赖原则和危险分配理论作为风险社会的产物,其本质是降低社会风险行为对经济生活高速运转的负面影响,避免不当限制社会大众的行为自由。但是应当注意到的是,此处的社会风险行为并非一般意义上的风险行为,而是普遍存在于日常生活的风险行为,其必须具备普遍性、高发性等特征。而正当防卫行为

〔1〕 参见付立庆:《刑法总论》,法律出版社 2020 年版,第 220 页。
〔2〕 参见黄瑛琦:"信赖原则研究",载《刑法论丛》2009 年第 3 期。

作为阻击不法侵害的合法行为，其适用场景极其有限，并非风险社会的日常行为，因此正当防卫行为并不存在适用注意义务限定原则的理论基础。其二，限定原则的合理谨慎适用。信赖原则作为注意义务的限定原则，是区别于一般注意义务的例外规定，某种意义上而言，信赖原则体现为对注意义务范围的理论纠偏，但是在适用信赖原则过程中，为防止对注意义务适用范围的不当限缩，应当对其适用秉持极其谨慎的态度。毕竟限定原则适用范围的不当泛化，不仅不利于注意义务的正确认定，反而失去限定原则原有的合理扩张功能。

3. 特殊注意义务的具体义务内容

刑法上的注意义务主要包括结果预见义务与结果回避义务。预见义务是指对防卫行为可能产生的危害后果认识的义务，而避免义务是指行为人基于危险的认识，应采取适当的措施，以避免发生特定的危害结果，主要包括在危险状态中保持谨慎态度的义务和消除危害结果的义务。通说主张注意义务的核心是结果回避义务，但因对结果的避免是以对结果的预见为前提，因此结果预见义务也是注意义务的重要组成部分。[1]

在不法侵害质的程度降低情境下，防卫人特殊注意义务主要体现为对不当防卫后果的避免，这也意味着防卫人需在不法侵害发生质的降低的防卫状态中保持谨慎态度，并采取适当的防卫措施，避免因对防卫情景的考察过失，而违反社会团结义务与禁止权利滥用原则等社会伦理限制原则，从而在责任层面具备可谴责的事实基础。

（三）假想防卫与防卫过当的连根共树

在不法侵害质的程度降低情境下，防卫人基于恐慌、疏忽等主观因素，从而造成不当的防卫后果，此时是否存在适用假想防卫过当的可能以及假想防卫与防卫过当有何关联，下文将对此展开具体论述。

1. 假想防卫过当的适用前提

"所谓假想防卫过当，是指不存在正在进行的不法侵害，但行为人误以为（假想）存在，并对该假想侵害实施明显超过必要限度的反击，造成重大损害的行为。"[2]然而单纯从认识错误的角度出发，虽然假想防卫过当与假想防卫

---

〔1〕　参见周光权：《刑法学的现代展开》（Ⅰ），中国人民大学出版社 2015 年版，第 203 页。
〔2〕　黎宏："论假想防卫过当"，载《中国法学（文摘）》2014 年第 2 期。

均是基于对防卫情状的错误认识而不当地发动"防卫"行为，但二者的根本区别在于假想防卫本身并不具有防卫过当的内涵。[1]应当承认在不法侵害量的程度降低的情境下，如果防卫人对防卫情状产生错误认识，可能构成假想防卫，而在质的程度降低情境下，则可能构成假想防卫过当。

可能有人质疑，如果将所有对不法侵害的误判均归类为假想防卫或者假想防卫过当，是否会不当限缩正当防卫的适用空间。但值得注意的是，对不法侵害程度产生误判虽然是防卫人主观判断的外在表现，但其在司法判断层面则体现为具体的客观事实。在量的程度降低的情境下，基于防卫行为的极端不确定性，防卫人产生误认在所难免，因此对假想防卫人可以考虑责任层面的减免。而在质的程度降低的情境下，防卫人产生误认是违反注意义务的过失行为，其本身已经是可以受到非难评价的不法行为。因此，大范围的承认假想防卫并不会对正当防卫的认定产生影响。

2. 假想防卫过当的主观罪过

对不法侵害过失误认和对防卫过当的主观故意是假想防卫过当罪过两极分化的根本原因。故意说的坚持者认为，假想防卫过当的重点是防卫人在"故意"的主观心态下，追求了过当的防卫结果。而采取过失说的学者则认为，假想防卫过当的重点是防卫人在"过失"的主观心态下，实施了错误的防卫行为，从而导致过当的防卫后果。前者是立足于防卫过当的罪过认定，而后者则是立足于假想防卫（认识错误）的罪过认定。基于此，有学者提出兼顾二者二元论，"这种学说将假想防卫和过当防卫并重，认为在行为人既对不法侵害有误认，又对防卫的必要限度有误认的场合，排除故意，可以成立过失犯；但行为人只是对不法侵害有误认，而对超过防卫限度这一点没有误认的场合，可以按故意犯处理。"[2]

在本书看来，假想防卫过当与假想防卫虽然互有交叉，但在概念内涵方面各有偏重，单纯以故意或者过失的单一罪责元素并不足以评价夹杂故意与过失双重罪责元素的假想防卫过当。毕竟假想防卫过当是假想防卫与防卫过当的结合体，苛求单一罪责的理论足以评价双重罪责的行为实属强人所难。

---

[1] 参见吴尚聪："批判与重构：论作为准防卫过当的假想防卫过当"，载《法学论坛》2019年第4期。

[2] 黎宏："论假想防卫过当"，载《中国法学（文摘）》2014年第2期。

应当认识到相对假想防卫而言，假想防卫过当作为"准防卫过当"，其关注点更多集中于防卫过当的行为部分。因此，对假想防卫过当的正确评价应当在肯认行为人防卫行为过当的基础上，考虑其主观过失的合理事由，从而在责任层面予以减免。在质的程度降低情境下，虽然防卫人主观对不法侵害产生严重误判，并造成过当的防卫后果，但出于防卫人仍然处于应激状态的考量，在认定过当后果的罪责时，首先考虑成立过失犯。如果在防卫人占据绝对力量的情形下，基于其对防卫情势的绝对掌控，则考虑成立故意犯罪。

本案处理评述

继辱母杀人案被广泛讨论之后，昆山反杀案再次引发社会舆论的高度关注。作为首个"反杀案"，昆山反杀案不仅被写入最高人民检察院的工作报告，还被纳入最高人民检察院第十二批指导案例。其中宝马男、纹身男、黑社会大哥、持刀挑衅等标签为昆山反杀案增添了浓厚的道德伦理色彩，有学者称其向公众昭示了正当防卫制度的生命力。[1]

在昆山反杀案中，认定正当防卫的主要障碍在于：于海明在刘海龙受伤后跑向轿车继续追砍2刀均未砍中的刑法评价问题。该案中，于海明抢到砍刀是防卫力量转化的关键节点，这一异变直接导致了防卫力量由弱到强的显著变化，之后刘海龙跑向轿车的逃离行为只是防卫力量发生显著变化之后的状态延续。应当肯定的是，随着时间的推移，不法侵害量的降低最终将表现为质的降低。在于海明抢到刘海龙甩脱的砍刀，双方纠缠争夺砍刀的防卫情境下，不法侵害存在量的程度降低，毕竟刘海龙继续争夺砍刀的行为表明其仍然有继续实施严重不法侵害的可能，随后其跑向轿车的行为在客观层面则表现为不法侵害程度的进一步降低，但仍属于不法侵害量的程度降低。虽然有学者认为刘海龙跑向自己的宝马车，而不是跑向别的地方，并不是一个于海明认为刘海龙此时仍然具有行凶的可能性的客观根据。[2]但在刘海龙刚刚结束夺刀的情境下，于海明很难立马从防卫情境脱离出来，在不法侵害的降

---

[1] 参见金泽刚："于海明案：正当防卫制度正在落地生根"，载 https://www.sohu.com/a/2515 45450_114988，最后访问日期：2020年4月2日。

[2] 参见冯军："昆山砍人案的冷思考，打捞那些被忽略的细节"，载《中国检察官》2018年第18期。

低程度难以为防卫人所感知的模糊地带，基于防卫权优先的价值理念，应当做有利于防卫人的解释，否认质的程度降低的成立。

然而值得注意的是，此时不法侵害的降低程度已经处于量与质的临界边缘，追砍行为作为逃离行为的接续行为，其行为性质的判断便成为限度判断的关键。追砍行为作为防卫人对逃离行为的进一步反击，其本质上是对前述不法侵害的反击的延续，然而正当防卫所对抗的不法侵害，必须是正在进行中的利益干扰，一旦法益干扰已经结束，就属于过去的侵害，不能对之实行正当防卫。[1]本案中，不法侵害的存在已经十分微弱，防卫人继续持刀追砍的行为属于对不法侵害存在与否的错误判断，客观上违背了防卫情境下的特殊注意义务，主观上具备可谴责的疏忽过失。但是因为追砍行为（未砍中）与不法侵害人的死亡结果并不具有相当因果关系，在过失犯必须造成某种不法后果的理论背景下，于海明构成正当防卫，无需对不法侵害人刘海龙的死亡后果负责。

法律适用依据

一、《中华人民共和国刑法》（2017 年修正）

第 20 条：为了使国家、公共利益、本人或者他人的人身、财产和其他权利免受正在进行的不法侵害，而采取的制止不法侵害的行为，对不法侵害人造成损害的，属于正当防卫，不负刑事责任。

正当防卫明显超过必要限度造成重大损害的，应当负刑事责任，但是应当减轻或者免除处罚。

对正在进行行凶、杀人、抢劫、强奸、绑架以及其他严重危及人身安全的暴力犯罪，采取防卫行为，造成不法侵害人伤亡的，不属于防卫过当，不负刑事责任。

二、《中华人民共和国刑事诉讼法》（2012 年修正）

第 88 条：人民检察院对于公安机关提请批准逮捕的案件进行审查后，应

---

[1] 参见许恒达："正当防卫与不法侵害的现在性"，载《月旦法学教室》2018 年第 185 期。

当根据情况分别作出批准逮捕或者不批准逮捕的决定。对于批准逮捕的决定，公安机关应当立即执行，并且将执行情况及时通知人民检察院。对于不批准逮捕的，人民检察院应当说明理由，需要补充侦查的，应当同时通知公安机关。

第90条：公安机关对人民检察院不批准逮捕的决定，认为有错误的时候，可以要求复议，但是必须将被拘留的人立即释放。如果意见不被接受，可以向上一级人民检察院提请复核。上级人民检察院应当立即复核，作出是否变更的决定，通知下级人民检察院和公安机关执行。

三、《关于依法适用正当防卫制度的指导意见》（法发〔2020〕31号）

第5条：准确把握正当防卫的起因条件。正当防卫的前提是存在不法侵害。不法侵害既包括侵犯生命、健康权利的行为，也包括侵犯人身自由、公私财产等权利的行为；既包括犯罪行为，也包括违法行为。不应将不法侵害不当限缩为暴力侵害或者犯罪行为。对于非法限制他人人身自由、非法侵入他人住宅等不法侵害，可以实行防卫。不法侵害既包括针对本人的不法侵害，也包括危害国家、公共利益或者针对他人的不法侵害。对于正在进行的拉拽方向盘、殴打司机等妨害安全驾驶、危害公共安全的违法犯罪行为，可以实行防卫。成年人对于未成年人正在实施的针对其他未成年人的不法侵害，应当劝阻、制止；劝阻、制止无效的，可以实行防卫。

第6条：准确把握正当防卫的时间条件。正当防卫必须是针对正在进行的不法侵害。对于不法侵害已经形成现实、紧迫危险的，应当认定为不法侵害已经开始；对于不法侵害虽然暂时中断或者被暂时制止，但不法侵害人仍有继续实施侵害的现实可能性的，应当认定为不法侵害仍在进行；在财产犯罪中，不法侵害人虽已取得财物，但通过追赶、阻击等措施能够追回财物的，可以视为不法侵害仍在进行；对于不法侵害人确已失去侵害能力或者确已放弃侵害的，应当认定为不法侵害已经结束。对于不法侵害是否已经开始或者结束，应当立足防卫人在防卫时所处情境，按照社会公众的一般认知，依法作出合乎情理的判断，不能苛求防卫人。对于防卫人因为恐慌、紧张等心理，对不法侵害是否已经开始或者结束产生错误认识的，应当根据主客观相统一原则，依法作出妥当处理。

第10条：防止将滥用防卫权的行为认定为防卫行为。对于显著轻微的不法侵害，行为人在可以辨识的情况下，直接使用足以致人重伤或者死亡的方式进行制止的，不应认定为防卫行为。不法侵害系因行为人的重大过错引发，行为人在可以使用其他手段避免侵害的情况下，仍故意使用足以致人重伤或者死亡的方式还击的，不应认定为防卫行为。

第11条：准确把握防卫过当的认定条件。根据刑法第二十条第二款的规定，认定防卫过当应当同时具备"明显超过必要限度"和"造成重大损害"两个条件，缺一不可。

第12条：准确认定"明显超过必要限度"。防卫是否"明显超过必要限度"，应当综合不法侵害的性质、手段、强度、危害程度和防卫的时机、手段、强度、损害后果等情节，考虑双方力量对比，立足防卫人防卫时所处情境，结合社会公众的一般认知作出判断。在判断不法侵害的危害程度时，不仅要考虑已经造成的损害，还要考虑造成进一步损害的紧迫危险性和现实可能性。不应当苛求防卫人必须采取与不法侵害基本相当的反击方式和强度。通过综合考量，对于防卫行为与不法侵害相差悬殊、明显过激的，应当认定防卫明显超过必要限度。

第13条：准确认定"造成重大损害"。"造成重大损害"是指造成不法侵害人重伤、死亡。造成轻伤及以下损害的，不属于重大损害。防卫行为虽然明显超过必要限度但没有造成重大损害的，不应认定为防卫过当。

第15条：准确理解和把握"行凶"。根据刑法第二十条第三款的规定，下列行为应当认定为"行凶"：（1）使用致命性凶器，严重危及他人人身安全的；（2）未使用凶器或者未使用致命性凶器，但是根据不法侵害的人数、打击部位和力度等情况，确已严重危及他人人身安全的。虽然尚未造成实际损害，但已对人身安全造成严重、紧迫危险的，可以认定为"行凶"。

第16条：准确理解和把握"杀人、抢劫、强奸、绑架"。刑法第二十条第三款规定的"杀人、抢劫、强奸、绑架"，是指具体犯罪行为而不是具体罪名。在实施不法侵害过程中存在杀人、抢劫、强奸、绑架等严重危及人身安全的暴力犯罪行为的，如以暴力手段抢劫枪支、弹药、爆炸物或者以绑架手段拐卖妇女、儿童的，可以实行特殊防卫。有关行为没有严重危及人身安全的，应当适用一般防卫的法律规定。

第17条：准确理解和把握"其他严重危及人身安全的暴力犯罪"。刑法第二十条第三款规定的"其他严重危及人身安全的暴力犯罪"，应当是与杀人、抢劫、强奸、绑架行为相当，并具有致人重伤或者死亡的紧迫危险和现实可能的暴力犯罪。

第18条：准确把握一般防卫与特殊防卫的关系。对于不符合特殊防卫起因条件的防卫行为，致不法侵害人伤亡的，如果没有明显超过必要限度，也应当认定为正当防卫，不负刑事责任。

四、《关于印发最高人民检察院第十二批指导性案例的通知》

刑法第二十条第三款规定，"对正在进行行凶、杀人、抢劫、强奸、绑架以及其他严重危及人身安全的暴力犯罪，采取防卫行为，造成不法侵害人伤亡的，不属于防卫过当，不负刑事责任"。司法实践通常称这种正当防卫为"特殊防卫"。

刑法作出特殊防卫的规定，目的在于进一步体现"法不能向不法让步"的秩序理念，同时肯定防卫人以对等或超过的强度予以反击，即使造成不法侵害人伤亡，也不必顾虑可能成立防卫过当因而构成犯罪的问题。司法实践中，如果面对不法侵害人"行凶"性质的侵害行为，仍对防卫人限制过苛，不仅有违立法本意，也难以取得制止犯罪，保护公民人身权利不受侵害的效果。

适用本款规定，"行凶"是认定的难点，对此应当把握以下两点：一是必须是暴力犯罪，对于非暴力犯罪或一般暴力行为，不能认定为行凶；二是必须严重危及人身安全，即对人的生命、健康构成严重危险。在具体案件中，有些暴力行为的主观故意尚未通过客观行为明确表现出来，或者行为人本身就是持概括故意予以实施，这类行为的故意内容虽不确定，但已表现出多种故意的可能，其中只要有现实可能造成他人重伤或死亡的，均应当认定为"行凶"。

正当防卫以不法侵害正在进行为前提。所谓正在进行，是指不法侵害已经开始但尚未结束。不法侵害行为多种多样、性质各异，判断是否正在进行，应就具体行为和现场情境作具体分析。判断标准不能机械地对刑法上的着手与既遂作出理解、判断，因为着手与既遂侧重的是侵害人可罚性的行为阶段问题，而侵害行为正在进行，侧重的是防卫人的利益保护问题。所以，不能要求不法侵害行为已经加诸被害人身上，只要不法侵害的现实危险已经迫在眼前，或者已达既遂状态但侵害行为没有实施终了的，就应当认定为正在进行。

需要强调的是，特殊防卫不存在防卫过当的问题，因此不能作宽泛的认定。对于因民间矛盾引发、不法与合法对立不明显以及夹杂泄愤报复成分的案件，在认定特殊防卫时应当十分慎重。

第八章

蒋泽城以危险方法危害公共安全罪案

—— 对以危险方法危害公共安全罪的限制适用

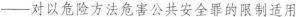

案情基本概况

一、案情概要

2019 年 8 月 1 日 17 时许，被告人蒋泽城因为家庭矛盾，找来开锁人员撬开其父母位于上海市闵行区江航路×××弄×××号×××室的房门，持棒球棍对家中物品进行打砸。后被告人蒋泽城又将手机、平板电脑、水果刀等物从 14 楼的高处扔出窗外，砸落在小区公共道路及楼下停放的三辆轿车上，严重危害公共安全。经估价，被砸的三辆轿车物损合计人民币 4293 元。案发后，蒋泽城打电话报警，并向警方如实供述了自己的行为。之后，蒋泽城被公诉机关以以危险方法危害公共安全罪起诉。

二、处理结论

上海市闵行区人民法院认为被告人蒋泽城因家庭矛盾，为发泄不满，故意将手机、平板电脑、水果刀等物从 14 楼高处扔下，部分物品砸落在小区公共道路上，还砸坏楼下停放的三辆机动车，虽未造成人身伤害或财产重大损失的严重后果，但足以危害公共安全，其行为已构成以危险方法危害公共安全罪。但是，人民法院并没有对以危险方法危害公共安全罪的犯罪构成进行释义，只是在判决书中简单认定蒋泽城的行为足以危害公共安全罪。同时，由于被告人蒋泽城在案发后主动报警，等待警方调查，到案后也如实供述自己的犯罪事实，可以认定为自首，依法可以减轻处罚。被告人自愿认罪认罚，依法也可以从宽处罚。公诉机关指控的事实及罪名成立，量刑建议适当，应予采纳。被告人蒋泽城具有赔偿情节，可酌情从轻处罚。闵行区人民法院对于被告人蒋泽城的辩护人提出的关于被告人蒋泽城并非直接故意抛物的辩护意见审查认为，被告人蒋泽城在案发地与其父母共同生活四年余，因双方发生矛盾，为泄愤故意将其父母的手机、平板电脑、水果刀等物从 14 楼的高处扔出窗外，危害公共安全，其行为的故意性明显，未予采纳此辩护意见。对于辩护人提出的关于被告人蒋泽城适用缓刑的辩护意见，人民法院认为，被告人的行为严重危害社会公共安全，不宜适用缓刑，不予采纳辩护人的该辩护意见。但辩护人以被告人蒋泽城系初犯、具有自首情节，且自愿认罪认罚为由，请求对被告人蒋泽城从宽处罚的辩护意见，予以采纳。为保障人民群众生命财产安全，依照《刑法》第 114 条、第 67 条第 1 款及《刑诉法》第 15 条之规定，人民法院判决如下：被告人蒋泽城犯以危险方法危害公共安全罪，判处有期徒刑一年。[1]

案件诉争聚焦

在本案的诉讼过程中，蒋泽城从始至终都未曾否认自己的行为，承认自己因为与父母发生矛盾，于是找人来撬开父母位于上海市闵行区江航路×××弄×××号×××室的房门，并且拿棒球棍打砸屋中物品，更是将手机、平板电脑、水果刀等物从 14 楼的高处扔出窗外，砸落在小区公共道路及楼下停放的三辆轿车上。相对应的人民检察院、人民法院皆认为蒋泽城的行为严重危及公共安全，依法应当构成以危险方法危害公共安全罪，被告人与其辩护人也没有异议，积极赔礼道歉、赔偿损失并认罪认罚。

我国《刑法》第 114 条规定，放火、决水、爆炸以及投放毒害性、放射性传染病病原体等物质或者以其他危险方法危害公共安全、尚未造成严重后果的，处 3 年以上 10 年以下有期徒刑。"以危险方法危害公共安全罪是指使用与放火、决水、爆炸、投放危险物质等危险性相当的其他危险方法，危害公共安全的行为。"[2]从这一法条表述来看，以危险方法危害公共安全行为与放火行为、决水行为、爆炸行为以及投放危险性物质的行为危害性相当，也即危险方法的性质应当与放火、决水、爆炸、投放危险物质的危险性相当。且与这四种行为一样，以危险方法危害公共安全行为是一种具体危险行为，只要行为人的行为有可能对公共安全造成严重后果的，就可以成立此罪。在

---

[1] 参见上海市闵行区人民法院（2019）沪 0112 刑初 2501 号刑事判决书。

[2] 许婷婷："以危险方法危害公共安全罪的实证研究"，载《新西部》2019 年第 18 期。

蒋泽城以危险方法危害公共安全罪一案中，蒋泽城的行为如何危害到公共安全，蒋泽城高空抛物的行为又是否是能与放火、决水、爆炸、投放危险物质危害性质相当的行为，却是存疑的。简言之，以危险方法危害公共安全罪中的其他危险方法应当如何理解？公共安全又应当如何理解？是否凡是高空抛物行为就一定会危害公共安全？

案涉法理精释

　　虽然在蒋泽城以危险方法危害公共安全罪一案中，法院、检察院、当事人及其辩护人对于蒋泽城的行为成立以危险方法危害公共安全罪没有异议。但是，蒋泽城的行为如何危害到公共安全，判决书中却并没有指出。从判决书中也只能看出，人民法院认为蒋泽城将手机、平板电脑、水果刀等物依次扔下14楼，砸坏楼下停放的三辆机动车的行为，"足以危害公共安全"。这个行为本身的危险性和危险程度如何，这一行为怎样危害到公共安全法院并没有具体说理。从这一案例中可以看出，上海市闵行区人民法院是将高空抛物的行为与以危险方法危害公共安全罪中的危险方法等同，认为高空抛物行为具有危害公共安全性质，并依据最高人民法院发布的《关于依法妥善审理高空抛物、坠物案件的意见》中的相关规定判决蒋泽城承担以危险方法危害公共安全罪的刑事责任。但是，高空抛物是否等同于危险方法，蒋泽城的行为以以危险方法危害公共安全罪定罪是否合适，需要厘清以危险方法危害公共安全罪应当怎么认定，这涉及对其他危险方法的理解、对公共安全概念的理解；还需要分清以危险方法危害公共安全罪与故意杀人罪、故意伤害罪以及故意毁坏财物罪等罪名之间的界限。

一、对以危险方法危害公共安全罪的体系性解释

　　我国刑法分则采用"类罪名—具体罪名"的罪名体系设置，类罪名下又有章罪名、节罪名。章罪名按照同类客体进行分类。我国的刑法分则按同类客体将犯罪分为十章，因此，存在十个章罪名，即：危害国家安全罪；危害公共安全罪；破坏社会主义市场经济秩序罪；侵犯公民人身权利、民主权利罪；侵犯财产罪；妨害社会管理秩序罪；危害国防利益罪；贪污贿赂犯罪；

渎职罪；军人违反职责罪。[1]有些章罪名之下又设节罪名，节罪名是介于同类客体与直接客体之间，类似于同类客体但范围又小于法定的同类客体的罪名设置，节罪名的作用是将某些在法定同类客体范围之类的但是其范围又小于法定同类客体的同类客体再做一个分类，从而使得刑法分则体系更加具有层次性和可行性。比如说，我国刑法分则第三章破坏社会主义市场经济秩序罪，下设八个节罪名，将破坏社会主义市场经济罪又细分为生产、销售伪劣商品罪、走私罪、妨害对公司、企业的管理秩序罪、金融诈骗罪、破坏金融管理秩序罪、金融诈骗罪、危害税收征管罪、侵犯知识产权罪。类罪名之下是具体罪名，也就是我们可以针对具体犯罪行为直接适用的法律规定。刑法典刑法分则的设立严格遵循体系性，保持刑法条文内部和与刑法以外的其他法律之间的协调性。正因如此，我们在援引法律规范适用具体犯罪时，需要遵循法律条文之间的体系性，也即需要进行体系解释。

刑法的体系解释，是指根据刑法规范在整个刑法中的地位，把一项刑法规范或用语作为有机的组成部分放置于更大的系统内进行的，使得刑法规范或用语的含义，意义相协调的解释方法。[2]刑法体系解释存在的基础在于理论层面追求的法律秩序的统一性和实践层面法律秩序难以达到统一性之间的不协调。简单来说，就是指刑法典中的法律罪名在设立时已经被假定为是协调统一的整体，但是在事实上，法律秩序的统一只是一种理想状态，法律由于立法技术和实践发展的需要，经常出现法条竞合和规范矛盾的情况。因此，法院在适用法律时总是需要解释，其任务就是要在体系上把握一切已有的且有效的价值标准并通过协调的解释来创造事实上不存在法律秩序的评价统一。[3]适用法律时，从体系上把握刑法法条，首先可以避免各个犯罪罪名之间的犯罪构成互相矛盾或者交叉重合，保持罪与罪之间的协调；其次可以结合前后和整体对某一规范进行解释，避免断章取义；最后，从整体上把握刑法的此罪与彼罪，可以在产生疑惑时，通过联系整部刑法规范或者刑法中的某些条文整体理解，消除疑惑。对刑法中的某一法条进行体系解释，维护刑法内部

〔1〕 参见张继钢："罪名分类新论"，载《淮北煤炭师范学院学报（哲学社会科学版）》2010 年第 5 期。

〔2〕 参见万国海："论刑法的体系解释"，载《南京社会科学》2009 年第 7 期。

〔3〕 参见［德］伯恩·魏德士：《法理学》，丁小春、吴越译，法律出版社 2003 年版，第 339~340 页。

之间的协调性，有利于正确对行为人定罪量刑，保障人权，实现刑法正义。

然而，在适用以危险方法危害公共安全罪的问题上，从近年来两高颁布的司法解释可以看出，该罪的适用范围越来越广。例如，最近这几年发布的《关于依法惩治妨害公共交通工具安全驾驶违法犯罪行为的指导意见》（以下简称《公共交通工具安全驾驶违法行为指导意见》）、《关于依法妥善审理高空抛物、坠物案件的意见》（法发〔2019〕25号）、《关于印发〈关于办理涉窨井盖相关刑事案件的指导意见〉的通知》（以下简称《办理涉窨井盖刑事案件指导意见》），皆涉及以危险方法危害公共安全罪的认定。虽然司法解释规定分析在公共交通工具上危及安全驾驶的违法行为、高空抛物行为以及偷盗、破坏窨井盖等行为要结合具体事实，认定行为人的行为性质，但是在实践中，人民法院大多数时候会直接将上述行为认定为以危险方法危害公共安全罪。例如，在杨某涛以危险方法危害公共安全罪一案中，杨某涛将他人放置于小区楼道中的数个铁制花架、鞋架、纸箱等杂物从14楼的窗口扔下，砸中楼下停放的车辆，造成经济损失730元。人民法院认为被告人故意从高空抛掷物品，尚未造成严重后果，但足以危害公共安全，遂以以危险方法危害公共安全罪对杨某涛定罪处罚。[1]这使得高空抛物似乎直接成为以危险方法危害公共安全罪中的"其他危险方法"。但是，高空抛物行为并非一个特定的犯罪行为，而是现代社会中频发的一类可能涉及相关犯罪的事件或现象。高空抛物如果给受害者造成的财产损失和人身伤害，或者行为人当时的主观状态、行为方式达不到相关犯罪的入刑标准，即为民事案件仅涉及民事纠纷、赔偿问题。如果给受害者造成较大的财产损失或人身伤害，则可能会涉及刑事犯罪。[2]一味将高空抛物行为以犯罪处理，将某些只需在民事领域就能解决的高空抛物事件也变成刑事案件，有违刑法的谦抑性。

《中华人民共和国刑法修正案（十一）》（一审稿）考虑到高空抛物行为频发给社会群众带来的不安全感不断扩大的问题愈加严重，于其第一条中规定，在《刑法》第114条之后增设一款"从高空抛掷物品，危及公共安全的，处拘役或者管制，并处或者单处罚金。有前款行为，同时构成其他犯罪的，

---

〔1〕　参见山东省聊城市茌平区基层人民法院（2020）鲁1523刑初72号刑事判决书。

〔2〕　参见黄伟庆："高空抛物案件刑事责任的厘清"，载《北京工业职业技术学院学报》2020年第1期。

依照处罚较重的规定定罪处罚"的规定，将高空抛物正式纳入刑法规制范围。这一条文的增设是回应人民需求和社会发展需要的结果，且也有利于改变现行司法实务界中将高空抛物行为普遍认定为以危险方法危害公共安全罪的状况。但是在《中华人民共和国刑法修正案（十一）》（二审稿）以及正式通过的《中华人民共和国刑法修正案（十一）》里，高空抛物的入刑位置被调整，"在刑法第二百九十一条之一后增加一条，作为第二百九十一条之二：'从建筑物或者其他高空抛掷物品，情节严重的，处一年以下有期徒刑、拘役或者管制，并处或者单处罚金。''有前款行为，同时构成其他犯罪的，依照处罚较重的规定定罪处罚。'"由此可见，立法者对于高空抛物罪保护法益的认知发生变化，由一开始的高空抛物行为危害公共安全转变为妨害社会管理秩序。这一改变是立法者在刑法中充分权衡人权保障和社会秩序控制后做出的。高空抛物行为已成为社会深恶痛绝的毒瘤之一，对人民生活的安全造成极大危险，而我国之前有关高空抛物的法律规定难以遏制这个行为，因此，用刑法对其进行规制是公民众望所归，也是保障社会安稳秩序的重要方法。[1]但是，高空抛物的危害程度大小取决于其抛物的时间、地点、高度，也与抛掷物的性质有关，有些抛物行为可能会对公共安全、人民的身体健康、生命财产等造成巨大危害，但有些抛物行为却并未造成任何危害结果，若是刑法一概而论，统一认定为危害公共安全，未免太过粗糙，伤害到行为人的人权，不利于刑法发挥人权保障机能。《中华人民共和国刑法修正案（十一）》将高空抛物罪的法益认定为危害社会管理秩序，一方面是为了避免将高空抛物行为人为地拔高认定为重罪，从而减轻司法压力、防止轻罪重判，另一方面则是通过这种法益的明确定位，告诫实务人员应当重新认识这一行为的性质，不能再机械地套用以危险方法危害公共安全罪，应当进行更为谨慎、细致地区分。[2]

"以其他危险方法危害公共安全罪虽然与放火、爆炸、决水、投放危险物质罪是一种并列的犯罪，但是后果的类似性，再加上'其他'概念的模糊性、公共安全内容的模糊性、主观故意内容基本理论理解的模糊性，致使在理论

---

〔1〕 参见曹波："高空抛物'入刑'的正当根据及其体系性诠释"，载《河北法学》2021年第2期。

〔2〕 参见林维："高空抛物罪的立法反思与教义适用"，载《法学》2021年第3期。

与实践上，以危险方法危害公共安全罪越来越具有口袋罪的嫌疑。"〔1〕正如我国学者指出的，以危险方法危害公共安全罪的适用范围呈扩张趋势，从社会管理秩序领域、到市场经济秩序领域、道路交通秩序领域、再到公民个人权利领域，以危险方法危害公共安全罪的触角越伸越长。〔2〕但是，从罪刑法定的基本原则出发，刑法规范中是不宜出现口袋罪名的，实践中，用以危险方法危害公共安全罪来拾遗补缺的做法很明显是与罪刑法定相冲突的。长此以往，罪刑法定原则的功能会遭到破坏。"而罪刑法定原则是刑法的生命，是法治在刑法领域的表现。它既是立法机关制定立法、司法机关适用刑法必须遵循的原则，也是任何解释者都必须遵循的原则。"〔3〕因此，为正确适用以危险方法危害公共安全罪，理当对该罪名进行体系解释，明确其在刑法分则中所处的地位。

以危险方法危害公共安全罪被规定在刑法分则第二章危害公共安全罪中。第二章共有26条，涉及各种有可能危害公共安全的行为，例如破坏交通工具、破坏火车、电车轨道，等等。这些行为各自相互独立又有一定联系，并总会对公共安全造成危害。其中，涉及以危险方法危害公共安全罪的法条，分别是《刑法》第114条和第115条。《刑法》第114条规定，放火、决水、爆炸、投放毒害性、放射性、传染病病原体等物质以及以其他危险方法危害公共安全，尚未造成严重后果的，处三年以上十年以下有期徒刑；《刑法》第115条第一款规定，放火、决水、爆炸、投放毒害性、放射性、传染病病原体等物质以及以危险方法致人重伤、死亡或者使公司财产造成重大损失的，处十年以上有期徒刑或者死刑。可以看出，《刑法》第114条与第115条之间是一般结果与加重结果的关系，行为人的放火、决水、爆炸、投放危险物质以及其他危险方法造成具体危险时即成立犯罪。这里的具体危险指的是可能会危害到公共安全秩序。以危险方法危害公共安全罪的危险方法，是放火、决水、爆炸、投放危险物质等危险方法不能完全列举后的做法，是放火、决水、爆炸、投放危险物质等行为的兜底。

以危险方法危害公共安全罪本质上是《刑法》第114条和115条的兜底

---

〔1〕 吴鹏森主编：《经济新常态下的犯罪与治理》，上海三联书店2017年版，第123页。

〔2〕 参见孙万怀："以危险方法危害公共安全罪何以成为口袋罪"，载《现代法学》2010年第5期。

〔3〕 张明楷：《刑法分则的解释原理》，中国人民大学出版社2011年版，第4页。

罪名，属方法危险的危害公共安全犯罪，是立法者当初为了弥补法律的滞后性和维护刑法的相对稳定性而设立的。它的设立可以使法律更加灵活地应对与放火、爆炸、决水等行为性质相同的危险犯罪方法的出现。然而，在司法实践中，这一罪名却几乎成为整个"危害公共安全犯罪"章节的兜底罪名，这样不仅会造成这一法条和其他法条适用之间的矛盾，而且会导致该罪的扩张适用。[1]这样的结果，很大程度上与"其他危险方法"没有被具体限定有关。从某种意义上来说，第二章规定的所有犯罪中的行为方法都是危险方法。由于其他危险方法的范围过于宽广，认定这一罪名，更多的时候是依赖于"危害公共安全"这一本质特征而存在的。[2]也正是因为这一点，实践中将某些不具有危险方法特征但是可能危害到公共安全的行为认定为以危险方法危害公共安全罪。例如，《办理涉窨井盖刑事案件指导意见》第 2 条规定，行为人盗窃、破坏人流量大，人员来往密集的非机动车道、人行道以及车站、码头、商业中心、公园、广场、学校、厂区、社区、院落等人员密切聚集场所的窨井盖，足以危害公共安全，尚未造成严重后果的，依照刑法第一百一十四条的规定，以以危险方法危害公共安全罪定罪处罚；致人重伤、死亡或者使公私财产遭受重大损失的，依照刑法第一百一十五条第一款的规定处罚。根据一般公民的认识，盗窃或者破坏窨井盖的行为最多只是故意破坏公共财物的行为，如果其盗窃的窨井盖数额达盗窃罪的盗窃数额的，也可以定为盗窃罪。这种行为本身的危险性不大，只是行人在行走时不注意脚下，可能会因此受伤甚至死亡。而如果行为人盗窃或者破坏的是公路上的窨井盖，有导致车辆倾覆的危险，此时可以认定为破坏交通工具罪。因为盗窃或者破坏窨井盖会有危害个别人安全的可能性，司法解释将盗窃、破坏人员密切聚集地点井盖的行为也规定为以危险方法危害公共安全罪，但这种行为本身确实没有严重危害公共安全的性质。又如，村民为防止有小偷进入自家瓜地偷瓜，在自己家的西瓜地里铺设电网，电网晚上才会打开，白天不会运作。一天晚上，窃贼来到村民地里偷瓜，结果被电网电死。人民法院在审理时以这一行为有危害到其他人的抽象可能为由，认定行为人的行为足以危害公共安

---

〔1〕 参见刘德法、袁佳音："论'以危险方法危害公共安全罪'的限制适用"，载《许昌学院学报》2019 年第 6 期。

〔2〕 参见陈兴良："口袋罪的法教义学分析：以以危险方法危害公共安全罪为例"，载《政治与法律》2013 年第 3 期。

全，尚未造成严重后果，以以危险方法危害公共安全罪定罪处罚。由此可见，实践中以危险方法危害公共安全罪成为第二章危害公共安全罪的兜底。[1]

根据以危险方法危害公共安全罪所处的《刑法》第 114 条、115 条的规定，本罪应当是放火罪、决水罪、爆炸罪、投放毒害性、放射性、传染病病原体等物质罪的兜底。我们常将《刑法》第 114 条、115 条的放火罪、决水罪、爆炸罪、投放危险物质罪以及以危险方法危害公共安全罪与《刑法》第 232 条、234 条的故意杀人罪、故意伤害致人重伤或者死亡相提并论。这些罪名的法定刑是三年以上十年以下有期徒刑、或者无期徒刑、亦或是死刑。可以看出，这些行为所危及的法益在刑法保护的法益中是最为严重的，刑法为其配置最严厉的刑罚，因此，更应当谨慎适用。根据体系解释规则，从以危险方法危害公共安全罪所处的体系而言，危险方法是可以与放火行为、决水行为、爆炸行为、投放危险物质行为具有同等危险性的行为，不是所有危害公共安全的行为方法都是危险方法。也不是所有可能危害到公共安全罪的行为都可以认定为第 114 条、115 条中所涉及的"公共安全"。而公共安全也不是指不特定人的安全。为此，正确界定以危险方法危害公共安全罪中的危险方法和公共安全这两个概念成为我们首要的任务。

二、其他危险方法的认定

《刑法》第 114 条、115 条规定以危险方法危害公共安全罪，按照法条文字来看，"其他危险方法"是该罪的行为构成，"危害公共安全"是其实害结果，其法益即公共安全的稳定性。这是一个没有动词、缺乏独立明确实行行为的构成要件规定。由于没有明确的对行为自然性质的词语描述，几乎所有的行为都可以被囊括进"其他危险方法"的范畴。[2]也正是因为如此，在判断某一行为性质时几乎可以直接进行实质判断或者说是价值判断，而无需进行其他规范性判断。加之本罪的成立条件更多的需要依赖于法益侵害的认定，在适用时，无法从定型化和类型化的犯罪构成要件中得出结论。这种模糊罪状对法之确定性带来消极影响，需要我们警惕。法律规范由于没有确定或者具

---

〔1〕 参见张明楷：《刑法学》，法律出版社 2016 年版，第 695 页。

〔2〕 参见高艳东："谨慎判定'以危险方法危害公共安全罪'的危险相当性——兼析具体危险犯的可罚性标准"，载《中国刑事法杂志》2006 年第 5 期。

体的内容，因此可能被适用于各种性质不同的行为。[1]有学者指出，本罪中"'其他危险方法'的扩大已经到了近乎荒唐的地步"，因此需要对以危险方法危害公共安全罪做出严格限定。

以危险方法危害公共安全罪属于具体危险犯。具体危险犯与抽象危险犯相对，指的是具有具体指向对象的，危险被具体化和确定化的行为。然而在实践中，以危险方法危害公共安全罪几乎成为抽象危险犯。特别是《刑法》第114条以"危害公共安全"作为犯罪的成立要件，虽然并不一定要求放火、决水、爆炸、投放危险物质以及危险方法对公共安全造成实质性损害，毕竟这一法条还有"尚未造成严重后果"的规定，但是，也不是所有具有危害公共安全可能性的行为都可以被认定为以危险方法危害公共安全罪。《刑法》第114条更非抽象危险犯的规定。这是因为，刑法只会对具体危险和实害做出表述，而不会对抽象危险做出表述。[2]抽象危险犯一般是不需要司法人员做出价值判断的，只要行为人实施刑法规定的某一构成要件行为，即成立犯罪，而不需要司法人员做出任何主观判断。例如，《刑法》第125条第一款规定"非法制造、买卖、运输、邮寄、储存枪支、弹药、爆炸物的，处……"《刑法》第114条已经明确指出，行为需要"危害公共安全"才可能成立犯罪，而"危害公共安全"需要法官结合具体事实作出判断。因此，刑法中以危险方法危害公共安全罪只可能是具体危险犯。

由于以危险方法危害公共安全罪在表述上的模糊性和概括性，这一罪名几乎适用于所有违法行为，只要这个行为被认定为危害公共安全即可。这也是该罪沦为口袋罪的最大原因。正因如此，才迫切需要对以危险方法危害公共安全罪做出限定。

理解"其他危险方法"的内涵和外延，理应从文义解释和体系解释入手，在相对意义上理解"其他"：一是应当独立于《刑法》第114条、第115条中规定的放火、决水、爆炸、投放毒害性、放射性、传染病病原体等危险物质之外，不与前述列举行为重合。二是相对独立于第二章规定的危害公共安全罪中的所有危害公共安全的行为而言，也就是说，这里的其他不能是与第二

---

〔1〕 参见［意］杜里奥·帕多瓦尼：《意大利刑法学原理》，陈忠林译，法律出版社1998年版，第26页。
〔2〕 参见张明楷："高空抛物案的刑法学分析"，载《法学评论》2020年第3期。

章规定的危险方法重合，如果行为人使用的是刑法分则第二章中有规定的危险方法危害公共安全，可以直接适用关联法条对其进行刑事处罚，而不需要用以危险方法危害公共安全罪来评价这个行为。

关于"其他危险方法"中的"危险方法"的认定，学者们有不同的看法。一般而言，危险方法指的是与《刑法》第 114 条、115 条规定的放火、决水、爆炸、投放毒害性、放射性、传染病病原体等危险物质手段相当的方法，这是根据同类解释的刑法解释方法得出的结论，目前也是我国刑法学界通说观点。但是，仅仅要求危险方法与放火、决水、爆炸、投放危险物质性质相当，也还是没有解决以危险方法危害公共安全罪在实践中适用范围越来越广的问题。于是，学者们纷纷提出各种观点对"危险方法"的相当性进行限制，例如，有的学者认为所谓"危险方法"，指的是与《刑法》第 114 条、115 条规定的放火、决水、爆炸、投放危险物质行为一般具有严重破坏性的行为，亦即"危险相当性"系对公共安全的严重破坏性。这一观点用"严重破坏性"来限制"危险方法"，虽然确实体现危险方法对于"公共安全"破坏程度，但是学者们对于"严重破坏性"语焉不详。也有的学者主张直接将"与放火罪、决水罪、爆炸罪、投放危险物质罪危险性相当"的行为进行列举，认为危险方法包括私设电网、驾车冲撞人群、适用放射性物质、扩散平度等危险方法。[1]虽然列举危险方法的做法有利于公民理解和实务判决，但是在被列举之外的其他方法是否可以成为"危险方法"却没有具体的判断标准，这样的做法部分地延伸了"危险方法"的外延，但是却没有明确"危险相当性"的内涵。还有的观点认为，其他危险方法的危险相当性是同放火、决水、爆炸、投放危险物质行为一般，一经实施，就可能对不特定多数人或者特定的多数人造成伤亡或者使公私财物遭受损失的行为。这一观点明确"危险相当性"的主要内涵，确有可取之处，但对不特定多数人或者特定多数人造成伤亡或者是公司财物造成损失的程度却没有提及。因此，明确"危险方法"的内涵，需要对放火、决水、爆炸、投放危险物质这四种行为性质和危害程度进行分析。

放火、决水、爆炸、投放危险物质从其行为性质本身来看，有造成多数人重伤、死亡或者使公私财产遭受损失的危险性；从这四种行为可能造成的

---

〔1〕　参见赵秉志主编：《刑法新教程》，中国人民大学出版社 2001 年版，第 473 页。

程度上来看，其蔓延速度极快，行为造成的危害结果一般很难及时弥补，在同一时间里造成多数人重伤或者死亡的危害性极高。[1]因此，根据同类解释规则，以危险方法危害公共安全罪中的危险方法也同这四种行为一般，具有上述的特性。

放火、决水、爆炸、投放危险物质这四种行为从行为性质上就具有造成多数人重伤或者死亡的可能性，并且会造成国民的重大恐慌。之所以如此，是源于这些罪名法定刑的特殊性。《刑法》第114条规定，这四种行为尚未造成严重后果的，处三年以上十年以下有期徒刑；《刑法》第115条规定，这四种行为如果造成他人重伤或者死亡，或是致使公司财产造成重大损失的，处十年以上有期徒刑、无期徒刑或者死刑。从其法定刑来看，放火、决水、爆炸、投放危险物质即使尚未造成严重后果，也需要被判处三年以上十年以下有期徒刑。由此可以窥见这四种行为的危害性极大，一旦发生，会造成国民的巨大恐慌。放火、决水、爆炸、投放危险物质对于人们的身体健康和生命都有可能造成致人重伤或者死亡的结果，因此才需要用严厉的刑罚措施进行惩戒。如果其他行为不能具有造成多数人重伤或者死亡的危险性，一般不宜认定为"其他危险方法"。

而从程度上来看，放火、决水、爆炸、投放危险物质这四种行为具有时间上的快速蔓延性、造成多数人重伤或者死亡的直接性以及高度盖然性。时间上的快速蔓延性，指的是危险化的进程非常迅捷，危害结果的发生时间极短，例如放火行为，一旦火势不能控制，几乎可以在瞬间造成人员的重大伤亡。造成多数人重伤或者死亡的直接性是指危害结果是由这四种行为直接导致，而没有其他异常介入因素。高度盖然性指的是这四种行为一般情况下会合乎规律的导致危害结果的发生，从普通公民的角度出发，放火、决水、爆炸、投放危险物质这四种行为不仅在客观上具有导致多数人重伤或者死亡的可能性，而且这种可能性的发生概率极高，具有高度盖然的可能性。

从行为的性质和行为的危害程度将以危险方法危害公共安全罪的其他危险方法限定于具有造成多数人重伤或者死亡可能性以及具有快速蔓延性、危

---

〔1〕 参见劳东燕："以危险方法危害公共安全罪的解释学研究"，载《政治与法律》2013年第3期。

害结果发生的直接性和高度盖然性的行为方式，是刑法分则罪名体系建构的要求，也是维护罪刑法定的要求。以危险方法危害公共安全罪被规定在《刑法》第114条、115条，与放火罪、决水罪、爆炸罪、投放危险物质罪一起，成为这四种行为的兜底，应当具有同样的行为性质和危害程度。而从罪刑法定角度出发，以危险方法危害公共安全罪成为我国刑事实务中的一个口袋罪名，众多可能危及公共安全的行为都被认定为"其他危险方法"，这一做法不符合罪刑法定的要求。罪刑法定原则作为现代刑事法律的最基本原则之一，与旧时代的罪刑擅断主义对立，要求"什么样的行为是犯罪，对其应科处什么样的刑罚，都必须由国会事前制定法律来加以规定"。[1]罪刑法定主义将犯罪行为通过法条形式提前确定下来，司法机关在认定行为人的行为是否构成犯罪时以法条为依据，为国民在行为前对自己行为的法律性质及其可能的法律后果提供预测可能性，同时限制国家刑罚权，避免随意出入罪。口袋罪的形成可能会造成某些未被规定为犯罪的行为通过口袋罪名成为犯罪，违背罪刑法定原则的基本要求。因此，坚持罪刑法定原则，需要明确以危险方法危害公共安全罪的适用范围，限定危险方法的认定标准，做到法无明文规定不为罪，法无明文规定不处罚。

　　高空抛物行为作为近年来频发的社会高度关注事件，大多数时候是交由侵权责任法进行规制。《中华人民共和国侵权责任法》第87条规定，[2]从建筑物中抛掷物品或者从建筑物上坠落的物品造成他人损害，难以确定具体侵权人的，除能够证明自己不是侵权责任人的外，由可能加害的建筑物使用人给予补偿。因此，在很长的一段时间里，高空抛物案件基本由民事领域进行规制。然而，随着经济的快速发展，万丈高楼拔地而起，高空抛物事件也频频发生。虽然有些抛物行为幸运地没有造成太大的损害，但是却严重地妨害社会管理秩序，影响公民的正常生活。当前，高空抛物事件几近成为与交通道路事故齐平的另一大社会危害事件，被人们称为"悬在城市上空的痛"。[3]

---

〔1〕　参见〔日〕井田良：《讲义刑法学·总论》，有斐阁2008年版，第31页。

〔2〕　《中华人民共和国民法典》第1254条第1款："禁止从建筑物中抛掷物品。从建筑物中抛掷物品或者从建筑物上坠落的物品造成他人损害的，由侵权人依法承担侵权责任；经调查难以确定具体侵权人的，除能够证明自己不是侵权人的外，由可能加害的建筑物使用人给予补偿。可能加害的建筑物使用人补偿后，有权向侵权人追偿。"

〔3〕　参见舒圣祥："高空抛物，悬在城市上空的痛"，载《健康时报》2019年6月25日，第1版。

无数件高空抛物致人重伤或者死亡事件的发生，让社会公众感到仅仅依靠民事制裁方式已经难以遏制此类社会事件的发生。特别是民事法律的规定让行为人存在侥幸心理，认为"只要找不到，总有人帮忙承担后果"。高空抛物的严重社会危害性让人们寝食难安，时刻悬在高空威胁着公民的正常社会生活。在这样的现实下，刑法不能再无动于衷。将高空抛物行为纳入刑法规制范围，既是维护社会安宁的需要，也是惩罚实施具有严重社会危害性行为，保障公民权利的需要。

最高人民法院在分析社会现象和总结司法实务经验的基础上，公布《关于依法妥善审理高空抛物、坠物案件的意见》，规定高空抛物行为入刑涉及的罪名有故意杀人罪、故意伤害罪、故意毁坏财物罪、以危险方法危害公共安全罪等。高空抛物行为本身具有极大的危害性，可以轻易致人重伤或者死亡。有学者做过关于高空抛物的实验，发现一个鸡蛋如果从 8 楼扔下会砸破人的头皮，从 18 楼的高度扔下可以砸破行人的头骨，而如果从 25 楼扔下则可以致人当场死亡。[1]不难看出，高空抛物行为具有同放火、决水、爆炸、投放危险物质一般的可以致人重伤或者死亡的可能性。但是，高空抛物行为是否具有同时造成多数人重伤或者死亡的可能性却是与行为人的抛掷物有关的，如果行为人从高空洒下一把尖锐的钉子，确实具有致使多数人重伤或者死亡的可能性，且具有同放火、决水、爆炸、投放危险物质行为一样的迅速蔓延性、危害结果的直接性以及高度盖然。但这只是极个别的情况。从我国发生的诸多高空抛物事件中可以看出，公民在高楼中抛掷的物品大多都只是单个物品，甚至是出于懒惰的想法直接将垃圾扔出窗外。对于行为人抛出的单个物品，例如水果刀、花盆等行为，公众一般都不会认为这样的抛掷物具有致多数人死亡的可能性，只具有致使不特定的单个人死亡的可能性。即使高空抛物行为的危害性极大，扰乱社会公民正常的生活秩序，却也不具有《刑法》第114 条、115 条规定的与放火、决水、爆炸、投放危险物质一样的行为性质和危害能力。高空抛物行为等同于以危险方法危害公共安全罪中的"其他危险方法"的只是极少数情况。例如，行为人向公路上高速行驶的机动车从高空抛下一个花盆之类的物品，在砸中车辆的同时也具有发生交通事故，造成多数人伤亡的可能性，此时行为人的行为可以被认定为"其他危险方法"。高空

---

[1] 参见王芳玲："高空抛物，抛'德'？抛不得"，载《决策探索》2020 年第 13 期。

抛物行为是否属于"其他危险方法"，需要法官结合具体事实，以及抛掷物的性质、抛物时间、抛物场所等因素具体分析。因此，将高空抛物行为认定为以危险方法危害公共安全罪中的"其他危险方法"，使高空抛物行为直接被认定为以危险方法危害公共安全罪是不符合国民的一般认识的。人民法院直接将行为人并非为杀害特定人而实施的高空抛物行为直接认定为以危险方法危害公共安全罪，这对于《关于依法妥善审理高空抛物、坠物案件的意见》中所提到的"准确判断行为性质，正确适用罪名，准确裁量刑罚"也是不利的。

三、对公共安全的规范诠释

（一）公共安全中的"公共"

一般来说，公共安全具体是指供公民正常生活、学习、娱乐，以及社会稳定运行的环境和秩序。而刑法规定的公共安全应当怎样被理解？这个词可以分为"公共"和"安全"两个部分。一切法律规范都必须以作为'法律语句'的语句形式表达出来。可以说，语言之外不存在法。只有通过语言，才能表达、记载解释和发展法。[1]所以理解刑法上规定的"公共安全"的概念需要解释"公共"和"安全"。

我国刑法学界对于"公共"安全的理解不一，概括来说有四种观点：第一种观点认为"公共"安全指的是危及到不特定人的身体健康、生命、财产的危险。这个观点对于"公共"安全的理解在于"不特定"的概念，认为只要行为危及到"不特定"的人的身体、生命、财产的安全就是对"公共"的危险。第二种观点认为"公共"安全指的是危及到多数人的人身、财产安全的危险。这个观点以"多数"为核心定义"公共"，认为只有危及到多数人的身体、生命、财产的行为才是危害"公共"安全的行为。第三种观点是第一、第二种观点的综合，认为"不特定"或者"多数"只具其一就可以被认为是危害到"公共"的安全。第四种观点认为"公共"安全指的是危及到不特定多数人的身体、生命、财产的危险。[2]这个观点以"不特定+多数"为核心来定义"公共"安全，这是我国理论界认定"公共安全"的传统做法。但是近些年来，陆续有不少学者对于这个观点提出质疑，例如，行为人将近

---

〔1〕　参见［德］伯恩·魏德士：《法理学》，丁晓春、吴越译，法律出版社 2003 年版，第 73 页。

〔2〕　参见旷琛："刑法中公共安全的涵义和认定标准"，载《江西警察学院学报》2017 年第 1 期。

200人困在一栋偏僻无人的别墅中后放火烧死这200人，此时行为人的行为危及到的是特定多数人的生命安全，行为人的行为是否危害"公共"安全呢？这就对第四种观点的"不特定+多数"的观点提出挑战。其实以"不特定+多数"定义公共安全，是不恰当地缩小对危害公共安全的行为人的处罚范围。但是在我国的司法实务中，通常的做法是从不特定的角度去定义公共安全，例如《办理涉窨井盖刑事案件指导意见》将行为人偷盗或者破坏窨井盖，特别是机动车或者人流量大场所的窨井盖，导致损害后果发生的行为认定为危害"公共安全"。行为人偷盗或者破坏的如果是机动车道的窨井盖，确实可能导致机动车辆倾覆的危险。但是根据有关机动车道路交通行驶规范，只有当车辆行驶车速过快，才可能引发重大交通事故，危害公共安全；但如果行为人偷盗或者破坏的人行道上的窨井盖，只会导致不特定的个别行人受伤，而非不特定多数人。因此，我国对于"公共"安全的理解更多情况下是从"不特定"的角度来认定。[1]

以"不特定+多数"来认定"公共安全"不恰当地缩小危害公共安全犯的处罚范围，而以"不特定"来理解"公共安全"却又不适当地扩大危害公共安全犯的处罚范围。从我国近年的案例判决来看，在道路交通安全领域、食品、药品安全领域、社会治安、公共秩序领域甚至于某些特定侵害对象案件也存在以危险方法危害公共安全罪的判决结果，这些领域中某些案件只是方法有危害到公共安全的抽象可能，也被认定为以危险方法危害公共安全罪。[2]可以看出，司法实务中认定以危险方法危害公共安全罪时更多考虑的是行为人的行为是否危及到不特定人的安全，而非我国传统理论中认为的以"不特定+多数"认定公共安全的范围。这种做法将一些可以用故意杀人罪、故意伤害罪、过失致人死亡罪、过失致人重伤罪评价的行为也纳入以危险方法危害公共安全罪的处罚范围。而即使从传统理论来界定"公共安全"，最大的挑战将是行为人如果侵害的是特定多数人的身体、生命、财产安全的，行为人的行为就没有危害到公共安全，毕竟侵害对象是特定的。但这显然是不合理的。

---

〔1〕 参见劳东燕："以危险方法危害公共安全罪的解释学研究"，载《政治与法律》2013年第3期。

〔2〕 参见徐光华："公众舆论与以危险方法危害公共安全罪的扩张适用"，载《法学家》2014年第5期。

因此，有学者提出，公共安全的核心在于"多数"[1]，这个观点逐渐得到理论界的认同。

以"多数"为核心来理解刑法上的"公共"安全，首先可以解决传统理论中以"不特定+多数"定义"公共"安全所带来的问题，行为人杀害的特定的多数人的行为也可以被认定为危害公共安全。例如前文提到的行为人将近200人困在一栋偏僻无人的别墅中，放火烧死的行为，若按照"不特定+多数"，则行为人的行为不能被认为是危害公共安全，但是若将"公共"安全理解为"多数"人的人身、财产安全，则行为人的行为危害到公共安全。张明楷教授也表示，危害公共安全的犯罪是以危害公众的生命、健康等为内容的犯罪，故而应当注重行为对"公众"利益的侵犯；刑法规定危害公共安全罪的目的，是将生命、身体等个人法益抽象为社会利益作为保护对象，所以应重视其社会性。而"公众"和"社会性"必然要重视量的多数。[2]其次，以"多数"定义"公共"安全，能够避免将某些只是危害到不特定人的行为排除在危害公共安全之外。若以"多数"为核心理解公共安全，行为人偷盗或者破坏窨井盖的行为不能一概被认定为危害公共安全，因为这个行为一般危害到的是不特定的个别人的身体、生命安全，而非一律危害到多数人的身体、生命安全。再次，将"公共"安全的概念限定在"多数"上，也符合刑法分则保持罪名体系的逻辑结构要求，如果行为人的行为侵犯的是不特定少数人，其他罪名可以完整评价的，认定为其他罪名更为合适，如此一来，可以避免以危险方法危害公共安全罪成为侵犯人的身体健康、生命安全以及财产安全的兜底条款。最后，将"公共"安全的概念限定在"多数"上，符合罪刑法定原则关于正确定罪量刑、保障人权的要求。罪刑法定原则的最大作用就是限制国家司法权利的滥用，损害国民的正当权利，同时为国民的生产生活提供预测可能性。社会公众对于"公共"的理解一般也是以"多数"为核心，认为伤害到许多人的身体、生命安全的行为才是危害公共安全的行为。

同时，还需要注意的是，这里的多数不仅指的是直接的多数，也包括在侵犯特定少数人时行为具有"向危及多数人安全的方向扩展之现实可能性"[3]

---

[1] 参见骆天纬、石聚航："以危险方法危害公共安全罪的司法认定规则"，载《南昌大学学报（人文社会科学版）》2015年第6期。

[2] 参见张明楷：《刑法学》，法律出版社2016年版，第687页。

[3] 参见胡东飞："论刑法意义上的'公共安全'"，载《中国刑事法杂志》2007年第2期。

换句话说，即使行为侵害的对象是特定的，但是如果危害结果有向多数发展的可能性的，也属于危害公共安全。例如，张三想要杀死自己的仇人李四，于是潜进李四住的房屋里面放了一把火，但是，由于李四住的房屋是木质结构，且李四的房屋周围住满了人，张三放的火不仅会烧死李四，而且可能会烧死李四周围居住的人，此时张三的行为危害结果有向危害多数人转化的可能性，张三的行为符合放火罪的犯罪构成，依法应当以放火罪定罪处罚。同理，以危险方法危害公共安全罪的"公共"安全也是一样，以高空抛物为例，行为人向小区楼下抛掷一把水果刀，只具有危害不特定个人身体、生命安全的可能性，这一行为不可能具有转化为危害多数人的身体、生命健康安全的可能性，此时行为人的行为评价为故意杀人罪或者故意伤害罪更为合适。但是如果行为人是从高处向车辆流量大的道路上抛掷砖头，虽然只可能砸中其中一辆机动车，但是因此而引起重大交通事故，并进而危害到多数人的身体、生命安全的潜在可能性极大。因此，在认定行为是否危害到"公共"安全时，关键还是在于行为是否在客观上具有危害多数人或者具有向危害多数人的身体健康、生命安全转化的可能性。如果行为只具有危害不特定人或者特定少数人的可能性的，就不符合以危险方法危害公共安全罪的定罪要求。

（二）公共安全中"安全"的理解

《刑法》第 114 条、115 条规定行为人故意放火、决水、爆炸、投放毒害性、放射性、传染病病原体，或者以其他危险方法危害公共安全的，尚未造成严重后果的，处三年以上十年以下有期徒刑；若是行为致人重伤、死亡或者致使公私财产造成重大损失的，处十年以上有期徒刑、无期徒刑、死刑。《刑法》第 114 条、115 条之间的关系，有学者认为是未遂犯与既遂犯的关系；也有学者认为是危险犯与实害犯的关系；更有学者认为是一般结果与加重结果之间的关系，等等，对于这一点，学界并未取得共识。而如何理解这两个法条，特别是 114 条与 115 条第一款之间的关系，也会影响对危害公共安全的结果认定。我们更偏于将《刑法》第 114 条与 115 条第 1 款之间的关系理解为一般结果与加重结果之间的关系。从《刑法》第 115 条第 1 款的表述可以看出，公共安全中的"安全"，指的是致使他人重伤、死亡或者公私财产遭受重大损失的危害结果。仅从这一条文解读，公共"安全"包括致人重伤、致人死亡以及致使公私财产遭受重大损失的损害结果。从而可以得出

《刑法》第114条规定的危害结果包括致人重伤、致人死亡以及致使公私财产遭受损失。但是，如果将仅造成公私财产损失的行为也认定为以其他危险方法危害公共安全罪，如此却又不能厘清以其他危险方法危害公共安全罪与故意毁坏财物罪之间的关系。在普通国民的观念里，"公共安全"作为一个比较抽象的概念，其不仅包括了生命权、健康权和财产权，也包括更高层次的生命安全和财产安全。[1]但是，在理解以危险方法危害公共安全罪时，仅造成公私财产损害而无任何人员伤亡的行为能否认定为危害公共安全犯罪，却是有待商榷的。

从法条的语义文字表述来看，其他危险方法致人重伤或者死亡与造成公私财产损失之间是一种选择关系，因为在法律条文的表述中是用"或者"一词连接"致人重伤、死亡"与"造成公私财产重大损失"两个危害结果。如此似乎可以得出一个合乎文义的解释，也就是仅单纯造成公私财产损失结果的行为也可以以危险方法危害公共安全罪定罪处罚。但是，如果将仅造成公私财产损害的行为也认定为危害公共安全，则某些流窜作案、盗窃或者诈骗公司、企事业单位财物的行为也具有危害公共安全的性质。因此，为限定危害公共安全犯罪的处罚范围，有学者提出，认定以危险方法危害公共安全罪，可以将仅造成公私财产损失的危害结果限定在重大财产损失范围内，这样一来可以达到罪刑均衡的要求。但是，如果将财产损失的范围限定，《刑法》第114条所处罚的也会是公私财产遭受重大损失的危害公共安全犯罪，这对于《刑法》第114条条文内部的体系逻辑又提出疑问。

在理论界，学者们公认《刑法》第114条是具体危险犯的规定。具体危险犯作为刑法需要在危险发生之前介入处罚的特殊犯罪，既不同于实害犯要求的只有发生危害结果刑法才能进行处罚，也不同于抽象危险犯的处罚，只要行为人实施了某一行为，即构成犯罪，具体危险犯是要危险具有现实化可能性时才能进行处罚。而仅能造成公私财产损失的行为在社会公众的认识中属于实害犯。换句话说，危害财产安全的犯罪行为只有造成财产损害时才能被处罚。《刑法》第114条作为具体危险犯，需要刑法在危险现实化时介入惩处，但是如果行为人的行为造成的危害结果仅仅是公私财物损失的，刑法为何要提前介入呢？因此，只是单纯造成公私财产损失的行为不宜被认定为危

---

[1]　参见付晓雅："以危险方法危害公共安全罪的形态辨析"，载《法学》2014年第10期。

害公共安全犯罪。

将仅造成公私财产损失的行为认定为以危险方法危害公共安全罪的危害结果，也容易混淆与《刑法》第275条故意毁坏财产罪之间的关系。《刑法》第275条规定，故意毁坏公私财物，数额较大或者有其他严重情节的，处三年以下有期徒刑、拘役或者罚金；数额较大或者有其他严重情节的，处三年以上七年以下有期徒刑。仅从法定刑来看，《刑法》第114条规定"……，尚未造成严重后果的，处三年以上十年以下有期徒刑"，而《刑法》第115条规定的法定刑更是从十年以上有期徒刑到无期徒刑再到死刑，但《刑法》第275条规定的故意毁坏公私财物的行为最高法定刑也不过七年以下有期徒刑，由此可以看出，两者的法定刑有很大的差别。《刑法》第275条规定的故意毁坏财物罪的实行行为并不限任何方法，只要最终结果是造成公私财物毁坏数额较大或者数额巨大就构成此罪；而《刑法》第114条、115条规定的以危险方法危害公共安全罪中虽然将行为方法限定在其他危险方法的范围内，但是这几个方法之间并无法条竞合的关系，即不可能有适用特别法条与普通法条规则的问题，所以以危险方法仅造成公私财产损害是应当定为以危险方法危害公共安全罪还是故意毁坏财物罪对行为人的刑罚评价也是不同的。只从法定刑的规定来看，若是《刑法》第275条的法定刑也包含有无期徒刑、死刑的刑罚，那么将行为人以危险方法仅造成公私财产损失的行为评价为以危险方法危害公共安全罪或者故意毁坏财物罪对行为人并无太大区别；但是实际上，故意毁坏财物罪规定的最高法定刑也才七年有期徒刑，而以危险方法危害公共安全罪的法定刑最高可达死刑，这之间有着巨大的刑罚处罚差距。各个法官之间对于这个行为的认识不同，判处的罪名不同，导致的刑罚处罚不同，使得法官在认定行为人的罪名时掌握行为人的生死大权。因此，应当统一认定标准，将仅造成公私财物损失的行为统一为故意毁坏财物行为，即使是以危险方法毁坏也不例外。

如此一来，《刑法》第114条、第115条第一款规定的危害结果的界定就需要排除仅造成公私财产损失的情形。然而，上述两个条文规定中包含的造成公私财产损失的危害结果又应当怎样解释？从114条、115条第1款明确列举的四种行为来看，无论是放火、决水、爆炸还是投放毒害性、放射性、传染病病原体的行为，在致使多数人重伤、死亡的同时也会造成公私财产的损失。因此，在理解《刑法》第114条、115条第1款规定的造成公私财产损失的危害结果可以将其与致人重伤、死亡的损害结果联系起来，即公共"安全"指的是造成多数人重伤、造成多数人死亡、造成多数人重伤并致使公私财产遭受重大损失、造成多数人死亡并且致使公私财产遭受重大损失几种情形。《刑法》第 115 条第 1 款的法条诚然使用的是"或者"，但这并不意味着只能将其解读为"三选一"的关系，而是也完全可以解释为需要以危害多数人的身体、生命安全为前提，"或者"一词，只是用来表明，使用第 115 条第 1 款并不一定要求同时出现"公私财物遭受重大损失"的结果。[1]

四、以危险方法危害公共安全罪与其他罪名之间的关系

正确界分（过失）以危险方法危害公共安全罪与故意杀人罪、故意伤害罪、过失致人死亡罪、过失致人重伤罪之间的关系，有利于坚持罪刑法定原则，正确定罪量刑。

以危险方法危害公共安全罪规定于刑法分则的第二章危害公共安全罪中，而故意杀人罪、故意伤害罪规定于刑法分则第四章侵犯公民人身权利、民主权利罪之中。三者侵害的法益不一样。故意杀人罪、故意伤害罪侵犯的是公民的生命权、身体健康权；而以危险方法危害公共安全罪侵害的法益是公共安全。可是，由于以危险方法危害公共安全罪与放火罪、决水罪、爆炸罪、投放危险物质罪一样，会致使他人的身体、生命遭受损害，从而具有故意杀人罪、故意伤害罪的行为性质，再加上我国从古至今信奉的重刑主义思想以及现今社会对于民意的重视，还有对于此罪偏向于以"不特定"定义公共安全的做法，使得以危险方法危害公共安全罪成为口袋罪。通常而言，一旦行为人的伤害、杀人手段具有危及不特定人的可能性的，司法机关比较偏向于以危险方法危害公共安全罪对其定罪处罚。

例如，被告人雷号生为了满足自己的变态心理，在 2006 年 4 月 14 日到 2009 年 5 月 10 期间，先后在嘉禾县、桂阳县等乡镇上，在学生放学回家之际，利用废弃的注射器、锥子、自制铁锐器（有倒钩）等凶器刺伤中小学女学生的胸部，造成 24 名女学生不同程度的伤害，其中，有一名女学生甚至当场死亡。法院在认定雷号生的行为人构成何罪时，指出"被告人雷号生为寻

---

〔1〕 参见劳东燕："以危险方法危害公共安全罪的解释学研究"，载《政治与法律》2013 年第 3 期。

求变态的心理刺激，针对不特定的中小学女学生，四处寻找侵害的目标，故意用废弃的注射器、锥子、自制带钩的铁锐器等物刺伤女学生的胸部，作案时间长、地域广，给当地居民造成严重恐慌，危害公共安全，并造成一人死亡、二人轻伤的严重后果，其行为已构成以危险方法危害公共安全罪。"〔1〕在此案中，雷号生的行为属于针对不特定中小学女学生的危险行为，但是此危险行为并不具有同时造成多数人重伤或者死亡的可能性，不是可以与放火、决水、爆炸、投放危险物质行为相提并论的其他危险方法，只是由于雷某生的行为危及到不特定人，人民法院就认定行为人的行为成立以危险方法危害公共安全罪。然而，在笔者看来，雷号生的行为认定为故意伤害罪，同时适用故意伤害致人重伤或者死亡的加重结果更为合适。虽然雷号生的行为确实造成社会恐慌，但是造成社会恐慌的行为并不一定就危及公共安全，只有会造成多数人重伤或者死亡的行为才是以危险方法危害公共安全罪惩罚的行为。

再者，并非所有实施放火、决水、爆炸、投放危险物质，以及其他与这四种危险方法同等性质的行为的皆危及公共安全，成立《刑法》第114条、115条第一款规定的罪名。例如，行为人放火烧毁一座房屋，而这座房屋中只有一户人家，且方圆十里之内再无其他房屋和居住人员。此时，行为人只是以放火的方法实施杀人的行为，其行为当以故意杀人罪定罪处罚，而非以放火罪定罪处罚。又如，在农村中的一户人家只用自家开凿的井水，且这口井也只归这户人口使用，行为人在这口井中投毒，意图毒死这户人家的所有人的，其行为符合故意杀人罪的构成要件而不符合投放危险物质罪的构成要件。这两个行为都是使用危险方法杀人，但是没有危及到多数人的身体和生命安全，易言之，没有危及公共安全，因此不能以《刑法》第114条、第115条规定的罪名定罪处罚。同理，以危险方法危害公共安全罪的确定也是如此，"危险方法"和"危害公共安全"两个要件缺一不可。

---

〔1〕 参见湖南省郴州市中级人民法院（2010）郴刑一初字第15号刑事判决书。此案一审判决后，湖南省高级人民法院复核后认为，雷浩生的行为应当构成故意伤害罪，而非中级人民法院认为的以危险方法危害公共安全罪。以（2010）湘高法刑一复字第16号判决书撤销郴州市中级人民法院关于雷某生的定罪判决，改判为故意伤害罪，原判决的刑罚适用正确。最高人民法院在审理之后认可湖南省高级人民法院对于此案的判决结果，以（2011）刑一复02441413号裁定书核准湖南省高级人民法院（2010）湘高法刑一复字第16号刑事判决书以故意伤害罪判处被告人雷号生死刑，剥夺政治权利终身。

　　如今，以危险方法危害公共安全罪已经成为刑法学界学者们眼中公认的口袋罪名。从我国近年来的以危险方法危害公共安全罪的刑事判决书来看，此罪的案件判决呈现逐年增长的趋势，自 2014 至 2019 年这六年间，更是呈现爆炸式增长。每年处理的案件中以以危险方法危害公共安全罪定罪处罚的都是近百上千件。对这些案件分析总结后可以看出，以危险方法危害公共安全罪在实践中的适用存在以下问题：一是行为涵摄过宽、同案异判频发、量刑区间集中、文书说理简略；二是存在"参照具象"缺失、"危险方法"稀释、"具体情境"脱离等问题。[1]

　　这种局面的出现，除去我国司法实务界长期以来对于"公共安全"的认定习惯以"不特定人"作为标准之外，也与我国注重民意，习惯重典治世的做法分不开。我国是社会主义国家，注重一般社会公民对于某一社会性事件的看法，也因此会影响到法律的实施。特别是在刑法领域，随着近几年来网络的发展变化，不出门而知天下事已成为可能。也正是因为如此，一个案件若是在网上传播，也会在最快的时间里引起人们的关注和讨论，而公民的这些讨论多多少少会影响到法院对这个案件的裁判。特别是对于某些行为可能不构成犯罪或者其行为所构成的罪处罚较轻，但是极易引起社会公民强烈的不安感的危害到不特定人的行为，司法机关就会考虑将这类行为规定为犯罪，并且偏向于将其认定为以危险方法危害公共安全罪。例如，对于近年来高发的乘客在公共交通工具上实施抢夺方向盘、操纵杆等行为，导致公共交通工具失控引发危害公共安全结果的行为，最高人民法院和最高人民检察院等发布《公共交通工具安全驾驶违法行为指导意见》，将这类行为认定为《刑法》第 114 条、115 条规定的以危险方法危害公共安全罪。为减少高空抛物行为的发生，维护公民"头顶上的安全"，最高人民法院公布《关于依法妥善审理高空抛物、坠物案件的意见》，在这个司法解释中要求人民法院要结合事实正确认定高空抛物行为的犯罪性质，对高空抛物所涉及的刑法罪名包括故意杀人罪、故意伤害罪、故意毁坏财物罪、过失致人死亡罪、过失致人重伤罪以及（过失）以危险方法危害公共安全罪这几个罪名要结合案件事实合理适用，将高空抛物行为纳入刑法规制范围。而最新的司法解释则是关于偷盗、破坏窨

---

〔1〕　参见江珞伊、徐宇翔："以危险方法危害公共安全犯罪认定的规范与完善——基于对 1124 份相关判决的考察"，载《山东法官培训学院学报》2019 年第 1 期。

井盖的行为的认定，司法解释中也提到对于偷盗、破坏人流量或者车流量大的场所的窨井盖的行为偏向于以危险方法危害公共安全罪定罪处罚。仅从我国近年来颁布的司法解释中便可以看出，以危险方法危害公共安全罪在刑法中的广泛适用，其口袋罪的说法名副其实。但这对于我国刑法罪刑法定体系的建立是极其不利的。

适用以危险方法危害公共安全罪需要小心谨慎，行为符合其他犯罪构成要件的，尽量认定为其他犯罪罪名。以将高空抛物入刑的《关于依法妥善审理高空抛物、坠物案件的意见》司法解释为例，在《关于依法妥善审理高空抛物、坠物案件的意见》公布之前，人民法院也零星地处理过一些高空抛物伤人的刑事案件。在这些案件中，大致涉及的罪名有故意伤人罪、过失致人死亡罪、故意伤害罪，以及（过失）以危险方法危害公共安全罪。而自高空抛物入刑的司法解释颁布以后，高空抛物案件基本上以以危险方法危害公共安全罪被起诉或者定罪处罚。从《关于依法妥善审理高空抛物、坠物案件的意见》中的表述来看，最高人民法院要求人民法院对于行为人实施高空抛物的行为，"应当根据行为人的动机、抛物场所、抛掷物的情况以及造成的后果等因素，全面考量行为的社会危害程度，准确判断行为性质，正确适用罪名，准确裁量刑罚。"仅从高空抛物行为本身来看，高空抛物确实具有与放火、决水、爆炸、投放危险物质这四种手段一般无二的危险性质，高空抛物行为从性质上具有造成他人重伤或者死亡的能力，从程度上来看，高空抛物行为对他人的重伤或者死亡结果具有迅速性、盖然性等特征。但高空抛物行为是否危害到公共安全，却是与抛掷物的性质、抛物场所等因素有关。正如放火、决水、爆炸、投放危险物质行为也不是一律认定为放火罪、决水罪、爆炸罪、投放危险物质罪一般，高空抛物行为也不是一律就符合危害公共安全的标准的。

具体到高空抛物的犯罪罪名认定问题上，应当更加重视司法解释中关于如何正确认定高空抛物的罪名问题的规定。在司法解释中，司法解释明确在认定高空抛物行为时，人民法院要结合行为人的动机、抛掷物的性质、抛物场所、抛物时间等因素判断高空抛物行为的犯罪性质，正确定罪量刑。其后才规定行为人的高空抛物行为若是符合《刑法》第114条、第115条规定的以危险方法危害公共安全罪的，依照以危险方法危害公共安全罪定罪处罚。若是行为人是为杀害特定人员实施高空抛物的，依照故意杀人罪、故意伤害罪定罪处罚。高空抛物行为如果要构成以危险方法危害公共安全罪，与抛物场所以及抛掷物品的性质息息相关。例如，行为人高空抛掷物品的性质也会影响到以危险方法危害公共安全罪的认定。行为人在人流量大的商场高层同时抛掷无数尖锐的钉子至底层，这一行为具有同时造成多数人死亡的可能性，并且具有空间上的蔓延性、时间上的迅速性以及造成人员伤亡的高度盖然性，符合关于其他危险方法的认定，并且也具有危害公共安全的性质，可以评价为以危险方法危害公共安全罪。同样在人流量大的商场里，从上方抛下一把刀，只能重伤或者杀死不特定的某一个人，此时虽然行为人伤害的目的不是特定人员，也不宜认定为危害公共安全。申言之，只会危害到不特定的个人的高空抛物行为不宜以以危险方法危害公共安全罪定罪处罚，即使这个行为极易引起社会恐慌。

　　在实践中，很多案件其实只是危害到不特定个人的身体生命安全，但是为安抚社会公民因此而产生的恐慌心理，将某些刑法没有规定的行为或者是构成轻罪的行为以以危险方法危害公共安全罪定罪处罚。例如，行为人偷盗或者破坏窨井盖，这一行为本身只对窨井盖的经济价值有害，若是偷盗或者窨井盖数额较大，达到盗窃罪或者故意毁坏公私财物罪的定罪标准的，可以以盗窃罪或者故意毁坏财物罪定罪处罚。但是若是行为人偷盗或者破坏的窨井盖价值不大，行为本身是很难认定为犯罪的。实践中偷盗或者破坏窨井盖的行为屡见不鲜，司法机关深感仅以盗窃罪或者故意毁坏财物罪对这一行为处罚力度的不足，于是出现将偷盗或者破坏窨井盖的行为认定为以危险方法危害公共安全罪的做法。事实上，行为人偷盗或者破坏窨井盖，若破坏的是交通道路上安装的窨井盖，导致发生交通事故致人伤亡的，《刑法》第117规定的破坏交通设施罪可以完整评价这一行为，而无需认定为以危险方法危害公共安全罪；若是行为人偷盗或者破坏的是人行道上的窨井盖，导致行人出现伤亡的，故意伤害罪、故意杀人罪、过失致人死亡罪或者过失致人重伤罪足以评价行为人的行为；若行为人偷盗或者破坏窨井盖，并未造成他人伤亡的，但是盗窃或者破坏窨井盖的数量达到盗窃罪或故意毁坏财物罪的定罪标准的，可以以盗窃罪或者故意毁坏财物罪对行为人定罪处罚。

　　为限制这一罪名的继续扩张，张明楷教授提出以下几点限制规则：第一，行为若不能如放火、决水等一般可以同时造成多数人重伤或者死亡结果的，不能认定为以危险方法危害公共安全罪。第二，不是所有采用放火、决水、爆炸、投放危险物质的行为方式都成立放火罪、决水罪、爆炸罪、投放危险物质罪；同理，也不是所有采用与这四种方法同等性质的行为都构成以危险方法危害公共安全罪。第三，采用其他危险方法危害公共安全的行为若不足以造成致人重伤、死亡或者使公私财产遭受重大损失的行为，即使造成其他危害结果，也不能构成以危险方法危害公共安全罪。第四，如果其他危险方法只可能造成少数人的伤亡结果，而无扩大被害范畴，危及其他多数人转变可能性的，也不能认定为以危险方法危害公共安全罪。第五，对于其危险方法杀害他人（包括多人）的行为，同时触犯以危险方法危害公共安全罪和故意杀人罪、故意伤害罪的，按想象竞合犯处理，从一重罪处罚；若是行为人以其他非危险方法杀伤多人的，只能定故意杀人罪、故意伤害罪。第六，在行为人的行为完全符合刑法分则第二章关于其他危害公共安全犯罪的构成要件时，不能以（过失）以危险方法危害公共安全罪的法定刑更重为由，适用这一罪名。第七，当某个行为不符合性质相同的轻罪的构成要件的，也不能认定为其行为符合其他重罪的构成要件。[1]

本案处理评述

被告人蒋泽城的实行行为是将自己父母屋中的手机、平板电脑、水果刀等物从 14 楼扔下，造成的具体危害结果为砸落在该小区的公共道路上，并且砸坏楼下停放的 3 辆轿车，造成 3 辆轿车不同程度的损害，经济损失合计人民币 4293 元。人民法院将蒋泽城的这一行为认定为以危险方法危害公共安全罪。这个案件被称为高空抛物明确入刑以来的第一案。其作为《关于依法妥善审理高空抛物、坠物案件的意见》公布以来的第一案，对于实务界今后处理高空抛物案件也具有借鉴意义。虽然此案案情简单，但是极具讨论价值。

在蒋泽城以危险方法危害公共安全罪一案中，蒋泽城的行为属于高空抛物，而蒋泽城的抛掷物为手机、平板电脑、水果刀等，造成的危害结果是砸坏小区楼下停放的三辆私人汽车，经济损失合计人民币 4293 元。在此案中，

---

〔1〕 参见张明楷："论以危险方法危害公共安全罪——扩大适用的成因与限制适用的规则"，载《国家检察官学院学报》2012 年第 4 期。

认定蒋泽城的行为构成什么罪名，最主要在于蒋泽城的行为是否危害到公共安全。

《刑法》第114条、第115条所涉及的危害公共安全，应当是指危及到多数人身体、生命以及财产的行为。蒋泽城先后将手机、平板电脑以及水果刀等物扔下14楼的行为危及到的是多数人的身体、生命和财产安全还是不特定个别人的身体、生命和财产安全，这是认定蒋泽城的行为是否构成以危险方法危害公共安全罪的关键。从案件描述中可以看出，蒋泽城是先后将手机、平板电脑、水果刀等物扔下14楼，这些物品即使砸到楼下的人，也只会伤害到不特定的两三个人。蒋泽城的行为仅具有对不特定的人的身体、生命和财产造成损害的可能性，而不具备伤害多数人的身体、生命和造成财产造成损失的危害可能，也不具有向伤害多数人身体、生命和造成财产损失的可能性。人民法院站在"不特定多数人"或者更确切地说是站在"不特定"的角度来理解公共安全，将蒋泽城这一可能造成不特定的个别人重伤、死亡或者造成公私财物损失的行为认定为"足以危害公共安全"的行为，以以危险方法危害公共安全罪定罪处罚，这一判决结果虽然保护了不特定人的利益，也能达到安抚社会公民的情绪的目的，但是却并没有正确评价蒋泽城的行为。

诚然，蒋泽城出于报复情绪实施高空抛物，将父母家中的手机等物扔下14楼，这一行为是不正确的。虽然只是造成一些财产损失，但也正因如此，用故意杀人罪或者故意伤害罪评价蒋泽城的行为并不合适，因为这两个罪名规定的是结果犯，只有发生令人死亡或者是伤害到他人身体健康时才能适用。而若是以故意毁坏财物罪评价蒋泽城的行为，根据《刑法》第275条关于故意毁坏财物罪的规定，故意毁坏公私财物，数额较大或者有其他严重情节的，处三年以下有期徒刑、拘役或者罚金。根据《关于公安机关管辖的刑事案件立案追诉标准的规定（一）》第33条的规定，故意毁坏财物，涉嫌下列情形之一的，应当立案追诉：（一）造成公私财物损失5000元以上的。由于蒋泽城实际造成的经济损失不足5000元，若是将蒋泽城的行为评价为故意毁坏财物的，也不满足关于立案追诉的标准。但是，蒋泽城实施高空抛物的行为引起小区住户对自身安危的不安，或是因为蒋泽城的行为是《关于依法妥善审理高空抛物、坠物案件的意见》公布后实施的，也是第一被起诉审理的，或是出于对公民强烈要求重处高空抛物行为的意见的回应，等等，蒋泽城的行为最终被以以危险方法危害公共安全罪定罪处罚。

仅从蒋泽城的行为造成或者可能造成的危害结果来看，法官将蒋泽城的行为评价为以危险方法危害公共安全罪是不妥当的。不过，根据最新生效的《中华人民共和国刑法修正案（十一）》的第33条的规定来看，蒋泽城的行为构成高空抛物罪。蒋泽城的行为虽然没有危及公共安全，没有造成人员伤亡，甚至所造成的财产损失也不大，但是会影响到楼下行人的正常生活秩序，具有扰乱公共秩序的危险。而如果蒋泽城抛掷的手机等物砸伤楼下行人，致使被害人重伤或者死亡的，则根据该条第2款的规定，考虑蒋泽城的行为构成故意伤害罪或者故意杀人罪。但是由于蒋泽城的行为发生于《中华人民共和国刑法修正案（十一）》生效之前，因此，本文更偏向于蒋泽城构成故意毁坏财物罪或者不构成犯罪。

高空抛物行为纳入刑法规制轨道是时代所需。但是，作为可以以现有刑法罪名规制的违法行为，并不是所有的高空抛物皆需要被判处刑罚。高空抛物并非抽象危险犯，只要实施这一行为即构成犯罪。而如今实践中的做法却是将高空抛物行为作为抽象危险行为看待，立足于高空抛物行为足以危害公共安全的观点，将高空抛物行为一概认定为犯罪行为。从《关于依法妥善审理高空抛物、坠物案件的意见》来看，司法机关惩治的也是由高空抛物造成的损害行为，而非惩治高空抛物行为本身。易言之，司法解释并没有将高空抛物行为作为抽象危险犯进行处罚，而是惩罚行为人因为实施高空抛物造成危害结果的行为。所以，不是一切高空抛物行为都一定构成犯罪。因此，在认定高空抛物行为是否构成犯罪时，需要结合其他法律规定特别是《中华人民共和国民法典》的规定，若是行为人的抛物行为仅依据《中华人民共和国民法典》第1254条足以惩戒的，可以不认定为犯罪，更不宜以行为足以危害公共安全为由认定为以危险方法危害公共安全罪。

以危险方法危害公共安全罪已成为我国现代社会中典型的口袋罪名，这与我国刑法法治建设确定罪刑法定、从而实现保障人权的目标是相冲突的。因此，在实践中严格限制以危险方法危害公共安全罪的适用，对于某些行为可以构成其他犯罪的，尽量不要认定为以危险方法危害公共安全罪；对于某些行为符合刑法分则第二章规定的危害公共安全犯罪行为的，尽量不要认定为以危险方法危害公共安全罪；对于某些行为虽然是危害不特定个人的人身安全，但是并不具有向危害多数人的身体、生命安全转化可能性的，不宜认定为以危险方法危害公共安全罪；对于某些行为仅是引起多数人恐慌的，也不宜认定为以危险方法危害公共安全罪。

法津适用依据

一、《中华人民共和国刑法》（2017 年修正）

第 114 条：放火、决水、爆炸以及投放毒害性、放射性、传染病病原体等物质或者以其他危险方法危害公共安全，尚未造成严重后果的，处三年以上十年以下有期徒刑。

第 115 条：放火、决水、爆炸以及投放毒害性、放射性、传染病病原体等物质或者以其他危险方法致人重伤、死亡或者使公私财产遭受重大损失的，处十年以上有期徒刑、无期徒刑或者死刑。

第 275 条：故意毁坏公私财物，数额较大或者有其他严重情节的，处三年以下有期徒刑、拘役或者罚金；数额巨大或者有其他特别严重情节的，处三年以上七年以下有期徒刑。

第 67 条第 1 款：犯罪以后自动投案，如实供述自己的罪行的，是自首。对于自首的犯罪分子，可以从轻或者减轻处罚。其中，犯罪较轻的，可以免除处罚。

二、《中华人民共和国民法典》[1]

第 1254 条第 1 款：禁止从建筑物中抛掷物品。从建筑物中抛掷物品或者从建筑物上坠落的物品造成他人损害的，由侵权人依法承担侵权责任；经调查难以确定具体侵权人的，除能够证明自己不是侵权人的外，由可能加害的建筑物使用人给予补偿。可能加害的建筑物使用人补偿后，有权向侵权人追偿。

---

　　[1]　《中华人民共和国侵权责任法》第 87 条："从建筑物中抛掷物品或者从建筑物上坠落的物品造成他人损害，难以确定具体侵权人的，除能够证明自己不是侵权人的外，由可能加害的建筑物使用人给予补偿。"

三、《中华人民共和国刑事诉讼法》（2018 年修正）

第 15 条：犯罪嫌疑人、被告人自愿如实供述自己的罪行，承认指控的犯罪事实，愿意接受处罚的，可以依法从宽处理。

四、《关于依法妥善审理高空抛物、坠物案件的意见》（法发〔2019〕25 号）

二、依法惩处构成犯罪的高空抛物、坠物行为，切实维护人民群众生命财产安全

4. 充分认识高空抛物、坠物行为的社会危害性。高空抛物、坠物行为损害人民群众人身、财产安全，极易造成人身伤亡和财产损失，引发社会矛盾纠纷。人民法院要高度重视高空抛物、坠物行为的现实危害，深刻认识运用刑罚手段惩治情节和后果严重的高空抛物、坠物行为的必要性和重要性，依法惩治此类犯罪行为，有效防范、坚决遏制此类行为发生。

5. 准确认定高空抛物犯罪。对于高空抛物行为，应当根据行为人的动机、抛物场所、抛掷物的情况以及造成的后果等因素，全面考量行为的社会危害程度，准确判断行为性质，正确适用罪名，准确裁量刑罚。

故意从高空抛弃物品，尚未造成严重后果，但足以危害公共安全的，依照刑法第一百一十四条规定的以危险方法危害公共安全罪定罪处罚；致人重伤、死亡或者使公私财产遭受重大损失的，依照刑法第一百一十五条第一款的规定处罚。为伤害、杀害特定人员实施上述行为的，依照故意伤害罪、故意杀人罪定罪处罚。

6. 依法从重惩治高空抛物犯罪。具有下列情形之一的，应当从重处罚，一般不得适用缓刑：（1）多次实施的；（2）经劝阻仍继续实施的；（3）受过刑事处罚或者行政处罚后又实施的；（4）在人员密集场所实施的；（5）其他情节严重的情形。

7. 准确认定高空坠物犯罪。过失导致物品从高空坠落，致人死亡、重伤，符合刑法第二百三十三条、第二百三十五条规定的，依照过失致人死亡罪、过失致人重伤罪定罪处罚。在生产、作业中违反有关安全管理规定，从高空坠落物品，发生重大伤亡事故或者造成其他严重后果的，依照刑法第一百三

十四条第一款的规定，以重大责任事故罪定罪处罚。

五、《关于公安机关管辖的刑事案件立案追诉标准的规定（一）》（公通字〔2008〕36 号）

第 33 条：故意毁坏财物，涉嫌下列情形之一的，应当立案追诉：

（一）造成公私财物损失五千元以上的；

……

第九章

余金平二审改判案

——交通肇事后逃逸与自首相关问题认定

案件基本概况

（一）案情概要

被告人余金平作为中铁股份公司总部纪委综合办公室工作人员，于2019年6月5日21时4分时，酒后驾驶丰田牌小型普通车辆至北京市门头沟区河堤路1公里处，持续向右偏离行车道进入人行道，从后向前撞到正在行走的被害人宋某，致宋某身体腾空飞起，掉落后砸到车辆的前机器盖和前挡风玻璃上，再被急速行驶中的车辆撞至腾空飞起连续翻滚至车辆右前方，落地后当场颅脑损伤合并创伤性休克死亡。

撞人之后，被告人余金平驾车撞击道路右侧护墙，校正行车方向回归行车道，未停车而直接驶离肇事现场。33时分驾车回到家中地下车库，下车检查车身，发现车辆右前部损坏严重，右前门附近有斑状血迹。34时分从驾驶室取出毛巾擦拭车身上的血迹，35时分擦拭完毕，将毛巾抛弃在车库出口通道右侧墙上。36时分离开小区步行前往肇事现场，听有人说撞死了人之后，再次离开现场。

当晚21时39分，行人杨某发现该车祸后打电话报警。民警于22时30分开始勘查现场，根据现场遗留的车辆前标志牌确定肇事车辆的车牌号，确认该车在事故发生后驶离了现场。6月6日5时左右，被告人余金平到交通支队投案。6月17日，被告人余金平的妻子与被害人的母亲李某达成和解协议，赔偿李某人民币160万元，李某向被告人余金平出具《刑事谅解书》。6月18日被告人余金平被逮捕，7月23日被检察院取保候审，9月11日被法院决定逮捕。

（二）处理结论

北京市门头沟区人民检察院量刑建议称：余金平自愿认罪认罚，并在辩

— 198 —

护人的见证下签署具结书，同意该院提出的有期徒刑三年、缓刑四年的量刑建议，且其犯罪情节较轻、认罪悔罪态度好，没有再犯罪的危险，宣告缓刑对其所居住社区没有重大不良影响，符合缓刑的适用条件。

北京市门头沟区人民法院认为：被告人余金平违反交通运输管理法规，酒后驾驶机动车，因而发生重大事故，致一人死亡，并负事故全部责任，且在肇事后逃逸，其行为已构成交通肇事罪，应依法惩处。被告人余金平作为一名纪检干部，本应严格要求自己，其明知酒后不能驾车，但仍酒后驾车从海淀区回门头沟区住所，且在发生交通事故后逃逸，特别是逃逸后擦拭车身血迹，回现场附近观望后仍逃离，意图逃避法律追究，表明其主观恶性较大，判处缓刑不足以惩戒犯罪。据此，北京市门头沟区人民法院判决：被告人余金平犯交通肇事罪，判处有期徒刑二年。

但北京市门头沟区人民检察院并不认可北京市门头沟区人民法院判决，其抗诉意见称：原判量刑错误。首先，本案不属于法定改判情形，一审法院改判属程序违法。余金平自愿认罪认罚，犯罪情节较轻、认罪悔罪态度好，没有再犯罪的危险，宣告缓刑对其所居住社区没有重大不良影响，符合缓刑的适用条件，因而检察院提出的量刑建议不属于明显不当，不属于量刑畸轻畸重影响公正审判的情形。一审法院在无法定理由情况下予以改判，既不符合刑事诉讼法的规定，也不符合认罪认罚从宽制度的规定和精神，属于程序违法。其次，一审法院不采纳量刑建议的理由不能成立。第一，一审法院以余金平系纪检干部为由对其从重处罚没有法律依据。第二，一审法院在事实认定时已将酒后驾车和肇事后逃逸作为加重的犯罪情节予以评价，在量刑时再作为量刑情节予以从重处罚，属于对同一情节的重复评价。第三，一审法院认为余金平主观恶性较大并不准确。再次，余金平符合适用缓刑条件，该院提出的量刑建议适当。第一，余金平可能被判处三年以下有期徒刑。第二，余金平犯罪情节较轻。第三，余金平认罪悔罪态度好，没有再犯罪危险，宣告缓刑对其所居住社区没有重大不良影响。最后，一审法院对于类似案件曾判处缓刑，对本案判处实刑属同案不同判。2018年12月，一审法院曾对一件与本案案情相似、量刑情节相同、案发时间相近的率某交通肇事案适用了缓刑，而对本案却判处实刑，属同案不同判。

北京市人民检察院第一分院支持北京市门头沟区人民检察院抗诉意见，并认为：原判量刑确有错误，北京市门头沟区人民检察院提出抗诉正确，应予支持，建议法院予以改判。主要理由如下：首先，余金平符合适用缓刑的条件。其次，门头沟区人民检察院提出的量刑建议适当，一审法院不采纳量刑建议无法定理由。再次，一审法院曾判处类似案件的被告人缓刑，本案判处实刑属同案不同判。最后，对余金平宣告缓刑更符合诉讼经济原则，也能取得更好的社会效果。

二审法院回应称：上诉人余金平违反交通运输管理法规，驾驶机动车发生重大事故，致一人死亡，并负事故全部责任，且在肇事后逃逸，其行为已构成交通肇事罪，依法应予惩处。余金平因在交通运输肇事后逃逸，依法应对其在三年以上七年以下有期徒刑的法定刑幅度内处罚。鉴于余金平在发生本次交通事故前饮酒，属酒后驾驶机动车辆，据此应对其酌予从重处罚。其在案发后自动投案，认罪认罚且在家属的协助下积极赔偿被害人亲属并取得谅解，据此可对其酌予从轻处罚。故北京市门头沟区人民检察院及北京市人民检察院第一分院有关原判量刑错误并应对余金平适用缓刑的意见均不能成立，本院均不予采纳。上诉人余金平所提应对其改判适用缓刑的理由及其辩护人所提原判量刑过重，请求改判两年以下有期徒刑并适用缓刑的意见均缺乏法律依据，本院均不予采纳。原审人民法院根据余金平犯罪的事实、犯罪的性质、情节以及对于社会的危害程度所作出的判决，认定余金平犯交通肇事罪的事实清楚，证据确实、充分，定罪正确，审判程序合法，但认定余金平的行为构成自首并据此对其减轻处罚，以及认定余金平酒后驾驶机动车却并未据此对其从重处罚不当，本院一并予以纠正。判处上诉人余金平犯交通肇事罪，判处有期徒刑三年六个月。[1]

案件诉争聚焦

此案在整个诉讼阶段，被告人余金平、相应的人民法院、人民检察院对余金平行为的定性皆不存在争议，均肯定余金平的行为构成《刑法》第 133 条规定的交通肇事罪。存在争议的是，针对余金平交通肇事行为，究竟应该如何量刑？

---

[1] 参见北京市门头沟区人民法院（2019）京 0109 刑初 138 号刑事判决书；北京市第一中级人民法院（2019）京 01 刑终 628 号刑事判决书。

作为交通肇事罪的罪刑条款，《刑法》第 133 条已明确直接规定了该罪的法定刑：违反交通运输管理法规，因而发生重大事故，致人重伤、死亡或者使公私财产遭受重大损失的，处三年以下有期徒刑或者拘役；交通运输肇事后逃逸或者有其他特别恶劣情节的，处三年以上七年以下有期徒刑；因逃逸致人死亡的，处七年以上有期徒刑。

本案最终裁判仍受到各方评价和争论，直至今日，此案所带来的影响远超其案件本身。首先，余金平是否构成交通肇事后逃逸？余金平在第一次离去时究竟构不构成逃逸？何时逃逸的认定将产生什么法律后果？余金平的供述和法院论证不同是否可以适用"存疑有利于被告"原则？二审法院对于逃逸的认定是否有不妥之处？其次，余金平是否构成自首？余金平逃逸的成立是否影响其自首的认定？

案涉法理精释

一、余金平逃逸问题分析

（一）余金平是否构成交通肇事后逃逸

逃逸作为交通肇事罪的加重情节。根据我国《刑法》第 133 条规定以及 2000 年最高人民法院《关于审理交通肇事刑事案件具体应用法律若干问题的解释》（本章简称为《解释》）第 2 条规定，交通肇事致 1 人以上重伤，负事故全部责任或者主要责任，并具有下列情形之一的，以交通肇事罪定罪处罚：……（六）为逃避法律追究逃离事故现场的。构成交通肇事后逃逸应当满足以下条件：

在主观方面，行为人逃逸的主观目的是逃避自己先行的肇事行为而产生的救助伤者和财产义务以及逃避事后法律责任的追究。这种义务不限于救助，而包括停车、保护现场、报警、听候处理，人身财产损害赔偿义务，虽然交通肇事罪的主观方面是过失，但就其逃逸行为而言，为逃避上述任何一类义务，在主观上都具有直接的行为故意。

在客观方面，行为人在发生交通肇事后具有逃跑行为。最高人民法院《解释》中规定了在五种情形之外而具有的逃跑行为。如果行为人的先前行为没有违反交通运输管理法规，或者虽有交通违规行为但该违规行为与结果没有因果关系，或者行为人在交通事故中仅负同等责任或者次要责任，或者交通行为在所造成的结果尚未达到交通肇事罪基本犯的定罪标准的，或者在负事故全部责任或主责的情况下仅致 1 人重伤，但又不具备酒后驾驶、无执照驾车、无牌照驾车等《解释》规定的情形之一的，即便行为人事后有逃逸行为，也不能认定为交通肇事后逃逸。故本书认为，逃逸是行为人发生肇事行为后，在人身未受到控制的情形下，为逃避法律追究而逃离事故现场的行为。

综上所述，本案中，余金平在交通肇事后并未停车，未履行其肇事行为而应负担的救助伤者和财产的义务，而是直接驾车驶离现场。随后又再次返回事故现场，明知自己的肇事行为造成一人死亡，却又再次离去，并进入一家足疗店，于 4 小时后投案。由此，余金平行为足以成立交通肇事罪并有逃逸情节。

（二）控审对于逃逸时点的不同认定

虽然控审双方均确认余金平存在逃逸情节，应当加重处罚，但具体到余金平何时逃逸的问题上，双方存在一定分歧。无论一审还是二审法院均认为，余金平在交通肇事后未停车，离开事故现场就已经构成逃逸（以下简称"第一次离去"）；检察院认为，余金平在返回事故现场，确认自己的肇事行为，再次离去之时构成逃逸行为（以下简称"第二次离去"），并将其作为法院量刑过重的抗诉理由之一。当然，余金平辩护人否认其具有逃逸情节，认为余金平在第一次离去不属于逃逸。可正如检察院所言，哪怕余金平第一次离去的行为不构成逃逸，第二次离去的行为也会构成逃逸，应当加重处罚。[1]

我国刑法通说认为，交通肇事在主观方面是过失，但肇事后的逃逸便属于故意情节。因此，若是余金平成立交通肇事逃逸，则需要满足犯罪构成的主客观要件。首先，余金平的第一次离去行为完全符合肇事后逃逸的客观要件，但是否满足肇事后逃逸的主观要件，换言之，余金平在第一次离去是否具有逃逸的故意，是否在逃避自己先行行为而产生的作为义务以及法律责任的追究？

就此案裁判文书来看，一方面，此案的上诉人，辩护人和一审公诉机

―――――――――――――――

〔1〕 参见邹兵建："论交通肇事罪中的逃逸问题"，载《法治现代化研究》2020 年第 6 期。

关均认为：余金平在第一次离去不具有逃逸的故意，不满足交通肇事逃逸的主观要件，故在第一次离去时不构成交通肇事后逃逸，并且三方给出的理由具有一定的相似性。上诉人、辩护人认为：余金平在发生交通肇事时没有意识到自己撞到了人，故其没有认识到自己发生了交通肇事行为，也便没有逃避法律责任追究的意图，只是正常驾驶离开了事后认定的事故现场，否认了余金平具有逃逸的故意。一审公诉机关在抗诉时认为："本案并无证据证实余金平在事故发生时知道自己撞了人，按照存疑有利于被告人的原则，应认定其是在将车开回车库看到血迹时才意识到自己撞了人"。否认余金平具有逃逸的故意，否认余金平的第一次离去属于交通肇事后逃逸。

另一方面，此案的一审以及二审法院则认为余金平在第一次离去时，主观上具有逃逸的故意，这在二审的判决书上有着详尽而缜密的论证。二审法院在查明案件事实的基础上，对于余金平第一次离去时的主观故意性做出如下论证："余金平始终处于清醒自控的状态，结合被害人的身高、体重及在被车辆撞击后身体腾空，砸在车辆前机器盖及前挡风玻璃上的情况，以及被害人随着车辆的运动在空中连续翻滚并最终落到前方 26.2 米处的客观事实看，余金平作为视力正常、并未醉酒、熟悉路况且驾龄较长的司机，在路况及照明良好的情况下，被害人近在咫尺，其对于驾车撞人这一事实应是完全明知的。"基于客观事实的推理论证反驳了上诉人与辩护人的没有意识到自己撞人的主张。

综上所述，上诉人、辩护人以余金平没有意识到撞人为理由，检察院加之"存疑有利于被告人"原则，否认余金平在第一次离去有逃逸的故意；而一审二审法院从客观实在的事实依据论证余金平在第一次离去具有逃逸的故意，在此处便构成交通肇事后逃逸。

（三）控审认定逃逸论证之质疑

首先，控方认定"存疑有利于被告人"之质疑。控方以罪疑有利于被告人原则，否认余金平在第一次离去有逃逸的故意，这一观点得到了部分法律人的认可和支持，李勇检察官认为：法院在认定余金平具有逃逸的故意是根据现场道路环境、物证痕迹、现场监控等间接证据得出的结论，"但是被告人供述称其当时确实没注意，应当是存疑的，是涉及有利于被告人的自首的量刑事实，理当做出有利于被告人的认定，而不是相反。"〔1〕本书的看法可能与其略有不同。

具体来说，存疑有利于被告人原则作为我国刑事诉讼法的一项重要原则并贯穿刑事诉讼法始终，其从无罪推定和人权保障方面保护被告人的合法权益，但该原则的适用应当坚持规范主义立场，明确该原则的适用范畴和领域，避免进行泛化理解，即并非只要在案件认定中存在疑问，就理所当然的适用存疑有利于被告人原则。此外，存疑有利于被告人原则中的"疑"是合理怀疑。合理怀疑是建立在现有证据或自然规律、一般的生活法则的基础上的。对于合理怀疑所建立的现有证据基础，不应该理解为某一孤立的证据，而是考量案件事实中的所有证据。如果根据整个证据链仍然不能排除合理的怀疑，才可以作出有利于被告人的处理。〔2〕就本案而言，从余金平的供述可知，其"感觉车右前方撞到了路边的一个物体"，对于撞击这一事实，余金平是知道的，只是对于撞击的对象，是人、动物、车辆、建筑物？是存有疑问的，但作为驾驶员，不论撞到行人的宠物，还是碰撞到路边的车辆的建筑物，都应当立即停车、保护现场、报警并等候交警的处理。加之，根据余金平所驾驶的交通工具的吨位和车型可知，不存在发生事故没有撞击感这一情形。故余金平只要停车就会发现其撞人的行为，但余金平却直接离去。故本书认为，一审期间，公诉人所谓的合理怀疑是不存在的，基于客观事实对余金平的主观心理的推定与余金平本人的供述存在一定的出入，并且根据余金平二审翻供的行为，其避重就轻的表述在实践中是存在的，此情形下撞的是否是人这一怀疑看似合理，但在综合全案证据，结合交通法规和一般生活法则的基础上，此怀疑不影响对余金平的定罪量刑。

其次，二审法院论证主观故意之程序瑕疵。在余金平交通肇事案中，法院从客观事实的认定到余金平第一次离去具有逃逸故意的论证具有充分合理性，达到了刑事诉讼法所要求的证明标准。这从一审公诉机关的抗诉中也可以看出，其既没有提出新的证据进行反驳也没有对论证所基于的现有证据的合理性，合法性与真实性进行质疑。仅仅以论证的内容与余金平的供述不相

---

〔1〕 李勇："余金平交通肇事中五个问题剖析"，载 https://baijiahao.baidu.com/s?id=1664455380978564452，最后访问日期：2020年4月20日。

〔2〕 参见白鉴波："存疑有利于被告人原则之解析"，载《人民法院报》2014年2月26日，第6版。

符，认为违反存疑有利于被告人原则进行反驳，缺乏合理性根据。

但从程序法的角度来看，二审法院对余金平逃逸的主观故意的论证也存在一定的瑕疵。从尊重司法规律的角度出发，我国刑事诉讼程序按照控、辩、审依序展开，但在余金平交通肇事案中，这种诉讼程序被打破。在余金平交通肇事案一审中，一审公诉机关作为控方，被告人以及辩护人作为辩方，法院作为审方，这种诉讼程序依然保持，但在二审中，尤其对于余金平何时逃逸的问题上，一审公诉机关作为抗诉方，在此案上更多承担着辩护者的角色，与之相对的法院，却承担着控诉方的角色，这种角色互换导致检察院无法做出合理质疑。具体而言之，检察院辩护在前而法院的控诉在后，直到二审法院宣判后，一审公诉机关才知道法院对于余金平逃逸的主观故意的论证，因此检察院也无法对二审法院的论证进行反驳与质疑，故而也无法得知一审公诉机关对于二审法院判决的看法。不过，从二审法院的判决来看，其从客观事实的认定到余金平第一次离去具有逃逸故意的论证具有充分合理性，已经达到了刑事诉讼法所要求的证明标准，一审公诉机关也很难对其进行反驳。综上所述，二审法院的论证在程序上略有瑕疵，但不影响论证的合理性、合法性与正确性。[1]

最后，逃逸故意等于事故发生时明知自己撞人之质疑。尽管在最终的结论上存在严重分歧，但控辩审三方一致同意，余金平在第一次逃逸时有无逃逸故意，取决于其在事故发生时是否明知自己撞了人。

对于明知的问题。故意对认识因素的要求就是"明知"。由此可见，明知自己撞了人中的"明知"源于故意的认识因素。因而上述问题就转化为，如何理解作为故意的认识因素的"明知"？对此，一种常见的理解方案是，"明知"就是"明确地知道"，即认识到结果必然会发生或必然已发生。按照这种理解，故意的认识因素只包含确定性认识（认识到结果必然会发生或必然已发生），而不包含可能性认识（认识到结果可能会发生或可能已发生）。不难发现，控审双方在论证余金平是否明知自己撞了人时，都采用了这种理解方案，从而将"明知自己撞了人"理解成"明确地认识到自己撞了人"。

但是在本书看来，这种理解是不准确的。一方面，从法理上看，故意包

---

[1]　参见顾永忠："对余金平交通肇事案的几点思考——兼与龙宗智、车浩、门金玲教授交流"，载《中国法律评论》2020年第3期。

括直接故意和间接故意两种类型。其中，间接故意是指认识到自己的行为可能会发生危害社会的结果而放任这种结果发生的主观心理态度。可见，间接故意中的认识就是一种可能性认识。如果认为故意的认识因素只包含确定性认识而不包含可能性认识，势必会将间接故意排除在故意的成立范围之外，这显然是有问题的。另一方面，从司法适用的效果来看，如果认为明知自己撞了人是指明确地认识到自己撞了人，那么，行为人在认识到自己可能撞了人但对此不太确定的情况下，只要不停车检查，而是直接开车离开，就可以因为并不确定自己是否撞了人而不构成逃逸。这无疑是在纵容甚至变相鼓励行为人在发生交通事故后逃逸，其效果与刑法设立逃逸制度的初衷完全相反。据此，故意中的"明知"既包含确定性认识也包含可能性认识。相应地，明知自己撞了人，既包括明确地认识到自己撞了人的情形，也包括认识到自己可能撞了人的情形。

对于撞人的问题。《道路交通事故处理程序规定》中明确规定，机动车与机动车，机动车与非机动车，机动车与行人发生人身财产事故损失的相关处理程序，并且在《道路交通安全法》第70条规定：在道路上发生交通事故，车辆驾驶人应当立即停车，保护现场；造成人身伤亡的，车辆驾驶人应当立即抢救受伤人员，并迅速报告执勤的交通警察或者公安机关交通管理部门。故无论是否撞人，只需要先认定行为人认识到发生了交通事故，但并不一定要求行为人很清楚地认识到了发生何种交通事故、造成何种损害后果。一方面从道路安全法的角度看，不可能对行为人赋予过多的注意义务从而不利于突发情况下的操作。故只要求在发生交通事故时，行为人应当立即停车，保护现场，报警，听候处理，履行救助义务，防止损害扩大。但本案中，从相关裁判文书中我们看到余金平如此表述："当开了一段距离后，突然右前轮咯噔一下，我就感觉车右前方撞到了右边的一个物体，看见一个东西从车的右前方一闪而过，向右划了出去……"这是很明显的交通事故，余金平既没有停车也没有保护现场，而是直接离去。

综上所析，控审双方都认为余金平在第一次离去时有无逃逸故意应归结于其在事故发生时是否识到自己可能撞了人或某物，造成了对方或自己人身财产损失，只要认识到发生交通事故，就应当立即停车，保护现场，而余金平的行为就足以证明余金平在第一次离去时有逃逸故意。

（四）余金平二审翻供的法理分析

在二审庭审中，余金平对上述供述内容进行了翻供。对于自己在事故发生时的认识状况，他重新供述道："案发当时我意识恍惚，没有意识到撞人，感觉车的右前轮轮胎震动了一下，感觉是车轧到了马路牙子，但没有下车看。"从被查明的案件客观事实来看，这一段供述的可信度较低。正是因此，二审法院将这一段论述认定为虚假供述，并据此否认余金平成立自首。

不过，在这里值得思考的是，假如余金平在二审庭审中的供述内容为真，是否就意味着其没有逃逸故意？之所以要讨论这个问题，是因为在司法实践中，完全有可能出现这种情况——肇事者在驾车发生交通事故并撞到人之后，虽然认识到发生了交通事故，但是由于意识恍惚或过于慌张，完全没有考虑自己是否撞了人的问题，便直接驾车驶离事故现场。那么，在这种情况下，肇事者有无逃逸故意呢？

在现代刑法学规范责任论的背景下，行为人是否有故意，并不直接取决于其在行为时的主观心理事实的内容，而是取决于其在该主观心理事实的支配下实施的行为所反映出来的其对刑法规范的态度。驾驶车辆是一件高度危险的行为，因而社会要求驾驶者保持高度谨慎。这种谨慎不仅体现在驾驶者在驾车过程中要严格遵守交通规则以避免交通事故的发生；而且还体现在一旦发生交通事故，驾驶者要立即停车并下车检查，确认自己是否撞到人，如果答案是肯定的，需要第一时间去救助被害人。肇事者在已经知道发生了交通事故的情况下，由于意识恍惚或过于慌张，完全没有考虑自己是否撞了人的问题，便直接驾车逃离事故现场，反映出了其对刑法规范及其保护的人身法益的漠视态度，应当将肇事者认定为有逃逸故意。

或许有人会质疑上述判断规则是以行为人在客观层面的逃逸行为去反推其在主观层面的逃逸故意，从而陷入了客观归罪的泥潭之中。但这种质疑是不能成立的。首先，如果肇事者根本不知道发生了交通事故，当然就不可能有逃逸故意。其次，如果肇事者知道发生了交通事故，但是可以肯定自己没有撞到人，当然也不会有（人身损害型交通肇事的）逃逸故意（但不排除其可能有财产损害型交通肇事的逃逸故意）。最后，如果肇事者知道发生了事故，并且在事故发生时不确定自己是否撞倒了人，但是在事故发生后紧急停车并下车检查周围情况，从而排除了自己撞到人的可能性（哪怕这种排除本身并不准确），仍然不会有（人身损害型交通肇事的）逃逸故意。

二、余金平自首问题的规范分析

（一）一审与二审判决关于自首与缓刑的不同认定

余金平交通肇事案一审中，法院认可检察院所认定的自首情节，但否认了检察院对适用缓刑的量刑建议，认为余金平自动投案，到案后如实供述犯罪事实，符合自首的认定标准。但认为余金平的主观恶性较大，判处缓刑不足以惩戒犯罪，具体表现为：（1）"作为一名纪检干部，本应严格要求自己，其明知酒后不能驾车，但仍酒后驾车从海淀区回门头沟区住所"；（2）"在发生交通事故后逃逸，特别是逃逸后擦拭车身血迹，回现场附近观望后仍逃离，意图逃避法律追究"。但本书认为，一审法院否认检察院的量刑建议所给出的理由，追根溯源，是认为余金平的行为不符合犯罪情节较轻这一缓刑适用条件。我国《刑法》第72条规定，对于被判处拘役、三年以下有期徒刑的犯罪分子，同时符合下列条件的，可以宣告缓刑，对其中不满十八周岁的人、怀孕的妇女和已满七十五周岁的人，应当宣告缓刑：（一）犯罪情节较轻；（二）有悔罪表现；（三）没有再犯罪的危险；（四）宣告缓刑对所居住社区没有重大不良影响。因余金平具有肇事后逃逸的情节，不符合缓刑的适用条件，故不适用缓刑，这种认定于法有据。当然，因其具有自首情节，法院做了减轻处罚的判决，判处被告人二年有期徒刑。

余金平交通肇事案二审中，法院对案件从客观事实的证据到余金平的供述，做了详尽的分析论证。二审法院认为：自首是指犯罪嫌疑人自动投案，并如实交代自己的主要犯罪事实的行为。对于交通肇事罪的自首，将主要犯罪事实限缩解释为：交通事故的具体过程、事故原因及犯罪对象等方面事实。并将肇事时撞击的对象属性认定为主要犯罪事实。而余金平在投案后没有供述驾车撞人，故不属于如实供述，故不属于自首。

（二）二审法院否定自首成立之质疑

首先，交通肇事后逃逸和自首的认定，二者不冲突，可以并存。交通肇事后逃逸是指发生交通肇事未履行停车、保护现场、救助、报警义务反而为了逃避法律责任的追究逃离现场，交通肇事主观表现为过失，但对逃逸情节而言，主观为故意。自首是指犯罪嫌疑人如实供述自己的罪行，自愿接受公安或者司法机关的依法制裁。对于交通肇事后的自首，应当分两种情况讨论：一方面而言，发生交通肇事后，没有逃逸而是立即停车，保护现场，救助伤员，报警，听候处置。这种情况当然可以认定为自首；另一方面而言，交通肇事后逃逸也可以成立。最高人民法院于 2010 年印发的《关于处理自首和立功若干具体问题的意见》中明确表示："交通肇事逃逸后自动投案，如实供述自己罪行的，应认定为自首"。故不仅肇事后履行义务听候处置构成自首，逃逸之后，只要自动投案如实供述自己的罪行，也可以成立自首，二者并不冲突。所以，交通肇事后自首的问题的关键不在于是否逃逸，而在于是否如实供述自己的罪行。

其次，何为如实供述自己的罪行。我国刑法对此没有严格规定，但最高院的相关司法解释将其规定为主要的犯罪事实，这在一定程度上，降低了犯罪嫌疑人的心理负担，免除了其因恐慌或其他情形忘记某些次要犯罪事实，没有供述全部犯罪事实而不成立自首的顾虑。降低了自首成立的难度的同时增加嫌疑人通缉流窜的机会成本，节约了司法资源。所以，过于严苛的自首要求不仅超出犯罪嫌疑人的心理预期并且违背了建立自首制度的初衷。故，最高法对于自首仅要求主要犯罪事实具有可实践性和合理性。

最后，对于不同犯罪，何为主要的犯罪事实，如何界定主要犯罪事实。对此，我国刑法和最高法相关的司法解释都没有规定，也无法一一列举。这属于法院自行解释的范畴，余金平交通肇事案二审法院如此解释：首先，对于交通肇事案中的主要犯罪事实认定为：交通事故的具体过程、事故原因及犯罪对象等方面事实。其次，对于交通肇事致人死亡的主要事实认定为："行为人在事故发生时驾车撞击的是人还是物"。但本书认为，"主要犯罪事实"并非特定犯罪的全部构成要件要素，而是成立犯罪所需的必要的、基本的构成要素。就交通肇事案件而言，供述自己导致交通事故，即可满足"如实供述"的要求；若供述人自愿接受法律的处理，就可认定自首的成立。[1]二审法院对于主要犯罪事实的认定过于严苛，这就加大了交通肇事自首的难度。[2]对于本案而言，余金平驾驶汽车在一定速度下行驶，其表述为：车右前方撞

---

〔1〕 参见黄晓亮："余金平自首认定问题分析"，载 http://www.tjsfxh.com/2020/ssfxl_ 0513/14270. html，最后访问日期：2020 年 5 月 22 日。

〔2〕 参见车浩："车浩评余金平案基本犯自首、认罪认罚的合指控性与抗诉求刑轻重不明"，载微信公众号"中国法律评论"，2020 年 4 月 21 日上传。

到了右边的一个物体，看见一个东西从车的右前方一闪而过，向右划了出去。这是对案发状况一种合理化表述，加之其饮酒的先前行为，已经无法辨别人或物，只能确定撞击的产生。我们不能事后通过种种证据认定余金平当时撞人了，他没有供述，据此不成立自首。当事人身在其中，在投案自首后，做了基本的如实供述，没有歪曲。余金平对于自己不确定之事没有妄加确认，表述自己所看到所感觉到的情况，其余事情应由公安或司法机关前往交通肇事处认定，例如是否撞人，是否造成人员伤亡或产生财产损失，而余金平在公安的管控下，听候处置，接受法律制裁。

结合上述分析，本书认为余金平交通肇事后逃逸，自动投案，如实供述犯罪的主要事实，符合自首。过于严苛的要求超出了对行为人的合理预期，不能用于判断自首中是否如实供述罪行的问题。

本案处理评述

在余金平交通肇事案件中，被告人余金平作为中国中铁股份有限公司总部纪检干部，酒后驾车并在肇事后逃逸，第二日 5 时许，余金平到公安机关自动投案，如实供述了自己的罪行。自愿认罪认罚，签署认罪认罚具结书，检察机关向法院提出适用缓刑的量刑建议，但一审法院拒绝检察院的量刑建议，并判处其有期徒刑两年。余金平提出上诉，检察机关提出抗诉，但二审法院否定余金平具有自首情节并改判其有期徒刑三年六个月。本案一经宣判，引起了理论界和实务界极大的争议与讨论。

首先，对于《刑法》第 133 条规定之"逃逸"，刑法本身对此没有明确的界定。而最高人民法院于 2000 年 11 月 10 日发布的《解释》第 2 条却做了限定，即该条第 2 款第（六）项界定为"为逃避法律追究逃离事故现场"，余金平构成交通肇事罪并具有逃逸情节。但对于余金平何时逃逸的问题，一审公诉机关认为其在回到现场观望后再次离开的行为构成逃逸的认定不能令人信服，对于检方所适用的罪疑有利于被告人原则，不能对该原则做过于泛化的理解，不能将其误解为在事实认定的过程中只要存在疑问，就一律只能做有利于被告人的认定。一方面，罪疑有利于被告人原则是以由控方（公诉机关或自诉人）承担举证责任为前提的。对于由辩方承担举证责任的案件事实，如果在认定的过程中存在疑问，应当将不利的后果归于被告人。另一方面，罪疑有利于被告人原则中的"疑"不是绝对的，而是相对的。其含义是指没有达到证明标准。如果达到了证明标准，即便在一些细节问题上仍然存在疑问，也不妨碍做不利于被告人的事实认定。

其次，对于逃逸与自首的认定上，应当分两种情况进行讨论，一方面发生肇事后履行义务听候处置构成自首；另一方面逃逸之后，只要自动投案如实供述自己的罪行，也可以成立自首，二者不冲突。所以，交通肇事后自首的问题的关键不在于是否逃逸，而在于是否如实供述自己的罪行。但二审法院却对主要犯罪事实进行了实质性的限缩解释：对于交通肇事罪的自首，将主要犯罪事实限缩解释为：交通事故的具体过程、事故原因及犯罪对象等方面事实。并将肇事时撞击的对象属性认定为主要犯罪事实。而余金平在投案后没有供述驾车撞人，故不属于如实供述，故不属于自首。本书认为：二审法院的认定过于严苛，超出了实际情况下当事人的认知水平。余金平驾驶汽车在一定速度下行驶，其表述为：车右前方撞到了右边的一个物体，看见一个东西从车的右前方一闪而过，向右划了出去。这是对案发状况一种合理的表述，加之其饮酒的先前行为，已经无法辨别人或物，只能确定撞击的产生。不应将事后通过种种证据认定余金平当时撞人，认定为他没有对此事实予以供述而据此不成立自首。当事人身在其中，在投案自首后，对案件事实作出基本的如实供述，并没有歪曲事实。余金平对于自己不确定之事没有妄加确认，表述自己所看到所感觉到的情况，其余事情应由公安或司法机关前往交通肇事处认定，例如是否撞人，是否造成人员伤亡或产生财产损失，而余金平在公安的管控下，听候处置，接受法律制裁，已属于自动投案。属于自动投案，如实供述犯罪的主要事实，应认定为自首。

最后，此案还有很多其他很重要的问题，值得我们讨论。但限于专业范围，本书不作太多讨论，仅做适当分析以供参考。对于程序法的相关问题，首先，对于能否适用上诉不加刑，全国人大法工委编写的《〈中华人民共和国刑事诉讼法〉释解与适用》中写道："人民检察院认为第一审判决确有错误，处刑过重而提出抗诉的，第二审人民法院经过审理也不应当加重被告人的刑罚"。对于上诉不加刑正确理解应为：被告人求轻、检察院求轻，二审不加刑，自诉人求重、检察院求重，二审不受限；新犯罪事实、检察院补诉，重审可加刑，判决书生效、走监督程序，再审可加刑。[1] 其次，本书认为：针对认罪认罚案件，法院有权变更罪名调整量刑。根据《关于适用认罪认罚从宽制度的指导意见》第40条规定，人民法院不采纳人民检察院量刑建议的，应当说明理由和依据，第41条规定，人民法院经审理，认为量刑建议明显不当，或者被告人、辩护人对量刑建议有异议且有理有据的，人民法院应当告知人民检察院，人民检察院可以调整量刑建议。人民法院认为调整后的量刑建议适当的，应当予以采纳；人民检察院不调整量刑建议或者调整后仍然明显不当的，人民法院应当依法作出判决。《刑诉法》第201条第2款规定，人民法院经审理认为量刑建议明显不当，人民检察院可以调整量刑建议。人民检察院不调整量刑建议或者调整量刑建议后仍然明显不当的，人民法院应当依法作出判决。最后，对于判三缓四与实刑二年孰轻孰重的问题上，本书认为：缓刑相较于实刑更轻，判三缓四轻于二年实刑。缓刑是一种附条件的不执行，被判处缓刑的罪犯一般最终都不需要去服刑，以后如果再犯，也不会构成累犯。实践中，几乎所有被告人、家属及辩护人都极力争取缓刑，不想要实刑，就是缓刑更轻的最好说明。

法津适用依据

一、《中华人民共和国刑法》（2017年修正）

第61条：对于犯罪分子决定刑罚的时候，应当根据犯罪的事实、犯罪的性质、情节和对于社会的危害程度，依照本法的有关规定判处。

第67条：犯罪以后自动投案，如实供述自己的罪行的，是自首。对于自首的犯罪分子，可以从轻或者减轻处罚。其中，犯罪较轻的，可以免除处罚。

被采取强制措施的犯罪嫌疑人、被告人和正在服刑的罪犯，如实供述司法机关还未掌握的本人其他罪行的，以自首论。

犯罪嫌疑人虽不具有前两款规定的自首情节，但是如实供述自己罪行的，可以从轻处罚；因其如实供述自己罪行，避免特别严重后果发生的，可以减轻处罚。

---

[1] 参见龙宗智："龙宗智评余金平交通肇事案终审判决"，载微信公众号"中国法律评论"，2020年4月17日上传。

第 133 条：违反交通运输管理法规，因而发生重大事故，致人重伤、死亡或者使公私财产遭受重大损失的，处三年以下有期徒刑或者拘役；交通运输肇事后逃逸或者有其他特别恶劣情节的，处三年以上七年以下有期徒刑；因逃逸致人死亡的，处七年以上有期徒刑。

二、《中华人民共和国道路交通安全法》（2011 年修正）

第 70 条：在道路上发生交通事故，车辆驾驶人应当立即停车，保护现场；造成人身伤亡的，车辆驾驶人应当立即抢救受伤人员，并迅速报告执勤的交通警察或者公安机关交通管理部门。因抢救受伤人员变动现场的，应当标明位置。乘车人、过往车辆驾驶人、过往行人应当予以协助。

在道路上发生交通事故，未造成人身伤亡，当事人对事实及成因无争议的，可以即行撤离现场，恢复交通，自行协商处理损害赔偿事宜；不即行撤离现场的，应当迅速报告执勤的交通警察或者公安机关交通管理部门。

在道路上发生交通事故，仅造成轻微财产损失，并且基本事实清楚的，当事人应当先撤离现场再进行协商处理。

三、《中华人民共和国刑事诉讼法》（2018 年修正）

第 201 条：对于认罪认罚案件，人民法院依法作出判决时，一般应当采纳人民检察院指控的罪名和量刑建议，但有下列情形的除外：（一）被告人的行为不构成犯罪或者不应当追究其刑事责任的；（二）被告人违背意愿认罪认罚的；（三）被告人否认指控的犯罪事实的；（四）起诉指控的罪名与审理认定的罪名不一致的；（五）其他可能影响公正审判的情形。

人民法院经审理认为量刑建议明显不当，或者被告人、辩护人对量刑建议提出异议的，人民检察院可以调整量刑建议。人民检察院不调整量刑建议或者调整量刑建议后仍然明显不当的，人民法院应当依法作出判决。

第 236 条：第二审人民法院对不服第一审判决的上诉、抗诉案件，经过审理后，应当按照下列情形分别处理：（一）原判决认定事实和适用法律正确、量刑适当的，应当裁定驳回上诉或者抗诉，维持原判；（二）原判决认定事实没有错误，但适用法律有错误，或者量刑不当的，应当改判；（三）原判决事实不清楚或者证据不足的，可以在查清事实后改判；也可以裁定撤销原判，发回原审人民法院重新审判。

原审人民法院对于依照前款第三项规定发回重新审判的案件作出判决后，被告人提出上诉或者人民检察院提出抗诉的，第二审人民法院应当依法作出判决或者裁定，不得再发回原审人民法院重新审判。

四、《关于审理交通肇事刑事案件具体应用法律若干问题的解释》（法释〔2000〕33号）

第2条：交通肇事具有下列情形之一的，处三年以下有期徒刑或者拘役：（一）死亡一人或者重伤三人以上，负事故全部或者主要责任的；（二）死亡三人以上，负事故同等责任的；（三）造成公共财产或者他人财产直接损失，负事故全部或者主要责任，无能力赔偿数额在三十万元以上的。

交通肇事致一人以上重伤，负事故全部或者主要责任，并具有下列情形之一的，以交通肇事罪定罪处罚：（一）酒后、吸食毒品后驾驶机动车辆的；（二）无驾驶资格驾驶机动车辆的；（三）明知是安全装置不全或者安全机件失灵的机动车辆而驾驶的；（四）明知是无牌证或者已报废的机动车辆而驾驶的；（五）严重超载驾驶的；（六）为逃避法律追究逃离事故现场的。

第3条："交通运输肇事后逃逸"，是指行为人具有本解释第二条第一款规定和第二款第（一）至（五）项规定的情形之一，在发生交通事故后，为逃避法律追究而逃跑的行为。

五、《关于适用认罪认罚从宽制度的指导意见》（高检发〔2019〕13号）

第40条：量刑建议的采纳。对于人民检察院提出的量刑建议，人民法院应当依法进行审查。对于事实清楚，证据确实、充分，指控的罪名准确，量刑建议适当的，人民法院应当采纳。具有下列情形之一的，不予采纳：（一）被告人的行为不构成犯罪或者不应当追究刑事责任的；（二）被告人违背意愿认罪认罚的；（三）被告人否认指控的犯罪事实的；（四）起诉指控的罪名与审理认定的罪名不一致的；（五）其他可能影响公正审判的情形。

对于人民检察院起诉指控的事实清楚，量刑建议适当，但指控的罪名与审理认定的罪名不一致的，人民法院可以听取人民检察院、被告人及其辩护人对审理认定罪名的意见，依法作出裁判。

人民法院不采纳人民检察院量刑建议的，应当说明理由和依据。

第 41 条：量刑建议的调整。人民法院经审理，认为量刑建议明显不当，或者被告人、辩护人对量刑建议有异议且有理有据的，人民法院应当告知人民检察院，人民检察院可以调整量刑建议。人民法院认为调整后的量刑建议适当的，应当予以采纳；人民检察院不调整量刑建议或者调整后仍然明显不当的，人民法院应当依法作出判决。

适用速裁程序审理的，人民检察院调整量刑建议应当在庭前或者当庭提出。调整量刑建议后，被告人同意继续适用速裁程序的，不需要转换程序处理。

六、《关于处理自首和立功若干具体问题的意见》（法发〔2010〕60 号）

一、关于"自动投案"的具体认定

《关于处理自首和立功具体应用法律若干问题的解释》第一条第（一）项规定七种应当视为自动投案的情形，体现了犯罪嫌疑人投案的主动性和自愿性。根据《解释》第一条第（一）项的规定，犯罪嫌疑人具有以下情形之一的，也应当视为自动投案：1. 犯罪后主动报案，虽未表明自己是作案人，但没有逃离现场，在司法机关询问时交代自己罪行的；2. 明知他人报案而在现场等待，抓捕时无拒捕行为，供认犯罪事实的；3. 在司法机关未确定犯罪嫌疑人，尚在一般性排查询问时主动交代自己罪行的；4. 因特定违法行为被采取劳动教养、行政拘留、司法拘留、强制隔离戒毒等行政、司法强制措施期间，主动向执行机关交代尚未被掌握的犯罪行为的；5. 其他符合立法本意，应当视为自动投案的情形。

罪行未被有关部门、司法机关发觉，仅因形迹可疑被盘问、教育后，主动交代了犯罪事实的，应当视为自动投案，但有关部门、司法机关在其身上、随身携带的物品、驾乘的交通工具等处发现与犯罪有关的物品的，不能认定为自动投案。

交通肇事后保护现场、抢救伤者，并向公安机关报告的，应认定为自动投案，构成自首的，因上述行为同时系犯罪嫌疑人的法定义务，对其是否从宽、从宽幅度要适当从严掌握。交通肇事逃逸后自动投案，如实供述自己罪行的，应认定为自首，但应依法以较重法定刑为基准，视情决定对其是否从宽处罚以及从宽处罚的幅度。

犯罪嫌疑人被亲友采用捆绑等手段送到司法机关，或者在亲友带领侦查人员前来抓捕时无拒捕行为，并如实供认犯罪事实的，虽然不能认定为自动投案，但可以参照法律对自首的有关规定酌情从轻处罚。

七、《关于处理自首和立功具体应用法律若干问题的解释》（法释〔1998〕8号）

第1条：根据刑法第六十七条第一款的规定，犯罪以后自动投案，如实供述自己的罪行的，是自首。

（一）自动投案，是指犯罪事实或者犯罪嫌疑人未被司法机关发觉，或者虽被发觉，但犯罪嫌疑人尚未受到讯问、未被采取强制措施时，主动、直接向公安机关、人民检察院或者人民法院投案。

犯罪嫌疑人向其所在单位、城乡基层组织或者其他有关负责人员投案的；犯罪嫌疑人因病、伤或者为了减轻犯罪后果，委托他人先代为投案，或者先以信电投案的；罪行未被司法机关发觉，仅因形迹可疑被有关组织或者司法机关盘问、教育后，主动交代自己的罪行的；犯罪后逃跑，在被通缉、追捕过程中，主动投案的；经查实确已准备去投案，或者正在投案途中，被公安机关捕获的，应当视为自动投案。

并非出于犯罪嫌疑人主动，而是经亲友规劝、陪同投案的；公安机关通知犯罪嫌疑人的亲友，或者亲友主动报案后，将犯罪嫌疑人送去投案的，也应当视为自动投案。

犯罪嫌疑人自动投案后又逃跑的，不能认定为自首。

（二）如实供述自己的罪行，是指犯罪嫌疑人自动投案后，如实交代自己的主要犯罪事实。

犯有数罪的犯罪嫌疑人仅如实供述所犯数罪中部分犯罪的，只对如实供述部分犯罪的行为，认定为自首。

共同犯罪案件中的犯罪嫌疑人，除如实供述自己的罪行，还应当供述所知的同案犯，主犯则应当供述所知其他同案的共同犯罪事实，才能认定为自首。

犯罪嫌疑人自动投案并如实供述自己的罪行后又翻供的，不能认定为自首，但在一审判决前又能如实供述的，应当认定为自首。

八、《关于被告人对行为性质的辩解是否影响自首成立问题的批复》
（法释〔2004〕2号）

根据刑法第六十七条第一款和最高人民法院《关于处理自首和立功具体应用法律若干问题的解释》第一条的规定，犯罪以后自动投案，如实供述自己的罪行的，是自首。被告人对行为性质的辩解不影响自首的成立。

第十章

董志超、 谢文浩反向刷单炒信案

——反向刷单炒信行为的刑法定性

案例基本概况

（一）案情概要

2014年4月，在淘宝网经营论文相似度检测业务的被告人董志超为谋取市场竞争优势，雇佣并指使被告人谢文浩，多次以同一账号恶意大量购买北京智齿数汇科技有限公司南京分公司（以下简称智齿科技南京公司）淘宝网店铺的商品，2014年4月23日，浙江淘宝网络有限公司认定智齿科技南京公司淘宝网店铺从事虚假交易，并对该店铺作出商品搜索降权的处罚，后经智齿科技南京公司线下申诉，于4月28日恢复该店铺商品的搜索排名。被处罚期间，因消费者在数日内无法通过淘宝网搜索栏搜索到智齿科技南京公司淘宝网店铺的商品，严重影响该公司正常经营。经审计，智齿科技南京公司因其淘宝网店铺被商品搜索降权处罚而导致的订单交易额损失为人民币159 844.29元。被告人谢文浩、董志超分别于2014年5月13日、5月16日被公安机关抓获，二被告人归案后均如实供述了自己的犯罪事实。本案侦查期间，被告人董志超已赔偿被害单位智齿科技南京公司经济损失人民币15万元。

（二）处理结论

南京市雨花台区人民法院认为，被告人董志超、谢文浩出于打击竞争对手的目的，以其他方法破坏生产经营，二被告人的行为均已构成破坏生产经营罪。被告人董志超、谢文浩共同故意实施破坏生产经营的犯罪行为，系共同犯罪。被告人董志超、谢文浩归案后能如实供述自己的罪行，当庭认罪、悔罪，具有坦白情节，依法予以从轻处罚。被告人董志超、谢文浩系初次犯罪，有退赔被害单位经济损失等认罪、悔罪表现，且二被告人所在社区均同意对其实施社区矫正，可对两被告人适用缓刑。依照《刑法》第276条、第

25 条第 1 款、第 67 条第 3 款、第 72 条第 1 款、第 73 条第 2 款、第 3 款之规定，以破坏生产经营罪判处被告人董志超有期徒刑一年六个月，缓刑二年；判处被告人谢文浩有期徒刑一年，缓刑一年二个月。

宣判后，董志超、谢文浩不服，向南京市中级人民法院提出上诉。

南京市中级人民法院认为，上诉人（原审被告人）董志超、谢文浩由于报复和其他目的，以其他方法破坏生产经营，其行为均构成破坏生产经营罪，且系共同犯罪。由于二审期间出现新的证据，原审判决认定二上诉人造成的损失数额不当，予以纠正。鉴于损失数额变化依法调整二上诉人的量刑。上诉人董志超、谢文浩归案后能如实供述自己的罪行，依法可以从轻处罚；有退赔被害单位损失的悔罪表现，酌情从轻处罚。根据二上诉人犯罪的事实、性质、情节和对社会的危害程度，本院决定对二上诉人均予以从轻处罚，并对上诉人董志超宣告缓刑。依照《刑诉法》第 225 条第 1 款第（三）项、《刑法》第 276 条、第 25 条第 1 款、第 67 条第 3 款、第 72 条第 1 款、第 73 条第 2 款、第 3 款、第 37 条的规定，维持南京市雨花台区人民法院（2015）雨刑二初字第 29 号刑事判决对上诉人（原审被告人）董志超、谢文浩的定罪部分，即上诉人董志超犯破坏生产经营罪，上诉人谢文浩犯破坏生产经营罪；撤销南京市雨花台区人民法院（2015）雨刑二初字第 29 号刑事判决对上诉人（原审被告人）董志超、谢文浩的量刑部分，即判处上诉人董志超有期徒刑一年六个月，缓刑二年，判处上诉人谢文浩有期徒刑一年，缓刑一年两个月；上诉人（原审被告人）董志超犯破坏生产经营罪，判处有期徒刑一年，缓刑一年；上诉人（原审被告人）谢文浩犯破坏生产经营罪，免予刑事处罚。[1]

案件诉争聚焦

在董志超和谢文浩反向刷单炒信一案中，一审、二审法院均认定董志超和谢文浩二人的行为属于《刑法》第 276 条规定的"其他方法破坏生产经营的"，因而构成破坏生产经营罪。存在争议的是董志超、谢文浩二人的反向刷单炒信行为与破坏生产经营罪之行为对象、行为方式、行为后果及侵害之具

---

[1]　参见江苏省南京市雨花台区人民法院（2015）雨刑二初字第 29 号刑事判决书；江苏省南京市中级人民法院（2016）苏 01 刑终 33 号刑事判决书。

体法益是否一致？其行为是否构成破坏生产经营罪？如若构成破坏生产经营罪，该如何从理论角度对其行为进行剖析？如若不构成破坏生产经营罪，又应当如何规制其行为？

《刑法》第 276 条及相关司法解释中对"其他行为"的概念界定较为模糊，仅仅采用"兜底条款"的方式来扩宽破坏生产经营罪的处罚范围，但董志超和谢文浩的行为是否实质符合"破坏生产经营"的内涵却存在着严重争议。从罪刑法定原则的明确性立场来看，《刑法》第 276 条的"以其他方法破坏生产经营"属于我国刑法中的兜底条款，与罪刑法定原则根本违背，在其构成要件的定型上也存在欠缺，仅依照《刑法》第 276 条来确定其违法行为显然明显失格，反向刷单炒信行为实质侵犯的法益为何？其行为性质该如何界定？直接用《刑法》第 276 条对反向刷单炒信行为进行规制是否合理？

案涉法理精释

从理论界和实务界对本案的研讨来看，董志超、谢文浩二人反向刷单炒信一案的焦点主要集中于两人的行为是否需要用《刑法》第 276 条来进行规制，即反向刷单炒信行为是否属于《刑法》第 276 条所规定的其他破坏生产经营的行为。犯罪行为的本质及其所侵犯的法益直接关系到对该行为的定性。"罪刑法定原则是刑法的铁则，也是刑法的生命。"[1]显然，罪刑法定原则也应当同样在非法经营罪和董志超和谢文浩一案的具体适用中得到印证，对董志超和谢文浩两人行为性质的定性不得脱离罪刑法定原则来另做探讨。

一、反向刷单炒信行为的运作机制

"刷单"是随着电商的发展而出现的衍生词，当前的字典中并未对这一词语进行规范解释。学术界对于"刷单"一词的定义存在着多种说法，有观点认为刷单是网络店铺以虚假方式进行交易的行为；[2]有主张提出，刷单是行为

---

〔1〕 王胜华：《死缓限制减刑研究》，中国政法大学出版社 2016 年版，第 165 页。
〔2〕 参见卢代富、林慰曾："网络刷单及其法律责任"，载《重庆邮电大学学报（社会科学版）》2017 年第 5 期。

参与人通过伪造资金流和伪造物流等方式虚构交易流程，从而谋取不正当利益的行为。[1]尽管在"刷单"定义的具体表述上存有不同理解，但却对"刷单"的机理或本质形成共识：行为人花钱请他人购买产品并对产品做出一定的评价，从而不断增加产品销量，从正向或反向来炒作产品信誉的一种行为。遵循此种理解，刷单炒信则是利用刷单方式炒作网络经营者信誉，不当提高网络经营者商誉的行为。

通常而言，根据炒信效果的不同，刷单炒信行为大致可分为两种：正向刷单炒信和反向刷单炒信。正向刷单炒信是经营者自己或者指使他人购买自己店铺的产品并给予好评，从而提升本店的信誉和销售量，吸引消费者进行消费的一种行为。而反向刷单炒信是指经营者自己或者是指使他人大量购买其他具有竞争关系店铺的产品，故意给予大量好评或者是差评，从而让电商平台误认为是该网络经营者在刷单，从而会对该网络经营者做出一定的降权处罚，导致消费者无法检索到该网络经营者或者网络经营者排名下降。反向刷单炒信是当前一种严重破坏电商信誉评价机制、严重扰乱网络信用形成机制的行为。经营者向竞争对手恶意刷单主要有两种方式：一是利用网络交易评价系统的公开性，通过刷单发布诋毁信息打压竞争者；二是不向竞争对手作恶意评价，而是利用审查平台的交易规则来雇佣刷团或刷手向竞争者刷单虚高交易量，使网络交易平台处罚竞争者让其遭受损失。[2]

对于反向刷单炒信行为的实质内涵，理论上存在激烈争议。既有学者认为反向刷单炒信是一种虚假的交易行为，[3]也有观点主张是一种商业虚假宣传，是一种以广告之外形式进行的商业虚假宣传，[4]还有见解强调其是一种商业欺诈行为。[5]毋庸讳言，对反向刷单炒信行为实质内涵的不同界定势必影响反向刷单炒信行为的法律评价和依法惩治，但前述不同界定中依然存在

---

〔1〕 参见叶良芳："刷单炒信行为的规范分析及其治理路径"，载《法学》2018 年第 3 期。

〔2〕 参见汪恭政："网络交易平台刷单行为的类型梳理与刑法评价"，载《北京邮电大学学报（社会科学版）》2018 年第 3 期。

〔3〕 参见卢代富、林慰曾："网络刷单及其法律责任"，载《重庆邮电大学学报（社会科学版）》2017 年第 5 期。

〔4〕 参见蓝寿荣、郭纯："论网络刷单行为的危害及法律责任"，载《南昌大学学报（人文社会科学版）》2018 年第 3 期。

〔5〕 参见于潇、陆筱靓："检察官谈浙首例反向刷单案：信誉是电商时代重要生产资料"，载 http://news.jcrb.com/jxsw/201809/t20180918_ 1908831.html，最后访问日期：2020 年 4 月 7 日。

诸多共识，即都将反向刷单炒信视为一种严重破坏商业秩序和市场状况，影响消费者对网络经营者的网络信用、信誉的判断，并且具有相当的社会危害性的行为。详言之，顾客在挑选商品时往往会将网络经营者的销量、信誉及好评率等数据作为其购买该产品的参考依据。而当网络经营者的销量、信誉及好评率可以通过刷单的形式来伪造时，人们的选择就会受到很大程度上的干扰，也会让人们对网络信誉机制产生质疑。就此而言，不论是正向刷单炒信，抑或是反向刷单炒信均会导致正常的网络信誉形成机制严重紊乱。正向刷单炒信行为通过请人刷单来炒高本店的信用，而反向刷单炒信行为是为他人炒信，从而将这一行为事实"嫁祸"给他人。相比而言，在现实生活中，反向刷单炒信行为的危害性较大，容易造成人们对网络社会缺乏信任，特别是炒信行为的出现使得信用可以用虚假的方式构造，从而扰乱网络市场的交易秩序，危害市场的安全和稳定。随着电子商务行业的迅猛发展，反向刷单炒信行为的危害性必定成几何倍增之势，网络交易的信誉体制以及信誉体制保护下的合法商家将遭受严重的经济损失。

二、反向刷单炒信行为定性之争

反向刷单炒信行为通过人为干扰网络信用的形成机制，恶意侵损具有竞争关系的网络经营者的商誉、信誉，是一种具有较强隐蔽性和侵害性的网络违法犯罪行为。然而，如何对反向刷单炒信行为进行刑法定性，在司法实践和学术谈论中都并未达成一致意见，是采用司法实践中对该行为定性为非法经营罪，还是认同学术讨论中另立新罪或是以其他罪名来规制该行为，这显然成为了本案的焦点。

（一）反向刷单炒信行为的司法立场

反向刷单炒信行为是一种破坏市场秩序，影响网络信誉评级机制的行为，其隐蔽性和侵害性较高，是一种含有潜在风险的恶性市场竞争行为。司法实践中也对此类型的犯罪有所评价，被称为首例恶意反向刷单案的董志超、谢文浩一案和浙江省首例反向刷单入刑案等案件均对此行为作出司法评价。

总结此类案件情况来看，司法实践中对此类案件的处理较少，在案件审理和判决的时往往均以董志超和谢文浩一案作为典型案例来参照。总结此类案件的审判情况来看，在司法实践中往往将此行为定性为"以其他方法破坏生产经营"，因而以非法经营罪来进行规制。同类案件中也往往出现以《刑法》第 276 条"兜底化""口袋化"来处理反向刷单炒信行为的情况。而就此类判决情况而言，被告人主观上是否具备破坏生产经营的犯罪故意？被告人的反向刷单炒信行为究竟侵害了何种法益？司法实践中对并未对此进行准确认定。

实务界对于反向刷单炒信行为的研讨较为机械化，虽然审判过程也几经波折，但是实际判决认定中却始终坚持以《刑法》第 276 条来对此类行为进行规制。办理钟某杰一案的检察官指出，"按照传统的理解，破坏生产经营行为一般出现在工业、农业领域，针对的是实体生产工具及要素。但随着互联网时代的到来，需要与时俱进地理解破坏生产经营罪中的'其他方式'。"[1] 本文认为，以此为由来解释实务界对于"其他方式"的认定不无道理，但是兜底式地将反向刷单炒信行为归咎为《刑法》第 276 条的行为手段却明显地在扩大该条文的范围，类似的扩张解释不仅有违罪刑法定原则，为违法行为的准确定性带来挑战，更可能造成司法实践中出现案件错判、误判等现象。

（二）反向刷单炒信行为的理论争议

尽管包括最高人民法院在内的司法实务界原则上肯定反向刷单炒信行为构成破坏生产经营罪，但刑法理论界仍然对反向刷单炒信行为的刑法定性争议颇多，并基于其认识角度、侧重点的不同，形成无罪说和有罪说两大派系的"对垒"。有罪说内部中对于该行为的罪名认定又存在破坏生产经营罪说与损害商业信誉、商品声誉罪说的"角力"。

一方面，反向刷单炒信行为是否入刑存在无罪与有罪的争论。无罪说立足刑法谦抑性的基本立场主张，在法律层面规制反向刷单行为应当要在穷尽了民事、行政手段之后，再考虑是否由刑法介入。例如，叶良芳教授提出，将刷单炒信行为定罪是一种司法的犯罪化，刷单炒信虽具有一定的危害性，但通过民法、行政法、行业规范等手段足以有效治理，无需动用刑法。[2]

相反地，有学者指出当前针对反向刷单炒信行为的制裁措施主要是内部的网规治理和外部的民法与行政法制裁，其中，《中华人民共和国消费者权益保护法》《中华人民共和国侵权责任法》等将"炒信"作为民事侵权行为规

---

[1] "离职员工疯狂替老东家刷单，小聪明引来牢狱之灾"，载 http://www.sohu.com/a/2551290 19_ 609710，最后访问日期：2020 年 4 月 7 日。

[2] 参见叶良芳："刷单炒信行为的规范分析及其治理路径"，载《法学》2018 年第 3 期。

制,《中华人民共和国反不正当竞争法》等对"炒信"者的行政处罚也非治本之策,而且当前"炒信"违法成本不高,但是产业利润丰厚,民事及行政处罚无法实现对该类行为的有效制裁,所以刑法作为最后一道"屏障"应当出面规制该行为。[1]从这一角度看,利用刑法来规制反向刷单炒信行为是十分合理的。刑法之所以要加入到规制反向刷单炒信行为的阵营中是因为该行为对网络社会造成极大破坏,网络由于其便捷性和高效性而得到大众的认可,但是炒信行为的出现会影响网络功能的实际发挥,给我们的生活带来潜在的危险,所以对反向刷单行为施以刑罚处罚是势在必行的。

另一方面,反向刷单炒信行为罪名归属存在此罪与彼罪的混杂。有罪说的持论者坚持,董志超、谢文浩两人的行为是为牟取不法利益而开展的,实质上侵害刑法所保护的具体法益,并且符合相关犯罪的构成要件。

主流观点认为,反向刷单符合"破坏生产经营"的实质内涵,认定其属于"以其他方法"并不违背刑法设置破坏生产经营罪的规范保护目的,该认定方案并未冲破罪刑法定的规范意义,而是对刑法规范意义上的"破坏"一词给予与时俱进的解读,赋予其新的行为内涵,所以在董志超、谢文浩反向刷单案中将其行为认定为破坏生产经营罪并无不当。如刘仁文、金磊提出,"销量、信誉作为网络空间的生产经营资料与生产经营利益息息相关。反向刷单、恶意好评的行为引起平台处罚并造成经营受损,平台处罚并不是异常的介入因素,不能阻断因果关系认定,故反向刷单、恶意好评的行为可以、也应当解释为'其他方法',这与残害耕畜、毁坏机器设备的行为方式之于破坏生产经营具有同质性意义。"[2]这种观点也得到《最高人民法院公报》的支持,"网络交易平台的搜索排序属于互联网经济的运营方式,应认定为生产要素。在刑法解释上,可以比照实体经济的信誉、商誉予以解释。反向炒信既损害对方的商业信誉,同时也破坏生产经营。"[3]

与之不同的是,针对将反向刷单炒信行为评价为破坏生产经营罪的观点,

〔1〕 参见孙晓博:"网络信用炒作行为的刑法规制探析",载《江西警察学院学报》2018年第2期。

〔2〕 刘仁文、金磊:"互联网时代破坏生产经营的刑法理解",载《检察日报》2017年5月9日,第3版。

〔3〕 参见"江苏省南京市雨花台区人民检察院诉董志超、谢文浩破坏生产经营案",载《中华人民共和国最高人民法院公报》2018年第8期。

陈兴良教授强调："对破坏生产经营罪的构成要件的理解，该罪的本质是故意毁坏财物罪的特别规定，是指采用故意毁坏财物的方法破坏生产经营的犯罪，两罪之间存在特别法与普通法之间的法条竞合关系。因此，只有采取故意毁坏财物的方法破坏生产经营，才能构成破坏生产经营罪。而反向刷单行为虽然造成了他人的财产损失，破坏了他人的生产经营活动，但这是通过损害他人商誉的不正当竞争方法造成的，因而不构成破坏生产经营罪。"[1]王恩海教授也同样认为，"行为人通过'反向刷单'的行为以实现其个人目的，这种在电脑上的买卖行为难以被评价为毁坏，而且其所处理的对象系先购买后撤单的行为，也非生产资料、生产工具，故难以构成破坏生产经营罪。"[2]反向刷单炒信行为是一种损害商家信誉、破坏生产经营的行为，但不属于破坏生产经营罪中规定的"以其他方法破坏生产经营"。

三、反向刷单炒信行为不构成破坏生产经营罪之合理化分析

学界对于反向刷单炒信行为的刑法定性争议颇多，而立足维持构成要件定型性及同类解释的刑法解释立场和方法，反向刷单炒信的行为与破坏生产经营罪的行为对象、行为方式、行为后果以及侵害的具体法益存在多方面的龃龉，难以肯定反向刷单炒信行为属于"以其他方法破坏生产经营"。因而，反向刷单炒信行为是否构成破坏生产经营罪尚存在诸多质疑。

（一）《刑法》第 276 条"以其他方法破坏生产经营"之内涵

《刑法》第 276 条的"以其他方法破坏生产经营"属于我国刑法中的兜底条款，具有兜底条款的通病——在罪刑法定原则的明确性上以及在构成要件的定型性上稍有欠缺。毋庸置疑，"以其他方法破坏生产经营"并非指任何破坏生产经营的方法，毕竟国有公司董事利用职务便利，自己经营所任职公司同类的营业，获取非法利益的，显属以非法经营同类营业方法破坏生产经营（非法经营同类营业罪），但却不成立破坏生产经营罪。如若不然，《刑法》第 165 条设立的非法经营同类营业罪等相关犯罪势必被破坏生产经营罪实质地"架空"或"虚置"。当然，如果认定任何破坏生产经营的方法均属于

---

〔1〕 陈兴良："刑法阶层理论：三阶层与四要件的对比性考察"，载《清华法学》2017 年第 5 期。

〔2〕 王恩海："反向刷单难构成破坏生产经营罪"，载《上海法治报》2017 年 3 月 29 日，第 B06 版。

"以其他方法破坏生产经营",无疑将导致本条对兜底条款的设定难以满足罪刑法定原则之明确性要求,犯罪行为构成要件之定型性相当稀薄,容易造成罪名被滥用。

从同类解释的立场来看,"以其他方法破坏生产经营"中的犯罪行为方式应当同毁坏机器设备和残害耕畜两种明确列举的行为方式具有同类性,"以其他方法破坏生产经营"在行为对象和行为方式上需要具有一定的相似性、相当性,即行为对象是类似于机器设备、耕畜的生产资料或生产工具,行为方式必须具有一定的暴力性,从而足以使相关生产资料或生产工具遭受损坏。《刑法》第 276 条中"破坏"主要是"摧毁"、"损坏"和"物体的直接损坏"之意,而这种破坏往往是有形的,能够使某物丧失其机能。[1]我国现行刑法在确定各罪罪状时,有十余次使用"破坏"一词。按照"破坏"在各罪状中的含义和表现来看,可将"破坏"分为三种情况:其一,实质性的损坏(如破坏交通工具罪、破坏界碑、界桩罪等);其二,损坏某种状态或者秩序(如破坏军婚罪、破坏监管秩序罪等);其三,破坏活动的正常进行(如破坏集会、游行、示威罪、组织、利用会道门、邪教组织、利用迷信破坏法律实施罪等)。从破坏生产经营罪的设立来看,破坏生产经营罪系以实际行动造成有形损害而立罪,强调通过物理性的破坏方式造成生产经营无法继续。[2]本文认为,在反向刷单炒信行为的同类案件中,反向刷单炒信行为并不属于上述所总结的客观损坏某事物,只是借助刷单这种无形的方式来恶意造成被害单位的网络信用与信誉受损,这并不是一种有形的"破坏"行为。因而,将此种行为归为《刑法》第 276 条之范围,明显有违罪刑法定原则,应排除适用。

(二) 反向刷单炒信减损期待利益不是刑法上的"财产损失"

有见解提出,"破坏生产经营实际消除或者降低了生产经营者通过生产经营活动获取预期经济利益的可能性。简言之,是对生产经营者通过生产经营活动获取财物以及实现产品交换价值的破坏,是对可期待利益转化为现实财

---

〔1〕 参见高铭暄、马克昌主编:《刑法学》,北京大学出版社、高等教育出版社 2017 年版,第 522 页;张明楷:《刑法学》,法律出版社 2016 年版,第 1026~1028 页。

〔2〕 参见高铭暄:《中华人民共和国刑法的孕育诞生和发展完善》,北京大学出版社 2012 年版,第 107 页。

物的破坏。"〔1〕然而，我国《刑法》第276条所明确规定的行为对象是机器设备、耕畜等有形生产资料、生产工具，即破坏生产经营罪系指通过"毁坏"机器设备、耕畜等有形生产经营资料的方式，破坏经营者的正常经营活动，进而给经营者造成"财产损失"。本文认为，刑法中作为财产犯罪对象的"财产"是指现实客观的金钱、物资、土地或房屋等财产或财产性利益，而不论是财产还是财产性利益，财产犯罪之"财产损失"均指已造成的或者是必然发生的，是既有财产的损失，而不包括某种期待财产利益。其一，我国《刑法》第36条规定之"赔偿经济损失"的前提是"由于犯罪行为而使被害人遭受经济损失的"。根据全国人大常委会法制工作委员会刑法室的解释，"经济损失既包括由犯罪行为直接造成被害人物质损失的，如毁坏财物、盗窃、诈骗等直接侵害财产的犯罪行为，也包括由于犯罪行为的侵害间接造成被害人经济上的损失，如伤害行为，不仅使被害人身体健康受到损害，而且使被害人遭受支出医疗费用等经济损失。"〔2〕其二，《刑法》第64条规定之"对被害人的合法财产，应当及时返还"，也说明犯罪行为带给被害人"合法财产"的损失，是能够"及时返还"的既存之物。其三，《刑诉法》第101条关于附带民事诉讼受案前提之"被害人由于被告人的犯罪行为而遭受物质损失"，更是直接强调作为犯罪后果的"财产损失"应当限于"物质损失"，而不包括各种期待利益的丧失。本文认为，在司法实践的案件审判中计算被害人财产损失应当要符合实际情况，对于尚未取得、存在期待性的财产利益要进行合理评估，合理界定刑法中的"财产"概念，规范理解并界定案件中的财产损失，从而更好地对被告人的行为进行定性。

（三）反向刷单炒信侵害的法益是市场竞争秩序而非财产法益

通常而言，犯罪的本质是侵害或威胁法益，刑法的目的在于保护法益不被犯罪所侵害。司法实践对特定行为是否构成相应犯罪的评价，必须要以犯罪所侵害或威胁的具体法益为指引，"对犯罪构成要件的解释结论，必须使符合这种犯罪构成要件的行为确实侵犯了刑法规定该犯罪所要保护的法益，从

---

〔1〕　刘仁文："网络时代破坏生产经营的刑法理解"，载《法学杂志》2019年第5期。

〔2〕　全国人大常委会法制工作委员会刑法室编：《中华人民共和国刑法：条文说明、立法理由及相关规定》，北京大学出版社2009年版，第47页。

而使刑法规定该犯罪、设立该条文的目的得以实现。"[1]破坏生产经营罪虽然是对生产经营活动的破坏，但其实际侵害的具体法益却非社会主义市场经济秩序中的"特定生产经营秩序"，而是作为特定生产经营秩序组成要素的"机器设备、耕畜等生产经营资料的财产法益"。毕竟我国现行刑法将破坏生产经营罪归入刑法分则第五章"侵犯财产犯罪"中，意味着财产权才是本罪侵害的直接法益。反向刷单炒信行为仍发生于市场竞争主体的竞争关系之中，是通过对作为网络经营者网络经营核心支撑的网络信用（商业信誉、商品声誉）进行不法攻击的方式，扰乱公平、公正、自由、诚信的市场竞争秩序，攫取非法竞争利益，其侧重点并不在于对"网络信用"的直接减损，而是对潜藏在"网络信用"背后、由"网络信用"表征、以"电子商务的信用评价机制"为内核的市场竞争秩序的侵害。"信用评价机制是电子商务的灵魂。在一个陌生而匿名的虚拟空间中，电子商务平台中的商品和服务质量是无法实地验证的，此时如果没有诚信作为基础，交易几乎无法达成。在电商平台成千上万的商品面前，卖家的信用评价无疑直接地影响消费者的购买决策。"[2]反向刷单炒信行为严重侵扰电子商务的信用形成和评价机制，侵蚀电子商务的存续根基，而非以特定生产资料为载体的公民个人财产权，难以认定为破坏生产经营罪。

四、反向刷单炒信行为刑法规制之实质解析

反向刷单炒信行为的刑法规制在实务界和理论界中尚存争议，但究其实质而言，其行为方式和所侵害的法益却又明确地吻合《刑法》第 221 条的条文。本文认为，反向刷单炒信行为完全符合《刑法》第 221 条所描述的客观行为方式，且因其属于对公平、公正、自由、诚信竞争秩序的破坏，其侵害之具体法益理应归入刑法分则第三章"破坏社会主义市场经济秩序"第八节"扰乱市场竞争秩序罪"。

（一）网络社会中商誉、信誉的形成机制

淘宝网的刷单行为为何日益繁盛？其原因主要在于淘宝的信用评价机制。从淘宝网的运作理念来看，在淘宝网上注册的会员每完成一笔交易之后，买

---

[1] 张明楷：《法益初论》，中国政法大学出版社 2000 年版，第 216 页。
[2] 王华伟："刷单炒信的刑法适用与解释理念"，载《中国刑事法杂志》2018 年第 6 期。

方和卖方双方都有权对此次交易情况作评价，并且此种评价是公开的。这样的评价体系对于买家而言能够直接看到卖家的信用情况，可以清楚地得知他人对该产品的评价，方便其在短时间内找到信誉较好且产品质量受人认可的商家，降低网购风险。在这样的体系之下，高信誉的淘宝卖家能够获得更多的客户流量，产品销量较高，获益也较多，所以才引发"职业刷手"的产生和正向、反向刷单行为的兴起。电子商务评价体系不完善使得当前针对网络商铺的监管只能由电商平台来进行，电商平台对商铺监管的权限较大，并且有独立的商铺评价体系。

以淘宝为例，当前淘宝搜索页的几种排序分别为：综合排序、销量、信用、价格等，各个排序的流量比例不一样。其中，综合排序是淘宝界面自动默认显示的一种排序方法，同时也是淘宝几种排序流量最大的一部分，排序规则的规律是：先按商品和搜索关键词相关性过滤，然后按商品下架的时间做预选，接着在预选结果里面看卖家的服务质量得分、商品的人气之后是消费保障、橱窗等因素，最后形成统一的分数进行排序。而由于电子商铺的无实物性使得消费者往往无法直接接触到物品，所以经常希望借助他人的评价来加深对产品的了解。于是，消费者一般会借助销量或者信用排序来挑选产品。所以销量和信用情况在很大程度上会影响消费者的选择，同时也影响到商家的利益。淘宝作为当前用户最多的一个电商平台，其在平台的管理和运营上存在着很大的管理自主权。在其进行平台管理的过程中，淘宝会以其制定的《淘宝规则》为根据，从而对商铺或商家做出处罚决定。从另一方面来看，淘宝平台管控的信誉评价机制也是公众评价的集合，而淘宝平台的系统管理可以通过搜索降权等方式来决定商家的信誉。

信誉、商誉以及荣誉都归属于社会对他人或者商铺的客观性评价，源于外界，也在外界中向不特定的公众散布。在现实生活中，个人的信誉或荣誉是社会对个人的评价和客观认识，与个人的现实生活息息相关，甚至会影响个人的持续发展。同样地，商铺的商誉也会影响到店铺的正常运营。从其定义来看，商誉通常是指企业在同等条件下能获得高于正常投资报酬率所形成的价值，是企业整体价值的组成部分。好的商誉能够不断地为企业创造新的价值，而坏的商誉不仅不能为企业创造价值，反而会影响企业的正常运营和发展，严重情况下甚至会使企业破产或倒闭。在某种意义上，网络社会中，商誉、信誉是电子商务经营者进行网络交易的核心依靠，对商誉、信誉进行攻击不仅违背商业道德，更会导致电子商务经营者的市场竞争利益受到严重侵损，并严重扰乱正常的市场竞争秩序。正因如此，我国新近通过的《中华人民共和国电子商务法》才会在第 5 条明确强调："电子商务经营者从事经营活动，应当遵循自愿、平等、公平、诚信的原则，遵守法律和商业道德，公平参与市场竞争……"

从反向刷单炒信行为本身来看，其行为性质往往含带恶意，实际上都是在"捏造"被害方恶意进行刷单的事实，从而使得淘宝平台认定被害方存在违规行为，并对其做出搜索降权和降低信誉值的处罚决定。此外，虽然这一行为并未出现明显向公众散布虚伪事实的情况，但是淘宝作为一个公开且存在自主管控权的平台，可以管控商铺的信誉排序，从而将外界对商铺的评价功能控制在自己手中，可以将其视为是掌握信誉评价权的"社会公众"，所以也存在着"散布"行为。淘宝有权对被害商铺做出搜索降权的处罚，管控着商铺的信誉，则可以认定反向刷单炒信行为会通过影响信誉评价机制的方式来干扰商铺的正常运营，从而扰乱正常竞争秩序。

（二）网络社会中"捏造并散布"新解

根据《刑法》第 221 条，损害商业信誉、商品信誉罪客观上表现为捏造并散布虚伪事实，损害他人的商业信誉、商品声誉，给他人造成重大损失或者有其他严重情节的行为。本罪的行为方式主要表现为捏造并散布虚伪的事实。通常而言，"捏造"是指无中生有、凭空编造，或者以小夸大，引人误解；"散布"，是指以文字、语言为手段将捏造情况在社会或一定范围内加以传播、扩散。[1]捏造表明该行为所产生的是原本不存在的东西，是一种创造行为。"散布"则使不特定人或多数人知悉或可能知悉行为人所意图传播的虚伪事实，散布主要意指向公众传播。"散布的意图系指传播于不特定多数人，使大众周知的不法意图。"[2]德国刑事司法判例也认为"散布"一词主要是指行为人将相应的事实作为他人的而非自己的认知加以传播。[3]

在反向刷单炒信行为这一类案件中，被告人都没有出现直接向公众散布虚伪事实的行为，但是该行为被淘宝平台检索到，使被害商铺受到搜索降权

---

〔1〕 参见王作富主编：《刑法分则实务研究》，中国方正出版社 2013 年版，第 641 页。

〔2〕 林山田：《刑法各罪论》，北京大学出版社 2012 年版，第 179 页。

〔3〕 参见王钢：《德国判例刑法》（分则），北京大学出版社 2016 年版，第 128 页。

的处罚。虽然没有"散布"这一行为，但是被害人的利益实际受损。而且从其实质来看，淘宝平台在此时对平台商铺的管控权很大，并且在一定程度上可以决定商铺的信誉值和搜索情况。从实际来看，商誉、信誉往往都是由不特定的人决定的，因此谁对商誉、信誉具有决定权，那么向谁告知就相当于使不特定人知晓消息。一般情况下，向特定主体反映情况的行为不应认为是"散布"，但是向有权决定被害人商誉、信誉的特定主体检举、揭发被害人存在的影响商誉、信誉的行为在一定意义也应认定为"散布"，比如诬告陷害罪中规定的"捏造事实作虚假告发"，实质上就是行为人捏造可能致使被害人被刑事追究的虚假事实向有权进行刑事追究的主体告发，从而使得被害人遭到陷害，此时行为人"告发"的对象并非不特定公众或者多数人，而是有权决定是否追究刑事责任的特殊主体。由于网络社会中商誉、信誉形成机制的特殊性，网络社会中的散布不同于现实生活中的散布，反向刷单使得淘宝平台能检测到异常情况的行为就等同于"散布"行为。

（三）反向刷单炒信行为损坏商业信誉、商品声誉的实质

反向刷单炒信行为是一种较为新型的犯罪手段，目的是借助反向刷单方式来损坏竞争对手的商业信誉和商品声誉，从而减轻行业竞争压力，使自己获益。这是一种虚假的交易行为。在反向刷单炒信行为的案件中，被害人往往以财产受损为由来进行控告，但是值得注意的是就损坏商业信誉、商品声誉而言，财产并不是刑法关注的核心，竞争秩序才是要注重的焦点。财产损失只是一种表现形式，只有在财产犯罪中才是需要我们关注的核心，也并不是破坏生产经营罪中需要注重的要点，所以两案都判决成立破坏生产经营罪是对案件事实所侵害的法益的误解，也是对案件中损害商誉、信誉行为的罔顾。

从损害商业信誉、商品声誉罪本身来看，本罪所侵害的法益主要包括两方面的内容：一是公平的竞争秩序；二是财产关系。就反向刷单炒信行为侵害法益的认定而言，行为损害的是财产关系还是市场竞争秩序？何种法益是我们更应当重视的？这些问题都值得我们进一步思考和衡量。从此类案件的判决中来看，在司法实践中法院更直接地看到的是财产损害关系，往往直接将财产损失当作是犯罪人所侵害的法益，却忽视了行业的公平竞争秩序。在面对竞争秩序和财产关系这两个法益时，我们需要有针对地、有侧重地关注违法行为所侵害的法益。此外，在衡量财产关系和竞争秩序二者谁为核心之时，还需注意该二法益在表征和被表征上存在着表象和内在的关系。从罪名

罪状来看，本罪所侵害的财产关系只是犯罪行为的外部表象，而竞争秩序才是它的本质内涵。虽然行业的竞争秩序相对而言较为抽象，但却是本罪中更为本质和核心的法益。我们在司法实践中必须要准确认定犯罪人的行为性质，从而判断其行为所侵害的法益，以此更好地维护社会秩序。

本案处理评述

董志超、谢文浩反向刷单炒信一案被号称为我国首例"反向刷单入刑案"，是信息时代借助网络进行犯罪的典型案例之一，入选《中华人民共和国最高人民法院公报》。[1]该案在被告人的行为方式、行为性质认定以及侵害法益等方面存在争议。该案作为借助互联网平台使他人损失的独特案例，是新型的犯罪形式之一，具有极强的潜在金融风险，是对合理有序的市场竞争秩序的挑战。此案的审理对于规范电商网络平台经营秩序以及预防新型网络犯罪具有重要意义。

董志超和谢文浩二人以损害智齿科技南京公司淘宝店铺商誉的方式，使其利益遭到损失。在司法实践中认为，董志超和谢文浩两人的行为被认定为破坏生产经营，但究其实质来看，反向刷单炒信行为并不属于《刑法》第276条所规定的"以其他方法破坏生产经营"，董志超和谢文浩二人的行为并未切实地损坏某事物，只是借助淘宝平台的评议机制来造成被害人网络信用和信誉受损，这并非实质性的有形"破坏"行为。加之在案件审查过程中，对被害人财产损失的评估仅是根据其正常收益推断得出，并非对被害人实际财产造成损害，这一认定有违"财产"这一概念在刑法中的规范理解。同时需要注意的是，在董志超、谢文浩二人实施的反向刷单炒信行为对正常的市场竞争秩序会造成严重损害，这也是该案受损的实质法益。事实上，在董志超、谢文浩案中，南京市中级人民法院业已明确指出董志超、谢文浩两人反向刷单炒信的行为"在客观上实施了通过损害被害单位商业信誉的方式破坏被害单位的生产经营"，这已经变相承认：反向刷单炒信行为不符合直接保护生产经营资料财产法益的破坏生产经营罪的犯罪构成要件，反向刷单炒信行

---

〔1〕 参见"江苏省南京市雨花台区人民检察院诉董志超、谢文浩破坏生产经营案"，载《中华人民共和国最高人民法院公报》2018 年第 8 期。

为不应认定为破坏生产经营罪。

而在董志超、谢文浩一案中，如何精准评价其反向刷单炒信行为的刑法性质也值得我们思考。就董志超、谢文浩的行为来看，从董志超通过指使谢文浩恶意购买商铺产品，实际上是在"捏造"被害方恶意进行刷单，从而使得淘宝平台认定被害方存在违规行为，并对其做出搜索降权和降低信誉值的处罚决定。此外，虽然本案中并未出现向公众散布虚伪事实的行为，但是淘宝作为一个公开且存在自主管控权的平台，可以管控商铺的信誉排序，从而将外界对商铺的评价功能控制在自己手中，可以将其视为是掌握信誉评价权的"社会公众"，所以也存在着"散布"行为。淘宝有权对被害商铺做出搜索降权的处罚，管控着商铺的信誉，则可以认定董志超、谢文浩的行为是通过损害被害方信誉，干扰被害商铺的正常运营。在案件分析中，我们也不能忽视董志超和谢文浩的行为是"捏造"并"散布"的全新诠释，尽管不同于传统意义上的"捏造"并"散布"，但是其引起淘宝平台重视并对被害人商铺做出处罚的做法，实际上是向有影响力和判断力的一方捏造被害方存在刷单行为，从而影响其信誉，这样的"捏造"并"散布"的行为有别于传统意义上的认定，但是基于互联网时代的技术变革，类似的行为不应当被否认。

从案件本身来看，其侵犯的法益为市场竞争秩序，其客观行为实质上是"捏造"并"散布"，最终造成被害商铺的信誉受损，并造成经济损失，其行为方式、行为后果以及所侵害的具体法益更为符合损害商业信誉、商品声誉罪之条款。作为较为新型、隐蔽的网络犯罪方式，反向刷单炒信行为严重干扰网络信用的正常形成机制，破坏公平、公正、自由、诚信的网络市场竞争秩序，给凭据网络信用进行正常网络交往的社会公众带来极大不便。反向刷单炒信行为的刑法规制，应当准确把握反向刷单炒信的内在实质，精确解释反向刷单炒信行为侵害的具体法益，正确认定刑法分则相关罪名的犯罪构成要件，做到在罪刑法定主义规范下对反向刷单炒信行为恰如其分的刑法规制。

法律适用依据

一、《中华人民共和国刑法》（2011 年修正）

第 221 条：捏造并散布虚伪事实，损害他人的商业信誉、商品声誉，给他人造成重大损失或者有其他严重情节的，处二年以下有期徒刑或者拘役，并处或者单处罚金。

第 276 条：由于泄愤报复或者其他个人目的，毁坏机器设备、残害耕畜或者以其他方法破坏生产经营的，处三年以下有期徒刑、拘役或者管制；情节严重的，处三年以上七年以下有期徒刑。

二、《中华人民共和国电子商务法》

第 5 条：电子商务经营者从事经营活动，应当遵循自愿、平等、公平、诚信的原则，遵守法律和商业道德，公平参与市场竞争，履行消费者权益保护、环境保护、知识产权保护、网络安全与个人信息保护等方面的义务，承担产品和服务质量责任，接受政府和社会的监督。

三、《关于公安机关管辖的刑事案件立案追诉标准的规定（一）》（公通字〔2008〕36 号）

第 34 条　［破坏生产经营案（刑法第二百七十六条）］由于泄愤报复或者其他个人目的，毁坏机器设备、残害耕畜或者以其他方法破坏生产经营，涉嫌下列情形之一的，应予立案追诉：

（一）造成公私财物损失五千元以上的；

（二）破坏生产经营三次以上的；

（三）纠集三人以上公然破坏生产经营的；

（四）其他破坏生产经营应予追究刑事责任的情形。

第十一章

孙前途非法经营案

——非法放贷行为刑法规制的规范诠释

案例基本概况

一、案情概要

2018 年 8 月至 2019 年 10 月 29 日，被告人孙前途等人在温州市瓯海区新桥街道"公馆 1 号"1 幢 701 室内，未经监管部门批准，以营利为目的，以超过 36% 的实际年利率，经常性地向社会不特定对象发放贷款。期间，被告人孙前途等人通过购买等途径非法获取公民个人信息数据共计 10 000 余条用以联络放贷对象。2019 年 10 月 29 日，公安人员在现场查获并扣押犯罪工具电脑、电销神器"等物。经查，2019 年 10 月 21 日至同月 28 日期间，被告人孙前途等人共向 100 余名对象发放贷款 200 余笔，发放贷款金额达 48 万余元。

2020 年 3 月 20 日，被告人孙前途在律师见证下签署《认罪认罚具结书》。

温州市瓯海区人民检察院以瓯检梧田刑诉（2020）587 号起诉书指控被告人孙前途犯非法经营罪、侵犯公民个人信息罪，于 2020 年 3 月 20 日向温州市瓯海区人民法院提起公诉并建议法院适用简易程序审理，后受理法院发现本案不适宜适用简易程序审理，依法转为普通程序并组成合议庭，召开庭前会议，公开开庭进行了审理。温州市瓯海区人民检察院指派副检察长陈光华、检察官助理朱学优出庭支持公诉，被告人孙前途及其辩护人杨雄俊到庭参加诉讼。

二、处理结论

浙江省温州市瓯海区人民法院一审认为，被告人孙前途违反国家规定，未经监管部门批准，结伙以营利为目的，经常性地向不特定对象发放贷款，扰乱金融市场秩序，情节严重；同时违反国家规定，结伙获取公民个人信息，情节严重，其行为已分别构成非法经营罪、侵犯公民个人信息罪。公诉机关指控被告人孙前途等犯有非法经营罪、侵犯公民个人信息罪的事实清楚，证据确实充分，指控罪名成立。其中，被告人孙前途犯数罪，应当数罪并罚，同时，孙前途有坦白情节并自愿认罪认罚，结合本案实际情况，法院对其从轻处罚，对辩护人的相关辩护意见，酌以采纳。公诉机关的量刑建议适当，予以采纳。依照《刑法》第 225 条、第 253 条之一第 1 款和第 3 款、第 25 条第 1 款、第 69 条、第 67 条第 3 款、第 64 条及《刑诉法》第 15 条之规定，判决被告人孙前途犯非法经营罪，判处有期徒刑一年六个月，并处罚金 80 000元；犯侵犯公民个人信息罪，判处有期徒刑七个月，并处罚金 7000 元；数罪并罚，决定执行有期徒刑一年十个月，并处罚金 87 000 元。本案涉及的发放贷款 48 万元予以没收，上缴国库。本案缴获的犯罪工具电脑、"电销神器"等物（扣押于公安机关）予以没收。[1]

案件诉争聚焦

孙前途非法经营案中，被告人孙前途违反国家规定，未经监管部门批准，结伙以营利为目的，经常性地向不特定对象发放贷款一案事实清楚，证据确实充分。根据本案认定的事实与证据，被告人孙前途非法发放贷款行为构成《刑法》第 225 条规定的非法经营罪。对此，被告人孙前途及其辩护人、相应的人民法院、人民检察院均无异议。在法律适用上，本案具体适用的是非法经营罪罪刑条款的第（四）项"其他严重扰乱市场秩序的非法经营行为"，法律依据为最高人民法院、最高人民检察院、公安部、司法部《关于办理非法放贷刑事案件若干问题的意见》（法发〔2019〕24 号，2019 年 10 月 21 日施行，以下简称《办理非法放贷刑事案件意见》）。

《办理非法放贷刑事案件意见》以准司法解释形式明确非法放贷行为的刑法定性，强调部分放贷行为在满足特定条件的情形下，应依据《刑法》第225 条第（四）项之规定，以非法经营罪定罪科刑。《办理非法放贷刑事案件意见》所界定的非法放贷行为包含两个层次：其一是作为行政违法的非法放贷行为；其二是成立《刑法》第 225 条非法经营罪犯罪的行政犯。行为人（法人或非法人组织）"违反国家规定，未经监管部门批准，或者超越经营范

---

〔1〕 参见浙江省温州市瓯海区人民法院（2020）浙 0304 刑初 210 号刑事判决书。

围，以营利为目的，经常性地向社会不特定对象发放贷款，扰乱金融市场秩序"系属行政不法，进一步分解为放贷行为的违法性（违反国家规定）、放贷行为的职业性（以营利为目的，经常性地发放贷款）以及放贷行为的开放性（非法放贷的对象具有不特定性）等构成要件，统称为非法放贷行为的"违法性特征"要件。上述违法性特征要件只是行为成立非法经营罪的必要但不充分条件，成立本罪还要求具备"情节严重"要件，并具有与《刑法》第225条非法经营罪相当之社会危害性。通过对行为是否符合《办理非法放贷刑事案件意见》规定的"违法性特征"要件与"情节严重"要件进行评价，才能从严把握以犯罪规制的非法放贷行为与普通行政违法行为，乃至与合法的民间借贷法律关系之间的界限，防止将普通行政违法行为人为拔高为刑事违法犯罪或将无罪行为通过类推解释作有罪化处理，警惕刑罚权不当介入社会生活领域。

案涉法理精释

一、非法放贷行为刑法规制的基础论

（一）非法放贷行为的内涵与外延

实践中，非法放贷行为缺乏明确、统一的认定标准，是否应当纳入刑法规制范围，应当将哪些非法放贷行为纳入刑法犯罪圈，应以何种罪名追究刑事责任均存在认识分歧。对此，《办理非法放贷刑事案件意见》第1条第1款明确将非法放贷行为的内涵界定为"违反国家规定，未经监管部门批准，或者超越经营范围，以营利为目的，经常性地向社会不特定对象发放贷款，扰乱金融市场秩序。"有学者以放贷主体为标准，将借贷行为概括为金融机构、企业的经营性借贷行为和民间借贷行为，进而将《办理非法放贷刑事案件意见》第1条确定依照非法经营罪定罪处罚的非法放贷行为限定为小额贷款公司和普通民间借贷中的非法放贷行为。持论者不仅将小额贷款公司从民间借贷组织形式类型中剥离出来，同时将《办理非法放贷刑事案件意见》第1条一拆为二，认为小额贷款公司成立非法经营罪的核心理据是"违反国家规定，超越经营范围，以营利为目的，经常性地向社会不特定对象发放贷款"，个人民间借贷行为构成非法经营罪的核心理据在于违反国家规定，未经监管部门批准，以营利为目的，经常性地向社会不特定对象发放贷款。[1] 在笔者看来，这种观点值得商榷。其一，虽然对于小额贷款公司是否属于民间借贷组织的问题，学界仍存在争议，但大多数学者普遍将其视为现代新型经济体制下的产物，是民间借贷的高级形态。[2] 其二，持论者认为小额贷款公司成立非法经营罪的理据是这类公司法人"超越经营范围，以营利为目的，经常性地向社会不特定对象非法放贷。"但从 2005 年中国人民银行正式在陕西、四川、贵州、陕西等 4 省建立小额信贷试点地区，鼓励民间设立贷款公司开展小额信贷以来，经营放贷业务自然成为小额贷款公司的正常营业范围。2008 年 5 月 4 日银监会与中国人民银行联合发布的《关于小额贷款公司试点的指导意见》（银监发〔2008〕23 号）首次给予小额信贷公司以法规的准确性和合法性评价，将小额贷款公司定位为，"由自然人、企业法人与其他社会组织投资设立，不吸收公众存款，经营小额贷款业务的有限责任公司或股份有限公司。"可见，经营小额放贷业务理应系此类公司法人的业务经营范围，不以贷款业务（小额）为经营范围的小额贷款公司何以称其为（小额）贷款公司？既然认可对外发放小额贷款是这类公司法人的正常业务范围，又何来小额贷款公司"违反国家规定，超越经营范围"一说？又何来小额贷款公司经常对外发放贷款构成非法经营罪一说？从央行和银监会的相关法规[3]来看，小额贷款公司面临的刑事合规风险一般不在于非法经营罪，而主要在于："只贷不存"的业务范围限制加剧企业"无钱可贷"资金短缺困境，从而转向非法吸收或变向吸收公众存款；以超高利率对外发放贷款，但这不符合《办理非法放贷刑事案件意见》规定的以非法经营罪规制的放贷行为要件，后者核心理据应为非金融机构的自然人、法人或非法人组织未经批准，或超越原本经国家有关机构核准的经营业务范围，擅自经营贷款业务，说明经营贷款业务原本不是经核准的经营业务范围，小额贷款公司以超高利率等方式对外发放贷款只是违反一般行政许可的违规经营，而非特别许可；明知借款人为实施违

---

〔1〕 参见王志远："非法放贷行为刑法规制路径的当代选择及其评判"，载《中国政法大学学报》2021 年第 1 期。

〔2〕 参见邓小俊：《民间借贷中金融风险的刑法规制》，中国人民公安大学出版社 2016 年版，第 32 页。

〔3〕 中国银监会与中国人民银行联合发布的《关于小额贷款公司试点的指导意见》（银监发〔2008〕23 号）和中国银保监会办公厅《关于加强小额信贷公司监督管理的通知》（银保监办发〔2020〕86 号）。

法犯罪活动，为谋取高额利息，仍向其提供贷款，出借人很有可能构成借款人所从事犯罪活动的共犯；合规风险还表现为以"暴力"、"威胁使用暴力"或"软暴力"进行非法催收。其三，持论者认为《办理非法放贷刑事案件意见》规制的第二种非法放贷是个人民间借贷行为，"个人"是仅指自然人之间的民间借贷，还是包括自然人、非金融机构的法人或非法人组织之间的民间借贷在内？实则语焉不详，不免引起读者疑惑。

笔者认为，从放贷主体出发界定非法放贷行为难免挂一漏万，因此主张从借贷行为本身出发，将非法放贷的外延界定为民间借贷，并得出结论：《办理非法放贷刑事案件意见》确定依照非法经营罪规制的非法放贷行为实质上是民间借贷的异化，即出借方未经主管部门批准或超越经营范围，从事放贷经营行为。这一结论并非毫无依据。最高人民法院在论述《办理非法放贷刑事案件意见》制定背景时说道，"民间借贷，是一种广泛存在的民间资金融通活动，作为平等民事主体之间的经济互助行为，一定程度上满足了社会融资需求，对于促进经济发展起到有益补充作用。但由于其游离于正规金融体系之外，自身带有混乱、无序的弊端，故在逐利动机驱使下容易发生性质变异，并随之诱发一系列负面效应。近些年来，对外出借资金行为背离民间借贷本质的问题愈加严重，一些已经脱离民间借贷个体的、偶然的、互助的存在模式，演化为出借人的经常性谋利手段，并向着资本运作方式规模化发展，客观上已经形成一种未经有权部门批准、未取得合法资质从事发放贷款业务的非法金融业务活动。"[1]一言以蔽之，我国法律不禁止民间借贷。但禁止自然人、非金融机构的组织未经有权部门批准、未取得合法资质从事发放贷款业务的非法金融业务活动，这集中反映了中国式金融约束的实践经验。

（二）非法放贷行为与相关概念的区分

第一，达到犯罪程度的经营性高利贷行为与普通行政违法的高利贷行为之间的界限。长期以来，民间高利贷的入罪问题一直都是理论聚讼的焦点。《办理非法放贷刑事案件意见》明确以超过 36% 的实际年利率实施的非法放贷行为在满足特定情形下，分别属于刑法第 225 条规定的"情节严重"与"情

---

〔1〕　朱和庆等："《关于办理非法放贷刑事案件若干问题的意见》的理解与适用"，载《人民法院报》2019 年 11 月 28 日，第 6 版。

节特别严重"。因之，该准司法解释被认为是民间高利贷的司法犯罪化。如下文所述，我国严厉禁止高利贷行为。

《中华人民共和国民法典》明确国家对高利放贷的否定态度，第680条规定"禁止高利放贷，借款的利率不得违反国家有关规定。"但对于借贷双方约定多高的利率才算高利贷的问题欠缺明确规定，且将高利贷的界定问题委诸于"国家有关规定"，却未言明"国家有关规定"的具体指向，易导致司法适用的不确定性。2002年中国人民银行发布《取缔地下钱庄及打击高利贷行为的通知》提及了高利贷的界定以及对高利贷予以规制的意见，明确民间借贷双方协商约定的利率超过中国人民银行公布的金融机构同期、同档次贷款利率（不含浮动）4倍的，系高利贷行为。所谓的银行同期同类贷款利率的4倍，是指按照央行公布的同期贷款基准利率的4倍计算。但随着我国贷款市场利率市场化改革的深入推进以及金融机构利率决策权的逐步放开，基准利率标准随之取消，以基准利率（6%左右）的4倍计算出的民间借贷利率控制机制也应随之进行相应调整。强制适用"4倍利率"标准，有悖于民间融资"短、快、灵"的属性，既无法反映市场对资金需求的真实状况，也压制了资金的自由配置，理想化的民间借贷利率标准应随着市场自发变动。[1] 为适应经济高质量发展的需求，规范民间借贷活动，推动贷款利率市场化改革，促进民间借贷利率与经济社会发展水平相协调，最高人民法院于2020年12月29日公布《关于审理民间借贷案件适用法律若干问题的规定》（2020第二次修正，法释〔2020〕17号，以下简称《民间借贷案件适用法律的规定》），大幅调整民间借贷利率的司法保护上限，以一年期贷款市场报价利率（LPR）的4倍作为新的保护上限，取代以往的"两线三区"贷款利率控制机制。以2021年6月20日发布的一年期LPR3.85%为标准为例，民间借贷利率的司法保护上限调整为15.4%，相较于24%和36%而言，有较大幅度的降低。民间借贷双方协议确定的借款利率超过合同成立时一年期LPR4倍的属于高利贷，超过部分利息不具有法律上的请求权基础，系非法利益。《办理非法放贷刑事案件意见》第2条明确，借贷双方以超过36%的年利息实施的借贷行为成立非法经营罪所具备的"违法性"特征要件以及"情节严重"要件，这样的制度安排有利于防止刑罚权的打击面异化扩张，并为民事司法和行政执法预留

---

〔1〕 参见强力："我国民间融资利率规制的法律问题"，载《中国政法大学学报》2012年第5期。

必要的规制空间。

　　上述法律、法规等规范性文件以及司法解释中，《取缔地下钱庄及打击高利贷行为的通知》虽然明确了民间借贷约定之利息超过中国人民银行公布的金融机构同期、同档次贷款利率 4 倍系法律不予保护之高利贷行为，但是该规范性法文件不能作为认定高利贷违反国家规定的依据，理由有三：首先，虽然《取缔地下钱庄及打击高利贷行为的通知》仍然有效，但随着《民间借贷案件适用法律的规定》的颁行，一年期贷款市场报价利率（LPR）的 4 倍成为民间借贷利率司法保护新上限。这意味着前者的相关规定不再适用。其次，该规范性法文件的制定主体中国人民银行系国务院下辖部门之一，根据最高人民法院《理解和适用"国家规定"通知》的规定，国务院各部门规章不属"国家规定"之列。此外，《中华人民共和国民法典》虽然主要是原则性、宣示性的规定，对于司法实践中高利贷的认定指导意义不强，但上述部门法均明确了高利贷行为的违法性以及国家与社会的否定态度。最后，《民间借贷案件适用法律的规定》与《办理非法放贷刑事案件意见》都是最高人民法院发布的司法解释性文件。对于借贷双方约定利率的问题，二者之间出现了规制空白区间。

　　《办理非法放贷刑事案件意见》指出"以超过 36% 的实际年利率实施符合本意见第 1 条规定的非法放贷行为，具有下列情形之一的，属于《刑法》第 225 条规定的"情节严重"……。"结合《民间借贷案件适用法律的规定》，借贷双方约定 36% 的借贷利率明显超过一年期贷款市场报价利率（LPR）的 4 倍（以 2021 年 6 月 20 日发布的一年期 LPR 为参照标准），但对于这两部司法解释未提的部分，即介于一年期 LPR4 倍与 36% 之间的借贷利率，则出现了刑事规范空白。那么对于借贷双方约定利率介于这二者之间的，且具备《办理非法放贷刑事案件意见》第 1 条规定的非法放贷行为成立非法经营罪的"违法性特征"、"情节严重"以及"相当社会危害性"要件的，是否应当按照非法经营定罪处罚呢？笔者认为，首先，能够确定的是，民间借贷双方协议确定的借款利率介于合同成立时一年期 LPR4 倍与 36% 之间的属于高利贷，超过 LPR4 倍的利息不具有法律上的请求权基础，系非法利益。其次，对于行为人以介于 LPR4 倍与 36% 之间的借款利率对外发放贷款，且具备《办理非法放贷刑事案件意见》第 1 条规定的非法放贷行为成立非法经营罪的"违法性特征"要件、"情节严重"以及"相当社会危害性"要件的，是否应当作为犯罪论处的问题，笔者认为这种情形不应以非法经营罪定罪处罚。审判实践中存在着大量的民间借贷纠纷案件与非法经营以及非法集资类刑事案件交错，如何来协调处理这类民刑交叉案件是当前民间借贷纠纷中比较重要的问题。对此，《民间借贷案件适用法律的规定》规定了几种情况：第一种情形，移送涉嫌犯罪的线索、材料。例如，第 5 条第 1 款规定，"人民法院立案后，发现民间借贷行为本身涉嫌非法集资等犯罪的，应当裁定驳回起诉，并将涉嫌非法集资等犯罪的线索、材料移送公安机关或者检察机关。"第二种情形，先刑后民，民间借贷纠纷的审理应中止审理，只有等相关刑事案件审结了，民事案件才能恢复审理。例如，第 7 条规定，"民间借贷纠纷的基本案件事实必须以刑事案件的审理结果为依据，而该刑事案件尚未审结的，人民法院应当裁定中止诉讼。"尽管如此，但其实质仍是指导民事案件审理的司法解释。对于以介于 LPR4 倍与 36% 之间的借贷利率从事的非法放贷行为，在国家尚未明确规定其刑事违法的性质之前，将其作为构成非法经营罪必要条件的做法并不妥当。

区别于经营性的高利贷行为，单纯的高利放贷行为虽然具有明显的违法性，但是否符合以非法经营罪规制的非法放贷行为的职业性与开放性、情节严重要件以及具备相当的社会危害性，必须针对具体案件情形具体分析。可以说，上文所述高利放贷的违法性仅是对行为人"未经监管部门批准，或超越经营范围，以营利为目的，经常性地向社会不特定对象"高利放贷行为按照非法经营罪处理的必要但不充分条件。

第二，非法经营放贷行为与合法民间借贷法律关系之间界限。前已述及，《办理非法放贷刑事案件意见》规制的非法放贷行为实质上是民间借贷的异化，后者是平等民事主体之间的资金互助行为，有益于社会经济的发展，应当受到法律的有力保护。《办理非法放贷刑事案件意见》第 4 条规定仅向亲友、单位内部人员等特定对象出借资金，不得适用本意见第 1 条的规定，应予以除罪化。但同时对于假借民间金融的形式，行违法犯罪之实的行为，仍然按照非法经营罪定罪处罚。

这些行为皆徒有民间借贷法律关系之表象，实质乃非法经营对外发放贷款业务。例如，第（一）项通过特定对象向不特定对象发放贷款，此乃假借合法民间借贷法律关系的主体特定性特征，将特定对象作为行为人实施经营性放贷行为的工具。第（二）项行为人先将不特定对象吸纳为单位内部人员，使其摇身一变成为特定对象，以满足合法民间借贷法律关系中的对象特定性特征，再对其发放贷款。表面看来，这种借贷法律关系中，出借资金的对象具有特定性，不满足非法放贷行为针对对象的不特定性特征。但实际上这里的"特定对象"地位的取得是非法放贷行为人有意为之，主要的目的仍是"发放贷款"，这种情况下司法解释规定仍应作为非法放贷行为予以规制。第（三）项"向社会公开宣传，同时向不特定多数人和亲友、单位内部人员等特定对象发放贷款的"。虽然亲友、单位内部人员之间存在血缘、业缘等纽带关系，与这类特殊对象之间形成的借贷关系不满足非法放贷行为所普遍具备的对象不特定性特征，不应被认定为非法放贷行为。但行为人"向特定对象或不特定多人发放贷款"以及"向社会公开宣传"相当于手段行为，皆服务于促使社会不特定对象向其借贷之目的行为，这就和合法民间借贷法律关系区别开来。

（三）民间借贷法治发展：合法性与刑事风险

作为一种自发的资金融通形式，民间借贷在世界各地有着悠久的历史传统，既是资金供应者的一种投资理财方式，也是资金需求者的资金来源渠道。欧洲文艺复兴时期，英国著名作家莎士比亚以文学艺术形式，通过威尼斯商人与安东尼奥之间的借贷纠纷关系再现当时经济生活图景。早在西周时期，我国历史上最早的契约制度已现雏形。其中买卖契约叫"质剂"，借贷契约叫"傅别"，[1]足以可见民间借贷深厚的传统。随着新中国社会主义市场经济的发展，民间借贷一词逐渐成为一个约定俗成的法律术语，《民间借贷案件适用法律的规定》首次以司法解释的形式界定了民间借贷的含义。[2]

1. 民间借贷的合法性基础

有学者认为，"民间借贷的合法性"本身是个伪命题。民间借贷是一种民事行为，具有天然的合法性，并不需要国家通过法律形式明确宣布其合法性。诸多相关法律法规、司法解释对民间借贷的形式、利率等具体问题作出规定，目的是为促进民间借贷行为的规范化、法治化与良性化发展，并非通过这些规

---

〔1〕 参见韩雪梅编著：《中国传统法律文化今读》，甘肃文化出版社 2010 年版，第 96 页。

〔2〕《民间借贷案件适用法律的规定》第 1 条规定，本规定所称的民间借贷，是指自然人、法人和非法人组织之间进行资金融通的行为。经金融监管部门批准设立的从事贷款业务的金融机构及其分支机构，因发放贷款等相关金融业务引发的纠纷，不适用本规定。

范性文件赋予本来"非法"的民间借贷行为以"合法"地位。[1]那么继续探讨民间借贷合法性问题是否还有意义呢?笔者认为,"民间借贷合法性"、"合法民间借贷"与"非法民间借贷"是性质不同的命题。前者侧重从民间借贷与非公有制经济发展论证其存在的正当性与合理性基础,后二者注重事物在法律上的评价。民间借贷具有天然的正当性与合理性并不意味着其一定具备现实法规照应下的合法性,若将这两个命题混淆在一起,并得出民间借贷一定同时具备历史合法性与现实合法性的结论,那么面对诸多由民间借贷引发的违法犯罪事件,持论者势必疑惑。

金融是国家重要的核心竞争力,金融安全是国家安全的重要组成部分,金融制度是经济社会发展中重要的基础性制度。改革开放以来,我国社会主义市场经济蓬勃发展,取得了历史性成就。经济面貌焕然一新,逐渐由传统的计划经济向社会主义市场经济过渡,由封闭型经济向开放型经济转轨。[2]民间金融作为独立于正规金融的非正规经济类型,最为常见的是民间借贷。民间借贷与民营经济,特别是小微企业的生存发展休戚相关。小微经营者是吸纳就业的主力军,是当之无愧的先进生产力的代表。第四次全国经济普查结果显示,中小微企业吸纳就业效果明显,占全部企业就业人员的比重为79.4%。[3]然而,长期以来,融资困境成为小微企业生存发展的最大难题,面对金融服务,小微经营者变成了十足的弱势群体。中共中央总书记习近平在主持中央政治局第十三次集体学习时强调,深化金融供给侧结构性改革必须以服务实体经济、服务人民生活为本,[4]其深意莫不在此。当前,我国金融体制改革取得巨大成就,金融机构快速发展,金融市场体系不断完善,金融产品和服务日益丰富,民营实体经济"融资难"问题获得国家高度重视。

---

〔1〕 参见沙良永:"民间借贷:现状、影响及合法性探讨",载《贵阳市委党校学报》2012年第5期。

〔2〕 参见邢润雨等:《现代金融学》,西安交通大学、陕西证券学会《现代金融学编写组》2000年版,第525页。

〔3〕 参见国家统计局:"中小微企业成为推动经济发展的重要力量——第四次全国经济普查系列报告之十二",载 http://www.stats.gov.cn/tjsj/zxfb/201912/t20191218_ 1718313.html,最后访问日期:2021年5月4日。

〔4〕 参见林凡凡:"习近平在中共中央政治局第十三次集体学习时强调:深化金融供给侧结构性改革 增强金融服务实体经济能力",载 http://v.china.cn/news/2019-02/23/content_ 74496931.htm,最后访问日期:2021年5月3日。

全国工商联发布的《2019-2020 年小微融资状况报告》显示，小微企业经营者的信贷获得情况改善较快，是近年来金融普惠政策受益最多的一个群体，超过 82.3% 的小微企业经营者认为贷款获取相比 3 年前更加容易、便捷。与此同时，报告也明确指出，小微经营者融资难、融资贵、融资慢问题还没有根本缓解。我国金融市场仍以国有金融为主，在国家宏观调控政策范围内，正规金融主体以实现国家宏观调控目标为导向，在国家产业政策指导下开展贷款业务，更倾向于服务大型企业，较难触达小微企业和个体经营者。人民银行 2018 年的数据显示，我国商业银行发放的单户 500 万以下的普惠口径小微贷款金额仅占全部企业贷款的 2%，小微企业获得的信贷支持和金融服务资源与其在国民经济中发挥的重要作用难以匹配。在渐进式金融体制变迁的背景下，正规金融在相当长一段时间内仍以国有经济单位的资金需求为主要服务对象，正规金融主体与国有企业之间的刚性依赖关系致使其无心顾及民营企业，民营企业难以获得与国有企业同等的融资待遇，加之国家严格限制发展中小民营金融机构和民间金融活动，解决民营企业资金"瓶颈"的融资渠道狭窄且阻滞，民营企业往往被隔离于正规金融市场之外，于是与正规金融部门平行的非正规金融应运而生。[1]从生成机理来看，非正规金融制度安排是源于人们为追求正规金融制度安排下无法实现的潜在收益而进行的制度需求再安排即制度创新，是一种基于市场的诱致性制度变迁，具有市场内生性的特点。[2]民间借贷广泛地活跃在大量的私人借款和中小企业的生产经营中，成为助推中国经济发展的主要金融力量之一。此外，在我国城乡二元经济结构下，正规金融体制对广大农村地区的资金支持仍显不足，民间借贷因其灵活性与便捷性获得"三农"以及农村地区中小微企业发展的青睐与追捧，成为支持"三农"发展的重要资金补充渠道。[3]同时，民间借贷激活了我国沉睡已久的民间资本市场，极大地提高了社会资金的配置效率，对正规金融机构的金融垄断地位无疑形成了一定的压力和挑战，也在一定程度上加快了我国金融体制改革的步伐。

在国家金融抑制背景下，我国民间借贷的发展与正规金融信贷配额限制

〔1〕　参见江曙霞等：《中国金融制度供给》，中国金融出版社 2007 年版，第 170 页。
〔2〕　参见江曙霞：《中国"地下金融"》，福建人民出版社 2001 年版，第 34 页。
〔3〕　参见马琳："规范发展农村民间借贷的构想"，载共青团中国人民银行委员会编：《金融调控与经济发展——中国人民银行青年论文集》，中国金融出版社 2006 年版，第 279 页。

与歧视下体制外经济形式所形成的资金需求市场完美对接，在解决资金供求矛盾和促进我国民营经济发展方面发挥了极其巨大的推动作用。民间借贷的发展壮大弥补了国家金融体系的缺陷，加快资金运营的效率；另一方面，民间借贷的生存与发展以不损害他人和社会的合法性利益以及国家的金融管理制度为其现实合法性的前提，这也是区分合法民间借贷行为与非法民间借贷行为的关键理据。

2. 民间借贷刑事风险的生成

历史和事实证明，脱离金融监管的民间借贷是一把双刃剑，在发挥积极作用的同时，不可避免地滋生违法犯罪活动，扰乱国家的金融管理制度，影响国家法律的尊严与权威。其一，民间借贷活动具有较强的自发性与盲目性，在资本逐利本质的驱使下，利润最大化是出借人的最终追求，一些出借人不惜铤而走险，走上非法集资的犯罪道路。有学者认为，触犯非法集资罪是民间借贷最大的法律风险。[1]有些出借人甚至利用各种关系和资源，从银行获取成本较低的贷款，转而再以高利息的形式出借，这无疑导致国家正规金融机构的资本变相进入民间借贷市场，极大地削弱国家金融应对风险的能力。其二，国家正规金融机构始终密切紧跟和配合国家宏观调控政策以及产业发展政策，以充足的资金、规范化的管理服务于国有经济单位，并非单纯考虑市场需求，盲目追求利益。然而，民间借贷活动具有很强的隐蔽性，国家宏观经济调控政策与产业政策无法对其实现有效的指导作用，在利益最大化的驱动下，社会资金极易通过民间借贷的形式流入不符合国家产业政策的项目，不利于国家整体经济战略和产业结构的良性发展。[2]因此，国家禁止未经有关主权机关批准而从事贷款业务，并通过准司法解释的形式明确了非法放贷的刑法定性。其三，民间借贷活动中的非法放贷行为往往与高利贷联系紧密。高利贷行为自古有之，新中国成立后，消除高利贷成为新社会的标志性事件。[3]前已述及，高利贷不受国家法律保护，客观上易诱致非法催收行为，现实生活中非法催收形式不断翻新，甚至衍生出第三方"职业催收机构"，

---

〔1〕 参见岳彩申等：《民间借贷与非法集资风险防范的法律机制研究》，经济科学出版社 2018 年版，第 25 页。

〔2〕 参见王晓娟：《中国民间借贷及其风险防范研究》，社会科学文献出版社 2019 年版，第 22~23 页。

〔3〕 参见岳彩申："民间借贷规制的重点及立法建议"，载《中国法学》2011 年第 5 期。

倾向于以暴力手段非法催收，往往诱发针对公民人身财产权益的多种伴生与次生犯罪，因而成为国家重点打击对象。我国 2020 年《刑法》在总结扫黑除恶专项斗争实践经验的基础之上，新增《刑法》第 293 条之一"催收非法债务罪"，对以非法手段催收高利放贷等产生的非法债务行为予以专门的刑事评价。[1]

3. 民间借贷犯罪行为的刑法规制

晚近以来，我国民间借贷领域纠纷大量出现，各地法院受理的民间借贷纠纷案件呈高发态势；民间借贷犯罪活动多发，特别是金融危机爆发以来，全国各地发生多起由民间借贷引发的违法犯罪事件，极大地冲击和扰乱了国家正常金融秩序，并为黑恶势力滋生和发展创造经济条件，成为影响社会稳定的潜在危险。2012 年中国（上海陆家嘴）民营金融发展峰会召开之际，正是温州民企老板跑路潮，鄂尔多斯房地产商自杀，江苏泗洪"宝马乡"高利贷崩盘，河南安阳陷入非法融资漩涡，厦门担保业频爆资金链断裂，青岛一房多贷乱象等险象环生之时。[2]以直接针对民间借贷中的非法放贷行为本身，还是针对其手段行为进行刑事治理为标准，可以将非法借贷行为的刑事治理模式概括为针对非法放贷行为本身的直接规制模式和针对手段行为的间接规制模式。前者直接对非法放贷行为本身以非法经营罪等刑法罪名规制；后者则通过对非法借贷行为伴生的非法拘禁、故意伤害、敲诈勒索、非法集资、暴力催收等行为进行规制，从而实现对非法借贷行为间接的、事后预防性的规制。[3]在间接规制模式中值得一提的是，民间资金放贷的资金来源构成犯罪。民间借贷行为中的资金出借方或对外发放贷款一方首先应确保合法的资金来源。根据《中华人民共和国商业银行法》（2015 修正），民间借贷中的出借方不能用社会资金、单位资金或金融资金对外出借，其出借的资金必须是其合法所有的自有资金，未经批准非法吸收或变相吸收社会公众存款，不仅会受到相关法律法规管制，甚至构成非法集资类犯罪。"非法集资是指行为人以非法占有他人财产为主观目的，采用诈骗方法进行非法集资，数额较大的

---

〔1〕　参见曹波、杨婷："非法催收不予保护债务入刑的正当根据与规范诠释"，载《天津法学》2020 年第 4 期。

〔2〕　载 https://baike.so.com/doc/3683661-3871488.html，最后访问日期：2021 年 5 月 4 日。

〔3〕　参见王志远："非法放贷行为刑法规制路径的当代选择及其评判"，载《中国政法大学学报》2021 年第 1 期。

行为。"[1]我国《刑法》对非法集资类犯罪的惩罚力度比较大，具体涉及四个罪名，分别是非法吸收公众存款罪、集资诈骗罪、欺诈发行股票、债权罪和擅自发行股票、公司、企业债券罪，司法实务中以非法吸收公众存款罪与集资诈骗罪最为常见。

《办理非法放贷刑事案件意见》出台之前，立法领域与司法实践均未对非法放贷行为本身进行直接、专门的刑法评价，而是重点关注非法放贷以及催收贷款过程中相伴出现的违法犯罪行为，例如催债人员的不法催债行为，从而导致一些社会危害严重的经营性非法高利放贷行为长期处于刑事处罚的盲区。[2]

二、非法放贷行为刑法规制的路径选择与规范阐述

（一）司法犯罪化与立法犯罪化

犯罪化是指将过去不视为犯罪的行为，通过重新修订法律或者采用司法解释的方式将其纳入犯罪圈，用刑罚加以惩罚。根据入罪路径不同，犯罪化有两种实现途径：第一种途径是立法上的犯罪化。在我国，涉及立法犯罪化的行为，只能由代表民意的立法机关将人民的意志上升为法律；第二种途径是司法上的犯罪化。由最高人民法院以司法解释的形式统一司法实践，对行为予以犯罪化。例如，此次最高人民法院印发的《办理非法放贷刑事案件意见》对非法放贷行为的犯罪化即是采取司法犯罪化之路径。

《办理非法放贷刑事案件意见》出台之前，非法放贷行为广泛活跃于民间金融领域。伴随资本市场的扩张和民间借贷活动的蓬勃发展，以谋利为目的的非法经营性放贷业务愈演愈烈，加剧借贷金融市场的乱象，此外，放贷人暴力催收贷款引发的人间悲剧频见报端，引起社会普遍关注。[3]对非法放贷行为进行刑法规制已成为学界共识，但在犯罪化路径选择上出现立法犯罪化

---

[1] 薛晓雪、俞能强：《民间借贷纠纷法律规范与诉讼指引》，中国政法大学出版社 2015 年版，第 21 页。

[2] 参见曹波、杨婷："论非法放贷行为刑法规制的教义学诠释"，载《云南法学》2020 年第 3 期。

[3] 参见韩福东："用法治终结 51 信用卡的暴力催收"，载《经济观察报》2019 年 10 月 28 日，第 8 版；丁文、徐婧："扫黑除恶需将'套路贷'纳入刑事处罚范畴"，载《人民法院报》2019 年 3 月 24 日，第 2 版；姜珊："多策并举整治'714 高炮'超利贷"，载《中华工商时报》2019 年 3 月 20 日，第 3 版。

与司法犯罪化的分歧。非法放贷行为的立法犯罪化路径最早可追溯至 20 世纪 90 年代初期，以陈兴良教授为代表的学者主张增设"发放高利贷罪。"[1]此外，有学者建议增设"职业放高利贷罪"，以惩治以获取高额利息为目的之对外出借资金的经营行为。[2]针对非法放贷行为的社会危害性及其所伴生的严重社会问题，如暴力催收、勾结黑恶势力、侵犯个人隐私、虚假诉讼等，有学者建议增设"非法放贷罪"，"以刑事手段对该行为进行打击的最终目的是要将所有以营利为目的的放贷行为纳入金融监管范围内，通过监管规范其经营行为，以防范因放贷而发生的其他违法犯罪行为。"[3]

在立法犯罪化与司法犯罪化之间，《办理非法放贷刑事案件意见》显然选择了后者。诚然，最高人民法院以司法解释的形式对行为予以犯罪化虽能够统一司法实践，但也存在诸多弊端。其一，司法解释肩负着统一全国司法实践的重任，其内容必然具有抽象性、普遍性，且在很大程度上不予考量也不去借鉴理论发展成果，[4]其高度概括性在实践中往往难以满足基层办案的实际需要，从而导致其初衷落空。其二，这种做法无形中将助长司法惰性，审判机关遇到疑难案件，总是仰仗于司法解释的规定，司法解释有规定的，直接依规判决，往往漠视判决理由的解释工作。刑事判决本应承担着释法说理的功能，若不予说明裁判的理由，普通公众难以知晓法院得出裁判结论的过程，对于什么样的行为构成什么犯罪依然没有概念，刑罚的预防效果也难以收到实效。"刑事判决不明确阐述定罪与量刑的理由，就会损害国民的预测可能性，从而导致国民的行为萎缩，侵害国民的自由。"[5]长此以往，法官很可能演变成为按图索骥，按解释断案的审判机器。其三，刑法犯罪圈以及处罚程度是直接关系国民切身利益的重大事项。法谚有云，"重大事项，听从众人"，什么行为构成犯罪，处以多重的刑罚，应由全体国民共同决定。但由每个国民参与制定刑法，往往既不现实也不经济。我国的人民代表大会制度巧妙地化解了这个矛盾，即由人民通过选举组成民意机关代表人民行使国家立

---

〔1〕 参见陈兴良："论发放高利贷罪及其刑事责任"，载《政法学刊》1990 年第 2 期。

〔2〕 参见徐德高、高志雄："增设'职业放高利贷罪'确有必要"，载《人民检察》2005 年第 18 期。

〔3〕 单一良、姚炎中："全国人大代表厉莉：建议增设'非法放贷罪'"，载《人民法治》2018 年第 4 期。

〔4〕 参见周光权：《刑法学习定律》，北京大学出版社 2019 年版，第 236~237 页。

〔5〕 张明楷：《刑法格言的展开》，北京大学出版社 2013 年版，第 60 页。

法权。但问题是，代表人民行使国家立法权的机关是全国人民代表大会，并非最高人民法院或者最高人民检察院，因此，实践中司法犯罪化仍然遭受不少批判。但由于现实实践中非法放贷行为大肆泛滥，等待全国人大立法可能会使得对该种行为的规制在很长一段时间内持续落空，不利于及时打击犯罪。相较而言，保护国家利益、集体利益和他人合法利益不受损害更显紧迫重要。所以本文认为，对于非法放贷行为司法犯罪化之利大于弊。

（二）非法放贷行为的司法犯罪化未逾越罪刑法定原则

各国刑法呈现出由以自然犯为中心向以法定犯为中心的转变。随着社会发展，具有严重危害性的行为不断涌现，这与刑法相对稳定、滞后性特点间的矛盾直接影响到了社会治理的效果，司法的能动性便凸显出来。司法解释可以在法律尚未对某一具有严重社会危害性的行为进行规制之前，便对这类行为予以司法犯罪化，以对个罪或类罪作出详尽说明或指引的方式统一司法实践、统一对犯罪构成要件要素的认知、统一犯罪构成的标准。针对这种情形，有学者认为，"而在法定犯时代的催化下，司法解释的数量迅速增加，使得司法部门在刑法适用中形成了对司法解释的过度依赖。当任何刑法条文都能通过司法解释来传递信息时，司法解释就已经在实质上取代了刑法，进而成为了审判的依据。"[1]在持论者看来，司法解释已然起到填补法律漏洞以追求社会正义的"准立法"作用，而这是对罪刑法定主义原则的逾越。

罪刑法定原则的思想基础之一即"民主主义"，强调犯罪与刑罚是关系到人民切身人身与财产利益的立法事项，必须由代表人民意志的国家立法机关以制定法的形式予以呈现。日本学者松宫孝明指出，"犯罪和刑罚必须由法律加以规定，而非由现场的警察所发出的命令或者主管部门发布的通告来规定，这体现了'法律'应由作为国民代表的议会制定的要求。亦即，犯罪和刑罚，是由作为主权者的国民来决定的。在此意义上，罪刑法定原则也是基于国民主义或者民主主义的要求。"[2]表面看来，《办理非法放贷刑事案件意见》对于非法放贷行为的司法犯罪化是司法机关在"代行"立法机关的职权，将之前并未以犯罪规制的行为纳入刑法的规制范围，并实质上为作为兜底条款的非法经营罪创设新的犯罪行为，这难道不是对罪刑法定原则的背离吗？本文

---

〔1〕 魏昌东："谨防司法解释逾越罪刑法定原则的樊篱"，载《中国检察官》2019年第13期。

〔2〕 ［日］松宫孝明：《刑法总论讲义》，钱六叶译，中国人民大学出版社2013年版，第14页。

认为，司法解释是国家最高司法机关在适用法律过程中对具体应用法律问题所作的解释，以立法已有的、明确的规定为唯一的解释依据。即使法律法规不甚明确，司法者也只能以原有的法律法规为基础，对规范本身进行解释。[1]从这个角度来说，僭越法制，代行立法权进行的解释根本不能称其为是司法解释。况且，《办理非法放贷刑事案件意见》将非法放贷行为纳入非法经营罪兜底条款规制范围遵循的是规范化的评价路径，是以非法经营罪的构成要件要素为前提条件，并非脱离现行法律规定以及国民预测范围而实质上行使立法权的法制僭越。根据《办理非法放贷刑事案件意见》，国家作为犯罪予以打击的放贷行为本身具有特定指向，并非一般语境下的词汇，即违反国家金融管理规定严重扰乱市场秩序的经营性放贷行为，实质上是"违反国家规定""扰乱金融市场经营秩序""情节严重，并具有与《刑法》第 225 条非法经营罪相当之社会危害性"的非法经营行为，不将其纳入刑法犯罪圈不足以遏阻其社会危害性，对其司法犯罪化有力地弥补了刑事法律规范缺失的困境，并未逾越罪刑法定主义原则。

1. "违反国家规定"——非法放贷行为的违法性

非法放贷行为的司法犯罪化符合非法经营罪犯罪构成要件中的前置性条件——违反"国家规定"。这里的"国家规定"属于本罪构成要件中的空白要素。例如，《刑法》第 228 条规定的非法转让、倒卖土地使用权罪。本罪的构成要件系条文规定的行为方式与"土地管理法规"的综合体；《刑法》第 141 条规定的生产、销售假药罪规制的是生产、销售假药的违法犯罪行为，但对于假药的认定则必须援引《中华人民共和国药品管理法》的相关规定。这里的《中华人民共和国药品管理法》便是空白要素，其所涉及的法定规则的要素也属于本罪构成要件要素。基于同样的规范评价，非法经营罪的构成要件是其所规定的举止方式和"国家规定"的综合体。

第一，全国人大常委会发布的《中华人民共和国银行业监督管理法》（2006 修正）是认定非法放贷行为违法性的"国家规定"。《中华人民共和国银行业监督管理法》第 19 条规定，"未经国务院银行业监督管理机构批准，任何单位和个人不得设立银行业金融机构或者从事银行业金融机构的业务活动。"非法从事银行业金融机构的业务活动，构成犯罪的，依法追究刑事责

---

〔1〕　参见张天虹：《经济犯罪新论》，法律出版社 2004 年版，第 273~274 页。

任。对外发放贷款是银行业金融机构最主要的业务活动之一。从事发放贷款业务需要经过国家有权机关的批准，对于"未经监管部门批准，或者超越经营范围"经营非法放贷行为的，满足以非法经营罪定罪处罚的前提性违法条件。第二，最高人民法院《理解和适用"国家规定"通知》第3条规定，对被告人的行为是否属于《刑法》第225条第（四）项的兜底条款，在没有司法解释明确规定时，应作法律适用问题层报最高人民法院予以明晰。质言之，在最高人民法院、最高人民检察院已经就具体案件中被告人的行为是否属于非法经营罪兜底条款的规制范围作出了明确回应的，便可以依据该司法解释对具体案件作出裁判。显然，《办理非法放贷刑事案件意见》对非法放贷行为是否属于《刑法》第225条兜底条款的问题予以肯定。

2. 扰乱市场经营秩序——非法放贷行为的职业性与开放性

刑法并不禁止对外出借资金行为，但禁止未经国家有权金融监管部门批准，擅自对外出借资金并将其作为职业的经营行为，未经批准（擅自超越经营范围本质也属于未经批准）非法经营贷款业务游离于国家金融监管体制之外，国家金融宏观调控政策或产业政策无法发挥导向作用，成为国家整体经济安全潜在的风险。"放贷行为的职业性"突出强调行为人将放贷作为营利性职业或业务长期反复实施，并且主观上有将该行为继续进行下去以及营利之目的。非法放贷作为一种经营行为，必然包含着主观上的营利目的和客观上的营业行为。所谓"营利目的"，意为"行为人意图通过违法犯罪活动谋取利润的心态"。[1]我国刑法分则有很多犯罪是以具有"营利目的"作为其构成要件的。例如，侵犯著作权罪、销售侵权复制品罪、赌博罪等。另一方面，《办理非法放贷刑事案件意见》第1条第1款规定，非法放贷系指"经常性地向社会不特定对象发放贷款"，突出以非法经营罪规制的非法放贷行为的"营业性、职业性"。同时，该准司法解释第1条第2款对第1款中发放贷款的经常性进行了量化明确。根据规定，经常性放贷是指2年内向不特定多人（包括单位和个人）以借款或其他名义出借资金10次以上。此外，依据非法放贷行为与合法民间借贷法律关系的形式与实质特征，《办理非法放贷刑事案件意见》第4条进一步明晰"向社会不特定对象发放贷款"的实质内涵。在形式上来看，合法民间借贷多发生于亲友、单位内部人员等具有特定纽带关系的

---

〔1〕 参见王飞跃："论刑法中的'经营'"，载《政治与法律》2019年第10期。

对象之间，因之，向这些具有特定关系的对象发放贷款一般不符合非法放贷业务活动所具有的对象开放性特征，不宜认定为非法放贷，更遑论以非法经营罪论处。同时，《办理非法放贷刑事案件意见》第4条明确具有以下三种情形的，应当作为向不特定对象非法放贷的行为处理：一是通过亲友、单位内部人员等特定对象向不特定对象发放贷款的情形。二是以发放贷款为目的，将社会人员吸收为单位内部人员，并向其发放贷款的情形。三是向社会公开宣传，同时向不特定多人和亲友、单位内部人员等特定对象发放贷款的情形。这是为了应对非法放贷分子假借合法民间金融的形式，行违法犯罪之实，企图钻法律"空子"的实际情况。

3. 情节严重，具有相当的社会危害性

就"情节严重"的认定而言，《办理非法放贷刑事案件意见》第2条回答了非法放贷行为是否成立非法经营罪，以及在满足什么条件下成立犯罪的问题。根据《刑法》第225条非法经营罪的成立要求可知，违反国家规定的非法经营行为扰乱市场经济秩序且情节严重构成本罪入罪门槛。相应地，《办理非法放贷刑事案件意见》第2条和第3条分别规定经营性放贷行为构成《刑法》第225条规定的"情节严重"以及"情节特别严重"的情形。就相当社会危害性的认定来说，非法经营罪的实质是严重扰乱市场秩序的行为，该规范维护的是市场的准入制度。市场准入制度的维护路径有赖于行政许可制度的设置，包括特别许可与一般许可。一般许可如驾驶证；特别许可如烟草专卖。二者区别在于禁止的范围，前者并未一般地禁止。换言之，只要具备了法律规定的资格，经指定机关审批即可从事相关事项，社会公众容易进入；后者是指对一般人是禁止性的行为而对特定人或特定事解除禁令，系给予例外的许可，这意味着进入该领域的门槛高。《刑法》第225条前三项具体列举的非法经营行为，如专营专卖物品等限制买卖之物品的经营行为，均系需事先获得国家的特别行政许可，才可实施相关经营业务。不同于一般许可事项，特别许可制度的设计目的不仅在于便利国家的行政管理，其更深层次的意义是，国家以特别许可的形式限制与控制相关商品进入特定市场的数量，或者对特定市场进行管控。毕竟并非任何个人或者企业都具备经营放贷业务与防控风险的能力，非正规金融的盲目性、逐利本质与短视性，极易导致社会资金流入利润高但不符合国家整体产业政策与宏观经济政策的行业领域，这无异于给国家整体经济安全埋下了一颗"定时炸弹"，因此需要政府设置准入门槛，将对外发放贷款的经营行为纳入金融市场的监管范围之内。反观现实，近年来由于对经营性放贷业务的管制不足而引发的市场乱序、金融乱象，严重损害了我国国家、集体和人民利益。对此，《办理非法放贷刑事案件意见》从不同的角度进行阐述以指导司法实践。首先，《办理非法放贷刑事案件意见》第 1 条明确界定非法放贷行为的内涵。只有达到"情节严重"的程度，才能以非法经营罪规制。"违反国家规定，未经监管部门批准，或者超越经营范围，以营利为目的，经常性地向社会不特定对象发放贷款，扰乱金融市场秩序，"还不至"情节严重"的，只能作为一般行政违法的非法放贷行为，尚不能认定行为构成非法经营罪。其次，《办理非法放贷刑事案件意见》第 2 条分别从非法放贷数额、违法所得数额、非法放贷对象数量以及所造成的危害后果（造成借款人或者其近亲属自杀、死亡或者精神失常等严重或特别严重后果）等方面规定非法放贷行为"情节严重"和"情节特别严重"的具体认定标准。再次，《办理非法放贷刑事案件意见》第 3 条明确对两类情形适用"情节严重""情节特别严重"的特殊认定标准，即在非法放贷数额、违法所得数额、非法放贷对象数量尚未达到但接近该司法解释第 2 条规定的"情节严重""情节特别严重"的数额、数量起点标准的，适用放宽的"情节严重""情节特别严重"的认定标准。第一类是指"2 年内因实施非法放贷行为受过行政处罚 2 次以上的"——专门针对实践中一些犯罪嫌疑人、被告人曾因非法放贷行为受过行政处罚，但拒不悔改并再次实施非法放贷行为的情形。行为人屡教不改体现其具有较高的人身危险性，《办理非法放贷刑事案件意见》通过对其从严处罚向社会公众宣告任何违反规范的行为都是不足为鉴的。第二类是指"以超过 72% 的实际年利率实施非法放贷行为 10 次以上的"——针对一些案件中犯罪嫌疑人、被告人以超高利率大量放贷，社会危害极为严重。针对这两种特殊情形，《办理非法放贷刑事案件意见》规定了特殊的情节认定标准，实质上相应地降低入罪门槛。最后，《办理非法放贷刑事案件意见》第 7 条对黑恶势力从事非法放贷的情形同样降低其相应入罪门槛。据以认定"情节严重""情节特别严重"的非法放贷数额、违法所得数额、非法放贷对象数量起点标准，低至第 2 条相应数额、数量标准的 50%；若同时具有上述所列两类情形的——拒不悔改再犯以及超高利率大量放贷的，则继续降低至相应数额、数量标准的 40%。实践中，非法放贷行为往往沦为黑恶势力敛财的手段，往往诱发暴力催收借款、非法拘禁、敲诈勒索等严重危及社会公众人身及财产安全的行为，对其从严打击契合国家依法惩治违法犯罪活动，切实维护金融市场秩序与社会和谐稳定社会的现实利益需求，有利于防范因非法放贷诱发的涉黑涉恶等违法犯罪活动，保护公民、法人和其他组织的合法权益。

本案处理评述

孙前途非法经营一案是《办理非法放贷刑事案件意见》生效实施以来，比较具有代表性和典型性的案件。对于孙前途涉案行为的刑法评价主要集中于《办理非法放贷刑事案件意见》的时间效力以及孙前途非法放贷行为的构成要件符合性判断。

其一，《办理非法放贷刑事案件意见》的时间适用效力问题认定。本案检察机关于 2020 年 3 月 20 日向温州市瓯海区人民法院提起公诉。从时间上来看，孙前途非法经营案是在《办理非法放贷刑事案件意见》正式施行后进入审理阶段，能否适用该准司法解释进行裁判实际上是其时间适用效力的问题。根据最高人民法院、最高人民检察院《关于适用刑事司法解释时间效力问题的规定》（高检发释字〔2001〕5 号）第 2 条规定，"对于司法解释实施前发生的行为，行为时没有相关司法解释，司法解释施行后尚未处理或者正在处理的案件，依照司法解释的规定办理。"所以本案依法应依照新司法解释《办理非法放贷刑事案件意见》办理。

其二，孙前途非法放贷行为的构成要件符合性判断。《办理非法放贷刑事案件意见》明确规定，违反国家规定，未经监管部门批准，或者超越经营范围，以营利为目的，经常性地向社会不特定对象发放贷款，扰乱金融市场秩序，情节严重的，依照《刑法》第 225 条第（四）项的规定，以非法经营罪定罪处罚。

一是关于"违反国家规定"的认定。在《办理非法放贷刑事案件意见》出台之前，并未见相关"国家规定"就非法放贷行为是否构成非法经营罪的问题予以明确。而《理解和适用"国家规定"通知》规定，对于行为人行为是否属于《刑法》第 225 条第（四）项之规定，应以有关司法解释明确规定为依据，否则应作法律适用问题，逐级向最高人民法院请示。前已述及，在司法解释就具体案件中被告人的行为是否属于非法经营罪兜底条款的规制范围作出了明确规定的，便可依据该司法解释对具体案件作出裁判。《办理非法放贷刑事案件意见》明确以非法经营罪规制非法经营性放贷行为，因之，该准司法解释可以作为行为人行为违反国家规定的认定依据。虽如是，但诚如德国学者韦尔策尔所言，某一行为成立犯罪，必须具备构成要件符合性、违法性和责任三个犯罪要素，且任何一个后位要素都以前一要素已经实现为前提。[1]对不符合构成要件之举动，不应被纳入犯罪圈。"如果一个具体个案很清楚地不能被函摄到法条之下，那么这个法条就不能直接适用于此一个案。"[2]因之，被告人孙前途的行为是否满足该罪的其他构成要件，还需作如下几方面的判断。

二是关于主观营利目的、客观经营行为和情节严重的判断。这点可以从非法发放贷款的年利率、非法发放贷款的对象、非法发放贷款的次数以及非法发放贷款累计数额来综合判断。

首先，被告人孙前途放贷利率超过 36%，依据《民间借贷案件适用法律的规定》属于以高利率违法放贷，但据此仍不足以认定行为人构成犯罪。前已述及，行为人约定收取高额利息的出借资金的行为系违法行为，但不一定构成犯罪，很有可能只是普通行政不法。其次，发放贷款的对象涉及两个层次的判断。其一，以高利率对外发放贷款行为的对象是否具有开放性。案件显示"被告人孙前途等人通过购买等途径非法获取公民个人信息数据共计 10 000 余条用以联络放贷对象，"可知，被告人孙前途非法获取公民个人信息是为其非法放贷服务的，足以表明其高利放贷行为的对象具有不特定性。其二，以高利率违法发放贷款的对象的人数是否达到犯罪的追诉标准。高利贷对象人数的多少是判断非法放贷行为情节是否严重的重要标准之一。《办理非法放贷刑事案件意见》规定，以超过 36% 的实际年利率实施符合本意见第 1 条规定的非法放贷行为，且"个人非法放贷对象累计在 50 人以上的……"属"情节严重"。而被告人孙前途非法放贷对象累计多达 100 余人，应属"情节严重"。再次，从发放贷款次数来看，被告人孙前途在短短 7 天的时间内（2019 年 10 月 21 日至同月 28 日）发放贷款高达 200 余笔，其非法放贷行为

---

〔1〕 参见 [德] 汉斯·韦尔策尔：《目的行为论导论：刑法理论的新图景》，陈璇译，中国人民大学出版社 2015 年版，第 20 页。

〔2〕 [德] 英格博格·普珀：《法学思维小学堂——法学方法论密集班》，蔡圣伟译，元照出版有限公司 2010 年版，第 115 页。

的次数远远超过 2 年内向不特定多人以借款或其他名义出借资金 10 次的最低限度。最后，从违法发放贷款数额来看，本案查明被告人孙前途共计发放贷款超过 48 万元。《办理非法放贷刑事案件意见》第 2 条明确，以超过 36% 的实际年利率实施符合本意见第 1 条规定的非法放贷行为，个人非法放贷数额累计在 200 万元以上的，属于《刑法》第 225 条规定的"情节严重"。本案被告人孙前途非法放贷数额累计远达不到 200 万的标准，同时并不具备《办理非法放贷刑事案件意见》规定的从严处罚，降低入罪门槛的情形，所以单纯从非法放贷累计数额来看，被告人孙前途的非法放贷行为达不到"情节严重"的入罪标准。但应当明确的是，《办理非法放贷刑事案件意见》规定以非法经营罪规制的个人非法放贷行为"情节严重"要件的判断并非仅指违法发放贷款数额、非法放贷数额、违法所得额以及非法放贷对象累计数额标准是择一的关系，即使被告人孙前途非法放贷累计数额远远不足司法解释规定的"情节严重"标准，亦并不妨碍其因其他情形（如非法放贷对象累计超过 50 人）而符合《刑法》第 225 条规定的"情节严重"。

综合来看，被告人孙前途在形式上违反了国家规定，未经监管部门批准，结伙以营利为目的，以超过 36% 的实际年利率，经常性地向社会不特定对象发放贷款，在短短 7 天时间内（2019 年 10 月 21 日至同月 28 日）向 100 余名对象发放贷款 200 余笔，发放贷款金额达 48 万余元，其行为扰乱了金融市场秩序，并且达到"情节严重"，以非法经营罪定罪量刑并无不当。

法律适用依据

一、《中华人民共和国刑法》（2017 年修正）

第 225 条：违反国家规定，有下列非法经营行为之一，扰乱市场秩序，情节严重的，处五年以下有期徒刑或者拘役，并处或者单处违法所得一倍以上五倍以下罚金；情节特别严重的，处五年以上有期徒刑，并处违法所得一倍以上五倍以下罚金或者没收财产：

（一）未经许可经营法律、行政法规规定的专营、专卖物品或者其他限制买卖的物品的；

（二）买卖进出口许可证、进出口原产地证明以及其他法律、行政法规规定的经营许可证或者批准文件的；

（三）未经国家有关主管部门批准非法经营证券、期货、保险业务的，或者非法从事资金支付结算业务的；

（四）其他严重扰乱市场秩序的非法经营行为。

二、《中华人民共和国民法典》

第 680 条：禁止高利放贷，借款的利率不得违反国家有关规定。

借款合同对支付利息没有约定的，视为没有利息。

借款合同对支付利息约定不明确，当事人不能达成补充协议的，按照当地或者当事人的交易方式、交易习惯、市场利率等因素确定利息；自然人之间借款的，视为没有利息。

三、《关于取缔地下钱庄及打击高利贷行为的通知》（银发〔2002〕30 号）

第 2 条：严格规范民间借贷行为。民间个人借贷活动必须严格遵守国家法律、行政法规的有关规定，遵循自愿互助、诚实信用的原则。民间个人借贷中，出借人的资金必须是属于其合法收入的自有货币资金，禁止吸收他人资金转手放款。民间个人借贷利率由借贷双方协商确定，但双方协商的利率不得超过中国人民银行公布的金融机构同期、同档次贷款利率（不含浮动）的 4 倍。超过上述标准的，应界定为高利借贷行为。

四、《关于修改〈关于审理民间借贷案件适用法律若干问题的规定〉的决定》（法释〔2020〕6 号）

第 20 条：将第 26 条修改为：

"出借人请求借款人按照合同约定利率支付利息的，人民法院应予支持，但是双方约定的利率超过合同成立时一年期贷款市场报价利率四倍的除外。

前款所称'一年期贷款市场报价利率'，是指中国人民银行授权全国银行间同业拆借中心自 2019 年 8 月 20 日起每月发布的一年期贷款市场报价利率。"

五、《关于办理非法放贷刑事案件适用法律若干问题的意见》（法发〔2019〕24号）

第1条：违反国家规定，未经监管部门批准，或者超越经营范围，以营利为目的，经常性地向社会不特定对象发放贷款，扰乱金融市场秩序，情节严重的，依照刑法第二百二十五条第（四）项的规定，以非法经营罪定罪处罚。

前款规定中的"经常性地向社会不特定对象发放贷款"，是指2年内向不特定多人（包括单位和个人）以借款或其他名义出借资金10次以上。

贷款到期后延长还款期限的，发放贷款次数按照1次计算。

第2条：以超过36%的实际年利率实施符合本意见第一条规定的非法放贷行为，

具有下列情形之一的，属于刑法第二百二十五条规定的"情节严重"，但单次非法放贷行为实际年利率未超过36%的，定罪量刑时不得计入：

（一）个人非法放贷数额累计在200万元以上的，单位非法放贷数额累计在1000万元以上的；

（二）个人违法所得数额累计在80万元以上的，单位违法所得数额累计在400万元以上的；

（三）个人非法放贷对象累计在50人以上的，单位非法放贷对象累计在150人以上的；

（四）造成借款人或者其近亲属自杀、死亡或者精神失常等严重后果的。

具有下列情形之一的，属于刑法第二百二十五条规定的"情节特别严重"：

（一）个人非法放贷数额累计在1000万元以上的，单位非法放贷数额累计在5000万元以上的；

（二）个人违法所得数额累计在400万元以上的，单位违法所得数额累计在2000万元以上的；

（三）个人非法放贷对象累计在250人以上的，单位非法放贷对象累计在750人以上的；

（四）造成多名借款人或者其近亲属自杀、死亡或者精神失常等特别严重后果的。

第4条,仅向亲友、单位内部人员等特定对象出借资金,不得适用本意见第一条的规定定罪处罚。但具有下列情形之一的,定罪量刑时应当与向不特定对象非法放贷的行为一并处理:

(一)通过亲友、单位内部人员等特定对象向不特定对象发放贷款的;

(二)以发放贷款为目的,将社会人员吸收为单位内部人员,并向其发放贷款的;

(三)向社会公开宣传,同时向不特定多人和亲友、单位内部人员等特定对象发放贷款的。

第十二章

红黄蓝幼儿园虐童案
——虐童行为实体法与程序法相关问题认定

案件基本概况

一、案情概要

2017 年 11 月 22 日晚开始，有十余名幼儿家长反映朝阳区管庄红黄蓝幼儿园（新天地分园）国际小二班的幼儿遭遇老师扎针、喂不明白色药片，并提供孩子身上多个针眼的照片。北京警方接到报案，根据家长反映情况进行调查取证，涉事老师和保育员已暂时停职。被告人刘亚男系北京市朝阳区红黄蓝幼儿园国际小二班教师，2017 年 11 月间，刘亚男在所任职的班级内，因部分儿童不按时睡觉，遂采用缝衣针扎的方式进行"管教"。使用针状物先后扎 4 名幼童，幼儿家长提供孩子身上多处针眼相片。经刑事科学技术鉴定，上述幼童所受损伤均不构成轻微伤。经调取涉事班级监控视频存储硬盘，发现已有损坏。经专业公司技术检测，系多次强制断电所致。经查，该园库管员感觉监控设备噪音大，经常放学后将设备强制断电。经鉴定部门工作，已恢复约 113 小时视频，未发现有人对儿童实施侵害。幼儿园教师刘亚男因涉嫌虐待被看护人罪被刑拘。同时，该幼儿园园长被朝阳区政府责成红黄蓝幼儿园举办者按照程序免职。红黄蓝幼儿园发表声明称将对全国 1800 多家园所进行排查。目前红黄蓝官网上已查不到北京新天地幼儿园内有认证的刘姓教师。2017 年 12 月 29 日，北京市朝阳区人民检察院经依法审查，对北京市朝阳区红黄蓝新天地幼儿园教师刘亚男以涉嫌虐待被看护人罪批准逮捕。

二、处理结论

2018 年 12 月 28 日，北京市朝阳区人民法院依法对被告人刘亚男虐待被看护人案公开宣判。法院经审理查明，被告人刘亚男系北京市朝阳区红黄蓝新天地幼儿园国际小二班教师。2017 年 11 月间，刘亚男在所任职的班级内，使用针状物先后扎 4 名幼童，经刑事科学技术鉴定，上述幼童所受损伤均不构成轻微伤。被告人刘亚男后被查获归案。法院认为，幼儿是祖国的未来、民族的希望，是需要特殊保护的群体，其合法权益不容侵犯。刘亚男身为幼儿教师，本应对其看护的幼儿进行看管、照料、保护、教育，却违背职业道德和看护职责要求，使用针状物对多名幼童进行伤害，情节恶劣，其行为严重损害了未成年人的身心健康，已构成虐待被看护人罪，依法应予惩处。根据其犯罪情况和预防再犯罪的需要，依法应当适用从业禁止。2018 年 12 月 28 日，朝阳法院作出一审判决，以虐待被看护人罪，判处刘亚男有期徒刑 1 年 6 个月，同时禁止其自刑罚执行完毕之日或者假释之日起 5 年内从事未成年人看护教育工作。

刘亚男不服一审判决，向北京市第三中级人民法院提出上诉，其认为侦查机关利用非法方法获取其有罪供述，其同事和四名被害人均未指证其犯罪，作案工具及现场监控录像未提取，不排除四名幼童的伤系其他原因造成。故原审判决认定其犯罪的证据不充分，请求宣告其无罪。

为查清事实，北京市第三中级人民法院调取了公安机关对刘亚男的审讯同步录像。对于上诉人刘亚男所提，侦查机关采用疲劳审讯、恐吓、许诺、引诱等方式获取刘亚男的有罪供述，应依法予以排除的上诉理由，以及刘亚男的辩护人所提，不排除刘亚男因经受不住高强度审讯，做出虚假有罪供述可能的意见，经查，在案的刘亚男的讯问笔录及审讯同步录像显示，刘亚男在被民警讯问过程中主动、自然地供述出其用针刺扎被害人的事实，且其被羁押期间获得休息的权利得到了保障，上诉人刘亚男的上述上诉理由及其辩护人的上述意见，因缺乏相关依据，不能成立，北京市第三中级人民法院不予采纳。对于上诉人刘亚男所提，一审法院未对本案公开审理，程序违法的上诉理由，经查，因本案涉及被害人隐私，一审法院对本案不公开审理符合相关法律规定，刘亚男的上述上诉理由无法律依据，北京市第三中级人民法院不予采纳。对于上诉人刘亚男所提，其未使用针状物扎伤四名被害人，原判认定其犯罪的证据不充分，请求宣告其无罪的上诉理由，以及上诉人刘亚男的辩护人所提，本案供证间存在矛盾，一审判决认定刘亚男犯罪的事实不清，证据不充分，证据间不能互相印证，形成完整证据链，并排除一切其他可能，请求二审法院在查清事实的基础上，撤销原判，发回重审，或宣告刘亚男无罪的辩护意见，经查，被害人夏某陈述，曾在幼儿园被刘亚男用针扎，四名被害人的家长亦证明，四被害人反映曾在幼儿园被用针扎；经鉴定，本案四名被害人手部、背部、腿部等处发现点状痂皮；刘亚男曾供述，因上述被害人不好好睡觉，遂用针刺扎上述四名被害人的手臂、腿部，并写有亲笔供词。综上，上诉人刘亚男持针状物刺扎四名被害人，致四人受伤的事实，有四名被害人的陈述、四名被害人家长的证言、伤情鉴定、刘亚男的供述等证据相互印证予以证明，足以认定，且能够排除合理怀疑，刘亚男的上述上诉理由，及其辩护人的上述意见，缺乏事实依据，北京市第三中级人民法院不予采纳。

北京市第三中级人民法院认为，上诉人刘亚男身为幼儿园教师，对其负责照管的幼童负有看护职责，却使用针状物伤害多名幼童，其行为严重损害了未成年人的身心健康，情节恶劣，已构成虐待被看护人罪，依法应予惩处。根据上诉人刘亚男的犯罪情况和预防再犯罪的需要，依法应对其适用从业禁止。在案物品应依法处理。一审法院根据上诉人刘亚男犯罪的事实、性质、情节及对于社会的危害程度所作判决，事实清楚，证据确实、充分，定罪及适用法律正确，量刑适当，对在案物品的处理亦恰当，审判程序合法，故裁定驳回上诉，维持原判。[1]

案件诉争聚焦

本案在整个诉讼阶段，被告人刘亚男构成何罪以及相对应的人民法院、人民检察院对刘亚男行为的定罪于法有据，皆不存在争议，均肯定刘亚男的行为构成《刑法》第260条之一规定的虐待被看护人罪。但刘亚男作为教师，其虐童行为究竟该如何量刑，此种量刑是否过轻，如何保护未成年的身心健康？

近些年，幼儿园虐待事件频发，引起广泛关注。自2013年起，浙江温岭女教师颜某揪住男童两耳上提使其悬空；原蓝天幼儿园老师狂扇女童70耳光，只因不会算术题；到2017年上海携程亲子园殴打，强喂芥末；再到近期2019年澄湖伟才国际幼儿园针刺脚踹幼儿，数量之多，令人发指，触目惊心。

---

〔1〕参见北京市朝阳区人民法院（2018）京0105刑初1073号刑事判决书；北京市第三中级人民法院（2019）京03刑终144号刑事判决书。

但作为惩罚虐待儿童行为的罪刑条款，《刑法》第 260 条没有明确、直接规定该虐童罪，而是通过《刑法》第 260 条之一虐待被监护、看护人罪概括而言：对未成年人、老年人、患病的人、残疾人等负有监护、看护职责的人虐待被监护、看护的人，情节恶劣的，处三年以下有期徒刑或者拘役。单位犯前款罪的，对单位判处罚金，并对其直接负责的主管人员和其他直接责任人员，依照前款的规定处罚。有第一款行为，同时构成其他犯罪的，依照处罚较重的规定定罪处罚。虐童行为具有较为严重的社会危害性和行为典型性，《刑法》并没有"虐童罪"这一单独罪名，相关儿童权益的刑法保护措施散见于具体罪名中，并且仅仅三年以下的刑罚是否与其摧毁孩子一生的行为相符合呢？

案涉法理精释

诚然，我国《中华人民共和国未成年人保护法》第 27 条规定，学校、幼儿园的教职员工应当尊重未成年人人格尊严，不得对未成年人实施体罚、变相体罚或者其他侮辱人格尊严的行为。第 119 条规定，学校、幼儿园、婴幼儿照护服务等机构及其教职员工违反本法第 27 条、第 28 条、第 39 条规定的，由公安、教育、卫生健康、市场监督管理等部门按照职责分工责令改正；拒不改正或者情节严重的，对直接负责的主管人员和其他直接责任人员依法给予处分。以及第 129 条规定，违反本法规定，侵犯未成年人合法权益，造成人身、财产或者其他损害的，依法承担民事责任。违反本法规定，构成违反治安管理行为的，依法给予治安管理处罚；构成犯罪的，依法追究刑事责任。从日渐频发的虐童案可以看出，目前相关法律法规仅有空洞的建议性说法而缺乏具体的惩戒措施，虐童类犯罪无法明确依据保障未成年人合法权益的《中华人民共和国未成年保护法》进行保护以及惩戒，令人有所怀疑此法的实践价值。故刑法作为最后的手段将虐待被监护、看护人纳入《刑法》进行惩治，在第 260 条之一规定："对未成年人、老年人、患病的人、残疾人等负有监护、看护职责的人虐待被监护、看护的人，情节恶劣的，处三年以下有期徒刑或者拘役。"但纵观国内外发生的幼儿园虐童事件，虐童行为不仅会对孩子的身体产生伤害，并且会对孩子世界观、人生观、价值观的建立，心理健康的成长，产生不可磨灭的伤害，犹如埋藏在孩子心中的定时炸弹，最终甚至会导致严重的社会问题。但纵观我国虐童事件的最终结果与判罚，我国刑法对于行为的判罚从寻衅滋事到故意伤害罪的"飘忽不定"，在一定程度上反映出相关刑法制裁的缺失，有必要以北京红黄蓝幼儿园虐童事件为主，结合近十年各类幼儿园虐童事件作以分析，完善相关保护机制。

一、幼儿园虐童案不同定罪量刑分析

（一）不构成刑事犯罪

一个行为是否构成犯罪，主要考虑两点因素，一是罪刑法定原则，要求法无明文规定不为罪，法无明文规定不处罚；二是犯罪构成理论，一个行为是否符合犯罪，应当看其是否满足犯罪构成的主客观要件，我国主要以四要件体系为主。在《中华人民共和国刑法修正案（九）》对于《刑法》第260条之一款进行修改前，曾将虐童行为定性为寻衅滋事。显然，这体现了刑法作为保护人民生命安全的最后防线的兜底作用。但虐童行为从四要件体系还是三阶层体系考虑都完全不符合寻衅滋事的构成要件。因此，无论从刑法学还是法理学的角度出发，法院都不能在相关行为明显不符合构成要件的情况下强行定罪，然而此类行为性质恶劣且层出不穷，具有足够的必要性需要刑法进行规制与惩戒。

近年来逐渐引起社会公众注意的虐待儿童的事件不断增多，特别是以下几例案件广为人知并引起社会激烈讨论。首先，2010 年 5 月 6 日发生在汕头市某幼儿园的虐童案件。两名老师指使一名女幼儿园学生殴打一名男学生，并拍下视频。警方认定其违反治安管理条例，涉嫌体罚。故没有将其作为刑事案件处理，而是行政拘留 15 天罚款 1000 元。其次，2011 年 10 月发生在郑州某幼儿园内的虐童案件。一位女幼师偷拍男性幼儿上厕所，逼迫其互相接吻并拍照上传至网络，在网上引起轩然大波，但由于证据问题没有立案，后续相关的报道也不见踪影。再次，2012 年 10 月 15 日发生在太原市蓝天蒙特梭利幼儿园的虐童案件。值得注意的是，此幼儿园是属于无证经营。其一名任职的老师因为一个 5 岁小女孩不会做算术题而在 10 分钟之内向女孩面部狂扇几十个耳光，造成面部个别地方肿起、瘀青。警方介入鉴定小女孩只是轻微伤，没有对肇事老师给予刑事上的处罚。最后，2012 年 10 月 25 日发生在浙江温岭某幼儿园内的虐童案件。某颜姓女老师因一时好玩，在该园活动室里强行揪住一名幼童双耳向上提起，同时让另一名教师用手机拍下，之后该视频和其他虐童照片被上传到网上，造成十分恶劣的社会影响。[1]后警方介入调查，以寻衅滋事罪向检察院提请逮捕，检察院以证据不足退回补充侦查，后公安局认为不构成刑事案件，对当事人做出了行政拘留15日的处罚后无罪释放，最终不了了之。

以上四个案件，只有一个以寻衅滋事罪提请逮捕，其他案件最终都以无罪告终或是处以行政拘留15日罚款1000元。其中对于警方提到寻衅滋事罪，我国现行刑法规定的寻衅滋事罪是指肆意挑衅，随意殴打、骚扰他人或任意损毁、占用公私财物，《中华人民共和国刑法修正案（八）》第42条将《刑法》第293条修改为，有下列寻衅滋事行为之一，破坏社会秩序的，处五年以下有期徒刑、拘役或者管制：（一）随意殴打他人，情节恶劣的；（二）追逐、拦截、辱骂、恐吓他人，情节恶劣的。在《中华人民共和国刑法修正案（九）》出台之前，我们不难看出法官无法可依的无奈。"家庭成员"的限制使得"虐待罪"不能成立，轻伤的限制也无法适用"故意伤害罪"，这导致大量非家庭关系成员之间的虐待被监护、看护人的行为逃避了刑事制裁，定"寻衅滋事"也是迫不得已。浙江温岭某幼儿园内的虐童案件颜某被判定为不构成犯罪，引起广泛关注，也引发了是否需要单独设立"虐童罪"的争议。我国部分刑法学者认为不需要新设立"虐童罪"，只要严格执法、加重处罚，现行法律足以惩罚恶意侵犯儿童权益的行为。[2]而另一部分刑法学者认为当前我国在应对虐童事件中应对不足，儿童群体特殊，如不特殊保护，对他们伤害深远。[3]本书认为，根据2012年的情况，当时社会现实的复杂性以及当时法律相对的滞后性使虐童行为定性在刑法理论和实务中都成为难以认定的问题。因而，在此情况下增设虐童罪无论对于顺应群众的呼声，亦或是接轨世界顺应刑法进步的潮流，都有着十分重要的意义。时至今日，本书依然认为虐待儿童这一社会性质恶劣的行为必须通过更加严苛的刑法才能够很好地打击和惩处。

---

〔1〕 参见"郑州某幼儿园老师偷拍孩子如厕 逼男童互吻"，载 http://news.cntv.cn/20111021/111284.shtml，最后访问日期：2020年3月29日。

〔2〕 参见任先博、冯宙锋："我觉得没必要设虐童罪"，载《南方都市报》2012年11月19日，第AA09版。

〔3〕 参见姜燕、王文佳："虐童事件引发社会关注：幼教心理是否健康很重要"，载 http://edu.people.com.cn/n/2012/1101/c227065_19465954.html，最后访问日期：2020年3月20日。

（二）构成故意伤害罪

故意伤害罪的客体通说是他人的身体健康权。客观要件是行为人在客观上实施了非法损害他人身体的行为。故意伤害罪主观方面是故意，即明知道自己的行为会造成他人身体伤害的结果，并且希望或者放任伤害结果的发生。虐童案件中多表现为作为，对儿童拳打脚踢，殴打行为完全出于一种寻求主观刺激的冲动或者对孩童内心不满情绪的发泄，损害儿童的身体健康。例如南京虐童案：2015 年 4 月 2 日，南京市公安局高新分局接到辖区某学校老师反映，称该校学生施某某身上有多处表皮伤，怀疑系遭其养母殴打所致。[1]警方开展调查工作，将其养母李征琴以涉嫌故意伤害罪依法刑事拘留，后南京市浦口区人民检察院就此案举行审查逮捕听证会。9 月 28 日至 30 日，"南京虐童案"开庭审理，南京市浦口区人民法院作出一审判决，李征琴因犯故意伤害罪，被判处有期徒刑 6 个月。10 月 10 日，李征琴以此判决"认定事实错误、适用法律错误、程序违法"为由，提起上诉。11 月 20 日，南京浦口虐童案二审宣判，裁定驳回被告人李征琴上诉，维持原判。

《刑法》第 234 条规定，"故意伤害他人身体的，处三年以下有期徒刑、拘役或者管制。"能否成立本罪，必须以给人造成伤害为前提。在司法审判中，给人造成伤害指的则是达到轻伤以上。根据最高法等五部门于 2014 年公布施行的《人体损伤程度鉴定标准》规定，诸如牙齿脱落或者折断 2 枚以上、缺失半个指节等情形才可能构成"轻伤"。目前司法实践中，即便针对幼童，也依然是同样的认定标准。一般来说，凡损伤能对人体造成伤害，例如对器官有所影响，但是可以治疗且治疗对人体无风险的，可判定为轻伤；而若是仅仅使人体引起一定的小小的反应，可以自己调整和修复的，那就是轻微伤。南京虐童案中受害儿童小虎挫伤面积超过体表面积的 10%，属轻伤一级，足以对其养母判处故意伤害罪了，而最终的结果也是判决被告人李征琴犯故意伤害罪，判处有期徒刑 6 个月。

问题在于幼童身上因被针扎留下诸多针孔，能否被认定为"受伤"？是属于"轻伤"还是"轻微伤"？幼儿作为祖国的花朵，民族的希望，应当依法得到特殊的保护，但实践中只有非常少的虐童类案件认定为故意伤害罪，说明此类案件故意伤害罪的适用局限性很大。因此，认定儿童"生理伤害"的

---

〔1〕　参见谢文英："中国未成年人保护十大事件"，载《检察日报》2015 年 6 月 1 日，第 7 版。

标准应该低于成年人，因为同样的伤害对儿童带来的痛苦程度远远高于成人，如果将对儿童的伤害认定标准保持与成年人一致，对儿童而言实则不公平。并且，一些虐待儿童的行为对儿童身体的伤害可能并没有达到轻伤的程度，但性质较为恶劣，虐待形式极为变态，严重摧残儿童的心理健康，加之儿童遭受的心理伤害往往比生理伤害更加持久、更难愈合，则有必要调整对儿童的伤害认定标准。目前的司法实践中，故意伤害罪只是针对他人身体，却没有考虑到孩童的心灵成长的特殊性，导致施虐者并不能受到本罪的刑罚制裁，因而无法最大程度地发挥刑法的威慑效果。

正如台湾自杀的美女作家林奕含受困于未成年时的性侵一样，很多被侵害的儿童心理问题会有一个潜伏期，一旦爆发出来，会走向自闭、抑郁、自残自伤，有的甚至转而变成加害人。因而虐待儿童入罪的两个"标准"亟待改变，必须降低幼童伤害认定标准，并加大制裁力度，遏制社会中屡禁不止的虐童事件。

（三）构成虐待被监护、看护人罪

虐童案首先能想到的刑法罪名是虐待被监护、看护人罪。如 2015 年吉林四平红黄蓝幼儿园发生的虐童案件，涉案的四名教师后以虐待被监护人罪被追究刑事责任。2015 年吉林红黄蓝虐童案本案的证据包括被害儿童家长的报案记录，医院的鉴定证明，即出诊记录，公安机关的鉴定结论以及本案被告的供述，这四个证据能形成完整的证据链。因而吉林省四平市铁西区法院的一审判决认为，四名被告人身为幼儿教师，多次采用扎刺、恐吓等手段虐待被监护幼儿，情节恶劣，其行为均构成虐待被监护人罪。一审判处王璐、孙艳华有期徒刑 2 年 6 个月，判处王玉皎、宋瑞琪有期徒刑 2 年 10 个月。这四人随后提出上诉，2016 年 12 月底，四平市中院二审裁定，驳回上诉，维持原判。

在本案中，2017 年 11 月间，刘亚男在所任职的班级内使用针状物先后扎 4 名幼童，经刑事科学技术鉴定，上述幼童所受损伤均不构成轻微伤。被告人刘亚男后被查获归案。以虐待被看护人罪，判处刘亚男有期徒刑 1 年 6 个月，同时禁止其自刑罚执行完毕之日或者假释之日起 5 年内从事未成年人看护教育工作。

基于实践中存在的问题，《中华人民共和国刑法修正案（九）》第 19 条对虐待罪又增加如下规定，对未成年人、老年人、患病的人、残疾人等负有监护、看护职责的人虐待被监护、看护的人，情节恶劣的，处三年以下有期徒刑或者拘役。单位犯前款罪的，对单位判处罚金，并对其直接负责的主管人员和其他直接责任人员，依照前款的规定处罚。监护人是指对未成年人、无民事行为能力或者限制民事行为能力的精神病人的人身、财产以及其他一切合法权益依法进行监督和保护的人。看护人是指"监护人"以外的具有看管、呵护责任的自然人或单位。如护工或保姆、医护人员、中小学幼儿园及其教师、养（敬）老院及其陪护人员、临时接受委托而具有看护责任或义务的自然人或单位等。上述监护人和看护人主体对应的犯罪对象分别为被监护人和被看护人，此罪名是选择性罪名，如果虐待对象是被监护人就是虐待被监护人罪，如果是被看护人就是虐待被看护人罪。此案是幼儿机构，因此涉嫌的罪名是虐待被看护人罪。

《中华人民共和国刑法修正案（九）》扩大了虐待罪的主体范围，有利于对虐童行为进行合理地评价与制裁。因此，对于教师、幼师等对儿童有看管和教养义务的人出现了虐待儿童的行为，应区别情形分别处理：一是正确区分虐待犯罪与一般虐待行为的关系。虐待入罪需要达到相应的危害程度，施虐者具有一定的人身危险性，才应启动刑事法律的追责程序。但实践中普遍存在的出于管理、教育目的对孩子们的责罚行为，危害结果较为轻微，属于没有造成严重后果的一般侵害行为，对加害人可以适用岗位纪律或《中华人民共和国治安管理处罚法》的相关规定对施虐者进行必要的制裁，如警告、罚款、辞退或治安拘留等；二是对于虐童行为"情节恶劣的"。例如虐待儿童较为严重达到轻伤后果的，因虐待激起民愤等情形的，则应适用《中华人民共和国刑法修正案（九）》第19条的规定，以虐待被监护、看护人罪进行制裁，对施虐者处三年以下有期徒刑或者拘役。[1]

实践中，对幼童被虐处罚轻是一个普遍现象，许多虐待儿童的事件并没有被曝光，即使被发现了，因为报案不及时、没有留下照片证据等因素，也多是适用第一种处罚措施，制裁效果有限。因此本书认为，鉴于此种案件社会影响极大，此罪所侵犯的客体，不仅仅是被监护人、看护人的人身权利，还严重破坏社会秩序，因此建议将本罪的法定最高刑再提高，从最高三年有

---

[1] 参见秦军启："红黄蓝虐童案件的法律分析"，载微信公众号"法律评论"，2017年12月26日上传。

期徒刑提高到最高五到十年，目的就是为了对于严重危害儿童身心健康和精神健康的虐待行为进行严厉的惩处，用以威慑日渐频发的虐童事件。

二、程序法相关问题分析

本书注意到，在类似发生在幼儿园的幼童侵害的案件中，存在幼童表述不清，家长发现侵害时距侵害发生时间较长，例如针扎，喂食药片，体罚等行为的伤口很快愈合的情况，给执法机关办案取证带来困难。对于虐待儿童案件，证据问题往往成为定罪量刑之难处。

（一）幼儿园监控录像问题

北京红黄蓝幼儿园事件发生后，2018 年 11 月 24 日，红黄蓝就"虐童"事件发声明称，目前已配合警方提供了相关监控资料及设备，但监控取证问题一波三折。

幼儿园园方先是对家长声称幼儿园没监控，再者又称监控没有打开过，最后又说监控最近坏掉了。历史告诉我们，似乎在最优位置，最优时间，以最优角度看到了某些事件的监控十有八九都会在需要调取资料的时候"坏掉"。结合其他虐童案，对于家长查看监控录像的请求，有的被园方拒绝：幼儿园表示只有警察陪同才能查看，平时的监控录像园长有权查看，家长不能看。但本书认为，幼儿园是孩子们的公共活动场所，孩子家长作为监护人理应有权查看孩子日常受护理、教育的情况。只要家长承诺不随意在网上发布录像，不侵害其他幼童、老师的肖像权，就应该有权查看相关监控录像。幼儿园方面拒绝提供监控录像是无法可依的，并且园方占有证据——监控录像，如其拒绝提供，或者提供录像不完整、有瑕疵，都应在诉讼中承担不利后果。本书认为，幼儿园的监控录像应当实时上传云端，供家长实时观看，并于无利害关系的第三方保管，并对登录和修改保存其记录，并实时备份。

（二）幼童不完整陈述能否作为言辞证据？

在北京红黄蓝幼儿园虐童事件发生后，部分孩子告诉家长说：睡觉时老师会给他喂白色药片，"不用配水就喝了，不苦，每天都吃"。还有的孩子表述了其他被侵害的问题，但是，3 岁左右的幼童，其认知能力、表述能力有限，他们的言辞，是否具备刑事诉讼法所要求的证明力？

本书认为，根据《刑诉法》第 60 条的规定，凡是知道案件情况的人，都有作证的义务。生理上、精神上有缺陷或者年幼，不能辨别是非、不能正确表达的人，不能作证人。故只要幼童能清楚、有逻辑地表述相关情况，他就可以对自己知晓的情况为自己、为他人作证。幼童的表述，无论是被害人陈述还是证人证言，宏观上讲，只要具有真实性、合法性、关联性，就具有证明力。在我国并没有这方面的禁止性规定。而且不仅幼童自己的陈述有证明力，他向家人的陈述事后由家人来转述，也依然有证明力。当然，因为幼童的认知能力有限，心智没有完全发育，其明辨是非和正确表达的能力不能与成人同日而语，故其言辞的证明力不能完全按照成人的标准来看待，要结合全案证据来综合判断。在本案的判决书中，共有 4 名被害人提供了证人证言，并与证人证言、辨认笔录司法鉴定意见共同认定形成完整的证据链，证据确实充分，最终才将被告定罪量刑。并且在 2015 年吉林红黄蓝幼儿园事件中，证据包括被害儿童家长的报案记录，医院的鉴定证明，就诊出诊记录，公安机关的鉴定结论以及此案中 10 名幼儿园学生的证人证言相互印证，从而形成完整的证据链，满足《刑诉法》第 55 条规定证据确实充分的条件，才对被告定罪量刑。

（三）取证方面的现实困难

众所周知，无罪推定原则是我国刑法的立法精神，定罪获刑要求证据完整和关联形成证据链。但该类案件的证据很难采集：伤害行为一般发生在学校，一般家长回家才发现，甚至是伤害发生好几天以后才发现，不利于证据的保全。另外，孩子年幼无法判断伤害行为的准确性质以及难以清楚向父母或者其他人员表达，而出于对老师的信任，家长也未必能够相信孩子所言（当然不排除孩子们出于老师权威性的考虑"不敢为外人道"的情形。）上述的客观及现实情况，给有关人员及相关单位取证造成严重的现实困难。

故针对幼童取证时应当关注几个方面：其一，合适成年人在场，对未成年人取证应该由监护人或者法定代理人在场，如果不在场，也要有合适成年人在场；其二，询问女童时应该由女性司法人员询问，尽量选择孩子觉得舒适、安全的环境，以孩子听得懂的"聊天"方式询问，少用专业术语；其三，坚持"一次为限"原则，为避免对孩子造成二次伤害，尽量少让孩子回忆不良行为过程，应采取同步录音录像固定证据但要保护好幼儿的隐私，尽量以一次询问为限；最后，询问的同时进行心理抚慰，警察问完问题后，心理老师、专家要立即跟进，最大限度削减询问对孩子的伤害。除了监控录像、言辞证据，侦查人员还应注意搜集物证，比如刺伤幼童的工具要及时收集、固定，必要时应运用技术鉴定手段证明其对幼童的伤害是否存在。

三、虐童案件暴露的宏观问题分析

（一）立法层面法律依据不足，违法成本偏低

纵观多起幼儿园虐童案，无论有多少理由和借口，虐童都是一种不可饶恕的、不被原谅及突破人类文明底线的罪行。世界上许多国家都建立起了预防与处理机制。如美国，就有专门的《儿童虐待预防与处理法》来维护儿童权益。而我国仅仅规定了"虐待被监护人、看护人罪"，然而此罪名最高法定刑仅为 3 年，是否存在量刑过轻导致违法成本过低的问题以及是否存在评价有关虐待儿童犯罪行为法律依据不足的担忧。从过往报道来看，相关虐童案件往往是幼师向受害儿童及家庭道歉，或者给予部分赔偿且幼儿园开除涉事幼师了事，甚至之前存在将涉事幼师以寻衅滋事罪名予以处罚的情况。所以，立法层面法律依据不明晰，违法成本偏低是一个非常明显的法律制度不足。

其一，本书认为，应当适当加重虐待被监护人、看护人罪的法定刑，刑法中关于虐待被监护人、看护人罪的法定刑设立最高刑期是 3 年，建议加重处罚，增设 3~10 年处罚量刑档次。可在《刑法》第 260 条之一"虐待被监护人、看护人罪"中增加一款作为第 2 款：虐待儿童的，依照前款的规定从重处罚；有下列情形之一的，处三年以上十年以下有期徒刑：（一）虐待儿童，情节恶劣的；（二）虐待儿童多人的；（三）当众虐待儿童的。其二，虽然北京红黄蓝幼儿园事件中，猥亵儿童被证明是谣传，但也对加强保护儿童权益敲响了警钟，故可在《刑法》第 236 条强奸罪的第 3 款增加 1 项作为第（七）项：（七）负有监护、看护职责的人，奸淫被监护、看护的幼女的。其三，第 237 条第 3 款猥亵儿童罪增加一具体内容：负有监护、看护职责的人，猥亵被监护、看护的儿童的。此外，我国对于幼女的强奸罪的既遂标准是接触说，故以上条款根据强奸罪的量刑幅度加以参考。

加重虐待被监护人、看护人罪的法定刑有其必要性与迫切性，一方面从人权角度看，法定刑过低不利于更好的保护受害人的合法权益。在亲权和人权的博弈中，人权不应该妥协。由于在虐待现象中，处于弱势地位的往往是儿童、老人、残疾人等对虐待人有一定依赖性的人，因此，应更好地履行对此类对象的教育、扶养以及照顾义务。另一方面从防治效果看，法定刑过低

不利于遏制频发的虐待案件。法定刑过低导致惩罚力度不够，既不能通过将惩罚适用于犯罪人，也不能对其起到有效的警醒作用。纵观今年发生的教师虐童案，事件曝光后，当事人虽然绝大多数受到处罚，但如今虐童现象仍然屡见不鲜。即使有少数被判处刑罚，其刑罚力度之低，带来的威慑作用也微乎其微，因此有必要重新审视虐待罪的立法情况，加重其法定刑，以实现良好的防治效果。

综上所述，虐童事件仅仅停留在道德谴责及舆论监督方面是远远不够的，如何从立法层面完善法律规定，加大惩处力度，是必须解决的问题，并且迫在眉睫。

（二）虐童案件定罪具有争议，存在现实困难

要对虐童案件的行为进行准确定罪处罚关键在于准确界定以及认定该罪中的情节恶劣。根据法律规定，虐待行为必须"情节恶劣"才能够入刑，但实际上很多幼儿所受伤害结果在检测和鉴定时达不到轻微伤程度，或者有些甚至都没有显性的伤痕，只存在精神上的伤害，比如喂食安眠药、推搡辱骂及冷暴力等，这些行为很难认定为"情节恶劣"，但不可忽视的是这些行为对孩子的伤害难以预计及恢复，并且直接影响孩子身心健康，而身心健康将关乎孩子的成长，甚至影响其一生。故本书认为，在增设相应罪名时，还应同时规定举证责任倒置，由老师及教育机构承担举证责任。另外，应当降低对于孩童伤害的认定标准，将其与成年人的伤害认定标准加以区分，不能将成年人的情节恶劣的判定标准适用于幼儿的情节认定。最后，加大对于虐童行为的刑法制裁力度，用以威慑日渐频发的虐童事件。

（三）加强幼儿教师准入管理，纳入义务教育

首先，我国普遍存在办园水平参差不齐，师资力量严重缺乏，学前教育体系不完善等普遍问题。为解决上述问题，在全国实现学前教育的义务教育化，将学前教育（幼儿园）纳入十二年义务教育范畴是非常好的解决办法。其次，加强幼儿园准入管理，提高幼儿园准入标准，完进一步善和落实幼儿园年检制度。最后，健全幼儿教师资格准入制度，加强学前教育师资队伍培养体系建设，将幼师资格与教师资格同等考察，提高教师的整体素质与社会关注度。依靠三道防线减少虐童事件的发生。

（四）增强幼儿教师职业素质，完善保护机制

在许多国家，幼儿园教师起点学历必须是大学本科毕业并取得学士学位，

幼儿教师认定不仅包括认定申请者的学历等有形资质，还包括认定素质能力等无形资质。但我国幼师资格课甚至是中专文凭就可以，也没有素质能力等的考核标准，本书认为，如果不能尽快将幼儿教育纳入义务教育范畴，至少可以强化监管与审核，防止素质不达标的人员进入幼教行业。孩子是祖国的未来，民族的希望，并且我们每一个人都从孩子成长起来，未来也会成为孩子的父母，因而继续加强保护幼儿不受伤害、不被虐待的力度，竭力呵护孩子身心健康，必须不断完善保护儿童健康成长和合法权益的法律保护机制，加大有关虐童行为的惩罚程度，预防虐童行为再次发生，如此才能有效的保护孩子。

本案处理评述

红黄蓝教育机构几乎遍布全国各地，是中国规模最大的0~6岁一体化早期教育机构，并在纽交所挂牌上市，也是中国国内第一家独立上市的园所运营类幼教公司。其作为"中国儿童教育最具影响力品牌""中国知名品牌幼儿园"的幼儿园却发生不止一起虐童事件，这引发整个社会的对幼儿健康以及教育极大的关注与反思。该案中刘亚男作为红黄蓝新天地幼儿园教师，在所任职的班级内，使用针状物先后扎4名幼童，其身为幼儿教师，本应对其看护的幼儿进行看管、照料、保护、教育，却违背职业道德和看护职责要求，使用针状物对多名幼童进行伤害，情节恶劣，其行为严重损害了未成年人的身心健康。

我国对于虐童案件，《中华人民共和国刑法修正案（九）》第19条对虐待罪增加如下规定："对未成年人、老年人、患病的人、残疾人等负有监护、看护职责的人虐待被监护、看护的人，情节恶劣的，处三年以下有期徒刑或者拘役。单位犯前款罪的，对单位判处罚金，并对其直接负责的主管人员和其他直接责任人员，依照前款的规定处罚。"可依然存在一定问题，实践中许多虐待儿童的事件并没有被曝光，即使被曝光也因报案不及时、没有留下照片证据、幼儿伤口愈合等因素；或者因孩子年龄小无法判断伤害行为性质及清楚表达，出于对老师的信任，家长也未必能够相信；又或者鉴于老师的权威性，孩子们也未必敢说等客观及现实情况原因，使得上述事件在取证方面存在不小的现实困难。同时鉴于此种案件社会影响极大，虐待罪所侵犯的客体，不仅仅是被监护人、看护人的人身权利，还严重破坏社会秩序，最高三年的有期徒刑无法做到罪责刑相适应，因此建议将本罪的法定最高刑再加以提高，从最高法定刑三年有期徒刑提高至最高法定刑为五到十年有期徒刑。

此外，防范虐童事件既要加强幼儿教师的资质与职业素质，也要在全国实现学前教育的义务教育化，将学前教育（幼儿园）纳入十二年义务教育范畴，加强幼儿园准入管理，提高幼儿园准入标准，完进一步善和落实幼儿园年检制度，完善学前教育体系。将幼师资格与教师资格同等考察，提高教师的整体素质。并且在我国正处于深度的社会转型的大背景下，激烈的社会解构与重构必然带来层出不穷、变化复杂的社会问题。因此，建立和完善全方位、多层次的预防和监督机制，形成完整的、成熟的儿童保护法律体系，设立专门的儿童保护福利机构才是我们应当关注的焦点和着手解决问题的出发点，这样才能切实有效地保护儿童的身心健康，保护祖国的希望与民族的未来。[1]

法津适用依据

一、《中华人民共和国刑法》（2017 年修正）

第 234 条：故意伤害他人身体的，处三年以下有期徒刑、拘役或者管制。

犯前款罪，致人重伤的，处三年以上十年以下有期徒刑；致人死亡或者以特别残忍手段致人重伤造成严重残疾的，处十年以上有期徒刑、无期徒刑或者死刑。本法另有规定的，依照规定。

第 237 条：以暴力、胁迫或者其他方法强制猥亵他人或者侮辱妇女的，处五年以下有期徒刑或者拘役。

聚众或者在公共场所当众犯前款罪的，或者有其他恶劣情节的，处五年以上有期徒刑。

猥亵儿童的，依照前两款的规定从重处罚。

第 260 条：虐待家庭成员，情节恶劣的，处二年以下有期徒刑、拘役或者管制。

---

〔1〕　参见刘宪权、吴舟："刑事法治视域下处理虐童行为的应然路径"，载《青少年犯罪问题》2013 年第 1 期。

犯前款罪，致使被害人重伤、死亡的，处二年以上七年以下有期徒刑。

第一款罪，告诉的才处理，但被害人没有能力告诉，或者因受到强制、威吓无法告诉的除外。

第260条之一：对未成年人、老年人、患病的人、残疾人等负有监护、看护职责的人虐待被监护、看护的人，情节恶劣的，处三年以下有期徒刑或者拘役。

单位犯前款罪的，对单位判处罚金，并对其直接负责的主管人员和其他直接责任人员，依照前款的规定处罚。

有第一款行为，同时构成其他犯罪的，依照处罚较重的规定定罪处罚。

第293条：有下列寻衅滋事行为之一，破坏社会秩序的，处五年以下有期徒刑、拘役或者管制：（一）随意殴打他人，情节恶劣的；（二）追逐、拦截、辱骂、恐吓他人，情节恶劣的；（三）强拿硬要或者任意损毁、占用公私财物，情节严重的；（四）在公共场所起哄闹事，造成公共场所秩序严重混乱的。

纠集他人多次实施前款行为，严重破坏社会秩序的，处五年以上十年以下有期徒刑，可以并处罚金。

二、《中华人民共和国刑事诉讼法》（2012年修正）

第53条：对一切案件的判处都要重证据，重调查研究，不轻信口供。只有被告人供述，没有其他证据的，不能认定被告人有罪和处以刑罚；没有被告人供述，证据确实、充分的，可以认定被告人有罪和处以刑罚。

证据确实、充分，应当符合以下条件：（一）定罪量刑的事实都有证据证明；（二）据以定案的证据均经法定程序查证属实；（三）综合全案证据，对所认定事实已排除合理怀疑。

三、《中华人民共和国未成年人保护法》（2020年修订）

第27条：学校、幼儿园、托儿所的教职员工应当尊重未成年人的人格尊严，不得对未成年人实施体罚、变相体罚或者其他侮辱人格尊严的行为。

第119条：学校、幼儿园、婴幼儿照护服务等机构及其教职员工违反本法第二十七条、第二十八条、第三十九条规定的，由公安、教育、卫生健康、市场监督管理等部门按照职责分工责令改正；拒不改正或者情节严重的，对直接负责的主管人员和其他直接责任人员依法给予处分。

第129条：违反本法规定，侵犯未成年人合法权益，造成人身、财产或者其他损害的，依法承担民事责任。

违反本法规定，构成违反治安管理行为的，依法给予治安管理处罚；构成犯罪的，依法追究刑事责任。

第十三章

陈文辉等诈骗、侵犯公民个人信息案

——被害人死亡与行为人诈骗行为之间因果关系的认定

案情基本概况

一、案情概要

2015 年 11 月至 2016 年 8 月，被告人陈文辉通过腾讯 QQ、支付宝等网络工具从杜天禹（另案处理）处购买到有关于山东省高考学生的信息 10 万余条，而杜天禹所得的这些考生信息是其用 WEBLOGIC 反序列化漏洞工具，通过植入木马程序的方式，非法侵入山东省 2016 年普通高等学校招生考试信息平台网站，取得该网站管理权限，从而获取 2016 年山东省高考考生个人信息 64 万余条。随后又将这些信息中的 10 万余条卖给陈文辉。陈文辉在取得这些高考生的个人信息和公民购房时填写的个人信息之后，与共犯人郑金锋、黄进春等人共谋实施电信诈骗。陈文辉等人分别在海南省海口市、江西省新余市等地点，利用手中购买到的个人信息，冒充教育局、财政局、房产局工作人员，以发放贫困学生助学金、购房补贴等理由，拨打电话，骗取他人钱财，而这之中，又以高考学生为主要诈骗对象，通话次数共计 2.3 万余人次，诈骗金额共计 56 万余元。其中，最严重的一次诈骗活动为诈骗被害人徐玉玉的钱财，被害人徐玉玉甚至因为钱财被骗，突发心疾而离世。

2016 年 7 月底黄进春离开，而陈文辉等人继续实施诈骗。8 月初，陈文辉又联系被告人郑贤聪及其妻子陈某（另案处理）到九江市实施诈骗。8 月中旬，陈宝生也离开诈骗团伙。陈文辉、郑贤聪、吴首耀等人继续实施诈骗直至 8 月 19 日。在这期间，陈文辉一直使用的是郑金锋介绍的取款人为其转移诈骗赃款，共转移 84 700 元。上述被告人共拨打诈骗电话 7000 余次，骗取众多高考生钱财共计 228 100 元。

二、处理结论

人民法院在公开开庭审理陈文辉等人的行为之后认定：被告人陈文辉、黄进春、郑金锋等人的行为成立诈骗罪。对于被害人徐玉玉的死亡与被告人陈文辉等人诈骗行为之间是否存在因果关系，临沂市中级人民法院认为经审理认为存在刑法上的因果关系；对于陈文辉自己在案发后主动到公安机关投案的行为，鉴于陈文辉并未供述其他同案犯的情况，依法不予认定为自首；对于陈文辉在共同犯罪中所起的作用，陈文辉是整个诈骗团伙中起组织、领导作用，系主犯；被告人郑金锋在陈文辉组织的诈骗活动中积极参与，并组织、指挥在广西壮族自治区钦州市等地的诈骗活动，拨打诈骗共计 2.3 万余次，诈骗数额特别巨大，犯罪情节特别严重，同时，郑金锋也参与被害人徐玉玉被诈骗的行为，酌情从重处罚；其他被告人在诈骗活动中特别是在徐玉玉被骗案中，作用相对较小，且认罪态度较好，依法可从轻处罚。同时，陈文辉向杜天禹购买公民个人信息的行为成立侵犯公民个人信息罪。综上，判决被告人陈文辉犯诈骗罪，处无期徒刑，剥夺政治权利终身，并处没收个人全部财产；被告人陈文辉犯侵犯个人信息罪，判处五年有期徒刑，并处罚金人民币 3 万元；数罪并罚，决定执行无期徒刑，剥夺政治权利终身，并处没收个人全部财产。判决被告人郑金锋犯诈骗罪，处有期徒刑 15 年，并处罚金60 万元判决被告人黄进春犯诈骗罪，处有期徒刑 12 年，并处罚金人民币 40万元。判决被告人熊超有期徒刑 8 年，并处罚金人民币 20 万元。判决被告人陈宝生犯诈骗罪，处 7 年有期徒刑，并处罚金人民币 15 万元。判决被告人郑贤聪犯诈骗罪，处有期徒刑 6 年，并处罚金人民币 10 万元。判决被告人陈福地犯诈骗罪，处有期徒刑 3 年，并处罚金人民币 10 万元。

一审判决后，被告人陈文辉等人不服一审判决，向山东省高级人民法院提起上诉。山东省高级人民法院认为，上述人陈文辉以及原审被告人郑金锋等人，以非法占有他人财物为目的，虚构事实真相，通过手机等通讯工具实施诈骗行为，诈骗他人钱财，数额巨大，依法应当构成诈骗罪；陈文辉出于非法目的向杜天禹大量购买公民个人信息，用于诈骗行为，依法成立侵犯公民个人信息罪；上诉人陈文辉组织并领导实施诈骗行为，应当对其团伙所有诈骗犯罪活动承担刑事责任。陈文辉组织诈骗活动，冒充国家机关工作人员，通过助学金等借口诈骗即将步入大学的高考学生钱财，累计拨打诈骗电话 1.3

万余人次，依法应当认定为情节严重。被害人徐玉玉因为相信诈骗电话中的说辞被诈骗近 1 万元，后猝死，依法认定陈文辉等人的诈骗行为与徐玉玉的死亡之间存在因果关系，陈文辉应当对徐玉玉的死亡负刑事责任，所以对陈文辉的诈骗行为应当从重处罚。陈文辉向杜天禹购买公民个人信息达 10 万余条，属于情节特别严重，依法不予减轻处罚。本案案发后，陈文辉因为畏惧向公安机关投案，但是在供述中却不如实供述其他同案共犯的犯罪事实，依法不予认定为自首。综上，山东省高级人民法院于 2017 年 9 月 12 日作出（2017）鲁刑终 281 号刑事裁定：驳回上诉，维持原判。[1]

案件诉争聚集

在本案中，被告人陈文辉因为诈骗他人财物数额巨大，且被害人徐玉玉因为被陈文辉的诈骗集团诈骗学费人民币近 1 万元而猝死，临沂市人民法院和山东省高级人民法院在认定被告人诈骗行为与被害人徐玉玉死亡结果之间是否存在刑法上的因果关系时，人民法院仅是根据徐玉玉的身体在平时并无异常，也无遗传病史等，而在被陈文辉诈骗之后才会因为一时想不开，心绪低落而猝死认定死亡结果与诈骗行为之间存在因果关系。法院裁判是否正确，有必要根据我国目前存在的刑法因果关系理论分析被害人死亡的结果与行为人的诈骗行为之间是否真正存在刑法上的因果关系？

案涉法理精释

在刑法中，认定行为人的行为是否构成犯罪，有多种理论学说。司法裁判采用的是犯罪构成四要件理论，而在理论上，我国绝大多数学者更加认可德日刑法学中的犯罪构成三阶层的理论。在这些学说中，无论是四要件还是三阶层，其在认定行为人的行为是否构成犯罪时，总会考察行为与结果之间的因果关系。在犯罪构成的四要件理论中，客观方面包括危害行为、危害结

---

[1]　参见山东省临沂市中级人民法院（2017）鲁 13 刑初 26 号刑事判决书。本案是经过二审审理裁定维持原判的案件，参见山东省高级人民法院（2017）鲁刑终 281 号刑事裁定书。

果、行为与结果之间的因果关系，以及危害行为发生的时间、地点等，[1]这些内容与犯罪构成三阶层理论中的构成要件符合性也就是第一阶层的内容无甚差别，亦即在判断行为人的行为是否构成犯罪时，除了看刑法分则条文有无明确规定外，还需考察行为人的危害行为、有危害结果发生时需要界定行为人的危害行为与危害结果之间有无刑法上的因果关系等内容。在认定行为是否构成犯罪，特别是在有危害结果发生的场合时，因果关系的判断是关键，若是危害结果与危害行为之间没有刑法上的因果关系，行为人的行为也就很难与危害结果联系起来。因此，在认定行为人的行为是否构成犯罪，特别是在有危害结果的犯罪中，因果关系是绕不开的环节。

　　本案中临沂市中级人民法院案件判决法官谈到，整个案件审理过程中的一个重点就是被害人徐玉玉的死亡与陈文辉等人的诈骗行为是否存在刑法上因果关系。在该案中根据相关证人证言及书证等证据证实被害人徐玉玉平时身体状况良好，在高考体检中亦没有发现其他疾病或遗传病史。案发当天下午，徐玉玉被骗后，回到家中一直哭泣，情绪低落。当晚到当地派出所报案后回家途中突然不省人事，失去呼吸和心跳，经抢救无效死亡。公安机关出具的徐玉玉死亡原因分析意见书及法庭审理中出庭的鉴定人、有专门知识的人均认为，可以排除徐玉玉因机械性损伤、机械性窒息、电击及高低温损伤、中毒、脑源性疾病、正常的心脏疾病所导致的死亡；徐玉玉在被骗后出现忧伤、焦虑、情绪压抑等不良精神和心理因素的情况下，可能会发生心源性休克而直接导致死亡，也可能引起潜在的极为罕见的心脏病发作，进而导致死亡。综合上述理由，认定被害人徐玉玉的死亡与被告人陈文辉等人的诈骗行为之间有因果关系。然而根据现行的刑法因果关系理论，在诈骗罪中，很难认定被害人死亡的结果与被告人诈骗行为之间存在刑法上的因果关系。

一、刑法上的因果关系理论

　　因果关系理论发展历史悠长，可在最开始时并没有受到刑法学家们的重视。在域外，英美法系和大陆法系都逐渐愈加注重因果关系在认定犯罪时的作用。本文主要以大陆法系刑法理论中的刑法因果关系理论为研究对象，从中分析诈骗罪中被害人死亡与行为人诈骗行为之间是否存在因果关系。

---

〔1〕　参见张智辉："论犯罪构成的客观要件"，载《中国刑事法杂志》2016年第6期。

无论是英美法系还是大陆法系国家中的因果关系理论，大致脱胎于哲学理论。因果关系是哲学中的重要范畴，辩证唯物主义学说认为，原因与结果是现实生活中事物与现象之间相互制约，相互联系的普遍形式之一。[1]在自然界或者人类社会中，任意一种现象产生，另外一种现象必然随之发生，若用哲学的话语来描述，这种引起另一现象产生的现象被称为原因，而由其引发的现象被称为结果。原因与结果是一对相对的概念，结果是相对于原因而言的，二者互为前提。在一定的情况下，原因与结果也可以相互转化。原因与结果之间关系复杂，同一种现象在一种关系中是原因，在另一种关系中又表现为结果，判断这种现象究竟是原因还是结果需要具体情况具体分析。各种不同关系之间交错重合，最终延展成为因果关系链条。辩证唯物主义哲学观是科学的世界观与方法论，人类研究和发展必然离不开辩证唯物主义的思想，其指导着我们科学地认识世界和改造世界。

而在社会生活中，犯罪是随着人类社会的发展而产生的必然结果。为维护社会的安全稳定，对犯罪分子进行处罚也是必要的手段。但刑罚毕竟是最严厉的惩罚方法，若是滥用刑罚处罚，将对社会的稳定造成不利影响，因而只有行为人真正实施危害刑法所保护的法益的行为，刑罚才能对其进行处罚。因此，正确判定行为人是否构成犯罪的第一步便是判定行为人实施的行为是否符合构成要件。在有危害结果发生的违法行为中，还需要判定危害行为与危险结果之间是否存在刑法上的因果关系。刑法上的因果关系是指危害行为与危害结果之间的一种引起与被引起的关系。换句话说，行为人实施危害行为，发生危害结果，这个结果是否能够归属于危害行为，如果可以，则危害行为与危害结果之间存在因果关系；如果不能，则危害行为与危害结果之间并不存在因果关系，行为人无需对这个危害结果的产生负刑事责任。

因果关系理论是刑法总论中一个重要的组成部分。因果关系问题是人类经验知识的根基，不仅事关我们所感知到的一切事物，更事关对超越当下经验的事物的判断。[2]"刑法中所说的因果关系与自然科学、哲学中所说的因果关系并不完全一致，刑法中的因果关系具有更强的规范性。刑法学中所研究

〔1〕 参见行江："大陆法系与我国刑法中的因果关系比较研究"，载《昆明理工大学学报（社会科学版）》2008年第2期。
〔2〕 参见董玉庭："从客观因果流程到刑法因果关系"，载《中国法学（文摘）》2019年第5期。

的因果关系限定在犯罪领域中对于犯罪行为和犯罪结果之间关系的研究，哲学中所研究的因果关系对于普遍存在的事物中抽象、概括联系的浓缩，因此不管是从研究对象上，还是从研究的目的上，刑法因果关系都具有自身的特殊性。"[1]基于各国刑法中都存在的罪责自负原则，行为人只能对由自己行为所产生的危害结果承担责任，所以只有当行为人的危害行为与危害结果之间存在刑法上的因果关系时，才能继续探究行为人是否需要承担刑事责任。基于哲学产生的刑法上的因果关系理论自然具有哲学上的因果关系特征，包括因果关系的客观性、相对性与绝对性、时间顺序性以及复杂性和多样性。但是刑法上因果关系也有着其自身的个性，例如，刑法上的因果关系的认定只在刑法领域，且只研究危害行为与危害结果之间的因果关系；它只研究犯罪的社会现象，其他社会现象不在其关注范围之内，等等。因此，认识刑法上的因果关系理论除去需要认识哲学因果关系内容之外，更重要的是要理解刑法与犯罪。

　　大陆法系国家一开始其实并不重视刑法因果关系。总的来看，在19世纪之前，各个刑法学家并没有系统研究刑法上的因果关系问题，只在具体犯罪中阐明其成立要件时才会进行分析研究。直到19世纪60年代，德国帝国法院刑事部推事布黎首创"条件说"，为德国法院普遍采用。[2]随后，有关于刑法因果关系理论的研究如同雨后春笋般涌现，原因说、相当因果关系说、客观归责理论相继被提出。

　　条件说是大陆法系刑法理论中最早出现的有关于刑法因果关系理论认定的学说。该说认为：只要在行为和结果之间存在 conditio sine qua non 的关系，即没有前者就没有后者这种必然性条件关系，就可以认为有刑法上的因果关系。[3]条件说主张"行为与结果之间仅在逻辑上存在必要条件关系"，即可认定危害结果的发生可以归属于危害行为。例如，张三被甲砸伤头部，但他并未立即死亡，只是觉得晕晕沉沉，摇摇晃晃地走到水边，本意是想用水清醒一下，由于头脑晕沉，一时没有注意踩进水中，直接溺亡。根据条件说，如果没有甲砸伤张三的行为，张三不会头脑晕沉，去到水边取水，更不会因

---

[1]　鲁宏立："刑法因果关系研究"，载《职工法律天地》2018年第12期。

[2]　参见张绍谦：《刑法因果关系研究》，中国检察出版社2003年版，第26页。

[3]　参见张明楷："大陆法系国家的因果关系理论"，载高铭暄、赵秉志主编：《新中国刑法学五十年》（下），中国方正出版社2000年版，第2044~2056页。

此溺亡，所以甲应当对张三的死亡结果负责。从案例来看，张三的死亡有异常的介入因素也就是张三溺水，这才是张三死亡的主要原因，但是条件说却把张三死亡的原因归结为甲的伤害行为，从而扩大刑法的处罚范围。再如，李四被乙用刀捅伤，本只是轻伤，但是由于去医院就诊时，医院不幸发生大火，因此被直接烧死在医院中。根据条件说，李四若是没有被乙捅伤，就不会去医院就诊，也就不会遇上医院的大火被烧死，因此乙应当对李四的死亡负刑事责任。这种推断"无 A 则无 B"的条件说，最大特点就是无限扩大条件的因果链条，其认为在结果发生之前的一切行为，只要具有必要条件的作用，就可以被认为是法律上的原因，这将我们在社会生活中认为有因果关系的某些现象也归结为刑法上的因果关系。

鉴于条件说存在巨大缺陷，原因说作为限制条件说的重大突破荣登历史舞台。"原因说，又称原因与条件区别说，此说区分原因与条件，将结果的发生与许多条件相对应，提出特别有力而重要的条件，作为发生结果的原因，其他条件则不认为其对于结果的发生具有原因力，而称为条件（单纯条件）。"[1]但是对于如何确定什么样的条件才是有力而重要的，各个学者又有不同的看法。其中，必要条件说认为在引发结果的各个原因中，只有对于结果的发生起必要的、不可缺少的作用的原因才是刑法因果关系上的原因；直接因果关系说认为在结果发生过程中，只有直接引起结果发生的原因才是刑法因果关系上的原因；最有力条件说认为引起结果发生的最有力的原因才是刑法因果关系的原因，等等。虽然这些学说各有不同，但基本上是在对各个不同案件进行具体考察的前提下，寻找出对于结果发生起着至关重要作用的原因，作为刑法因果关系上的原因。值得重视的是，虽然原因说是为克服条件说的缺陷而提出，但条件说如今也并未被人们抛却，其为弥补自身缺陷而提出的因果关系中断理论，以及后来由因果关系中断理论演变而来的"责任更新学说"以及"禁止溯及说"，直到今天也还具有强大生命力。

"相当因果关系学说，是指根据我们社会生活经验对事物作一般性的考察，如果认为一定的行为产生一定的结果是通常的、相当的，就认为存在因果关系的学说。"[2]相当因果关系说是 19 世纪 70 年代由德国学者巴尔创立的

---

〔1〕 陈兴良："刑法因果关系研究"，载《现代法学》1999 年第 5 期。

〔2〕 陈家林：《外国刑法理论的思潮与流变》，中国人民公安大学出版社 2017 年版，第 169 页。

学说，但是这个学说在德国并无太多人认可，反而是在日本，这一学说是主流的因果关系学说。相当因果关系学说中的"相当"一词，是指在日常生活中，某个行为通常会产生某个结果，如无意外，不会改变，亦即某一行为所产生的结果在日常生活中是常见的，一般的，而不是异常的。相当因果关系说又可分为主观的相当因果关系、客观的相当因果关系、折中的相当因果关系等学说。由于相当因果关系对于行为人行为后的介入因素，都主张行为人在行为之前就应当有所预见，从而使得结论受到事后介入因素是否正常判断的影响。如果介入因素是异常的，就仅对行为时的危险进行判断，而介入因素则被忽视，也难以得出具有强大说服力的结论。因此，日本学者界于因果关系理论存在的对于结果进行抽象和抽象的程度、危险的现实化等问题的关注不够的缺点，提出综合判断说、危险的现实化说、结果的抽象化说等，对相当因果关系进行补充和重构。

客观归责理论是德国学者罗克辛在学习和总结黑格尔的法哲学思想中有关于客观归属的理论后，进行细致的梳理和研究后提出的因果关系理论。依照黑格尔的哲学观点，"只有作为意志的过错才能归责于我，因为如果是出于故意的行为，行为人的要件是行为人的目的所认定的，应被认为是行为人自己的行为，只有当行为人的行为是自己的行为时，行为人才能被归责。"[1]这句话中即涵盖罪责自负的现代刑法观念。客观归属理论的具体内容为与结果具有因果关系的行为制造出法律所不允许的危险，而这种危险在现实中因为构成要件的实现而作为危险结果出现时，可以承认这个结果在客观上是该行为的归属。客观归属理论三个最重要的条件为行为制造出法律所不允许的危险，危险实现以及这个危险结果是在犯罪构成要件内的结果。客观归责理论最重要支柱为风险降低规则，即以下几种风险是法律所允许的风险：一是行为人的行为减少风险的发生，例如，行为人发现从建筑楼里落下一个花盆，会砸到自己旁边站立的行人的头部，于是推了一下行人，导致花盆砸伤行人的肩膀，此时虽然被害人肩膀受伤的结果与行为人推的动作有关，也不能将这个结果归结于行为人的行为。二是行为人的行为没有制造风险，也不能将结果归属于行为人。例如，甲无比讨厌乙，于是给乙买了一张机票，免费送乙出门旅游，但是实际上是希望乙飞机出事死亡，结果乙乘坐的航班果然突

---

〔1〕　[德] 黑格尔：《法哲学原理》，范扬、张启泰译，商务印书馆1961年版，第118~121页。

发意外，全机无人生还。甲送乙机票的行为是没有任何危险的行为，不能将乙的死亡结果归属于甲送乙机票的行为。换言之，行为促使他人进行各种常见的或者说是正常的、并无重要法律意义活动的，即使这些行为可能导致不幸事件的发生，也不能将结果的发生归属于行为人的行为。因为这些是社会中存在的，只是发生几率极小的风险，是法律所不能预见并且不能管辖的风险。三是行为人制造的是法律所允许的风险，例如，行为人依照交通规定驾驶汽车，却突然出现一个人撞上行为人的轿车死亡，行为人并不需要对此死亡结果承担责任，因为他完全是按照交通规定行驶，没有制造法律所不允许的风险。客观归属理论是一种尚在发展完善的理论，其与因果关系论之间的关系也是刑法学者研究的重点。"客观的归属论，是以因果关系为前提，并以此作为基础，作为从法律的规定里对之加以限制的理论加以构想的。"[1]

我国刑法因果关系学说因为受前苏联的影响，采用的是从马克思主义哲学理论中关于原因与结果理论演变而来的必然因果关系学说与偶然因果关系学说。必然因果关系认为，当危险行为中包含着危害结果产生的原因，并合乎规律地导致危害结果的发生，危害行为与危害结果之间就存在着必然因果关系；偶然因果关系说是指危害行为中并不包含着危害结果产生的依据，偶然介入其他因素，并由其他因素合乎规律地引起危害结果时，危害行为与危害结果之间就存在偶然因果关系。[2]"但是，哲学上对因果关系必然性的理解有不同看法，将这种连哲学上都未完全厘清的概念带入刑法理论，只会给刑法因果关系理论研究带来更大争议。"[3]晚近以来，"必然-偶然"因果关系认定方法越来越受到大多数学者的批判，学者们主张学习德日刑法学中的刑法因果关系理论，但是对于应当采用哪种理论，也是各执一词。上述的几种因果关系理论各有所长，同样也存在着尚需完善的地方。不过，无论是因果关系理论之下的条件说、原因说、相当因果关系说还是如今正在蓬勃发展的客观归属理论，其对于我们认定危害结果能否归属于危害行为的发生具有巨大作用。但是，在具体案件中，是采用条件说还是原因说还是相当因果关系说，亦或是客观归属理论，具体还是与个人的认识有关。

---

[1] [日]山中敬一：《刑法总论》，成文堂 2015 年版，第 257 页。

[2] 参见李林：《刑法总则基本问题丛论》，四川大学出版社 2016 年版，第 149 页。

[3] 王崇青：《全流通时代的证券犯罪问题研究》，中国公安人民大学出版社 2014 年版，第 139 页。

二、诈骗罪中的刑法因果关系链

诈骗罪作为典型的财产性犯罪，其所侵犯的法益是他人财物的所有权。但是，其有着不同于其他财产型犯罪的一点，那就是受骗人处分财产的行为是完全出于"自愿"。我国《刑法》第266条规定，诈骗公私财物，以诈骗罪论处。关于诈骗罪的客观要素，学理上则有不同的观点，主要有二要素说、三要素说、四要素说、五要素说四种主张。[1]二要素说认为诈骗行为由欺诈行为和骗取财物两部分组成；三要素说主要是我国台湾地区的蔡墩铭教授采用，蔡墩铭教授认为，诈骗罪的客观构成要件由行为人实施欺诈的骗术、被害人发生认识错误、被害人基于认识错误给予行为人财物三部分组成；与之不同的是台湾地区的也认可三要素的曾淑瑜学者认为诈骗罪的构成要件包括欺诈行为、处分行为以及二者之间的对价关系，这里所谓的对价关系指的是财产损失结果；陈兴良教授主张四要素说，这里诈骗罪构成要件的四要素包括欺诈行为、认识错误、处分行为以及取得财物；而张明楷教授则认同五要素说，其认为"诈骗罪（既遂）的基本构造为行为人实施欺骗行为——对方（受骗者）产生（或者继续维持）错误认识——对方基于错误认识处分财产——行为人或者第三者取得财产——被害人遭受财产损失"。而本书认为诈骗罪是由行为人与受骗人共同完成的，受骗人的处分意识与处分行为在诈骗罪中应当占有一席之位，我国刑法关于诈骗罪的规定中谈及数额问题，亦即行为人诈骗的财物数额也会影响定罪量刑，所以行为人取得财物与被害人失去财物之间应当有因果关系等理由，应当采张明楷教授主张的五要素说。

首先根据诈骗罪五要素说，诈骗罪既遂的成立要件共有五个，即欺骗行为——错误认识——处分财物——诈取财物——被害人损失财物。[2]其中，欺骗行为是行为人的实行行为，这里的欺骗行为指的是行为人隐瞒真相或者虚构事实欺骗受骗者，诈骗行为有多种表现形式，但这些形式都有一个共同的特点，那就是需要与被害人进行互动。在众多的欺诈行为中，有一种欺骗理由是不值得被刑法保护的，这种欺骗理由是严重脱离社会实际，过于荒诞的理由，对于这种荒诞借口，受骗者是可以轻易识破的，但是受骗者却轻易

---

[1]　参见孙利：《诈骗罪客观要素研究》，中国政法大学出版社2016年版，第3~4页。

[2]　参见张明楷："论三角诈骗"，载《法学研究》2004年第2期。

地相信并且处分自己的财物的，这种受骗者对于自己的财物也不谨慎保护的情况，刑法再予以保护其财产，过于多余。若行为人通过各种方式例如他人的佐证、虚假的承诺等强化受骗人的认识错误，导致受骗人因此对行为人的欺诈理由深信不疑的，可以认定行为人的欺诈行为是诈骗罪意义上的欺诈。在判断行为人的欺诈理由是否是值得被相信的借口时，要"同时考虑被害人的行为和行为人的行为，才能客观而全面的对行为人的行为作出法律评价，准确地界定行为人的行为是否构成犯罪，构成何罪，是否要承担刑事责任，避免了只从犯罪人的行为及其结果出发考虑社会危害性的片面思想。"〔1〕所以，对于行为人的欺骗行为，不能一律认定为诈骗行为，还需要考虑其是否是值得刑法惩罚的行为。

其次，行为人使用欺骗借口或者手段使受骗人陷入认识错误。受骗人陷入错误认识，这是诈骗罪区别于盗窃罪的重要标准。例如，甲见乙放在酒吧吧台上的手机炫酷无比，想要据为己有，于是对甲说酒吧外面有人找，甲急忙前去，乙则趁机将甲的手机拿走。在本案中，乙并没有使甲陷入错误认识的意图，只是想找个借口支开甲，借机取得甲的手机，因此，乙的行为认定为盗窃罪更为合理。按照学界的观点，欺骗他人，使之转移注意力，乘隙取得财物，由于不是为了使对方陷入错误认识，进行财产性处分而交付财物，故不成立诈骗罪而成立盗窃罪。〔2〕受骗人陷入错误认识的内容，包括对于过去、现在以及将来内容的事实认识错误，例如，行为人抱着非法占有的目的欺骗其好友的巨额财物，承诺将来一定按时按照约定利息还款，在好友将钱借给他之后，他便携款潜逃，杳无音信，行为人的行为成立诈骗罪。诈骗罪的本质是行为人通过欺骗行为使被害人产生认识错误并处分财产，从而获取利益。因此，行为人如果虚构尚未发生之事，其程度足以使被害人陷入认识错误并自愿处分财产，该行为就可以被认定为诈骗罪。"至于将来事实的真伪，被害人当时是否可以进行判断，不应该影响被害人认识错误的认定。"〔3〕

再次，被害人处分财产，此时被害人处分财产的行为需要有处分意识。在学理上，关于被害人处分财产是否需要处分意识，争执不一。但就本书看

---

〔1〕 黄瑛琦：《被害人行为导入定罪机制研究》，法律出版社2011年版，第111页。

〔2〕 参见蔡颖："偷换二维码行为的刑法定性"，载《法学》2020年第1期。

〔3〕 段莉军："诈骗罪中被害人认识错误的认定"，载《四川职业技术学院学报》2019年第5期。

来，被害人需要对于自己财产的处分具有处分意识，即被害人认识到自己是在处分财物，这也是诈骗罪区别于盗窃罪的一点。若是被害人并无处分意识，则行为人的行为很难成立诈骗罪。举个例子，甲借口手机没带需要借乙的手机拨打电话，在乙将手机交付之后，甲借口房屋里信号不好，需要出去接听电话，结果带着乙的手机一去不复返。在本案中，乙仅是具有将手机借给甲，让甲给家中人打个电话的意思，而并无将手机处分给甲的意思，甲的行为其实是借口借物行盗窃之实。因此，甲将乙的手机据为己有的行为宜认定为盗窃罪。被害人处分财产，在诈骗罪中还有一个重要的因果关系，即被害人处分财产的行为是基于被骗的错误认识。若是行为人的骗局早已被被害人看穿，但是被害人出于其他意图将财物处分给行为人的，行为人的诈骗行为不能既遂，因为其取得财物并非基于自身的诈骗行为，而是受骗人在其他意图的支配下为之的。所以，在此处有一个重要的因果链需要考察，此关系到行为人的诈骗行为是否既遂。

又次，诈骗人取得被害人财物。"取得财物，是指行为人基于受骗人的交付行为，取得对被害人财物的占有。"[1]诈骗罪中行为人取得的财物，不仅是被害人基于错误认识而取得的财物，而且被害人处分财物的目的也无法被实现。易言之，行为人取得的财物是违背行为人交付目的的财物。行为人基于诈骗行为取得被害人的财物，这也是诈骗罪既遂的重要考察因素。此处有一个案例，张三编造不存在的事实欺骗李四其是成功的企业创业者，现在需要融资将自己的公司上市，并告诉李四其若是出资，可以成为公司的重要股东，李四心动，但是在向张三提供的银行账户转账时由于看错一个数字，将钱财转入他人账户。张三并没有得到李四处分的财物，因此，张三的行为只能成立诈骗罪未遂，而不能成立诈骗罪既遂。同时，在思考诈骗人取得财物时，也需要考虑被害人处分财物的行为是否值得刑法保护。法律中常有一句谚语，叫"法律只保护很傻很天真的人，不保护太傻太天真的人"，此对刑法也是应当适用的，行为人实施的行为造成侵害法益的结果，但若是被害人只需要尽到最基本的注意义务，就不会上当受骗的，被害人的被保护性即不存在，不值得刑法对其进行保护。

最后，被害人因此损失财物。被害人损失财物的原因是行为人的诈骗行

---

[1]　孙利：《诈骗罪客观要素研究》，中国政法大学出版社 2016 年版，第 170 页。

为让被害人陷入错误认识，被害人因而处分财物，但是处分财物的目的却未能实现，平白损失财物。被害人损失财物要素也是四要素说与五要素说的分歧点，四要素说认为，行为人取得财物要件中就涵盖被害人损失财物的内容，不需要再单独列一要素强调被害人财物的损失。而赞同五要素说的学者则认为，诈骗罪是财产犯罪，应当要求有财产损失。"'处分财产''取得财产'是对诈骗罪的财产损失的实质限定。"[1]

从上述关于诈骗罪成立的各要素来看，欺骗行为、认识错误、处分财产、取得财物、财产损失各个要件之间关系紧密，缺一不可。其中，各个要件之间的因果关系链具体为行为人实施欺骗行为导致受骗人陷入认识错误或者行为人实施的欺骗行为强化受骗人的认识错误；受骗人出于认识错误处分财产又是一个重要的因果链，若被害人并非基于认识错误处分财物，则行为人的诈骗行为也就很难认定既遂；然后是实施诈骗行为人基于行为人处分财物的行为取得财物，若行为人取得的财物并非被害人因为诈骗行为处分的财物，不能认定行为人的行为成立犯罪；行为人取得财物与被害人损失财物之间具有因果关系。这些因果链形成一个完整的闭环，共同作用使行为人的行为成立犯罪。在实践中处理有关诈骗犯罪的案件时，需要从上述因果链着手，认定行为人的欺骗行为是否构成诈骗罪，诈骗罪是否既遂等问题。

而随着我国经济的发展，信息网络时代的到来，越来越多行为人选择利用现代科技手段实施诈骗行为，其中，最为猖獗的即是电信诈骗犯罪。对于电信诈骗行为，总结众多观点可以得出，电信诈骗行为是基于非法占有他人财物的目的，利用现代通信工具和网络通信技术，通过非接触的方式，编造虚假事实，诱骗被害人向其提供的资金账户转让钱财的一种新型诈骗方法。[2]电信诈骗的常见方法以下几种：一是通过各种途径获取个人信息之后，利用手中所掌握的个人信息，行为人冒充国家机关工作人员、个人亲友等特定身份实施诈骗；二是在非法获取公民个人网上通信方式之后通过QQ、邮箱等发送虚假信息实施诈骗；三是以提供大额无息贷款等服务为由，引导受骗人将自己账户中的钱财转入其提供的账户；四是通过在网页上植入各种木马广告，

---

〔1〕 张明楷：《诈骗罪与金融诈骗罪研究》，清华大学出版社2006年版，第7~13页。

〔2〕 参见韩胜兵："电信诈骗犯罪的起源、特点及防治"，载《中国刑警学院学报》2013年第2期。

当观看者点击进去时快速抓取点击者的个人信息，之后在盗窃事主手机关联账户转走钱财；五是建构虚假产品交易平台，在被害人将钱财转入其提供的交易平台进行交易后，其控制后台行情指数等，致使客户资金亏损、爆仓等。[1]

电信网络诈骗已成为我国刑事犯罪的打击重点之一，特别是实施电信网络诈骗的行为人近些年来将目标对准即将步入大学生活的准大学生和已经进入大学生活的学子，这类人有一个显著的特点是他们初入社会，阅历浅，易于掌控，且他们初掌经济大权，对于这类人群他们易于煽动。电信网络诈骗虽然是新型的诈骗类型，但其仍符合诈骗罪的构成要件规定，因此，在认定电信网络诈骗行为是否构成犯罪时，同样需要从认定诈骗罪的五个要素即欺骗行为、认识错误、处分行为、取得财产、财产损失以及其之间的因果链条为未发生中断等着手。只有电信网络诈骗行为符合上述五个要素，其行为才能认定为诈骗罪。

三、诈骗行为导致被害人死亡的认定

在层出不穷的诈骗活动中，许多被害人因为被诈骗大笔钱财，妻离子散；或者是因为被诈骗钱财，情绪低落，患上抑郁症；亦或是因为钱财被诈骗，精神失常；更甚者，还有因为家产被诈骗而选择自杀等情况。诈骗罪作为我国目前最猖獗的犯罪活动之一，确实有不少家庭因为财物被诈骗引发一系列悲剧，因此，社会各界都希望国家可以制定更加有效的防控体系和防控方法，预防诈骗犯罪的再发生，同时，社会公民也希望国家能严惩诈骗犯罪，保护其自身财物的安全。

虽然诈骗行为确实是刑法需要严厉打击的犯罪行为，然而，仅依靠对诈骗罪处以严厉刑罚是不够的。仅从近三年来看，尽管司法实践已经按照财产型犯罪中最严厉的处罚方法对诈骗犯罪进行处罚，却也依然不能抵挡无数行为人继续实施诈骗犯罪活动，特别是通过电信网络方法实施诈骗。因此，仅仅依靠刑罚手段制止诈骗犯罪的发生显然并不现实。对于社会中出现的"电信网络诈骗，应当一律从严处罚，谨防徐玉玉的悲剧再次发生"的观点，虽

---

[1]　参见郑荣哲、王成新："犯罪社会学视域下电信网络诈骗犯罪研究"，载《辽宁警察学院学报》2020年第3期。

然因为诈骗行为导致被害人死亡、精神失常或者其他严重后果发生的案件屡见不鲜，但只寄希望于严惩犯罪分子，显然不能制止这些后果的一再发生。对于凡是实施电信网络诈骗活动的行为人，一律以诈骗罪从重处罚的观点也是不符合现今刑法法治建设的基本理念的，即使行为人实施欺骗行为，也需要符其他构成要件才能将行为人的欺骗行为认定为犯罪。

同理，社会中出现关于"行为人的诈骗行为与被害人死亡之间有刑法上的因果关系，因此应当对实施诈骗活动的行为人从重处罚的"观点，也是不合理的。行为人实施诈骗行为，与被害人死亡的危害结果之间是否具有刑法上的因果关系，需要从刑法上的因果关系理论中分析得出。

根据最早期的因果关系说中的条件说的观点，没有 A 的行为，也就没有 B 的结果。据此，若是没有行为人实施诈骗行为，受骗人就不会因此遭受财产损失，其也就不会自杀身亡或者精神出现问题，因此可以得出结论，即被害人死亡与行为人的诈骗行为之间具有刑法上的因果关系，行为人应当对被害人的死亡承担责任。但是根据客观归责理论，行为人实施诈骗行为只对他人财产产生法律所不容许的危险。从整个犯罪行为来看，行为人的行为实施只到行为人取得被害人因受骗而处分的财产时就彻底结束，此时行为人的行为已经既遂。在整个诈骗行为中，被害人的生命法益没有受到侵害的可能性，至于诈骗结束之后发生的事情也因为诈骗罪因果关系流程的结束与之无关。最开始的"万能条件说"是实践证明为不合理的因果关系学说，若是按照这一学说推断因果关系，甚至可能出现"杀人犯的母亲与被害人的死亡结果之间具有因果关系"的荒谬结论。

在诈骗罪的案件中，行为人的主要实行行为是隐瞒真相、虚构事实的欺骗行为，这一行为使得受骗人陷入认识错误，并基于认识错误处分财产，最终遭受财产损失。行为人所创造的不被法律允许的危险是易于使他人陷入错误认识，并基于错误认识而处分财产的欺骗行为，这一行为具有使他人遭受财产损失的危险；而这一危险所可能会引发的危害结果为被害人遭受财产损失。换言之，在诈骗罪中，被害人遭受财产损失的危害结果可以归属于行为人的欺骗行为。而被害人因为财产损失，而产生轻生的念想，并进而结束自己的生命的结果，在客观上不能归结为行为人实施的诈骗行为。或许在事实层面，多数人认为没有行为人的诈骗行为，也就不会有被害人的死亡结果，被害人的死亡结果与行为人的诈骗行为之间应当具有因果关系。行为人实施诈骗行为，主要的目的而为了取得被害人的财产，对于被害人的生命法益，行为人并无希望其生命被结束的目的和意图，甚至是排斥这一结果的发生的。换言之，行为人的整个诈骗行为只对被害人的财产法益产生法所不容许的危险，但对于被害人的生命法益却并未造成任何伤害。在整个诈骗活动中，行为人若是并没有在其欺骗行为中有任何灌输给被害人轻生想法的行为的，被害人在行为人已经实施诈骗行为既遂之后实施的行为，由于行为人的诈骗行为已经完结，因而难以继续归属于行为人的诈骗行为。

在诈骗罪的因果关系流程中，被骗人陷入或者被强化错误认识的结果可以被归属于行为人的欺骗行为，而受骗人因此而处分财产的行为则可以归属于错误认识，行为人因为欺骗受骗人从而取得被害人的财产，被害人遭受实际上的财产损失的结果可以归属于行为人取得财产的行为，从而可以将因果关系倒流至最初行为人实施欺骗行为的原因，进而将被害人财产损失的结果与行为人实施欺骗行为相联系，将财产损失的结果归属于行为人实施的欺骗行为。在整个因果关系流程中，行为人未曾实施过可能导致被害人死亡结果发生的行为，只是因为被害人因遭受财产损失一时想不开产生轻生念头并付诸现实的结果是需要被道德谴责的结果，便将这一死亡结果归属于行为人实施的诈骗行为，认为二者之间存在刑法上的因果关系，这样的认定过于草率。

即使行为人在诈骗行为实施过程中，出于避免自己将来可能会面临刑事追究等原因，给被害人灌输轻生的思想，意图使其在之后自杀，从而避免自己的诈骗行为被揭发的，被害人的死亡与行为人灌输轻生思想的行为有关，可以将被害人的死亡归属于行为人在诈骗行为中实施的灌输轻生思想行为。然而，这也与其实施的欺骗行为无关。这只是行为人在欺骗行为之外出于另一目的又实施另一个行为，导致被害人死亡。例如，甲通过拨打电话成功蛊惑乙，骗取乙10万元金钱，同时，因为害怕乙之后反应过来，明白自己是被骗财物而报警，又在电话里给乙灌输"社会无趣""活着还不如死了"等想法，致使乙在反应过来自己是被骗后产生轻生想法，结束自己的生命。甲在欺骗行为之外又实施另一蛊惑乙轻生的行为，乙的死亡结果应当归属于甲对其灌输的轻生念头，而非甲的诈骗行为。

综上所述，行为人的诈骗行为与被害人因为财物被骗自杀的结果之间并不存在刑法上的因果关系，被害人死亡结果并不能影响到行为人的欺骗行为是否成立犯罪，只会对行为人在被认定犯罪成立之后的量刑结果有影响。

四、司法解释关于"被害人自杀、精神失常"等规定的理解

此处主要涉及两个司法解释，一个为最高人民法院于 2011 年 3 月发布的《关于办理诈骗刑事案件具体应用法律若干问题的解释》（以下简称《2011 年解释》），另一个为最高人民法院、最高人民检察院与公安部联合于 2016 年 12 月发布的《关于办理电信网络诈骗等刑事案件适用法律若干问题的意见》（以下简称《2016 年意见》），《2016 年意见》对电信网络诈骗犯罪的定罪量刑、关联犯罪、共同犯罪、案件管辖、证据收集审查、涉案财物处理等问题作出了相对细致的规定。[1]《2011 年解释》中的第 2 条规定诈骗公私财物达到该解释第一条规定的数额标准，具有下列情形之一的，可以依照《刑法》第 266 条的规定酌情从严惩处：……（五）造成被害人自杀、精神失常或者其他严重后果的。而《2016 年意见》主要是关于诈骗罪中的电信诈骗，是在总结实践中处理电信诈骗时遇到的各种问题的处理经验的基础上公布的司法解释，其在关于诈骗行为引发被害人死亡问题上的规定为"造成被害人或者其近亲属自杀、死亡或者精神失常等严重后果的"。[2]

比较两个司法解释，《2011 年解释》中关于被害人自杀、精神失常或者其他严重后果的规定，仅限于被害人本人，而《2016 年意见》中新增加关于近亲属的规定，即若是被害人的近亲属因为被害人被诈骗财物而自杀、精神失常或者产生其他严重后果的，也应当对行为人以诈骗罪从重处罚，但这也只是针对电信诈骗犯罪而言。将对被害人的保护范围被扩大至其近亲属的范围是出于现实考虑。实践中，众多电信诈骗犯罪诈骗被害人钱财的数额巨大，被害人的近亲属因为被害人被欺骗处分钱财而心情抑郁，甚至产生精神疾病的情况也比比皆是。人都是社会动物，人生活在社会中总是要顾及许多问题，其中最主要的便是保证自己及近亲属的基本生活需求。而电信诈骗犯罪的主要对象，正是这些基本家庭生活需求刚刚被满足的家庭，诈骗的是这个

---

〔1〕 参见张宇震："电信网络诈骗司法解释若干适用问题研究"，载《江西警察学院学报》2017 年第 3 期。

〔2〕《2016 年意见》："……二、依法严惩电信网络诈骗犯罪：……（二）实施电信网络诈骗犯罪，达到相应数额标准，具有下列情形之一的，酌情从重处罚：1. 造成被害人或其近亲属自杀、死亡或者精神失常等严重后果的；2. 冒充司法机关等国家机关工作人员实施诈骗的；3. 组织、指挥电信网络诈骗犯罪团伙的；4. 在境外实施电信网络诈骗的；5. 曾因电信网络诈骗犯罪受过刑事处罚或者二年内曾因电信网络诈骗受过行政处罚的……"

家庭辛辛苦苦攒下来的家底，行为人诈骗取到财物意味着这个家庭的积蓄也被掏空，所以被害人及其近亲属极易因此产生精神疾病，严重的可能演化为精神失常、更甚者产生轻生念头自杀身亡。出于人道主义的考虑则需要保护被害人近亲属的利益。所以，《2016年意见》将因为被害人电信诈骗而受骗并损失财物，导致其近亲属死亡、精神失常或者其他严重后果的结果纳入量刑考虑情节，是符合社会发展以及满足公民因为深受诈骗罪损害困扰的需求的。

《2011年解释》以及《2016年意见》中关于"造成被害人自杀、精神失常或者其他严重后果"或者是"造成被害人及其近亲属自杀、精神失常或者其他严重后果的"表述，不是关于被害人死亡与行为人的诈骗行为之间具有刑法上的因果关系的表述。前文已经分析过，诈骗罪构成要件之间是一个完整的因果关系链条，认定行为人的欺骗行为是否构成犯罪，只能根据欺骗行为——错误认识——处分行为——行为人诈取财物——被害人损失财物来认定。诈骗罪的因果关系直到被害人损失财物时就已结束，此时若是行为人诈取的财物达到诈骗罪定罪的标准，就可以认定诈骗罪成立。若是被害人因为财物被骗取而自杀、精神失常或者产生其他严重后果，由于是在整个诈骗犯罪活动结束以后产生，是诈骗犯罪的衍生结果，不能认为被害人的死亡结果与行为人的诈骗行为之间具有刑法上的因果关系。被害人死亡结果与行为人诈骗行为之间只具有哲学上的因果关系，行为人实施骗取被害人财物的行为是因，被害人因为财物损失而产生轻生想法结束自己生命是果，二者之间存在的因果关系是引起与被引起的因果关系，若无行为人诈骗财物，也就不会有被害人结束自己生命行为。然而，被害人死亡结果与行为人的欺骗行为之间不存在刑法上的因果关系。刑法上的因果关系是认定行为人的行为是否构成犯罪的重要因素之一，其存在与否影响到的是犯罪成立。比如说，甲欲杀乙，在乙常用的水杯中下毒，乙用被下毒的水杯接水喝下，果然中毒死亡，乙的死亡与甲的下毒行为之间具有刑法上的因果关系，甲制造了一个不被法律允许的危险即下毒在乙的常用水杯中，而乙用这个水杯喝水中毒身亡，这个危险最终实现，乙的死亡结果可以归属为甲的下毒行为，甲需要对乙的死亡负刑事责任，甲的行为成立故意杀人罪既遂。但若是甲希望乙吃饭噎死，于是做了一桌好菜请乙来到自家吃饭，由于甲做的饭菜太好吃，乙吃的速度太快，结果一不小心噎死，却不能认为乙的死亡与甲请客吃饭的行为之间具有刑法上的因果关系，因为甲的行为并没有制造出可能使乙丧失生命的危险，不能将乙的死亡结果归属于一个没有危及其生命安全危险的行为。同理，行为人实施诈骗行为，目的只是被害人的财物，而非被害人的生命安全，行为人实施的行为只会制造出使被害人遭受财产损失的危险，而没有使被害人生命遭受危险的可能，因此，强行将被害人的死亡与行为人的诈骗行为相联系，认为二者之间具有刑法上的因果关系，是不恰当的。

那么，《2011 年解释》与《2016 意见》中关于造成被害人及其近亲属死亡或者发生其他严重后果的表述在犯罪体系中的地位是什么呢？

根据《2011 年解释》与《2016 年意见》规定的有关于造成被害人及其近亲属自杀、精神失常或者其他严重后果的规定，是犯罪的法定量刑加重情节。无论是《2011 年解释》还是《2016 年意见》，其在关于"造成被害人自杀、精神失常或者其他严重后果""造成被害人及其近亲属自杀、精神失常或者其他严重后果的"其前提描述是"诈骗公私财物达到本解释第一条规定的数额标准，具有下列情形之一的，可以依照《刑法》第 266 条的规定酌情从严惩处"以及"实施电信网络诈骗犯罪，达到相应数额标准，具有下列情形之一的，酌情从重处罚"。亦即，对于行为人的欺骗行为从重处罚的前提条件是行为人的诈骗行为已经构成《刑法》第 266 条规定的诈骗罪。如若行为人的欺骗财物行为并未达到诈骗罪的定罪标准，其行为不构成犯罪，即使被诈骗财物的被害人或者其近亲属因为财物被诈骗而一时想不开实施自杀、亦或是患上精神疾病等严重后果，也不能对实施欺骗行为的行为人进行处罚。对行为人量处刑罚的前提条件是行为人的行为构成犯罪。根据我国司法解释的观点，诈骗公私财物价值 3000 元至 1 万元以上、3 万元至 10 万元以上、50 万元以上的，应当分别认定为《刑法》第 266 条规定的"数额较大""数额巨大""数额特别巨大"。[1] 诈骗罪是典型的财产型犯罪，是侵犯公民财产权利的犯罪，司法解释考虑各种情况，将诈骗罪的入罪标准定为 3000 元到 10 000 元之间，各省人民法院可以根据其本省自身的经济发展状况制定诈骗罪的定罪标准。从司法解释规定来看，诈骗罪的最低诈骗所得数额为 3000 元，若行为人诈骗的财物数额总额不足 3000 元，也就不能对行为人定罪处罚。例如，行为人以手机短信方式骗取某一女大学生钱财 2500 元，女大学生在意识到自己上当受骗

---

[1] 参见孟庆华："电信诈骗犯罪司法解释的理解与适用"，载《上海政法学院学报（法治论丛）》2011 年第 6 期。

之后，越想越觉得难过，觉得社会存在太多欺骗，还不如死去，于是她割腕自杀。行为人诈骗女大学生的钱财 2500 元，不能达到诈骗罪的定罪数额，难以认定行为人的行为构成犯罪，但同时造成一名花季少女的死亡，此时人民法院试图证明女大学生的死亡是与行为人的诈骗行为具有刑法上的因果关系，进而对行为人定罪处罚，安抚社会公众希望严惩行为人而对女大学生的死亡给予一个交代的情绪。这一做法虽然有利于抚平社会公众的情绪，但却不符合罪刑法定原则的要求。

　　根据罪刑法定原则，行为人的行为是否构成犯罪，只能由法律规定。而根据我国刑法法典以及相关司法解释，诈骗罪是数额犯，只有当行为人实施欺骗行为骗取的钱财达到一定数额，满足刑法关于"数额较大"规定时，才能对行为人定罪处罚。若是行为人的行为未达到刑法规定标准，则不能以诈骗罪对行为人定罪处罚。行为人实施欺骗行为诈取的钱财未达到定罪标准，但是由于出现其他不在法律规定范围内的严重后果对行为人定罪处罚，没有法律依据，甚至违反罪刑法定原则中关于"法无明文规定不处罚"的要求。罪刑法定原则被形象地概括为"法无明文规定不为罪，法无明文规定不处罚"，意思就是，法律没有明文规定为犯罪行为，不得认定行为人的某一行为构成犯罪；法律没有明文规定需要对行为人的某一行为进行处罚的，也不得对行为人的行为施以刑罚处罚。即便行为人的欺骗行为导致被害人因此丧失生命、或者精神受到刺激失常，由于二者之间很难认定具有刑法上的因果关系，也不能认定被害人及其近亲属死亡、精神失常或者出现其他严重危害结果与行为人的诈骗行为之间存在刑法上的因果关系，行为人不需要对被害人及其近亲属的死亡、精神失常或者其他严重危害结果承担其他刑法上的犯罪责任。

　　加之，根据司法解释的观点，可以将"造成被害人及其近亲属自杀、精神失常或者其他严重后果"的结果视为给予行为人刑事处罚的前提条件是行为人的欺骗行为已经成立诈骗罪，即若行为人的欺骗行为不能成立犯罪，即使被害人及其近亲属自杀、精神失常或者有其他严重后果发生，也不能对实施欺骗行为的行为人进行刑事处罚。"造成被害人及其近亲属自杀、精神失常或者其他严重后果"是犯罪量刑从严从重情节，而非定罪情节，只有当行为人的欺骗行为成立诈骗犯罪时，才需要考虑行为人的欺骗行为是否有造成被害人及其近亲属自杀、精神失常或者发生其他严重后果，并据此对犯罪人处以更加严厉的刑罚。例如，行为人实施欺骗行为骗取的财物只有不到 10 万元，但是由于被害人因为财物被骗而产生轻生念头，并结束自己的生命，行为人骗取的财物不足 50 万元，尚不能达到司法解释认定的数额特别巨大标准，但是由于有被害人死亡结果的发生，可以酌情从重处罚，考虑在十年以上有期徒刑或者无期徒刑这一量刑幅度，对行为人从重处罚。因此，在实践中，若是出现被害人因为钱财被诈骗而产生轻生念头自杀或者精神失常亦或是发生其他严重后果的，可以在判断行为人的行为构成诈骗罪之后对其考虑从重处罚，在"数额较大""数额巨大""数额特别巨大"等量刑档次中根据行为人实际诈骗数额的大小先确定量刑档次，再结合被害人死亡的具体行为结果，在确定的量刑档次的下一档次对行为人判处刑罚，从而做到罪责刑相适应。而若是行为人是通过电信网络实施诈骗活动的，也应当将被害人近亲属死亡、精神失常或者发生其他严重结果的情形在量刑中考虑到，达到严惩电信网络诈骗活动犯罪的目的。

本案处理评述

在本案中，人民法院在庭审过程中调查的焦点之一是被害人徐玉玉的死亡结果与被告人陈文辉的诈骗行为之间有无因果关系。人民法院认为：被害人徐玉玉平常生活中是一个身体健康的女孩子，其在高考体检中也未曾发现有其他身体隐患，也无任何遗传病史。而根据侦查，徐玉玉在上当受骗交付被告人陈文辉钱财之前，其一直是一个健康开朗的女生，并不存在精神问题。当徐玉玉被被告人陈文辉领导的诈骗团伙诈骗数额 10 000 元的学费之后，又得知自己的学费是父母辛辛苦苦向亲属借来的，情绪更是无比低落，在报完警之后猝死。在本案中，被告人陈文辉的诈骗行为是导致被害人徐玉玉死亡的直接原因，但是对于是否能把徐玉玉的死亡结果直接归属于被告人的诈骗行为，认定行为与结果之间具有刑法上的因果关系，却是存疑的。

若是根据最早期的条件说，徐玉玉的死亡结果与陈文辉的诈骗行为之间确实具有刑法上的因果关系。徐玉玉死亡的原因是自己家中辛苦积攒的钱财被不知名的人通过电信网络骗走，而实施这一诈骗行为的正是陈文辉组织领导的诈骗集团，如此看来，徐玉玉的死亡与陈文辉的诈骗行为之间存在"没有 A 的原因，就不会有 B 的结果发生"的因果关系，陈文辉应当对徐玉玉的死亡承担责任。但是，这种毫无限制的条件说无限扩大刑法的处罚范围，发生于结果之前的一切行为，凡起了必要条件作用的，都应当被认作法律上的原因，这就在一定程度上忽视了刑法因果关系的特点，"如果没有因果关系，就不存在追究责任问题；如果存在因果关系，就可认定行为人在法律上应负责任。"[1]这一因果关系学说的巨大缺陷也被其支持者所悉知，他们提出各种限制条件来缩小条件的范围。总而言之，最早期的无限制的条件说是已经被舍弃的，现在尚存的被各个刑法学者认可的是被限制的因果关系条件说。

在本案中，徐玉玉的死亡与陈文辉的诈骗行为之间只存在哲学上的引起与被引起的因果关系，并无刑法上的因果关系。陈文辉所实施的电信网络诈骗行为，只对徐玉玉及其家庭中的财物产生危险，对于徐玉玉的生命并无任何危险。[2]徐玉玉的死亡结果，与其特殊的情绪和生理状况有密切联系。因此不能将徐玉玉的死亡归结于陈文辉等人实施的诈骗行为。

虽然不能将徐玉玉的死亡结果归结为陈文辉等人实施的诈骗行为，认为二者之间存在因果关系，但是并不是说陈文辉等人就无需对徐玉玉的死亡结果负刑事责任。依照《2011年解释》与《2016年意见》，因为诈骗犯罪导致被害人死亡、精神失常或者产生其他严重后果亦或是由于电信网络诈骗导致被害人及其近亲属死亡、精神失常或者发生其他严重后果的，可以酌情从重处罚。据此，陈文辉的诈骗行为导致被害人徐玉玉因此失去生命，可以在认定陈文辉的诈骗行为成立诈骗罪的同时，根据其诈骗的数额及被害人徐玉玉死亡结果，对陈文辉从重处罚。

陈文辉作为组织、领导郑金锋等人实施电信网络诈骗活动的领导者，是主犯，需要对整个犯罪团伙犯下的所有诈骗犯罪活动负责。根据人民检察院发现的证据，陈文辉领导的整个电信诈骗犯罪团伙在仅仅几个月间，诈骗到高达50万余元的现金，其诈骗金额已经达到"数额特别巨大"的处罚标准，根据《刑法》第266条以及相关司法解释的规定，需要在十年以上有期徒刑或者无期徒刑的量刑幅度内判处刑罚。而由于陈文辉等人的诈骗行为还引发被害人徐玉玉的死亡结果的发生，因此，根据《2011年解释》与《2016年意

---

〔1〕 张绍谦：《刑法因果关系研究》，中国检察出版社2003年版，第26页。

〔2〕 参见王刚："电信网络诈骗犯罪量刑规则与量刑实践反思——以陈文辉案为例的分析"，载《法律适用》2019年第22期。

见》的规定，对于陈文辉应当从重处罚。人民法院在综合考虑各方因素之后，认为主犯陈文辉的诈骗行为构成诈骗罪，判处无期徒刑，并处没收全部个人财产；认为诈骗团伙中的主要成员郑金锋的行为构成诈骗罪，并在诈骗被害人徐玉玉的财产这一诈骗活动中积极参加，也应当对被害人徐玉玉的死亡结果承担责任，因此判处郑金锋有期徒刑十五年，并处罚金 60 万元。上述判决结果是符合刑法规定的，也符合罪责刑相适应的判决结果。因此，在本案中，认定被害人徐玉玉的死亡与行为人陈文辉领导的电信网络诈骗犯罪集团的诈骗行为之间是否存在因果关系，实无必要。

在本案中，陈文辉组织领导的诈骗犯罪活动团伙诈骗数额在 50 万元以上，数额已经超出诈骗罪的定罪标准达到数额特别巨大的处罚标准，且陈文辉在投案后并未如实供述同案犯罪人的情况，也不存在自首等法定从轻处罚情节，陈文辉作为主犯，其犯罪行为的处罚幅度必然是"有期徒刑十年以上或者无期徒刑"这一诈骗罪处罚幅度范围，而其诈骗行为所造成的只是被害人的财物损失，按照诈骗罪的因果关系链，只能将被害人的财物损失归结为陈文辉等人的诈骗活动，至于被害人徐玉玉因为其诈骗行为而猝死的结果，可以作为对陈文辉等人从重处罚的酌定情节考虑，无需再认定被害人徐玉玉的死亡结果与陈文辉的诈骗行为之间存在刑法上的因果关系。

刑法上的因果关系是在有危害结果发生的违法行为中，认定行为人是否需要对其实施的危害行为引发的危害结果负责的犯罪成立因素。易言之，刑法上的因果关系也是认定行为人的行为是否成立犯罪的重要因素之一。在诈骗罪中，被害人死亡并不是认定诈骗罪成立的构成要件，诈骗罪中各个构成要件之间的因果关系链为行为人实施欺骗行为、被害人因为行为人实施的欺骗行为陷入或者强化错误认识、被害人基于错误认识处分自己的财产、行为人取得被害人处分的财产、被害人遭受财产损失。总而言之，即被害人遭受财产损失的结果与行为人的诈骗行为之间具有刑法上的因果关系，被害人财产损失的结果可以归结为行为人实施的诈骗行为。而在整个诈骗活动中，被害人是否因为财产遭受损失而自杀死亡并未被涉及，即被害人死亡的结果不能归结于行为人的诈骗行为，二者之间不具有刑法上的因果关系。但是根据我国刑法规定以及相关司法解释，对于被害人因为行为人实施诈骗行为而自杀的，被害人死亡结果可以作为诈骗犯罪的酌重量刑情节进行考虑。

法津适用依据

一、《中国人民共和国刑法》（2015 年修正）

第 266 条：诈骗公私财物，数额较大的，处三年以下有期徒刑、拘役或者管制，并处或者单处罚金；数额巨大或者有其他严重情节的，处三年以上十年以下有期徒刑，并处罚金；数额特别巨大或者有其他特别严重情节的，处十年以上有期徒刑或者无期徒刑，并处罚金或者没收财产。本法另有规定的，依照规定。

二、《关于办理诈骗刑事案件具体应用法律若干问题的解释》

第 1 条：诈骗公私财物价值三千元至一万元以上、三万元至十万元以上、五十万元以上的，应当分别认定为刑法第二百六十六条规定的"数额较大""数额巨大""数额特别巨大"。

各省、自治区、直辖市高级人民法院、人民检察院可以结合本地区经济社会发展状况，在前款规定的数额幅度内，共同研究确定本地区执行的具体数额标准，报最高人民法院、最高人民检察院备案。

第 2 条：诈骗公私财物达到本解释第一条规定的数额标准，具有下列情形之一的，可以依照刑法第二百六十六条的规定酌情从严惩处：

（一）通过发送短信、拨打电话或者利用互联网、广播电视、报刊杂志等发布虚假信息，对不特定多数人实施诈骗的；

（二）诈骗救灾、抢险、防汛、优抚、扶贫、移民、救济、医疗款物的；

（三）以赈灾募捐名义实施诈骗的；

（四）诈骗残疾人、老年人或者丧失劳动能力人的财物的；

（五）造成被害人自杀、精神失常或者其他严重后果的。

诈骗数额接近本解释第一条规定的"数额巨大""数额特别巨大"的标准，并具有前款规定的情形之一或者属于诈骗集团首要分子的，应当分别认定为刑法第二百六十六条规定的"其他严重情节""其他特别严重情节"。

第 5 条：诈骗未遂，以数额巨大的财物为诈骗目标的，或者具有其他严重情节的，应当定罪处罚。

利用发送短信、拨打电话、互联网等电信技术手段对不特定多数人实施诈骗，诈骗数额难以查证，但具有下列情形之一的，应当认定为刑法第二百六十六条规定的"其他严重情节"，以诈骗罪（未遂）定罪处罚：

（一）发送诈骗信息五千条以上的；

（二）拨打诈骗电话五百人次以上的；

（三）诈骗手段恶劣、危害严重的。

实施前款规定行为，数量达到前款第（一）、（二）项规定标准十倍以上的，或者诈骗手段特别恶劣、危害特别严重的，应当认定为刑法第二百六十六条规定的"其他特别严重情节"，以诈骗罪（未遂）定罪处罚。

第6条：诈骗既有既遂，又有未遂，分别达到不同量刑幅度的，依照处罚较重的规定处罚；达到同一量刑幅度的，以诈骗罪既遂处罚。

三、《关于办理电信网络诈骗等刑事案件适用法律若干问题的意见》（法发〔2016〕32号）

二、依法严惩电信网络诈骗犯罪

（一）根据《最高人民法院、最高人民检察院关于办理诈骗刑事案件具体应用法律若干问题的解释》第一条的规定，利用电信网络技术手段实施诈骗，诈骗公私财物价值三千元以上、三万元以上、五十万元以上的，应当分别认定为刑法第二百六十六条规定的"数额较大""数额巨大""数额特别巨大"。

二年内多次实施电信网络诈骗未经处理，诈骗数额累计计算构成犯罪的，应当依法定罪处罚。

（二）实施电信网络诈骗犯罪，达到相应数额标准，具有下列情形之一的，酌情从重处罚：

1. 造成被害人或其近亲属自杀、死亡或者精神失常等严重后果的；

2. 冒充司法机关等国家机关工作人员实施诈骗的；

3. 组织、指挥电信网络诈骗犯罪团伙的；

4. 在境外实施电信网络诈骗的；

5. 曾因电信网络诈骗犯罪受过刑事处罚或者二年内曾因电信网络诈骗受过行政处罚的；

6. 诈骗残疾人、老年人、未成年人、在校学生、丧失劳动能力人的财物，或者诈骗重病患者及其亲属财物的；

7. 诈骗救灾、抢险、防汛、优抚、扶贫、移民、救济、医疗等款物的；

8. 以赈灾、募捐等社会公益、慈善名义实施诈骗的；

9. 利用电话追呼系统等技术手段严重干扰公安机关等部门工作的；

10. 利用"钓鱼网站"链接、"木马"程序链接、网络渗透等隐蔽技术手段实施诈骗的。

（三）实施电信网络诈骗犯罪，诈骗数额接近"数额巨大""数额特别巨大"的标准，具有前述第（二）条规定的情形之一的，应当分别认定为刑法第二百六十六条规定的"其他严重情节""其他特别严重情节"。

上述规定的"接近"，一般应掌握在相应数额标准的百分之八十以上。

（四）实施电信网络诈骗犯罪，犯罪嫌疑人、被告人实际骗得财物的，以诈骗罪（既遂）定罪处罚。诈骗数额难以查证，但具有下列情形之一的，应当认定为刑法第二百六十六条规定的"其他严重情节"，以诈骗罪（未遂）定罪处罚：

1. 发送诈骗信息五千条以上的，或者拨打诈骗电话五百人次以上的；

2. 在互联网上发布诈骗信息，页面浏览量累计五千次以上的。

具有上述情形，数量达到相应标准十倍以上的，应当认定为刑法第二百六十六条规定的"其他特别严重情节"，以诈骗罪（未遂）定罪处罚。

（五）电信网络诈骗既有既遂，又有未遂，分别达到不同量刑幅度的，依照处罚较重的规定处罚；达到同一量刑幅度的，以诈骗罪既遂处罚。

第十四章

孙小果组织、领导黑社会性质组织案

——对保护伞界定的质疑与思考

案件基本情况

一、案情概要

1995 年 12 月 20 日孙小果因犯强奸罪被云南省昆明市盘龙区人民法院判处有期徒刑三年，后因非法保外就医，未予收监执行。后因本案于 1997 年 11 月 12 日被刑事拘留，同年 12 月 22 日被逮捕。云南省昆明市中级人民法院审理了昆明市人民检察院指控的原审被告人孙小果等八人犯强奸罪，强制猥亵、侮辱妇女罪，故意伤害罪，寻衅滋事罪一案，于 1998 年 2 月 18 日作出（1998）昆刑初字第 74 号刑事判决，认定孙小果犯强奸罪，判处死刑，剥夺政治权利终身；犯强制侮辱妇女罪，判处有期徒刑十五年；犯故意伤害罪，判处有期徒刑七年；犯寻衅滋事罪，判处有期徒刑三年，与原犯强奸罪未执行刑期二年四个月十二天，数罪并罚，决定执行死刑，剥夺政治权利终身。宣判后，孙小果不服，提出上诉。

云南省高级人民法院于 1999 年 3 月 9 日作出（1998）云高刑一终字第 104 号刑事判决，对孙小果所犯强奸罪改判死刑，缓期二年执行，剥夺政治权利终身，维持其余定罪量刑，决定执行死刑，缓期二年执行，剥夺政治权利终身。判决生效后，孙小果及其近亲属提出申诉。云南省高级人民法院于 2006 年 7 月 3 日作出（2006）云高刑监字第 48 号再审决定，对本案启动再审，并于 2007 年 9 月 27 日作出（2006）云高刑再终字第 12 号刑事判决，对孙小果所犯强奸罪改判有期徒刑十五年，维持其余定罪量刑，决定执行有期徒刑二十年，后经减刑于 2010 年 4 月 11 日刑满释放。刑满释放后，孙小果大力网罗刑满释放人员和社会闲散人员，以昆明市五华区国防路的昆都 M2 酒吧为依托，逐步形成了以被告人孙小果为组织者、领导者，顾某斌、曹某、栾某程、杨某光为积极参加者，冯某逸、赵某、王某谦等人为其他参加者的黑社会性质组织，先后实施了开设赌场、寻衅滋事、非法拘禁、故意伤害、聚众斗殴、妨害作证、行贿等犯罪及其他违法行为。

云南省高级人民法院院长发现，孙小果案原审过程中审判人员涉嫌受贿、徇私舞弊，已经发生法律效力的（2006）云高刑再终字第12号刑事判决认定事实和适用法律确有错误，经提交云南省高级人民法院审判委员会讨论，于2019年7月18日作出（2019）云刑监1号再审决定，对本案涉及原审被告人孙小果的犯罪部分进行再审。

与此同时，云南省玉溪市人民检察院起诉书指控，被告人孙小果于1994年、1997年因犯罪两次被判刑，特别是1997年犯强奸罪、故意伤害罪、强制侮辱妇女罪、寻衅滋事罪，在社会上造成了恶劣影响。孙小果出狱后，网罗刑满释放人员和社会闲散人员，组织、领导黑社会性质组织，严重破坏了社会、经济管理秩序。11月6日至7日，云南省玉溪市中级人民法院对被告人孙小果等13人涉嫌组织、领导、参加黑社会性质组织等犯罪一案依法公开开庭审理。

二、处理结论

2019年7月18日，云南省高级人民法院依法作出（2019）云刑监1号再审决定并于2019年10月14日在云南省高级人民法院对该案涉及原审被告人孙小果的犯罪部分进行开庭再审。经审理，发现原审过程中审判人员涉嫌受贿、徇私舞弊，已经发生法律效力的（2006）云高刑再终字第12号刑事判决认定事实、适用法律确有错误。

再审经审判及审判委员会全体会议讨论决定，判决如下：第一，撤销（2006）云高刑再终字第12号刑事判决；撤销（1998）云高刑一终字第104号刑事判决中对原审被告人孙小果的定罪量刑部分；第二，维持云南省昆明市中级人民法院（1998）昆刑初字第74号刑事判决中对原审被告人孙小果的定罪量刑部分，即孙小果犯强奸罪，判处死刑，剥夺政治权利终身；犯强制侮辱妇女罪，判处有期徒刑十五年；犯故意伤害罪，判处有期徒刑七年；犯寻衅滋事罪，判处有期徒刑三年，与原犯强奸罪未执行刑期二年四个月又十二天，数罪并罚，决定执行死刑，剥夺政治权利终身；第三，将本判决第二项对原审被告人孙小果确定的刑罚与本院（2019）云刑终1321号刑事判决和云南省玉溪市中级人民法院（2019）云04刑初149号刑事判决对孙小果判处的组织、领导黑社会性质组织罪，判处有期徒刑二十五年，剥夺政治权利五年，并处没收个人全部财产的刑罚合并，决定执行死刑，剥夺政治权利终身，并处没收个人全部财产。[1]

案件诉争聚焦

保护伞本身并非罪名，其文义解释为"为犯罪组织遮挡司法阳光的遮阳伞。"《刑法》第294条第3款规定了包庇、纵容黑社会性质组织罪，该罪被认为是保护伞犯罪的一般规定。在扫黑除恶大背景下，保护伞的主体与保护对象皆发生了新的巨大的变化，但现有的保护伞关于犯罪主体、保护对象及犯罪行为的规定不足以规制该类犯罪，相反确有纵容犯罪之嫌疑。另外，《刑法》第294条第1款规定的组织、领导、参与黑社会性质组织罪与第3款规定的包庇、纵容黑社会性质组织罪在现有的保护伞定义下存在着难以调和的矛盾。因此，为了解决法条之间的竞合，更精确地打击犯罪，确有必要对当前的保护伞概念进行再定义。

保护伞的主体问题一直以来存在着争议，但总体来说分为广义保护伞与狭义保护伞。在扫黑除恶，反腐倡廉的刑事政策背景下，广义的主体，即国家工作人员成为保护伞主体的必要性在业界达成了共识。但与此同时，国家工作人员能否成为保护伞的主体还取决于其包庇、纵容的行为与能力。没有行为即不存在犯罪，而没有能力则可能存在不能犯的问题，所以本书在该问题上进行了必要的论证。

黑社会性质组织作为保护伞保护的对象，具有经济诱导性、政治腐蚀性及成员组织性的特点。为了特定的经济目的，其必然破坏社会经济秩序，寻找保护伞作"靠山"，也开始腐蚀甚至培养其政治傀儡。此外，黑社会性质组织具有强烈的成员组织性，该"组织性"区别于其他任何犯罪团体的"组织"，该组织是对人的组织，而其他普通团体犯罪组织仅是对行为的组织。近年来，扫黑除恶为人民大众所知，而与之关联的恶势力犯罪也成为人们重点关注的对象。恶势力犯罪虽也具有经济诱导性、政治腐蚀性，但其缺乏成员的组织性。于是，对该怎么规制恶势力犯罪，其能否成为保护伞保护的对象，

---

[1] 参见云南省高级人民法院第（2019）云刑再3号刑事判决书。

其"遮阳伞"能否称之为保护伞等问题的研究就变得颇有价值。

<h2 align="center">案涉法理精释</h2>

昆明市中级人民法院的一审判决结果与云南省高级人民法院的再审判决之间存在的巨大落差，加上全国反腐斗争、扫黑除恶政策下孙小果的家世背景涉及国家工作人员，使得本案成为社会广泛关注的焦点，引起巨大的社会舆论浪潮。孙小果案于2019年7月18日被云南省高级人民法院决定再审，最终判决孙小果死刑，剥夺政治权利终身，并处没收个人全部财产。该死刑判决匡扶了社会正义，严厉打击了黑社会性质犯罪，取得了较好的社会效果。但该案之所以引起全社会舆论哗然，除了该案犯罪行为人孙小果的残酷罪行，更是因为本案涉及保护伞的问题，即国家机关工作人员包庇、纵容黑社会性质组织犯罪。

一、保护伞主体范围的界定

对于保护伞的定义，理论界存在广义保护伞与狭义保护伞之争。广义保护伞指国家工作人员为黑社会性质组织提供各种便利或者非法保护黑社会组织，以及国家工作人员组织、领导、参加黑社会性质组织，包庇、纵容黑社会性质组织。狭义的保护伞仅指国家机关工作人员包庇黑社会性质组织或者纵容黑社会性质组织进行违法犯罪活动。[1]广义的保护伞定义旨在最大限度地打击保护伞的庇护行为，重在打击犯罪。而狭义的保护伞定义缩小了打击范围，有利于保障人权。但在全国反腐倡廉、扫黑除恶的语境下，本书认为狭义的保护伞定义不利于打击保护伞犯罪，相反却有纵容犯罪之嫌；而广义的保护伞定义对主体行为的规定过于宽泛，存在侵犯人权之过。

（一）对狭义保护伞主体范围限制的合理怀疑

狭义保护伞的主体指国家机关工作人员，从我国《刑法》第93条可以看出，国家机关工作人员是指在国家机关履行公务的人员，具体包括人大各级机关、中国共产党各级机关、国家权力机关、行政机关、检察机关、司法机

---

〔1〕　参见莫洪宪、吴智慧："'保护伞'的司法认定"，载《河南警察学院学报》2020年第1期。

关、军事机关以及各级中国人民政治协商会议机关。[1]根据现行《刑法》对黑社会性质组织的规定来看，保护伞是认定黑社会性质组织的选择性要件，而《刑法》之所以严厉打击保护伞，实质上是因为保护伞利用其特有的权利、影响力，包庇、纵容、组织、领导、参与黑社会性质组织犯罪，其不仅扰乱了社会经济秩序，而且抹黑了国家公权力的形象，制造了人民群众对公权力的信任危机，其危害性远远大于黑社会性质组织。

国家机关工作人员作为狭义保护伞的主体范围在扫黑除恶语境下不利于准确惩治黑恶势力，不利于维护国家公权力的形象。《刑法》打击保护伞主要是打击其利用公权力的包庇、纵容行为，国家机关工作人员以其行政管理职能、职务便利、职务影响力等包庇、纵容黑社会性质组织实施犯罪，而国家工作人员如国有企业管理人员等在一定的地域内也同样具有管控职能，居民委员会、村民委员会并非一级国家机关，但当其工作人员执行公共事务时，同样具有行政管理职能，其同样可以利用公权力包庇、纵容黑社会性质组织犯罪，给国家公权力形象造成重大影响。

（二）准国家工作人员成为保护伞主体的必要性

在主体认定方面，本书采纳广义的保护伞定义，即保护伞的主体为国家工作人员。《刑法》第93条规定，本法所称国家工作人员，是指国家机关中从事公务的人员。国有公司、企业、事业单位、人民团体中从事公务的人员和国家机关、国有公司、企业、事业单位委派到非国有公司、企业、事业单位、社会团体从事公务的人员，以及其他依照法律从事公务的人员，以国家工作人员论。根据该条规定，除去第1款的国家机关中从事公务的人员，即国家机关工作人员外，其余全部为准国家工作人员。

一方面，准国家工作人员职能上具有行政性权利，能够包庇、纵容黑社会性质组织。同样具有行政性权利的准国家工作人员通过包庇、纵容黑社会性质组织，能够为黑社会性质组织带来便利，实现其特定的犯罪目的。其包庇、纵容行为与国家机关工作人员作为保护伞的包庇、纵容行为具有同样严重的社会危害后果。

另一方面，准国家工作人员具有公权力外观，一定程度上代表国家公权力形象。准国家工作人员由于其岗位性质及其单位性质的原因，在某些特定

---

[1] 参见黄珍珍："论国家机关工作人员"，载《上海法学研究》2020年第2卷。

的条件下代表国家实施公权力，极其容易让人民群众认为准国家工作人员即为国家机关工作人员。例如，基层群众自治组织的工作人员并非国家机关工作人员，但在特定的条件下，其可以代表国家行使公权力，此时将其以国家工作人员论，也即准国家工作人员。当基层村干部作为准国家工作人员时，其包庇、纵容黑社会性质组织违法犯罪，其社会危害性与国家机关工作人员作为保护伞保护黑社会性质组织具有相当性，同样损害公权力形象，制造公权力信任危机。

故而，将准国家工作人员纳入保护伞的主体范围既具有合理性，又具有必要性。本书综合考量了准国家工作人员的行政职能性质及其代表的国家公权力形象，进而主张将保护伞的主体范围扩大为国家工作人员。这样既能有效解决惩治保护伞的犯罪问题，又能全面维护国家公权力形象，解决公权力信任危机。

二、保护伞的对象范围界定

《中华人民共和国刑法修正案（八）》修正后的《刑法》第294条第5款第四项明确规定了保护伞为黑社会组织犯罪的选择性要件，规定黑社会性质组织实施违法犯罪活动，或者利用国家工作人员的包庇或者纵容，称霸一方，在一定区域或者行业内，形成非法控制或者重大影响，严重破坏经济、社会生活秩序。由此可知，保护伞的保护对象为黑社会性质组织。广义的保护伞定义与狭义的保护伞定义也皆承认保护伞保护的对象为黑社会性质组织，但除此之外，某些非黑社会性质组织的恶势力如村霸、街霸或者黑社会个体成员能否为保护伞的保护对象就成为一个值得深究的议题。

（一）扫黑除恶语境下对保护伞保护对象的质疑

当前扫黑除恶语境下，非黑社会性质组织的恶霸势力等也同样严重影响着社会经济秩序，但保护伞定义仍将其保护对象定义为黑社会性质组织，这难免偏离当前刑法打击保护伞犯罪的价值取向。虽然村霸、恶霸等有组织犯罪的"组织"不同于黑社会性质组织犯罪的"组织"。[1]但其罪恶行径与黑

---

[1] 参见陈兴良："论黑社会性质组织的组织特征"，载《中国刑事法杂志》2020年第2期。黑社会性质组织的"组织"指本身的结构形态，因而其组织性主要是指对人员的组织，而恶势力的"组织"主要是对行为的组织，即"组织"着追求经济利益。

社会性质组织相当，保护伞包庇、纵容村霸、街霸犯罪，同样对国家公权力形象造成了严重的打击。如四川省泸州市古蔺县鱼化镇凤驰村村长付相华案。付相华家族势力与同村原支部书记付相飞相互勾结，利用职务便利，包庇、纵容其团伙成员把持基层自治组织，操纵村上经济，欺压百姓，纵横乡里，累计收受他人财物 19.8 万元、贪污国家扶贫资金 5.9 万元。最终被法院以寻衅滋事罪、受贿罪、贪污罪、非法采矿罪、强迫交易罪数罪并罚，判处有期徒刑 11 年，并处罚金 51 万元。该案虽发生在基层农村，但却同样给国家政权稳定、政府形象带来巨大的损害。[1]

（二）村霸、街霸等有组织犯罪成为保护伞遮蔽对象的必要性

黑社会性质组织对某一特定区域形成强制控制力，严重侵犯人民群众对美好生活的向往和追求。[2]因黑社会性质组织的强力组织性，其对社会经济秩序破坏的严重性，需要法律施以更多的关注。但与此同时，我国基层村霸、街霸现象越演越烈，其在社会危害性上与黑社会性质组织相当，同样占据一方，对一方社会经济秩序形成控制力，也同样腐蚀着地方基层治理，具有严重的政治腐蚀性。

首先，村霸、街霸具有显著的地域特征。村霸、街霸往往以基层信息比较封闭的地域为据点，以此来形成地域控制。也正是这种地域特点，使得村霸、街霸能够获取更多的经济资源、甚至政治资源，而这种控制力具有强烈的扩张性和侵蚀性。

其次，村霸、街霸具有经济诱导性、政治渗透性。与黑社会性质组织相同，村霸、街霸一方面逐步把控基层地方经济，一方面不断利用其把控的政治资源向政治领域渗透。究其原因是其追求经济的犯罪目的与其社会性质是一对矛盾的统一。一方面，由于村霸、街霸不具有强大的经济背景，往往由地痞流氓发展壮大而来，其具有强烈的经济犯罪目的；另一方面，村霸、街霸为了实现其强烈的犯罪目的，必须以政治力量为依托，即必须侵蚀地方政权，获取基层地方政治资源，进而该资源发展为保护伞。

再次，村霸、街霸等非黑社会组织必将具有"组织性"。村霸等恶势力犯

---

[1] 参见梁霜、张艳："将恶手伸向乡民，'村霸'终落网"，载《廉政瞭望》2019 年第 15 期。

[2] 参见金泽刚、王振华："黑社会性质组织犯罪的新特征及社会化治理路径探析"，载《河南警察学院学报》2019 年第 5 期。

罪与黑社会性质组织犯罪类似，皆具有经济诱导性和政治腐蚀性，区别在于其"组织性"的不同。黑社会性质组织的"组织"在于对其成员的组织，而恶势力犯罪组织的"组织"在于对经济追求而实施犯罪的组织，系对"行为"的组织。但是，恶势力犯罪组织具有经济诱导性和政治腐蚀性，在一定的条件下，其必然会具有"成员组织性"，也即演化为黑社会性质组织。为了积极有效地预防犯罪，"打早打小"，确有必要将恶势力犯罪如村霸、街霸等纳入保护伞的保护对象范围。

三、保护伞行为的界定

没有行为就没有犯罪，犯罪行为对罪与非罪的认定起着决定性的作用。狭义保护伞定义与广义保护伞定义均认为保护伞是犯罪主体利用公权力为黑社会性质组织实施的包庇、纵容行为。但广义的保护伞认为，国家工作人员组织、领导、参与黑社会性质组织也为保护伞的行为模式之一。但该规定是否适当，还有待商榷。

刑法打击保护伞犯罪的价值极大程度上存在于保护伞利用公权力为黑社会性质组织"遮阳"，严重损害了国家公权力的形象。广义的保护伞定义除了规定包庇、纵容等行为模式外，还规定了国家工作人员的组织、领导、参与的行为模式。但经综合分析评价保护伞的保护行为，本书发现将"组织、领导、参与"行为规定为其行为模式之一尚欠妥当。

第一，"组织、领导、参与"行为可能存在不能犯。成立保护伞的主体最基本的要件之一是具备包庇、纵容的行为与能力。如若没有包庇、纵容行为，没有行为，当然不能认定为保护伞。此外，没有包庇、纵容能力，即使实施了包庇行为，如没有包庇纵容的能力，我们也不能认定其为保护伞，如某一主体虽满足了国家工作人员的要件，但该主体仅为国家普通职员，即便其实施了包庇行为，但若其没有包庇黑社会性质组织的能力，而仅有包庇黑社会成员的能力，我们当然也不能认定其为保护伞，因为该行为仅为普通的包庇行为，仅能认定为普通的窝藏包庇类犯罪。

第二，"组织、领导、参与行为"可能存在重复评价。若将"组织、领导、参与"行为也认定为保护伞的行为模式，就意味着该保护伞可能定《刑法》第294条第3款的包庇、纵容黑社会性质组织罪。但该条第1款规定组织、领导、参与黑社会性质组织的，定组织、领导、参与黑社会性质组织罪。

如此一来，导致条款之间产生了矛盾，重复评价了同一行为，人为地设置了司法障碍。

所以，本书认为，广义保护伞的"组织、领导、参与"黑社会性质组织的行为模式确有不当之处，应予以删除。

四、保护伞定义之质疑与再定义

在扫黑除恶专项斗争中，为了更精准地打击黑恶势力犯罪及其上游保护伞犯罪，维护国家公权力形象，有必要将保护伞的主体范围及其对象范围进行进一步调整。本书在综合分析研究的基础上发现狭义的保护伞的主体范围过于狭窄，有纵容犯罪之嫌疑，建议刑法在规制保护伞犯罪时，应当采纳广义的保护伞主体范围，将准国家工作人员也纳入保护伞犯罪主体的规制行列，如此一来方能够实现惩罚犯罪与人权保障的有机统一。另外，当前不论狭义的保护伞还是广义的保护伞皆将保护伞对象限制为黑社会性质组织，但在扫黑除恶的大环境中，另一种非黑社会性质组织的恶势力犯罪，即村霸、街霸等黑恶势力犯罪，正扰乱社会经济秩序，毁坏国家基层稳定，其社会危害性不亚于黑社会性质组织。将该类黑恶势力犯罪纳入保护伞犯罪保护的下游犯罪规制范围，既能有效规制该类犯罪，又能实现犯罪的积极预防。因而，本书建议应当对保护伞进行再定义，可规定为：保护伞是指利用职权便利，包庇、纵容黑社会性质组织及非黑社会性质组织的恶势力组织实施犯罪的行为的国家工作人员。

五、保护伞犯罪行为的定性

对保护伞进行再定义后，与保护伞犯罪相关的定性问题便成为本书急需解决的问题。重新认定保护伞内涵之后，有关犯罪行为可依据《刑法》第294条第3款规定的包庇、纵容黑社会性质组织罪定罪处罚；对于既存在包庇、纵容行为，又存在组织、领导、参与行为的主体，为了避免重复评价，可只定组织、领导、参与黑社会性质组织罪；对于既无包庇、纵容行为，又无包庇、纵容能力，但实施了包庇行为的国家工作人员，则不宜认定为保护伞，可依照普通的窝藏、包庇罪定罪处罚。

本案处理评述

　　孙小果的犯罪组织被认定为黑社会性质组织已是铁的事实，而与其关联的 19 名公职人员能否认定为保护伞需要进一步论证。根据本书对保护伞的研究及再定义，保护伞的主体为国家工作人员，其保护对象为黑社会性质组织及非黑社会性质组织的恶势力犯罪组织，其行为模式为国家工作人员利用职权便利，包庇、纵容黑社会性质组织或恶势力犯罪组织实施犯罪。也即，被认定为保护伞的，将被以包庇、纵容黑社会性质组织罪定罪处罚。但纵观孙小果涉案人员，却未有一人被处以包庇、纵容黑社会性质组织罪。

　　昆明市五华区城管局原局长李桥忠（孙小果继父）被以徇私枉法罪、徇私舞弊减刑罪、受贿罪、行贿罪、单位行贿罪判处有期徒刑十九年；云南省司法厅原巡视员罗某云被以徇私舞弊减刑罪、受贿罪判处有期徒刑十年零六个月；云南省高级人民法院审判委员会原专职委员梁某安被以徇私枉法罪、受贿罪、利用影响力受贿罪判处有期徒刑十二年；云南省高级人民法院审判委员会原专职委员田某被以徇私枉法罪判处有期徒刑十年；云南省监狱管理局原副巡视员刘某源被以徇私舞弊减刑罪判处有期徒刑六年；云南省监狱管理局原副局长朱某被以徇私舞弊减刑罪、受贿罪判处有期徒刑九年零六个月；云南省公安厅刑事侦查总队原副总队长杨某松被以受贿罪判处有期徒刑十二年；昆明市中级人民法院刑二庭原副庭长陈某被以徇私舞弊减刑罪、受贿罪判处有期徒刑八年；昆明市官渡区人民政府原副区长、公安分局原局长李某被以徇私枉法罪、受贿罪判处有期徒刑十年；昆明市官渡区公安分局菊花派出所原所长郑某晋被以徇私枉法罪判处有期徒刑三年零九个月；云南省监狱管理局安全环保处原处长王某贵被以徇私舞弊减刑罪判处有期徒刑五年零六个月；云南省第一监狱原督查专员贝某跃被以徇私舞弊减刑罪判处有期徒刑三年；云南省第一监狱指挥中心原民警周某平被以徇私舞弊减刑罪判处有期徒刑三年；云南省第二监狱十九监区原监区长文某深被以徇私舞弊减刑罪判处有期徒刑三年零六个月；云南省第二监狱医院原民警沈某被以徇私舞弊减刑罪判处有期徒刑三年零六个月；云南省官渡监狱原副政委杨某被以徇私舞弊减刑罪判处有期徒刑二年；四川王氏集团有限公司董事长王某彬被以行贿罪、单位行贿罪判处有期徒刑七年；昆明玉相随珠宝有限公司总经理孙某云被以行贿罪，非法收购珍贵、濒危野生动物制品罪判处有期徒刑十一年。

以上涉案人员未有一人被处以包庇、纵容黑社会性质组织罪。究其原因，是因为保护伞保护的对象为黑社会性质组织，而本案中，以上涉案人员包庇、纵容的是孙小果本人的犯罪行为，其黑社会性质组织尚未成立，故该包庇、纵容行为并未涉及黑社会性质组织。因此，包庇的对象存在差异，以上国家工作人员不能被认定为保护伞。

此外，对孙鹤予不认定为保护伞的原因除了以上保护对象错误外，还因为其不具备包庇能力。孙鹤予为孙小果的母亲，昆明市公安局官渡分局原民警，作为公安机关普通民警，其不具包庇黑社会性质组织的能力，存在不能犯的情形。2019 年 12 月 15 日，孙鹤予最终被以徇私枉法罪、徇私舞弊减刑罪、行贿罪、受贿罪，被判处有期徒刑二十年。该判决中没有包庇、纵容黑社会性质组织罪便佐证了该论点。

法律适用依据

一、《中华人民共和国刑法》（2017 年修正）

第 234 条：故意伤害他人身体的，处三年以下有期徒刑、拘役或者管制。

犯前款罪，致人重伤的，处三年以上十年以下有期徒刑；致人死亡或者以特别残忍手段致人重伤造成严重残疾的，处十年以上有期徒刑、无期徒刑或者死刑。本法另有规定的，依照规定。

第 236 条：以暴力、胁迫或者其他手段强奸妇女的，处三年以上十年以下有期徒刑。

奸淫不满十四周岁的幼女的，以强奸论，从重处罚。

强奸妇女、奸淫幼女，有下列情形之一的，处十年以上有期徒刑、无期徒刑或者死刑：

（一）强奸妇女、奸淫幼女情节恶劣的；

（二）强奸妇女、奸淫幼女多人的；

（三）在公共场所当众强奸妇女的；

（四）二人以上轮奸的；

（五）致使被害人重伤、死亡或者造成其他严重后果的。

第237条：以暴力、胁迫或者其他方法强制猥亵他人或者侮辱妇女的，处五年以下有期徒刑或者拘役。

聚众或者在公共场所当众犯前款罪的，或者有其他恶劣情节的，处五年以上有期徒刑。

第293条：有下列寻衅滋事行为之一，破坏社会秩序的，处五年以下有期徒刑、拘役或者管制：

（一）随意殴打他人，情节恶劣的；

（二）追逐、拦截、辱骂、恐吓他人，情节恶劣的；

（三）强拿硬要或者任意损毁、占用公私财物，情节严重的；

（四）在公共场所起哄闹事，造成公共场所秩序严重混乱的。

纠集他人多次实施前款行为，严重破坏社会秩序的，处五年以上十年以下有期徒刑，可以并处罚金。

第294条：组织、领导黑社会性质的组织的，处七年以上有期徒刑，并处没收财产；积极参加的，处三年以上七年以下有期徒刑，可以并处罚金或者没收财产；其他参加的，处三年以下有期徒刑、拘役、管制或者剥夺政治权利，可以并处罚金。

……

国家机关工作人员包庇黑社会性质的组织，或者纵容黑社会性质的组织进行违法犯罪活动的，处五年以下有期徒刑；情节严重的，处五年以上有期徒刑。

……

黑社会性质的组织应当同时具备以下特征：

（一）形成较稳定的犯罪组织，人数较多，有明确的组织者、领导者，骨干成员基本固定；

（二）有组织地通过违法犯罪活动或者其他手段获取经济利益，具有一定的经济实力，以支持该组织的活动；

（三）以暴力、威胁或者其他手段，有组织地多次进行违法犯罪活动，为非作恶，欺压、残害群众；

（四）通过实施违法犯罪活动，或者利用国家工作人员的包庇或者纵容，称霸一方，在一定区域或者行业内，形成非法控制或者重大影响，严重破坏经济、社会生活秩序。

二、《全国部分法院审理黑社会性质组织犯罪案件工作座谈会纪要》（法〔2015〕291号）

二、关于黑社会性质组织的认定

（一）认定组织特征的问题

……

黑社会性质组织应当具有一定规模，人数较多，组织成员一般在10人以上……

……。骨干成员，是指直接听命于组织者、领导者，并多次指挥或积极参与实施有组织的违法犯罪活动或者其他长时间在犯罪组织中起重要作用的犯罪分子，属于积极参加者的一部分。

……

（二）认定经济特征的问题

"一定的经济实力"，是指黑社会性质组织在形成、发展过程中获取的，足以支持该组织运行、发展以及实施违法犯罪活动的经济利益。包括：1. 有组织地通过违法犯罪活动或其他不正当手段聚敛的资产；2. 有组织地通过合法的生产、经营活动获取的资产；3. 组织成员以及其他单位、个人资助黑社会性质组织的资产。通过上述方式获取的经济利益，即使是由部分组织成员个人掌控，也应计入黑社会性质组织的"经济实力"。

……

（三）认定行为特征的问题

涉案犯罪组织仅触犯少量具体罪名的，是否应认定为黑社会性质组织要结合组织特征、经济特征和非法控制特征（危害性特征）综合判断，严格把握。

黑社会性质组织实施的违法犯罪活动包括非暴力性的违法犯罪活动，但暴力或以暴力相威胁始终是黑社会性质组织实施违法犯罪活动的基本手段，并随时可能付诸实施。因此，在黑社会性质组织所实施的违法犯罪活动中，一般应有一部分能够较明显地体现出暴力或以暴力相威胁的基本特征。否则，定性时应当特别慎重。

......

(四) 认定非法控制特征 (危害性特征) 的问题

黑社会性质组织所控制和影响的 "一定区域"，应当具备一定空间范围，并承载一定的社会功能。既包括一定数量的自然人共同居住、生活的区域，如乡镇、街道、较大的村庄等，也包括承载一定生产、经营或社会公共服务功能的区域，如矿山、工地、市场、车站、码头等。对此，应当结合一定地域范围内的人口数量、流量、经济规模等因素综合评判。如果涉案犯罪组织的控制和影响仅存在于一座酒店、一处娱乐会所等空间范围有限的场所或者人口数量、流量、经济规模较小的其他区域，则一般不能视为是对 "一定区域" 的控制和影响。

三、《关于办理黑恶势力犯罪案件若干问题的指导意见》(法发〔2018〕1 号)

2. 各级人民法院、人民检察院、公安机关和司法行政机关应聚焦黑恶势力犯罪突出的重点地区、重点行业和重点领域，重点打击威胁政治安全特别是政权安全、制度安全以及向政治领域渗透的黑恶势力；把持基层政权、操纵破坏基层换届选举、垄断农村资源、侵吞集体资产的黑恶势力；利用家族、宗族势力横行乡里、称霸一方、欺压残害百姓的 "村霸" 等黑恶势力；在征地、租地、拆迁、工程项目建设等过程中煽动闹事的黑恶势力；在建筑工程、交运运输、矿产资源、渔业捕捞等行业、领域，强揽工程、恶意竞标、非法占地、滥开滥采的黑恶势力；在商贸集市、批发市场、车站码头、旅游景区等场所欺行霸市、强买强卖、收保护费的市霸、行霸等黑恶势力；操纵、经营 "黄赌毒" 等违法犯罪活动的黑恶势力；非法高利放贷、暴力讨债的黑恶势力；插手民间纠纷，充当 "地下执法队" 的黑恶势力；组织或雇佣网络 "水军" 在网上威胁、恐吓、侮辱、诽谤、滋扰的黑恶势力；境外黑社会入境发展渗透以及跨国跨境的黑恶势力。同时，坚决深挖黑恶势力 "保护伞"。

22. 《刑法》第二百九十四条第三款中规定的 "包庇" 行为，不要求相关国家机关工作人员利用职务便利。利用职务便利包庇黑社会性质组织的，酌情从重处罚。包庇、纵容黑社会性质组织，事先有通谋的，以具体犯罪的共犯论处。

24. 依法严惩农村"两委"等人员在涉农惠农补贴申领与发放、农村基础设施建设、征地拆迁补偿、救灾扶贫优抚、生态环境保护等过程中，利用职权恃强凌弱、吃拿卡要、侵吞挪用国家专项资金的犯罪，以及放纵、包庇"村霸"和宗族恶势力，致使其坐大成患；或者收受贿赂、徇私舞弊，为"村霸"和宗族恶势力充当"保护伞"的犯罪。

第十五章

快播公司传播淫秽物品牟利案

——淫秽物品传播中 P2P 网络服务提供行为的刑法定性

案例基本概况

一、案情概要

被告单位深圳市快播科技有限公司成立于 2007 年 12 月 26 日，公司性质为有限责任公司，注册资本 1000 万元，主办 www.kuaibo.com、www.qvod.com 等快播网站网址。快播公司持有网络文化经营许可证，至案发之日没有取得互联网视听节目服务许可。被告人王某为快播公司的法定代表人、股东、执行董事、经理，负责快播公司经营和管理工作。快播公司快播事业部负责公司视频播放器的技术开发和市场推广。被告人吴某于 2013 年担任快播事业部总经理，负责事业部全面工作。被告人张某东系快播公司股东，于 2012 年担任事业部副总经理兼技术平台部总监，最初开发了快播视频传输和播放的核心软件。被告人牛某举于 2012 年担任事业部副总经理兼运营部总监，2013 年担任事业部市场部负责人，负责信息安全组工作。

快播公司通过免费提供 QSI（QVODServerInstall，即 QVOD 资源服务器程序）和 QVODPlayer（即快播播放器程序或客户端程序）的方式，为网络用户提供网络视频服务。任何人（被快播公司称为"站长"）均可通过 QSI 发布自己所拥有的视频资源。具体方法是，站长选择要发布的视频文件，使用资源服务器程序生成该视频文件的特征码（hash 值），导出包含 hash 值等信息的链接。站长把链接放到自己或他人的网站上，即可通过快播公司中心调度服务器（运行 P2PTracker 调度服务器程序）与点播用户分享该视频。这样，快播公司的中心调度服务器在站长与用户、用户与用户之间搭建了一个视频文件传输的平台。为提高热点视频下载速度，快播公司搭建了以缓存调度服务器（运行 CacheTracker 缓存调度服务器程序）为核心的平台，通过自有或与运营商合作的方式，在全国各地不同运营商处设置缓存服务器 1000 余台。

在视频文件点播次数达到一定标准后，缓存调度服务器即指令处于适当位置的缓存服务器（运行 CacheServer 程序）抓取、存储该视频文件。当用户再次点播该视频时，若下载速度慢，缓存调度服务器就会提供最佳路径，供用户建立链接，向缓存服务器调取该视频，提高用户下载速度。部分淫秽视频因用户的点播、下载次数较高而被缓存服务器自动存储。缓存服务器方便、加速了淫秽视频的下载、传播。

2012 年 8 月，深圳市公安局公安信息网络安全监察分局（以下简称深圳网监）对快播公司进行检查，针对该公司未建立安全保护管理制度、未落实安全保护技术措施等问题，给予行政警告处罚，并责令整改。随后，深圳网监将违法关键词和违法视频网站链接发给快播公司，要求采取措施过滤屏蔽。快播公司于是成立了信息安全组开展了不到一周的突击工作，于 8 月 8 日投入使用 110 不良信息管理平台，截至 9 月 26 日共报送色情过滤类别的不良信息 15 836 个。但在深圳网监验收合格后，信息安全组原有 4 名成员或离职或调到其他部门，110 平台工作基本搁置，检查屏蔽工作未再有效进行。2013 年 8 月 5 日，深圳市南山区广播电视局（以下简称南山广电局）执法人员对快播公司开展调查，在牛某举在场的情况下，执法人员登录 www.kuaibo.com，进入快播超级雷达（一种发现周边快播用户观看网络视频记录的应用），很快便找到了可播放的淫秽视频。牛某举现场对此予以签字确认。但快播公司随后仅提交了一份整改报告。10 月 11 日，南山广电局认定快播公司擅自从事互联网视听节目服务，提供的视听节目含有诱导未成年人违法犯罪和渲染暴力、色情、赌博、恐怖活动的内容，对快播公司予以行政处罚。此后，快播公司的 110 平台工作继续搁置，检查屏蔽工作依然没有有效落实。

快播公司直接负责的主管人员王某、吴某、张某东、牛某举，在明知快播公司擅自从事互联网视听节目服务、提供的视听节目含有色情等内容的情况下，未履行监管职责，放任淫秽视频在快播公司控制和管理的缓存服务器内存储并被下载，导致大量淫秽视频在网上传播。

2013 年上半年，北京网联光 X 技术有限公司（以下简称光 X 公司）为解决使用快播播放器访问快播视频资源不流畅的问题，与快播公司联系技术解决方法，双方开展战略合作。根据双方协商，由光 X 公司提供硬件设备即 4 台服务器，由快播公司提供内容数据源以及降低网络出口带宽、提升用户体验的数据传输技术解决方案，负责远程对软件系统及系统内容的维护。2013

年 8 月，光 X 公司提供 4 台服务器开始上线测试，快播公司为 4 台服务器安装了快播公司的缓存服务器系统软件，并通过账号和密码远程登录进行维护。2013 年 11 月 18 日，北京市海淀区文化委员会（以下简称海淀文委）在行政执法检查时，从光 X 公司查获此 4 台服务器。2014 年 4 月 11 日，北京市公安局海淀分局（以下简称海淀公安分局）决定对王某等人涉嫌传播淫秽物品牟利罪立案。经查，该 4 台服务器从 2013 年下半年投入使用，至 2013 年 11 月 18 日被扣押，存储的均为点击请求量达到一定频次以上的视频文件。公安机关从服务器里提取了 29 841 个视频文件进行鉴定，认定其中属于淫秽视频的文件为 21 251 个。

2013 年底，为了规避版权和淫秽视频等法律风险，在王某的授意下，张某东领导的技术部门开始对快播缓存服务器的存储方式进行调整，将原有的完整视频文件存储变为多台服务器的碎片化存储，将一部视频改由多台服务器共同下载，每台服务器保存的均是 32M 大小的视频文件片段，用户点播时需通过多台服务器调取链接，集合为可完整播放的视频节目。

快播公司盈利主要来源于广告费、游戏分成、会员费和电子硬件等，快播事业部是快播公司盈利的主要部门。根据账目显示，快播事业部的主要收入来源于网络营销服务（包括资讯快播、客户端、第三方软件捆绑、VIP 服务等），其中资讯快播和第三方软件捆绑是最为主要的盈利方式。具体而言，快播公司向欲发布广告的公司收取广告费，用户使用快播播放器时，会有快播资讯窗口弹出，该窗口内除部分新闻外即是广告内容；快播公司还向一些软件开发公司收取合作费用，使得用户安装快播播放器的同时捆绑安装一些合作公司软件。快播公司营业收入逐年增长，至 2013 年仅快播事业部即实现巨额营业收入，其中资讯快播营业收入占 49.25%，第三方软件捆绑营业收入占 27.59%。

二、处理结论

北京市海淀区人民法院一审认为，我国《刑法》第 30 条规定，公司、企业、事业单位、机关、团体实施的危害社会的行为，法律规定为单位犯罪的，应当负刑事责任。从主体身份看，快播公司通过调度服务器为使用资源服务器程序的"站长"提供视频文件转码、链接地址发布服务，为使用快播播放器的用户提供搜索、下载、上传服务，进而通过其缓存服务器提供视频存储和下载加速服务，快播公司属于网络信息服务提供者，应当依法承担网络安全管理义务。从客观行为看，快播公司在明知快播网络服务系统被众多"站长"（用户）用于传播淫秽视频的情况下，有能力但拒不履行网络安全管理义务，甚至采取技术措施规避法律责任，放任他人利用自己的网络技术服务传播淫秽视频，放任自己的缓存服务器被他人利用介入到淫秽视频的传播之中，导致淫秽视频大量传播的严重危害后果。从主观认知看，快播公司曾因传播淫秽视频等网络信息安全问题被采取行政处罚措施，王某、张某东、牛某举等人亦曾多次供述知道快播传播淫秽视频的问题，足以认定快播公司明知其网络服务系统被用于传播淫秽视频。从犯罪目的来看，由于大量淫秽视频得以通过快播网络服务系统传播，快播播放器的用户数量和市场占有率得以提高，快播资讯和捆绑软件的盈利能力得以提升，快播公司拒不履行网络安全管理义务，具有非法牟利目的。快播公司的行为符合《刑法》第363条规定的传播淫秽物品牟利罪的构成要件。快播公司明知快播网络服务系统被用于传播淫秽视频，但出于扩大经营、非法牟利目的，拒不履行监管和阻止义务，放任其网络平台大量传播淫秽视频，具有明显的社会危害性和刑事违法性，应当依法追究刑事责任。

单位犯罪中直接负责的主管人员，是在单位实施犯罪中起决定、批准、授意、纵容、指挥等作用的人员，一般是单位的主管负责人。王某在快播公司传播淫秽视频牟利犯罪行为中起到了决定、批准、授意、纵容、指挥等作用。张某东、牛某举则是快播公司和王某意志的执行者，不仅明知快播公司传播淫秽视频牟利的行为，而且为了快播公司实现非法牟利目的，在管理过程中指挥和监督下属员工积极落实单位和王某的决定，在快播公司传播淫秽视频牟利犯罪行为中起到了纵容、指挥等作用。吴某系快播事业部的总经理，负责整个快播事业部的工作，具有领导、管理、监督职责。对于快播公司存在的传播淫秽视频问题，张某东称，在公司产品会上说起快播涉黄，吴某的态度是"内容的事情找王某做决策"，可见吴某采取了推脱、回避的态度。同时，吴某对于快播事业部审核过滤淫秽信息工作停滞一事，亦负有督促有效运转之责，但其放任不管，实际上体现了快播公司对传播淫秽视频的"放任"意志。王某、张某东、吴某、牛某举均应作为快播公司直接负责的主管人员承担相应的刑事责任。

鉴于被告单位深圳市快播科技有限公司及被告人王某、吴某、张某东、牛某举以牟利为目的，在互联网上传播淫秽视频，其行为均已构成传播淫秽物品牟利罪，情节严重，应依法惩处。依照《刑法》第363条第1款、第366条、第30条、第31条、第52条、第53条之规定，判决如下：

一、被告单位深圳市快播科技有限公司犯传播淫秽物品牟利罪，判处罚金人民币一千万元。

二、被告人王某犯传播淫秽物品牟利罪，判处有期徒刑三年六个月，罚金人民币一百万元。

三、被告人张某东犯传播淫秽物品牟利罪，判处有期徒刑三年三个月，罚金人民币五十万元。

四、被告人吴某犯传播淫秽物品牟利罪，判处有期徒刑三年三个月，罚金人民币三十万元。

五、被告人牛某举犯传播淫秽物品牟利罪，判处有期徒刑三年，罚金人民币二十万元。

一审宣判后，被告人吴某不服，认为本案事实不清，证据不足，其对本案被扣押的4台服务器并不知情，服务器以及相关软件的运作状态均与其没有直接责任关系，其对快播公司因为涉及色情内容被行政处罚的情况不清楚，其不构成犯罪，遂向北京市第一中级人民法院提出上诉。

北京市第一中级人民法院经审理认为：上诉人吴某以及原审被告单位深圳市快播科技有限公司、原审被告人王某、张某东、牛某举以牟利为目的，在互联网上传播淫秽视频，其行为均已构成传播淫秽物品牟利罪，情节严重，依法应予惩处。上诉人吴某系快播事业部总经理，负责快播播放器等核心产品的营销工作，在快播事业部拥有管理权，应当认定为直接负责的主管人员，对快播公司传播淫秽物品牟利的犯罪行为应承担相应的刑事责任。吴某的上诉理由及其辩护人的辩护意见均不能成立，应不予采纳。但鉴于吴某参与时间较短，不是公司股东，作用相对王某、张某东较轻，故可对其酌予从轻处罚。原审被告单位深圳市快播科技有限公司通过网络系统中的大量缓存服务器介入淫秽视频传播并且拒不履行安全管理义务，间接获取巨额非法利益，社会危害性大，但鉴于快播公司能自愿认罪，故可对其酌予从轻处罚。原审被告人王某作为快播公司法定代表人、股东、执行董事、经理，张某东作为快播公司股东、事业部副总经理兼技术平台部总监，牛某举作为事业部副总经理兼市场部总监，均系快播公司传播淫秽物品牟利行为中直接负责的主管人员，应根据其在犯罪中的地位、作用承担相应的刑事责任，但鉴于三人在一审第二次庭审及二审审理期间均能如实供述犯罪事实，自愿认罪，故可分别对三人酌予从轻处罚。原审人民法院判决认定的事实清楚、证据确实充分、适用法律正确、量刑适当、审判程序合法，应予维持。据此，根据《刑诉法》第225条第1款第（一）项之规定，裁定：驳回上诉人吴某的上诉，维持原判。[1]

案件诉争聚焦

快播公司基于P2P网络技术原理开发QVOD视频播放器，该播放器除常规视频播放功能之外，还可针对广泛分布于互联网上的视频种子进行在线播放。在传播淫秽视频的构造中，快播公司扮演双重角色、实施两种行为：一是作为网络视频软件提供者，实施帮助传播的行为，即通过提供QVOD视频播放器，在用户之间建立传输链接，客观上为用户分享和互传淫秽视频提供技术支持；二是作为网络视频管理者，实施参与传播的行为，即通过提供经改造的以缓存加速的P2P网络服务，一旦符合预设条件，缓存服务器将自动下载、储存相关视频文件用以满足用户的需求。

在刑法规范评价上，快播公司提供P2P网络服务所实施的两种不同行为，可否认定为传播淫秽物品牟利罪中的传播行为，能否得出二者具有相同的刑事可罚性结论？提供P2P网络服务的行为是否应认定为"（网络）中立帮助行为"，进而适用中立帮助行为理论判断行为的刑事可罚性？如果肯定提供P2P网络服务的部分行为属于可罚的传播行为，此种传播行为的具体方式究竟应认定为作为，还是不作为，抑或作为与不作为的集合体？也就是说，刑事可罚性评价的对象究竟是快播公司通过缓存服务器拽取、储存、提供淫秽视频文件的行为，还是明知其缓存服务器上储存着淫秽视频文件，有能力履行但拒不履行网络安全管理义务的行为，抑或是兼容二者的集合体？最后，两审法院均肯定行政法律法规所规定的网络安全管理义务是快播公司作为义务的来源，但这种主张是否合理呢？

---

[1] 参见北京市海淀区基层人民法院（2015）海刑初字第512号刑事判决书；北京市第一中级人民法院（2016）京01刑终592号刑事裁定书。

案涉法理精释

作为新型网络信息传播技术，P2P 网络技术给信息传播带来划时代的革新，以往集中、封闭、可控的信息传播方式呈现出越来越强的社会性、去中心性和开放性，用户间的信息分享和互传变得更广泛、更直接、更便捷。自由的 P2P 网络技术在便利信息传播的同时，客观上提供了传播淫秽色情信息的低成本、高效率的传播渠道，为传播淫秽物品罪的司法认定带来新问题和新挑战，这在快播传播淫秽物品牟利案中得到了淋漓尽致的体现。

一、P2P 网络技术的原理与类型

在互联网发展史上，P2P 网络技术是为克服 Client/Server（客户端/服务器；C/S）模式中服务器压力过大、单一失效点等缺陷而生成的新型网络应用模式。C/S 模式的基本原则是将应用任务分解成多个子任务，由网络上的多台计算机分工协作完成，即客户端完成数据表示、用户接口等任务，服务器则负责有效地管理数据资源、提供数据服务等，用以增强系统数据操纵和事务处理的能力，提供更快、更有效的应用程序性能。由于每个客户端访问数据资源都必须直接连接到服务器，这就使得服务器不得不因客户端的访问而消耗大量原本就十分紧张的服务器资源，导致服务器工作效率不高，同时随着应用规模的扩大，软件复杂度的提高，一旦客户端向服务器提出服务要求的量过大，服务器所处的网络流量极易剧烈增加，形成网络阻塞，致使服务器瘫痪，从而严重制约整个系统功能的发挥。[1]P2P 网络技术打破了传统 C/S 模式，秉承"自由平等，不受制约地进行信息交换"的核心思想，[2]P2P 网络中每个参与者的地位都是对等的，通过借助网络参与者的计算能力和带宽，分散处理各类资源或任务，缓解服务器的压力，促进资源的共享互助和信息的自由传播。

具体来说，P2P（peer-to-peer，点对点），即对等互联网络技术，是一种以非集中化方式使用分布式资源来完成一些关键任务的系统和应用。"非集中

---

〔1〕 参见马楠主编：《网络数据库应用》，中国铁道出版社 2010 年版，第 189~192 页。
〔2〕 参见吴功宜、吴英编著：《计算机网络应用技术教程》，清华大学出版社 2014 年版，第 146 页。

化"指的是 P2P 系统中并非采用传统的以服务器为中心管理所有客户端的方法，而是消除"中心"的概念，将原来的客户端视为服务器和客户端的综合体；"分布式资源"指的是 P2P 系统的参与者共享自己的一部分空闲资源供系统处理任务所用，这些资源包括处理能力、数据文件、数据存储和网络带宽等。[1]P2P 网络通过非集中化和去中心性的直接和双向通信方式，淡化服务提供者与服务使用者的界限，所有的客户机同时身兼服务提供者与服务使用者的双重身份，以达到"扩大网络资源共享的范围与深度，提高网络资源的使用率，使信息共享程度达到最大化"的目的。在 P2P 网络环境中，成千上万台计算机之间处于一种相对等的地位，整个网络通常不依赖于专用的服务器。每台计算机既可以作为网络服务的使用者，又可以向其他提出服务请求的客户提供数据资源、存储资源、计算资源与通信资源。[2]

现代互联网勃兴的根源于其布建的任何一条线路都是为人与人之间的交流而设置的，当前能够引起互联网乃至整个社会震动的也恰是其交流方式领域发生的变革。P2P 网络技术适应了现代互联网发展的趋势，它消除了网络世界人们交流的中间环节，把彼此陌生的人们直接联系了起来，赋予人们自由地进行信息传播和资源共享的机会、条件，极大地拓展人们交流沟通的渠道和内容、弘扬了互联网蕴含之开放、平等、协作和分享精神。正因如此，P2P 网络技术被美国《财富》杂志称为改变互联网发展的四大新技术之一，甚至被认为是无线宽带互联网的未来技术。[3]

在 P2P 网络技术的发展过程中，根据网络拓扑结构与提供服务的集中程度，P2P 网络可分为集中式 P2P 网络、分布式 P2P 网络和混合式 P2P 网络三种类型。集中式 P2P 网络采用中央服务器管理 P2P 各节点，P2P 节点向中央目录服务器注册关于自身的信息（名称、地址、资源和元数据），但所有内容存储在各个节点中而非服务器上，查询节点根据目录服务器中信息的查询以及网络流量和延迟等信息来选择与定位其他对等点并直接建立连接，而不必经过中央目录服务器。分布式 P2P 网络，亦即纯 P2P 网络结构，是采用随机

〔1〕 参见林伟伟、刘波编著：《分布式计算、云计算与大数据》，机械工业出版社 2015 年版，第 161 页。

〔2〕 参见潘伟等编著：《计算机网络——理论与实验》，厦门大学出版社 2013 年版，第 165 页。

〔3〕 参见聂荣：《BitTorrent 类型对等网络的位置知晓性研究》，中国科学技术出版社 2014 年版，第 14 页。

图的组织方式来形成一个松散的网络，它没有集中的中央目录服务器，每个用户随机接入网络，并与自己相邻的一组邻居节点通过端到端连接构成一个逻辑覆盖的网络。对等节点之间的内容查询和内容共享都是直接通过相邻节点广播接力传递的，同时每个节点还会记录搜索轨迹，以防止搜索环路的产生。混合式 P2P 网络技术综合了前两种 P2P 网络技术去中心化和快速查找的优点，按节点能力不同分为普通节点和搜索节点两类。搜索节点与其临近的若干普通节点之间构成一个自治的簇，簇内采用基于集中目录式的 P2P 模式，而整个 P2P 网络中，各个不同的簇之间再通过纯 P2P 的模式将搜索节点连接起来。可以在各个搜索节点之间再次选取性能最优的节点，或者另外引入一新的性能最优的节点作为索引节点来保存整个网络中可以利用的搜索节点信息，并且负责维护整个网络的结构。[1]

二、快播公司提供 P2P 网络服务的内容

快播公司基于混合式 P2P 网络技术原理开发 QSI 资源服务器和 QVOD 播放器，为网络用户提供网络视频服务。就刑法评价而言，快播公司提供 P2P 网络服务的内容大体可以分解为帮助传播行为和参与传播行为两大部分。

其一，帮助传播行为，即通过单纯的 P2P 网络技术在用户间建立传输链接，帮助用户传输数据，实现用户间数据的分享和互传。快播公司的帮助传播行为借助以中心调度服务器为核心的 P2P 网络技术，运用 P2P 技术纯粹的点对点传输功能，只不过不是采用分布式 P2P 网络技术，并非完全依赖种子文件的点对点传输，而是有中心指挥系统的点对点传输。站长利用 QSI 资源服务器导出所欲发布视频文件的链接并上传到网络，用户利用 QVOD 播放器在线点击链接播放视频时，链接会被传递给浏览器的快播播放插件，插件将链接传给播放器的 P2P 组件，播放器组件会根据连接中的特征码向中心调度服务器（运行 P2PTracker 调度服务器程序）获取拥有该特征码的在线用户，从这些在线用户连接下载即可观看。

其二，参与传播行为，即通过缓存服务器储存并向用户提供热点视频。鉴于分布式 P2P 网络技术一旦受到带宽制约，传输速度将大打折扣，难以满足用户观看需求，快播公司于是在改造原有 P2P 网络技术基础上，运用 CDN

---

〔1〕　参见刘功庆主编：《现代计算机网络技术》，中国水利水电出版社 2012 年版，第 177~178 页。

技术，通过设立缓存服务器，提高用户传输和下载视频的效率。所谓 CDN 技术（ContentDeliveryNetwork），即内容分发网络。通过在互联网各处部署服务器节点，构成一个虚拟网络，在用户提出请求时吗，CDN 将通过就近原则，权衡用户与服务器的位置，服务器的负载状况等避开互联网上影响数据传输速度和稳定性的瓶颈，为用户提供高质量的服务保障。[1]CND 技术的可管理性和可靠性，解决了 P2P 技术动态性带来的问题，同时，P2P 技术的低成本和高可扩展性，弥补了传统 CDN 的不足之处，也提高了系统可扩展性，两者在技术上具有很强的互补性。[2]CND 技术是 P2P 网络普遍采取的技术支持方式，在快播公司提供的 P2P 网络服务中也得到体现。为了提高热点视频传输速度，快播公司搭建了缓存调度服务器，在达到预先设置的标准时，缓存调度服务器（运行 CacheTracker 缓存调度服务器程序）即拉拽并存储相应的视频文件；在用户再次点播该视频时，缓存调度服务器会选择最佳路径，向缓存服务器（运行 CacheServer 程序）调取视频直接提供给用户。判决书认定："当用户再次点播该视频时，若下载速度慢，缓存调度服务器就会提供最佳路径，供用户建立链接，向缓存服务器调取该视频，提高用户下载速度。"可见，快播公司搭建的缓存调度服务器，通过提供经改造的以缓存加速的 P2P 网络服务，一旦符合预设条件，缓存服务器将自动下载、储存相关视频文件，从而方便、加速了淫秽视频的下载、传播，最终实质地介入用户传播淫秽物品。

在传播淫秽视频的构造中，快播公司实施的两种行为，意味着其扮演双重角色、提供两种不同的网络服务。在实施帮助传播行为过程中，快播公司是作为网络技术提供者，通过提供 QVOD 视频播放器，为用户分享和互传淫秽视频提供技术支持。在实施参与传播行为过程中，快播公司作为网络内容服务提供者，当用户再次点播某视频出现下载速度慢时，缓存服务器便直接向用户提供其自动下载、存储的视频文件，直接参与到用户淫秽视频的传播。

由于 QVOD 播放器自身的聚合力以及缓存调度服务器自动存储力、加速力，快播公司提供的 P2P 网络服务极大地扩展了视频来源的数量和丰富性，提高了用户下载、传播视频文件的速度和效率，受到用户追捧，被广泛用于

---

〔1〕 参见徐恪等编著：《计算机网络体系结构：设计、建模、分析与优化》，清华大学出版社 2014 年版，第 42~43 页。

〔2〕 参见张丽媛："基于 P2P 的 CDN 内容分发机制研究"，载《电脑编程技巧与维护》2016 年第 18 期。

点播、下载淫秽视频。对此，有学者明确指出："快播是打擦边球走色情推广路线，没有色情流量就没有快播。"[1]事实上，快播公司正是通过提供 P2P网络服务收取广告费和会员费的方式，在用户传播淫秽物品过程中赚得盆满钵满，成为彼时国内经营规模最大，使用频率最高，最具盈利能力的视频播放器。[2]

三、提供 P2P 网络服务的刑事可罚性

通常而言，因 P2P 网络技术的功能在于为网络用户资源搜索、数据传输服务，技术提供者不会直接提供淫秽物品或侵权复制品，淫秽物品或者侵权复制品是在网络用户之间直接进行传播，P2P 网络服务商不能控制网络用户之间的传播行为，所以，P2P 网络服务提供商的刑事责任往往限于帮助传播或间接侵权的共犯责任，抑或明知他人利用所提供的 P2P 网络服务传播淫秽物品或者侵权复制品而不予断开服务的不作为犯责任，而不会构成相关犯罪的作为型正犯。当然这只是就网络服务商提供前述三种传统的 P2P 网络服务而言的，如果网络服务商提供的是经过改造后的 P2P 网络服务，其行为是否具有刑事可罚性则需要另当别论。

快播公司通过提供改造后的 P2P 网络服务，客观上实施了帮助用户传播淫秽视频和直接参与用户传播淫秽视频两种行为，其行为是否具有刑事可罚性呢？在本案一审过程中，快播公司一方曾提出"技术中立""技术无罪"的抗辩，认为快播公司提供的是技术服务，没有传播、发布、搜索淫秽视频的行为，也不存在帮助行为；快播技术不是专门发布淫秽视频的工具，而是提供缓存服务以提高网络传输效率，为用户提供 P2P 视频点播技术服务；基于技术中立原则，快播公司不应为网络用户传播淫秽物品承担刑事责任。[3]应当承认，如果快播公司所实施的帮助传播和参与传播的行为能够适用技术中立原则，其提供 P2P 网络服务的行为自然可以豁免法律责任，不必对用户上传的淫秽视频承担刑事责任。然而，快播公司是否可以援引技术中立原则免除自己帮助或参与传播淫秽物品所应承担的责任呢？

---

〔1〕　韩志宇："快播播放器的经营方式及其法律责任解读"，载《中国版权》2016 年第 1 期。

〔2〕　参见刘吟秋："快播之罪：'宅男神器'的吸睛与吸金"，载《人民法院报》2016 年 9 月 26 日，第 6 版。

〔3〕　参见"快播'涉黄'案开庭"，载《新京报》2016 年 1 月 8 日，第 01 版。

技术中立原则,又称避风港原则,是由美国联邦最高法院在 1984 年的索尼案中提出的,意指具有实质性非侵权用途的产品的生产者,并不仅因实际具有的某些用途而构成间接侵权,即便生产者知道其商品有时会被用于非法用途,从而将帮助侵权的责任限制在一个相对合理的范围内。技术中立原则使技术提供与技术使用明确区分开来,使技术提供者从技术使用者使用技术实施违法犯罪活动的担忧中解脱出来,不必因技术使用者违法使用技术而承担法律责任,进而为技术的创新和进步,为经济社会的发展和发达,扫除不必要的法律障碍,被誉为"技术时代的'大宪章'(MagnaCarta)"[1]。"对技术的信念在当代广为流行,其根据无非建立在这样一个命题上面:人们在技术中已经找到了绝对的、最终的中立性基础,因为显然没有比技术更中立的东西了。技术服务于所有人,就像收音机可以用来收听各种不同的新闻,邮局派送各种邮件而不管其内容如何,因为技术还没有提供一种评判标准。"[2]

技术中立在理念层面具有重要价值,但在实际适用中则受种种限制,需要非常慎重,特别是要鉴别假技术中立之名的违法犯罪行为。"技术中立"指的是技术本身的价值无涉性,但并不意味着对技术的适用行为也是中立的。"技术的中立性仅仅是一种工具手段的中立性的特殊情况,技术只是偶然地与它们所服务的实质(Substantive)价值相关联。技术作为纯粹的工具,与它被应用而得以实现的各种目的没有关系。"[3]在著作权领域,"技术中立只是说明技术本身因具有中立性而不构成侵权,但对于这一技术的具体使用行为是否构成侵权,则要取决于行为人的意图以及行为自身的特征和后果,要按照侵权责任标准进行具体衡量和判断。"[4]将技术中立原则的此种限制性适用演绎到快播公司传播淫秽物品牟利案中,快播公司是否承担刑事责任,端视其提供 P2P 网络服务是应该认定为技术提供行为还是技术使用行为。

在本书看来,快播公司提供 P2P 网络服务所分解成的帮助传播与参与传

---

〔1〕 Lital Helman, "Pull Too Hard and the Rope May Break: On the Secondary Liability of Technology Providers for Copyright Infringement", *Texas Intellectual Property Law Journal*, 2010.

〔2〕 [德]卡尔·施米特:《政治的概念》,刘宗坤等译,上海人民出版社 2004 年版,第 184 页。

〔3〕 速继明:《资本与技术:现代性批判的双重视阈——马克思与海德格尔的历史哲学解读》,黑龙江人民出版社 2014 年版,第 113 页。

〔4〕 孔祥俊:《网络著作权保护法律理念与裁判方法》,中国法制出版社 2015 年版,第 275 页。

播两种行为的性质有所不同，应当分别评价。帮助传播行为属于技术提供行为，是快播公司通过 QSI 资源服务器提供混合式 P2P 网络技术，为站长发布视频、用户传输视频进行技术支持。该混合式 P2P 网络技术仅提供传输链接，无法实际控制用户传输的具体对象，既可被用户用于合法视频或者服务的共享、互传，也可被用户用于传播淫秽物品或侵权复制品，属于具有"实质性非侵权用途的产品"，可以援引技术中立原则予以免责。然而，参与传播的行为则应认定为技术使用行为，并非快播公司为用户提供 CDN 内容分发技术由用户具体使用，而是其自身直接使用 CDN 内容分发技术。当具备快播公司预设的条件时，快播调度服务器不仅自动拉拽淫秽视频文件存储在缓存服务器里，而且也向用户提供缓存服务器里的淫秽视频文件，实质上起到对淫秽视频进行下载、储存、分发和传播的作用，显然已经超出技术中立原则的射程范围。因此，快播公司提供 P2P 网络服务是否构成传播淫秽物品牟利罪，取决于参与传播行为是否具有刑事可罚性，而参与传播行为的刑事可罚性与技术中立原则无关，仅取决于是否符合《刑法》第 363 条关于传播淫秽物品牟利罪的规定。

值得研究的是，参与传播行为虽无法适用技术中立原则，但可否援引中立帮助行为理论豁免刑事可罚性呢？中立帮助行为理论既是为处罚中立帮助行为寻求正当根据的理论，也是限制中立帮助行为刑事可罚性的理论。所谓中立帮助行为，是基于偶然原因与他人的违法犯罪行为联结并在客观上为他人的违法犯罪活动提供便利，但却是社会个体为保障社会存续发展以及公民正常交往所需而承担所负之社会职责的行为。[1] 考虑到中立帮助行为"中立性"的本质特性以及刑法谦抑性的根本属性，域外中立帮助行为理论尽管存在主观路径、客观路径和主客观路径的激烈争论，但大都采取限制可罚性的立场，限制行为的刑事可罚性，防止刑罚处罚范围的不当扩张。

在信息网络时代，网络领域的中立帮助行为已然成为中立帮助行为的重要表现形式，域外限制可罚性的立场也在网络中立帮助行为刑事可罚性的判断中得到贯彻，"当传统的中立帮助行为遭遇到信息网络，德日刑法依旧秉持谨慎入罪的立场，让网络中立帮助行为的可罚性经受'全面性考察'的检验，

---

〔1〕　参见曹波："中立帮助行为刑事可罚性研究"，载《国家检察官学院学报》2016 年第 6 期。

以确保网络信息技术发展的通畅。"[1]我国刑法学界也不乏学者主张运用中立帮助行为理论限制网络服务提供者的刑事责任，"中立帮助行为理论强调了网络服务提供者一般性经营活动主体的地位，重视了这种中立性技术行为在经济运行过程中的作用，也着重对不同利益、不同风险进行了权衡和比较。从结论上来看，该理论可以大大地限缩网络服务提供者刑事责任的不当扩张。"[2]针对P2P网络服务商行为可罚性，陈洪兵教授明确表达了否定性主张，"对于P2P服务提供行为，由于行为本身具有正当的业务行为性质的一面，不能认为这种行为具有直接促进正犯犯罪行为的危险，即这种危险还属于法律所允许的危险。会员利用这种服务从事侵犯著作权犯罪的行为，完全属于正犯的自我答责的行为领域。如果让经营者承担帮助犯的责任，无疑就是要求经营者停止经营行为。"[3]

然而，在快播公司传播淫秽物品牟利案处理中，一二审法院均明确拒绝中立帮助行为理论可以用于认定快播公司的刑事责任。"中立的帮助行为是以帮助犯为视角在共同犯罪中讨论中立性对于定罪量刑的影响，而实行行为不存在中立性问题。快播公司的缓存服务器下载、存储并提供淫秽视频传播，属于传播淫秽视频的实行行为，且具有非法牟利的目的，不适用于共同犯罪中的中立的帮助行为理论。"这种裁判理由得到权威学者的积极回应，张明楷教授提出："快播公司拉拽淫秽视频文件存储在缓存服务器里，并且向用户提供缓存服务器里的淫秽视频文件的行为，则不是中立的帮助行为，而是传播淫秽物品的正犯行为，对正犯行为不可能适用有关中立的帮助的任何理论。"[4]陈兴良教授也认为："裁判理由将快播公司的行为直接认定为是传播淫秽物品牟利的不作为的实行行为，因此提出根本就不适用技术中立的帮助行为的结论。这一裁判理由当然具有一定的合理性。"[5]

就结论而言，本书赞同快播公司参与传播的行为无法借助中立帮助行为

---

[1] 刘艳红："网络中立帮助行为可罚性的流变及批判——以德日的理论和实务为比较基准"，载《法学评论》2016年第5期。

[2] 王华伟："网络服务提供者刑事责任的认定路径——兼评快播案的相关争议"，载《国家检察官学院学报》2017年第5期。北京大学车浩副教授在评论快播案公司传播淫秽物品牟利案时也表达出相同立场。参见车浩："谁应为互联网时代的中立行为买单？"，载《中国法律评论》2015年第1期。

[3] 陈洪兵：《中立行为的帮助》，法律出版社2010年版，第244页。

[4] 张明楷："快播案定罪量刑的简要分析"，载《人民法院报》2016年9月14日，第3版。

[5] 陈兴良："快播案一审判决的刑法教义学评判"，载《中外法学》2017年第1期。

理论豁免刑事可罚性，但对仅从理论适用范围的角度，以参与传播行为是实行行为或正犯行为而不存在中立性为由，排除中立帮助行为理论在快播案中适用的论证思路，则持不同看法。诚然，此种论证思路具有极强的简便性和策略性，容易为人们所接受，但中立帮助行为理论虽肇始于共同犯罪领域（帮助犯因果关系），却具有相应的延展性，并非不可运用于正犯行为的可罚性评价。

其一，随着共犯行为正犯化模式的推进，原本泾渭分明的共犯行为与正犯行为或实行行为之间的界限逐渐模糊。一方面，在刑事立法中，不少共犯行为被规定为独立的新罪名，从而表现为新罪名的正犯行为或实行行为，如《中华人民共和国刑法修正案（九）》修改或新增帮助恐怖活动罪、帮助信息网络犯罪活动罪；另一方面，在刑法解释中，"共犯行为的正犯化解释"将网络空间中表面上属于犯罪行为的帮助犯、实质上依然具有独立性的"技术上的帮助犯"扩张解释为相关犯罪的实行犯，不再依靠共同犯罪理论对其实现评价和制裁，而是将其直接视为"正犯"，直接通过刑法分则中的基本的犯罪构成要件进行评价和制裁。产生于帮助犯领域的中立帮助行为理论，完全可能随着共犯行为正犯化的推进，而适用于对正犯行为的可罚性评价。

其二，中立帮助行为的"中立性"是行为的事实特征，作为法律评价结论的实行行为也可能具有"中立性"。"中立帮助行为之所以是'中立'的，不是指法律对其态度不明，也不是法律将其评价为'中立'，而是由于行为尚停留在待法律评价的阶段，是对行为事实特征的客观写照，行为从根本上属于'前构成要件行为'。"[1]与之相对，"所谓实行行为，是具有侵害法益的现实危险，在形式上和实质上都符合构成要件的行为。"[2]显然，中立帮助行为与实行行为是分属两个不同法律评价阶段的概念：中立帮助行为是评价的事实对象，实行行为是评价的规范结论，而评价的标准则为刑法分则规定的具体构成要件。中立帮助行为经过构成要件的评价后，既可以表现为具有可罚性的实行行为，也可以是直接排除可罚性的单纯违法（非犯罪）或合法行为，行为"中立性"的事实特征并不会因为构成要件的规范评价而丧失，即实行行为中并非不可能存在"中立性"。

〔1〕 曹波："中立帮助行为刑事可罚性研究"，载《国家检察官学院学报》2016年第6期。
〔2〕 [日]大谷实：《刑法总论》，黎宏译，法律出版社2003年版，第104页。

其三，中立帮助行为理论限制行为可罚性的法理基础决定其适用范围不限于共同犯罪领域，完全可以拓展至单独犯可罚性的评价。中立帮助行为理论并非在既有教义学原理以外，另行建构评判行为可罚性的独立标准和体系，而仅是对既有教义学原理的拓展或演绎。尽管当前理论界在限制中立帮助行为可罚性的具体路径上存在主观标准、客观标准和主客观混合标准的对立，但是客观标准因为抓住了中立帮助行为"中立性"的特殊本质，赢得了更多学者的支持，而客观标准背后的法理基础无外乎社会相当性理论、利益衡量原则、客观归责理论等教义学原理。[1]毋庸置疑，这些教义学原理当然可以用作单独犯中行为可罚性的评价标准。

承认中立帮助行为理论能够适用于评价快播公司参与传播行为，也不意味可免除该行为的可罚性。中立帮助行为理论本质上并非纯粹的出罪理论，而是旨在为中立帮助行为提供刑事可罚性评价的具体规则和标准。借助中立帮助行为理论，可以清晰地界分可罚的（帮助）行为和不可罚的中立行为，防止因刑罚处罚范围过广而不必要限制国民正常社会交往的自由。在快播公司实施的参与传播行为中，其 CDN 技术不是供上传淫秽视频文件的用户（站长）使用，而是掌握在快播公司的手中，具体表现为快播公司控制缓存服务器的设置以及登录方式，而缓存服务器的工作原理乃先自动拉拽、存储符合条件的视频文件，后在满足相应条件下将缓存的视频文件分发给用户，缓存服务器成为点播用户点播视频的来源。即便快播公司自身并未上传淫秽视频，但其 CDN 技术使其处于分发淫秽视频的地位，扮演者淫秽视频传播源的角色。不过，"根据快播公司提供网络视频服务的方式，任何人均可通过其免费提供的 QVOD 资源服务器程序发布自己所拥有的视频资源，其中也包括淫秽视频。"[2]既然无法选择缓存何种性质的视频文件，快播公司的 CDN 技术及缓存服务表现出双重社会意义：为传播正当视频文件提供便利，又可成为（方便）传播淫秽视频文件的利器，符合中立帮助行为的"客观中立性"特征。

按照本书的一贯理解，中立帮助行为刑事可罚性评价标准，应立足行为"客观中立性"特征，通过演绎客观归责理论，规范判断行为是否以法所不容

---

〔1〕 参见陈洪兵："论中立帮助行为的处罚边界"，载《中国法学（文摘）》2017 年第 1 期。

〔2〕 参见北京市第一中级人民法院（2016）京 01 刑终 592 号刑事裁定书。

许的方式明显造成法益侵害的危险或实害。[1]为净化网络空间、维护网络安全，我国颁布多项法律、行政法规、部门规章等规范性文件，明确规定网络服务提供商不得制作、复制、发布、传播淫秽色情物品，发现其提供的网络服务被用于传播淫秽色情信息的，应当立即停止传输，采取消除等处置措施，保存有关记录，并向主管部门报告。[2]快播公司提供缓存服务参与传播的行为，运用 CDN 技术使淫秽视频的传播产生"马太效应"，即某个视频因点播率高，成为热点视频而被自动缓存，获得加速下载的优势；某个视频因为下载速度快，往往受用户青睐而成为更受追捧的热点视频，获得用户大量点播，从而为快播公司带来巨额利润。"而缓存服务器介入的 P2P+CDN 模式就不同了，快播在程序设计上加入了自己的选择条件，只有容易带来盈利机会的视频资源才会被它的缓存服务器存储下来，也只有容易带来盈利机会的视频资源才会列入它提供加速服务的陈列柜中随时等待提取。事实证明，快播的缓存服务器偏好'不法'的视频资源，除了淫秽视频和侵权视频，其他视频屈指可数。"[3]另有学者清晰地揭示快播盈利与涉黄的逻辑关系，"快播播放器这些年的高速发展，相当程度上是依靠大量的色情网站和色情流量。当时登录几乎所有中文色情网站，都会得到要先安装快播播放器的提示。这种色情捆绑的规模是相当巨大的。色情站长为什么积极帮助快播贩黄呢？原因很简单，因为每个安装都可以获得收入。也正是因为快播播放器大量依赖色情网站做产品的安装推广，才导致其服务器中缓存了大量淫秽色情视频。"[4]

正是因快播公司积极运用 CDN 内容分发技术，采用将原有完整视频文件存储变为多台服务器的碎片化存储法，以至所提供的 P2P 网络服务获得了较于其他 P2P 网络服务商致为明显的比较优势，不仅极大方便用户与用户之间直接的传播关系，而且介入到用户间传播关系中，通过调动缓存服务器存储的视频资源，提高用户下载视频的速度，备受用户吹捧并成为"宅男神器"。

---

〔1〕 参见曹波："中立帮助行为刑事可罚性研究"，载《国家检察官学院学报》2016 年第 6 期。

〔2〕 参见《计算机信息网络国际联网安全保护管理办法》（1997 年）第 5 条；《互联网信息服务管理办法》（2000 年）第 15、16 条；全国人大常委会《关于维护互联网安全的决定》（2000 年）第 3、7 条；国家广播电影电视总局、信息产业部《互联网视听节目服务管理规定》（2007 年）第 16、18 条；全国人大常委会《全国人大常务委员会关于加强网络信息保护的决定》（2012 年）第 5 条。

〔3〕 范君："快播案犯罪构成及相关审判问题：从技术判断行为的进路"，载《中外法学》2017 年第 1 期。

〔4〕 韩志宇："快播播放器的经营方式及其法律责任解读"，载《中国版权》2016 年第 1 期。

快播公司通过 CDN 内容分发技术和碎片化存储技术，自动拉拽、存储并分发淫秽视频，并借此牟取巨额利益的行为，实际上起到了对淫秽视频进行下载、储存、分发和传播的作用，明显违反前述行政法律法规关于禁止发布、传播淫秽色情信息，停止传输或删除淫秽色情信息的明确规定，并且逃避履行信息网络安全义务，实质地侵犯传播淫秽物品牟利罪所保护的法益，已然超过不可罚的中立行为的范畴，而属具备刑事可罚性、应受刑罚惩罚的犯罪行为。

四、快播公司传播淫秽物品的行为方式

通常而言，传播淫秽物品，是指通过出租、出借、运输、携带、播放等方式使淫秽物品或其内容在社会上流传的行为。[1]传播淫秽物品要求具备以公开的或半公开的方式在一定范围内广泛散布淫秽物品的效果即可，[2]而对传播的行为方式没有具体限定，作为或不作为在所不问。快播公司提供经过 CDN 内容分发技术改造的 P2P 网络服务，其缓存服务器自动拉拽、存储、分发用户传输的淫秽视频，已然具备传播淫秽物品牟利罪的刑事可罚性，但其传播淫秽物品的具体方式就是作为，还是不作为，抑或作为与不作为的竞合体呢？实务界和理论界存在不同看法。

不作为说主张，快播公司明知缓存服务器上存在他人上传的淫秽视频，应当履行安全管理义务并且能够履行而拒不履行，属于不作为的传播淫秽物品，其缓存服务器对淫秽视频所实施的拉拽是存储的辅助行为，没有独立评价为作为的合理根据。在本案一审判决中，海淀法院清楚地按照不作为对快播公司构成传播淫秽物品牟利进行认定。[3]在此基础上，陈兴良教授给予进一步的论证，"拉拽的含义与抓取具备相同，都是指存储的辅助性手段，不能单独评价为作为的传播。至于因为快播公司没有履行网络安全监管义务，放任淫秽物品在网络流传，这也不能认定为陈列方式的传播行为。理由在于：

---

〔1〕 参见王作富主编：《刑法分则实务研究》（下），中国方正出版社 2013 年版，第 1508 页。

〔2〕 参见郭立新、黄明儒主编：《刑法分则适用典型疑难问题新释新译》（上），中国检察出版社 2014 年版，第 741 页。

〔3〕 一审判决的说理逻辑是：①快播公司负有网络视频信息服务提供者应当承担的网络安全管理义务；②快播公司及各被告人均明知快播公司网络信息服务系统内大量存在淫秽视频并介入了淫秽视频传播活动；③快播公司及各被告人放任其网络信息服务系统大量传播淫秽视频属于间接故意；④快播公司具备承担网络安全管理义务的现实可能但拒不履行网络安全管理义务；⑤快播公司及各被告人的行为具有非法牟利目的。

如果把这种因为没有履行监管义务而放任淫秽物品在网络流传的情形，都认定为陈列方式的传播，属于作为。那么，不作为的传播就根本不存在了。其实，所谓陈列只是不作为的后果，不能把这种后果认定为行为本身。……就提供缓存服务而言，并不能就此认为快播公司实施了作为的传播行为，充其量只不过是他人传播的帮助行为，属于传播淫秽物品的共犯。"[1]

作为说认为，快播公司实施了提供播放器和缓存两种行为，提供播放器及技术支持的行为，在整个传播行为中具有"边缘"性质，不是犯罪的关键行为和核心行为，只有缓存行为才是定罪时特别需要考虑的，而以搜取、存储并提供淫秽视频为内容的缓存行为实质上与陈列、展示等传播行为相同，属于独立支配违法信息传播进程的作为行为。例如周光权教授写到"其实，这种搜取、缓存行为明显属于陈列、传播淫秽物品的行为，是犯罪支配行为，也是典型的作为行为。……缓存服务器的存在以及搜取、缓存行为的实施，等于是快播公司从甲用户手中'收缴'了淫秽视频之后，再以快播公司的名义直接交给随时向其提出需求的乙、丙、丁等不特定的公众用户。……在缓存服务者原本已独立控制特定违法信息后，允许其在自己提供的服务空间存在（存储、陈列），并供他人随意取得时，网络服务者的行为已经不再是不作为，而是独立支配违法信息传播进程的作为行为。"[2]

不作为与作为竞合说提出，快播公司提供 P2P 网络服务应一分为二地看待，"快播公司拉拽淫秽视频文件存储在缓存服务器之后，就有义务防止用户观看该视频文件，但快播公司却同时向用户提供缓存服务器里的淫秽视频文件。所以，从作为与不作为相结合的角度，也能说明快播公司的行为属于传播淫秽物品。"[3]本案二审法院大体上也采纳这一立场，二审裁判理由指出，无论从作为还是不作为的角度看，快播公司向所有用户免费提供经改造后的 P2P 网络服务的都应受到刑罚的处罚：就作为而言，快播公司在设置缓存服务器并设计其存储视频条件时仅以点播率为限，造成大量淫秽视频存储于缓存服务器并通过其更快速地在网络上传播，可认定其在向网络用户提供视频服务的过程中存在参与淫秽视频传播的积极行为；就不作为而言，快播公司

---

[1] 陈兴良："快播案一审判决的刑法教义学评判"，载《中外法学》2017 年第 1 期。

[2] 周光权："犯罪支配还是义务违反——快播案定罪理由之探究"，载《中外法学》2017 年第 1 期。

[3] 张明楷："快播案定罪量刑的简要分析"，载《人民法院报》2016 年 9 月 14 日，第 3 版。

不仅在受到深圳网监处罚前没有采取任何监管措施，而且即使在其多次受到行政处罚后仍怠于履行对淫秽视频等不良信息的监管义务，采取的监督措施在检查过后基本名存实亡。正是快播公司这种逃避履行法定义务的消极不作为行为，造成了大量淫秽视频在快播网络上快速传播的危害后果。

在刑法理论中，作为表现为违反禁止规范，不应为而为一定的行为，不作为则是违反命令规范，应为而不为一定的行为，不作为只有在肯定了作为义务或保证人地位的例外的情形下才成为刑罚处罚的对象。"讨论特定举动是作为或不作为，并非心智游戏，而有实务意义。"[1]由于二者客观构造以及违反规范性质的差异，区分作为与不作为历来被认为是必要且相对容易的。"从外部的表现上看，作为和不作为多数情况下是很容易区别的。谁通过能量投入，启动了一个因果发生或者是对之往一定的方向引导的，是在'作为'什么；谁对事情任其发展，不动用介入的可能性，是在'不为'什么。但是要回答这个问题则较难：在举止方式有多重含义的情况中，是由哪个组成部分在构成对于刑法上的评判所关键性的连接点？举止的外部表现形式，是否就同时必然在决定举止之作为一个作为，还是一个不作为的法律上质变。"[2]为解决作为和不作为的区分疑难，有学者提出作为与不作为相互排他地加以区别是不可能的，不作为并不是"什么也不做"，而是意味着"没有做所期待的行为"。从而，没有实施所期待的行为和做了某些别的行为，这两者是可以并存的。[3]按照这种理解，在可罚行为的分类上就存在纯正作为行为、纯正不作为行为和作为与不作为竞合行为三类，前述关于快播公司传播淫秽物品的三种行为方式也印证或演绎了该分类方法。

应予肯定的是，快播公司传播淫秽物品行为方式的确定应当取决于快播公司其提供P2P网络服务中具有刑法意义的部分，上述行为方式的争议也正是围绕快播公司的哪部分行为具有刑法意义展开的。前已述及，快播公司为用户传播淫秽物品提供传输链接的帮助传播行为，因"技术中立"原则，可得豁免刑事可罚性，刑法评价的重点应聚焦基于CDN内容分发技术而提供缓存服务的行为。其提供缓存服务的行为可以分解为两个阶段：一是当某个视

---

[1] 林东茂：《刑法综览》，中国人民大学出版社2009年版，第113页。
[2] [德] 约翰内斯·韦塞尔斯：《德国刑法总论》，李昌珂译，法律出版社2008年版，第424页。
[3] 参见 [日] 山口厚：《刑法总论》，付立庆译，中国人民大学出版社2018年版，第77页。

频点播率达到快播公司预设的条件时，缓存服务器自动拉拽、存储淫秽视频，成为用户下载该淫秽视频的源头；二是快播公司明知缓存服务器上存储淫秽视频，却未根据相关行政法律法规的规定，删除其缓存的淫秽视频。当用户再次点播某热点视频时，缓存服务器会根据预设程序，调取缓存的淫秽视频供用户下载观看，从而提高用户下载相应淫秽视频的速度。如果刑法评价的重点在于阶段一，快播公司传播淫秽物品的行为方式就应该是作为，后续怠于履行网络安全管理义务、拒不删除缓存的淫秽视频的事态，只是前述拉拽、存储等作为方式的自然延续，缺乏刑法独立评价的意义；如果刑法评价重点在于阶段二，快播公司传播淫秽物品的行为方式自应属不作为，前述拉拽、存储用户传播的淫秽视频只技术性的辅助手段，可以成为后续不作为认定中作为义务来源的判断资料，纳入不作为评价体系；如果对阶段一和阶段二进行统合性的整体、全面评价，评价结论必然是快播公司前述拉拽、存储淫秽视频和后续不履行监管义务删除淫秽视频均具有刑法意义，其是通过作为和不作为竞合的方式传播淫秽物品。

　　在本书看来，在作为与不作为的区分上应坚持下述立场：如果能够根据行为的客观构造或者违反规范性质明确区分的，应当明确区分作为与不作为，毕竟二者在构成要件和违法判断上存在显著区别；如果无法明确区分二者的，应当坚持作为先于不作为的认定规则，优先将该行为认定为作为。对此，德国有学者认为，"一行为，无论具有作为要素还是具有不作为要素，'在有疑问的情况下'，应当被视为积极的作为。"[1]施特拉滕韦特与库伦提出，"具有双重意义的行为首先表现为作为。"[2]我国台湾学者林钰雄教授主张，"由于不作为行为乃作为的补充形态，因此，只要招致构成要件该当（结果）的行为是作为方式，此时不作为就退居其次，直接论以作为犯。"[3]周光权教授也表示，"但在实务上，如果作为的支配性是可以确定的，其实应该重点讨论的是支配问题，没有必要再去讨论行为人是否有防止作为行为所造成的结果的义务。换言之，即便存在针对同一个结果的所谓作为和不作为的'结合'，

---

　　[1]　[德] 汉斯·海因里希·耶赛克、托马斯·魏根特：《德国刑法教科书》，徐久生译，中国法制出版社 2001 年版，第 726 页。

　　[2]　[德] 冈特·施特拉腾韦特、洛塔尔·库伦：《刑法总论Ⅰ——犯罪论》，杨萌译，法律出版社 2006 年版，第 358 页。

　　[3]　林钰雄：《新刑法总则》，元照出版有限公司 2014 年版，第 524 页。

对不作为的讨论也基本是可以忽略的。"[1]事实上，坚持作为优先的认定原则，具有相当的优势，并且在快播传播淫秽物品牟利案的司法认定中也能得到充分体现。

坚持作为优先符合刑法评价从事实到价值、从存在论到规范论的基本逻辑。尽管在法益侵害的本质上，作为与不作为并无二致，并且在外在表现上，不作为也不意味没有任何作为，不作为对命令规范的违反完全可通过积极举止动作的实现，只不过这种举止动作缺乏刑法评价意义。然而，作为犯操控法益侵害的因果流程可从物理上进行检验，作为行为是实际存在的；不作为犯未实施的结果防止行为和法益侵害之间的因果流程，无法进行科学的、物理的检验，完全是一种想象和假定。"而作为犯的可能性和不作为犯的可能性是不一样的，虽然作为犯中构成要件行为导致结果发生的可能性是经验上的概然率，不作为犯中作为防止结果发生的可能性也是经验上的概然率，但是作为犯的作为是实际上存在的，而且如果结果发生了，可以对实际的因果流程作科学上的检验，不作为的不作为虽然也是实际存在的，但是可以作为检验对象的作为却不存在，不作为和法益受害结果之间的因果流程，完全是个假设，因此用'支配可能性'并不能真正统一说明各种构成要件犯罪类型的正犯特质。"[2]显然在刑法评价的过程中，事实的、存在论上的判断应该优先于价值的、规范论上的判断，毕竟存在论上的判断资料更为直观、固化，判断结论更为统一，容易形成共识，而规范论上的价值判断极有可能因为对规范或价值内容的认知差异，以至难以达成高度的共识。对此，德国刑法学者帕夫利克教授也持肯定态度，"在大多数案件当中，判断行为人是否以积极作为的方式侵犯了他人的法权空间，比认定行为人是否违反了某种危险消除义务要容易。"[3]

坚持作为优先的规则，可以有效避免作为义务认定存在的疑难。快播公司传播淫秽物品牟利案中，尽管一、二审法院均认为快播公司的行为存在作为和不作为，但二者均将定罪的重点置于不作为上。两审裁判理由均广泛罗列快播公司具有网络安全管理的法定义务，并且证成快播公司有能力履行该

---

[1] 周光权："犯罪支配还是义务违反：快播案定罪理由之探"，载《中外法学》2017年第1期。
[2] 许玉秀：《当代刑法思潮》，中国民主法制出版社2005年版，第582页。
[3] [德]米夏埃尔·帕夫利克："刑法科学的理论"，陈璇译，载《交大法学》2021年第2期。

网络安全管理义务却拒不履行，以至造成缓存服务器上存储大量淫秽视频并在用户中广泛传播的严重危害后果。然而，直接将行政法律法规所规定的网络安全管理义务作为快播公司以不作为方式传播淫秽物品牟利罪之作为义务来源，是典型的、已被抛弃的形式作为义务说的立场，遭到学者的有力批判。"以不作为犯罪理论来支持控罪将陷入'不作为义务来源'的理论泥淖：依据不作为传统理论框架，因无法说明'不作为义务来源'而无法提供充分的论证；如果因一罪适用而突破'不作为义务来源'的传统理论框架，将后患无穷。"[1]德国学者许乃曼也认为，直接将其他法律领域的义务视为刑法义务来源，无异于退回到了20世纪之初的形式法律义务理论时期。[2]从作为义务来源判断的学说变迁来看，通说一直坚持形式作为义务说，认为法令、合同和事务管理、事理等是作为义务的来源，不过，通说自身也承认，"法令和合同义务只是作为义务的一时性根据，在这些根据里加上 α，不真正不作为犯罪才会成立。但是，如果 α 实质上决定着不真正不作为犯是否成立，那么把 α 作为要件就可以了，把法令、合同单独提出来是没有意义的。"[3]既然通说承认需要在法令、合同等形式义务之外另行寻求处罚的实质根据，相应地意味着通说业已自我放弃了形式说的基本立场。

就普遍意义而言，采取形式说作为义务的立场，既可能不当扩张刑法处罚的范围，将一般性地违反行政法律法规的行为不当地作为犯罪处理，从而走上行政违法行为犯罪化的错误之路；也可能不当限缩刑法处罚的范围，将实质上具有刑事可罚性但缺乏法律明文规定之义务的行为，最终不得不做无罪化处理。在网络服务义务来源上，坚持形式说的立场则至少存在以下两点质疑：

一是我国现存的法律法规对网络服务提供者规定了一种一般性、积极性的监管义务，且义务范围不明确，责任条款缺乏体系性。这可能会导致网络服务器提供者在不知所措中触犯法律红线，也会在无形之中压制网络服务提供者自有经营的空间，从而使得网络用户自由沟通信息的权利受到影响。[4]

---

〔1〕 毛玲玲："传播淫秽物品罪中'传播'行为的性质认定——'快播案'相关问题的刑事法理评析"，载《东方法学》2016年第2期。

〔2〕 参见［德］许乃曼："德国不作为犯学理的现况"，陈志辉译，载陈兴良主编：《刑事法评论》（第13卷），中国政法大学出版社2013年版，第391页。

〔3〕 ［日］佐伯仁志：《刑法总论的思之道·乐之道》，于佳佳译，中国政法大学出版社2017年版，第70页。

〔4〕 参见王华伟："网络服务提供者的刑法责任比较研究"，载《环球法律评论》2016年第4期。

在快播传播淫秽物品牟利案处理中，如果彻底贯彻形式义务说的主张，其明知用户会使用其提供的传输链接传播淫秽物品或侵权作品时，仍然违反行政法律法规规定，怠于履行停止传输的监管义务，同样会构成传播淫秽物品牟利罪的不作为犯。

二是在刑法分则就违反形式作为义务规定了纯正不作为犯的情形中，行为人懈怠履行行政法律法规规定的一般性网络安全管理义务的，则会出现刑法评价难题。该行为是构成作为纯正不作为犯的拒不履行网络安全管理义务罪呢？还是构成传播淫秽物品牟利罪的不纯正不作为犯呢？抑或是纯正不作为犯与不纯正不作为犯的想象竞合呢？事实上这种评价难题已经在学者之间形成争论，如陈兴良教授就认为此种情形属于以不作为方式实现的纯正不作为犯与不纯正不作为犯的想象竞合，应从一重罪论；但高艳东博士则提出，"判决书却把拒不履行管理义务等于传播淫秽物品牟利罪（法定最高刑为无期徒刑），把传播淫秽物品牟利罪看作一种不纯正不作为犯，将王欣拒不履行管理义务的不作为，评价为传统的作为犯。这一论证思路，存在法理障碍。"[1]按照本书的理解，构成纯正不作为犯的作为义务与构成不纯正不作为犯的作为义务在义务内容上存在明显区别，纯正不作为犯的作为义务是行政法律法规规定的一般性义务，若行为人懈怠该一般性义务，同时符合纯正不作为犯的其他构成要件的，行为即应构成纯正不作为犯。然而，不纯正不作为犯的作为义务指向的是，行为人对不纯正不作为犯罪侵害之法益所负担的保护义务，此种义务必须结合刑法规范的目的进行个别化判定，无法直接从行政法律法规规定的一般性义务中推导出来。就此而言，本书更倾向于高艳东博士的见解。

综上所述，本书认为，在快播传播淫秽物品的行为中，刑法评价的重点应集中于通过缓存服务器自动拉拽、存储淫秽视频并向用户分发、提供所缓

---

[1] 高艳东："不纯正不作为犯的中国命运：从快播案说起"，载《中外法学》2017年第1期；高艳东博士在另一文章中更清晰地表明了此种立场："理论上，传播淫秽物品牟利罪，既可以由作为构成，也可以由不作为构成。但是，网站不履行管理义务，不属于本罪的不作为表现方式。法官充分论证了王欣没有履行管理义务，如果据此认定构成不作为犯罪——'拒不履行信息网络安全管理义务罪'（最高3年），没有问题。但把拒不履行管理义务等于作为犯罪——传播淫秽物品牟利罪（最高无期），是可怕的逻辑"。高艳东："质疑快播案判决：与陈兴良、张明楷教授商榷"，载 https://article. chinalawinfo. com/Space/SpaceArticleDetail. aspx？AID＝104010&AuthorId＝151740& Type＝1，最后访问日期：2020年3月18日。

存淫秽视频，快播公司是以作为的方式传播淫秽物品，其明知其缓存服务器上储存着淫秽视频文件，有能力履行但拒不履行网络安全管理义务的不作为只作为量刑情节酌情考虑。

<h2 style="text-align:center">本案处理评述</h2>

快播公司传播淫秽物品牟利案，是信息网络时代产生的新型刑事案件，是2016 年广受社会关注的刑事案件之一，入选"2016 年度十大刑事案件"[1]和"2016 年推动法治进程十大案件"[2]，尤其受到众多互联网企业和网民的普遍关注。该案在技术认定、证据运行、法律适用等方面存在激烈争议，[3]该案采用庭审直播的方式公开案件审理过程，引发了百万人"围观"的效果，[4]获得社会公众的高度评价，该案的最终判决，为信息网络时代网络服务提供包括 P2P 网络服务在内的行为的法律评价提供了诸多极具现实意义的操作规则，对于净化网络空间、维护网络秩序，具有鲜明的时代意义。

快播公司提供经过 CDN 内容分发技术改造的 P2P 网络服务的行为可以分解为两种行为：一是提供传输链接，帮助用户传播淫秽视频的行为；二是提供缓存服务，实质介入用户传播淫秽视频的行为。两种行为具有不同的刑事可罚性评价结论。在帮助传播行为中，因为所提供的纯粹 P2P 网络技术自身具有合法用途，系"实质性非侵权用途的产品"，且快播公司无法控制用户利用所提供的 P2P 网络技术传输的具体对象，可以援引技术中立原则，豁免刑事可罚性。然而参与传播的行为则应认定为技术使用行为，并非快播公司为用户提供 CDN 内容分发技术由用户具体使用，而是其自身直接使用 CDN 内容分发技术，已然超出技术中立原则的射程范围，不应适用技术中立

---

　〔1〕　时延安、刘计划主编：《大案聚焦：前行的中国刑事法制》，中国言实出版社 2016 年版，第144 页。

　〔2〕　马学玲："2016 年推动法治进程十大案件揭晓'快播'案等入选"，载 http://www.xinhua-net.com/legal/2017-04/20/c_ 1120844775.htm，最后访问日期：2020 年 3 月 12 日。

　〔3〕　参见李建广："快播的辩词再精彩，也不配赢得掌声"，载《人民日报》2016 年 1 月 9 日，第 6 版；白靖利、高洁："无论快播是否有罪 都要对'狡辩的权利'报以掌声"，载 http://www.xin-huanet.com/fortune/2016-01/09/c_ 128611909.htm，最后访问日期：2020 年 3 月 20 日。

　〔4〕　参见王巍："百万人'围观'快播案庭审直播：海淀法院发布 27 条长微博全称播报案件庭审情况，累计阅读次数达 3600 余万次"，载《新京报》2016 年 1 月 10 日，第 A07 版。

原则。

就快播公司提供 P2P 网络服务的刑法评价而言，提供缓存服务的参与传播行为是刑法评价的直接对象。快播公司基于 CDN 内容分发技术提供的缓存服务，不仅会自动拉拽、存储淫秽视频而且会调取缓存的视频供用户下载观看，客观上致使其缓存服务器上储存大量淫秽物品并造成淫秽视频在其网络上广泛传播的严重后果，具体中立帮助行为"客观中立性"特征，可以援用中立帮助行为理论进行可罚性判断。但是其提供的缓存服务，自动拉拽、存储、分发、传播淫秽物品，足以评价为以法所不容许的方式明显侵害《刑法》第 363 条传播淫秽物品牟利罪所保护的法益，无法依据中立帮助行为理论免除刑事可罚性。

在快播公司参与传播行为中，快播公司既实施了通过缓存服务器自动拉拽、存储淫秽视频并向用户分发、提供所缓存淫秽视频的作为，也实施了明知其缓存服务器上储存着淫秽视频文件，有能力履行但拒不履行网络安全管理义务的不作为。依据作为优先原则，刑法评价的重点应集中于通过缓存服务器自动拉拽、存储淫秽视频并向用户分发、提供所缓存淫秽视频，快播公司是以作为的方式传播淫秽物品，其明知其缓存服务器上储存着淫秽视频文件，有能力履行但拒不履行网络安全管理义务的不作为只作为量刑情节酌情考虑。

需要提及的是，《中华人民共和国刑法修正案（九）》增设拒不履行信息网络安全管理义务罪以及帮助信息网络犯罪活动罪两个新罪名，这对于 P2P 网络服务者行为的刑法评价具有直接影响。从一、二审裁判理由来看，快播公司传播淫秽物品牟利的具体行为完全符合拒不履行信息网络安全管理义务罪的犯罪构成，但快播公司传播淫秽物品牟利行为发生在《中华人民共和国刑法修正案（九）》生效实施以前，依据法不溯及既往的刑法适用原则，《中华人民共和国刑法修正案（九）》无法对本案适用。但《中华人民共和国刑法修正案（九）》生效之后，提供 P2P 网络服务过程中，拒不履行法律、行政法规规定的信息网络安全管理义务，经监管部门责令采取措施而拒不改正，情节严重的，应当直接认定为拒不履行信息网络安全管理义务罪，而不再认定为传播淫秽物品牟利罪。

法律适用依据

一、《中华人民共和国刑法》（2011 修正）

第 30 条：公司、企业、事业单位、机关、团体实施的危害社会的行为，法律规定为单位犯罪的，应当负刑事责任。

第 31 条：单位犯罪的，对单位判处罚金，并对其直接负责的主管人员和其他直接责任人员判处刑罚。本法分则和其他法律另有规定的，依照规定。

第 52 条：判处罚金，应当根据犯罪情节决定罚金数额。

第 53 条：罚金在判决指定的期限内一次或者分期缴纳。期满不缴纳的，强制缴纳。对于不能全部缴纳罚金的，人民法院在任何时候发现被执行人有可以执行的财产，应当随时追缴。由于遭遇不能抗拒的灾祸等原因缴纳确实有困难的，经人民法院裁定，可以延期缴纳、酌情减少或者免除。

第 363 条：以牟利为目的，制作、复制、出版、贩卖、传播淫秽物品的，处三年以下有期徒刑、拘役或者管制，并处罚金；情节严重的，处三年以上十年以下有期徒刑，并处罚金；情节特别严重的，处十年以上有期徒刑或者无期徒刑，并处罚金或者没收财产。

……

第 366 条：单位犯本节第三百六十三条、第三百六十四条、第三百六十五条规定之罪的，对单位判处罚金，并对其直接负责的主管人员和其他直接责任人员，依照各该条的规定处罚。

二、《关于办理利用互联网、移动通讯终端、声讯台制作、复制、出版、贩卖、传播淫秽电子信息刑事案件具体应用法律若干问题的解释（二）》（法释 [2010] 3 号）

第 1 条：以牟利为目的，利用互联网、移动通讯终端制作、复制、出版、贩卖、传播淫秽电子信息的，依照《最高人民法院、最高人民检察院关于办理利用互联网、移动通讯终端、声讯台制作、复制、出版、贩卖、传播淫秽电子信息刑事案件具体应用法律若干问题的解释》第一条、第二条的规定定罪处罚。

以牟利为目的，利用互联网、移动通讯终端制作、复制、出版、贩卖、传播内容含有不满十四周岁未成年人的淫秽电子信息，具有下列情形之一的，依照刑法第三百六十三条第一款的规定，以制作、复制、出版、贩卖、传播淫秽物品牟利罪定罪处罚：

（一）制作、复制、出版、贩卖、传播淫秽电影、表演、动画等视频文件十个以上的；

（二）制作、复制、出版、贩卖、传播淫秽音频文件五十个以上的；

（三）制作、复制、出版、贩卖、传播淫秽电子刊物、图片、文章等一百件以上的；

（四）制作、复制、出版、贩卖、传播的淫秽电子信息，实际被点击数达到五千次以上的；

（五）以会员制方式出版、贩卖、传播淫秽电子信息，注册会员达一百人以上的；

（六）利用淫秽电子信息收取广告费、会员注册费或者其他费用，违法所得五千元以上的；

（七）数量或者数额虽未达到第（一）项至第（六）项规定标准，但分别达到其中两项以上标准一半以上的；

（八）造成严重后果的。

实施第二款规定的行为，数量或者数额达到第二款第（一）项至第（七）项规定标准五倍以上的，应当认定为刑法第三百六十三条第一款规定的"情节严重"；达到规定标准二十五倍以上的，应当认定为"情节特别严重"。

第4条：以牟利为目的，网站建立者、直接负责的管理者明知他人制作、复制、出版、贩卖、传播的是淫秽电子信息，允许或者放任他人在自己所有、管理的网站或者网页上发布，具有下列情形之一的，依照刑法第三百六十三条第一款的规定，以传播淫秽物品牟利罪定罪处罚：

（一）数量或者数额达到第一条第二款第（一）项至第（六）项规定标准五倍以上的；

（二）数量或者数额分别达到第一条第二款第（一）项至第（六）项两项以上标准二倍以上的；

（三）造成严重后果的。

实施前款规定的行为，数量或者数额达到第一条第二款第（一）项至第

（七）项规定标准二十五倍以上的，应当认定为刑法第三百六十三条第一款规定的"情节严重"；达到规定标准一百倍以上的，应当认定为"情节特别严重"。

第5条：网站建立者、直接负责的管理者明知他人制作、复制、出版、贩卖、传播的是淫秽电子信息，允许或者放任他人在自己所有、管理的网站或者网页上发布，具有下列情形之一的，依照刑法第三百六十四条第一款的规定，以传播淫秽物品罪定罪处罚：

（一）数量达到第一条第二款第（一）项至第（五）项规定标准十倍以上的；

（二）数量分别达到第一条第二款第（一）项至第（五）项两项以上标准五倍以上的；

（三）造成严重后果的。

第6条：电信业务经营者、互联网信息服务提供者明知是淫秽网站，为其提供互联网接入、服务器托管、网络存储空间、通讯传输通道、代收费等服务，并收取服务费，具有下列情形之一的，对直接负责的主管人员和其他直接责任人员，依照刑法第三百六十三条第一款的规定，以传播淫秽物品牟利罪定罪处罚：

（一）为五个以上淫秽网站提供上述服务的；

（二）为淫秽网站提供互联网接入、服务器托管、网络存储空间、通讯传输通道等服务，收取服务费数额在二万元以上的；

（三）为淫秽网站提供代收费服务，收取服务费数额在五万元以上的；

（四）造成严重后果的。

实施前款规定的行为，数量或者数额达到前款第（一）项至第（三）项规定标准五倍以上的，应当认定为刑法第三百六十三条第一款规定的"情节严重"；达到规定标准二十五倍以上的，应当认定为"情节特别严重"。

第十六章

王鹏非法出售珍贵、濒危野生动物案

—— 人工繁育珍贵、濒危野生动物的刑法可保护性问题

案件基本概况

一、案情概要

王鹏事发前是深圳一家数控设备厂的工人，负责机电设备调试。2014年4月，一名曹姓同事在厂区内捡到一只落单的鹦鹉，并将之带回宿舍。王鹏对这只鹦鹉"很感兴趣"，时常去查看，同事便将之转送。2014年5月，王鹏从网上购买一只雌性鹦鹉与之配对。此期间自学养殖鹦鹉技术，孵化出四十多只鹦鹉。2016年4月初，王鹏将其中6只鹦鹉，以约3000元的价格出售给朋友谢田福。调查结果表明，6只鹦鹉中，除4只为玄凤鹦鹉外，有2只为小太阳鹦鹉，学名绿颊锥尾鹦鹉，被列入《濒危野生动植物物种国际贸易公约》附录中，属于受保护物种。2016年5月，被告人王鹏因售卖6只家养鹦鹉被刑事拘留，同年6月被逮捕。事发后，警方还从王鹏租住的家中查获各类珍贵、濒危鹦鹉45只鹦鹉，经鉴定为绿颊锥尾鹦鹉35只、和尚鹦鹉9只、非洲灰鹦鹉1只，上述非洲灰鹦鹉已被新列入《濒危野生动植物种国际贸易公约》（CITES）附录 I，其余鹦鹉均被列入《濒危野生动植物种国际贸易公约》（CITES）附录 II。二审法院审查中查明王鹏还是一个鹦鹉QQ群的群主，曾在多个鹦鹉QQ群中高密度发布价格远高于普通鹦鹉的买卖广告。通过技术手段恢复的短信、微信内容和王鹏的供述均证明，王鹏通过在58同城网站和QQ群里以发帖和发广告的方式非法出售鹦鹉，民警在其房内查到的45只鹦鹉都是其用于出售的。

二、处理结论

2017年4月，深圳市宝安区人民法院认定，王鹏贩卖2只小太阳鹦鹉证据充分，另查获的45只被保护鹦鹉待售，属犯罪未遂。王鹏未经有关部门批

准，以牟利为目的出售国家重点保护的珍贵、濒危野生动物，其行为已构成非法出售珍贵、濒危野生动物罪。《关于审理破坏野生动物资源刑事案件具体应用法律若干问题的解释》（以下简称《破坏野生动物资源解释》）第1条规定：刑法第341条第1款规定的"珍贵、濒危野生动物"，包括列入《国家重点保护野生动物名录》的国家一、二级保护野生动物、列入《濒危野生动植物种国际贸易公约》附录Ⅰ、附录Ⅱ的野生动物以及驯养繁殖的上述物种。因此，本案所涉的鹦鹉虽为人工驯养，亦属于法律规定的"珍贵、濒危野生动物"。依照《刑法》第341条第1款、第23条、第52条、第53条、第67条第3款之规定，一审以非法出售珍贵、濒危野生动物罪判处被告人王鹏有期徒刑5年，并处罚金人民币3000元。

一审判决后，王鹏提出上诉，深圳市中级人民法院依法立案受理。王鹏上诉认罪，承认其出售2只小太阳鹦鹉给同案被告人谢田福，但对一审认定其家中查获的45只鹦鹉是待售提出异议。

2017年11月在深圳中院二审公开开庭审理本案。2018年3月，广东省深圳市中级人民法院对上诉人王鹏犯非法收购、出售珍贵、濒危野生动物罪案二审进行公开宣判。深圳市中级人民法院认为，王鹏承认知道涉案鹦鹉为国家法律禁止买卖的，但仍收购或出售，其行为已构成非法收购、出售珍贵、濒危野生动物罪。二审综合考虑到在王鹏家中查获的45只鹦鹉系待售，因其意志以外的原因而未得逞，是犯罪未遂，可比照既遂犯从轻或减轻处罚；同时，多数涉案鹦鹉系人工驯养繁殖，其行为的社会危害性相对小于非法收购、出售纯野外生长、繁殖的鹦鹉，并且王鹏自愿认罪。综上，对王鹏可以在法定刑以下量刑，依照《刑法》第341条第1款、第23条、第52条、第53条、第67条第3款、第63条第2款、最高人民法院《破坏野生动物资源解释》第1条、第2条、第3条、第10条、《刑诉法》第225条第1款第1项、第2项、最高人民法院《关于适用〈中华人民共和国刑事诉讼法〉的解释》第325条第1款第2项之规定，依法改判上诉人王鹏有期徒刑2年，并处罚金人民币3000元。该判决依法层报最高人民法院核准。

最高人民法院复核认为，被告人王鹏承认知道涉案鹦鹉为法律禁止买卖的国家重点保护的珍贵、濒危野生动物，但仍非法收购、出售，已构成非法收购、出售珍贵、濒危野生动物罪。王鹏为了牟利而非法收购、出售47只国家重点保护的珍贵、濒危的鹦鹉，情节特别严重，应依法惩处。综合考量王鹏能自愿认罪，出售的是自己驯养繁殖而非野外捕捉的鹦鹉，社会危害性相对较小，且有 45 只鹦鹉尚未售出等情节，根据《刑法》第 63 条第 2 款规定可在法定刑以下判处刑罚。第一、二审认定的事实清楚，证据确实、充分，审判程序合法；第二审定罪准确，量刑适当。2018 年 4 月，最高人民法院核准了深圳市中级人民法院对"鹦鹉案"被告人王鹏非法收购、出售珍贵、濒危野生动物罪判处 2 年有期徒刑并处罚金 3000 元的刑事判决。[1]

案件诉争聚焦

新时代加强生态文明建设应包含对野生动物的关注，自然野生动物的价值十分珍贵。为保护野生动物，《刑法》第 341 条规定处罚"非法猎捕、杀害国家重点保护的珍贵、濒危野生动物的，或者非法收购、运输、出售国家重点保护的珍贵、濒危野生动物及其制品的"，该条款的保护对象仅限定于珍贵、濒危的野生动物。如何准确认定刑法所保护珍贵、濒危野生动物范围是该罪适用以及实际落实司法保护野生动物行动的关键所在。我国刑法条文并未明确规定珍贵、濒危野生动物的范围以及界限，则王鹏鹦鹉案很大程度上应归因并归咎于刑法该罪名保护对象不明确、不具体。

然而，我国司法解释对《刑法》第 341 条有关认定和适用作了补充。根据《刑法》第 341 条"情节严重"的司法解释所附目录看，鹦鹉科（所有种）构成情节严重的底限数量 6（有期徒刑 5~10 年），构成情节特别严重的底限数量 10（有期徒刑 10 年以上），王鹏出售 2 只鹦鹉的罪责程度显然无法与一审所判处的 5 年有期徒刑（及罚金）相均衡，而必须关注被查获的其余 45 只人工驯养鹦鹉的刑法评价。对驯养、家养繁殖的二代三代野生动物是否仍属于该罪的保护对象，理论界存有激烈争议。[2]王鹏是否构成非法收购、出售珍贵、濒危野生动物罪？构成犯罪的关键在于人工驯养、家养繁殖的野生动物是否包含于刑法规定的珍贵、濒危野生动物范围？《破坏野生动物资源

---

[1] 参见广东省深圳市宝安区基层人民法院（2017）粤 0306 刑初 323 号刑事判决书；广东省深圳市中级人民法院（2017）粤 03 刑终 1098 号刑事判决书。

[2] 参见顾开贵、涂俊峰："二审法官详解'鹦鹉案'的法与情"，载《公民与法（综合版）》2018 年第 6 期。

解释》规定了《刑法》第341条第1款规定的"珍贵、濒危野生动物"范围
作何理解？环境刑法的保护法益当下如何界定？该案件中对该刑法条文的解
释与适用是坚持形式解释说的立场，还是采纳实质解释论的主张？形式解
释说与实质解释论二者，最终形式解释说判决结果令人接受，还是实质解
释论判决结果符合常理？人工驯养、家养繁殖的野生动物与自然野生动物
价值是否一样，这一行为促进该物种数量的增加，是否属于危害性小的行
为？《破坏野生动物资源解释》对刑法野生动物保护对象的补充规定是否合
乎事宜？

案涉法理精释

为保护野生动物、保障生物多样性和维持生态系统平衡，我国加入《生
物多样性公约》，签署过联合国《濒危野生动植物种国际贸易公约》，后有
《中华人民共和国野生动物保护法》（以下简称《野生动物保护法》）、《关于
加快推进生态文明建设的意见》以及《中国生物多样性保护战略与行动计划
（2011-2030年）》等系列举措。多年来，野生动物的保护是国家生态文明建
设的重要组成部分，刑法对野生动物保护随社会变迁和推进人与自然和谐发
展观愈发引人关切。实际中野生动物的保护用刑法予以打击的目的在于推动
人们保护意识的加强，减少以至杜绝对珍贵、濒危野生动物的残害。然而，
有些珍贵、濒危野生动物在中国传统社会里一直是与人相处的好朋友，不少
人喜欢自我家养。因而人工驯养、家养繁殖的野生动物的性质，以及该野生
动物是否属于刑法保护对象范围的认定是刑法正确定罪量刑的关键所在，对
有效保护野生动物、实现司法公平正义具有重大意义。

一、野生动物法律范围的相关界定

（一）现行刑法中的相关规定

近年来，一些破坏野生动物资源犯罪案件的判决结果冲击着广大群众的
朴素认知和正义感，比如河南大学生掏鸟案、河北沧州马戏团案以及本书深
圳鹦鹉案，这些案件的行为人触犯的是《刑法》第341条的规定——涉嫌非

法猎捕、收购、运输、出售珍贵、濒危野生动物罪。[1]本案认定构成非法购买、出售珍贵、濒危野生动物罪是指违反国家有关野生动物保护法规，购买、出售国家重点保护的珍贵、濒危野生动物的行为。

但是，在《中华人民共和国刑法修正案（十一）》于2021年3月1日实施之后，非法收购、运输、出售珍贵、濒危野生动物、珍贵、濒危野生动物制品罪，自2021年3月1日起被取消，设立危害珍贵、濒危野生动物罪。修正前《刑法》第341条规定危害珍贵、濒危野生动物罪，该罪侵犯的客体是国家重点保护的珍贵、濒危野生动物的管理制度。行为方式表现为违反野生动物保护法规，非法猎捕、杀害国家重点保护的珍贵、濒危野生动物，非法收购、运输、出售国家重点保护的珍贵、濒危野生动物及其制品的行为。行为主体是凡是达到刑事责任年龄，具有刑事责任能力的人，主观方面是犯罪故意，主观上为"明知"即要求被告人明知为野生动物而进行了不法行为。

（二）《野生动物保护法》的规定

《野生动物保护法》[2]保护的野生动物，是指珍贵、濒危的陆生、水生野生动物和有重要生态、科学、社会价值的陆生野生动物。"珍贵"即珍惜、贵重，客观地描述野生动物的稀少及其重要价值；"濒危"用来形容野生动物面临死亡或种群面临灭绝的事实状况。我国一般认为珍贵、濒危主要指同一野生动物的不同属性。珍贵主要是指价值属性，它不仅要求是原产于我国、数量稀少的野生动物，还要求其对教育、科研、经济等各领域的发展具有重要价值。濒危主要是指物种属性，由于人类对它们生存环境的过度开发利用，造成了毁灭性的破坏，濒临灭绝。我国现行的《野生动物保护法》并没有给出明确的定义，只是采用列举式的方法规定了重点保护的野生动物，并制定了《国家重点保护野生动物名录》。

---

〔1〕《刑法》第341条："非法猎捕、杀害国家重点保护的珍贵、濒危野生动物的，或者非法收购、运输、出售国家重点保护的珍贵、濒危野生动物及其制品的，处五年以下有期徒刑或者拘役，并处罚金；情节严重的，处五年以上十年以下有期徒刑，并处罚金；情节特别严重的，处十年以上有期徒刑，并处罚金或者没收财产。违反狩猎法规，在禁猎区、禁猎期或者使用禁用的工具、方法进行狩猎，破坏野生动物资源，情节严重的，处三年以下有期徒刑、拘役、管制或者罚金。"

〔2〕该法是为了保护野生动物，拯救珍贵、濒危野生动物，维护生物多样性和生态平衡，推进生态文明建设。本法规定保护的野生动物，是指珍贵、濒危的陆生、水生野生动物和有重要生态、科学、社会价值的陆生野生动物。

（三）司法解释的明确规定

为更好适用《刑法》第 341 条规定打击犯罪，2000 年 11 月 27 日，最高人民法院出台《破坏野生动物资源解释》，以补充刑法关于野生动物保护的适用标准，成为该罪的定罪和量刑依据。《破坏野生动物资源解释》第 1 条规定：刑法第 341 条第 1 款规定的"珍贵、濒危野生动物"，包括列入国家重点保护野生动物名录的国家一、二级保护野生动物、列入《濒危野生动植物种国际贸易公约》附录一、附录二〔1〕的野生动物以及驯养繁殖的上述物种。

《濒危野生动植物种国际贸易公约》经国务院批准，我国于 1980 年 12 月 25 日加入，并于 1981 年 4 月 8 日对中国正式生效。因此，中国不仅在保护和管理该公约附录Ⅰ和附录Ⅱ中所包括的野生动物种方面负有重要的责任，而且中国《国家重点保护野生动物名录》中所规定保护的野生动物，除了公约附录Ⅰ、附录Ⅱ中已经列入的以外，其他均隶属于附录Ⅲ。为此中国还规定，该公约附录Ⅰ、附录Ⅱ中所列的原产地在中国的物种，按《国家重点保护野生动物名录》所规定的保护级别执行，非原产于中国的，根据其在附录中隶属的情况，分别按照国家Ⅰ级或Ⅱ级重点保护野生动物进行管理。本案绿颊锥尾鹦鹉分布于阿根廷，巴西，巴拉圭和玻利维亚，和尚鹦鹉分布于南美洲、及马尔维纳斯群岛（福克兰群岛），均属于非原产于中国，应根据附录中隶属《濒危野生动植物种国际贸易公约》附录Ⅱ，按照国家Ⅱ级重点保护野生动物进行管理。非洲灰鹦鹉属于大型鹦鹉，分布于非洲，也非原产于中国，2016年 10 月第 17 届《濒危野生动植物种国际贸易公约》缔约方大会上，投票决定将野生非洲灰鹦鹉提升至附录Ⅰ，将其置于最高保护等级，属《濒危野生动植物种国际贸易公约》附录Ⅰ，应按照国家Ⅰ级重点保护野生动物进行管理。由此可见，单从物种本身性质可将三种鹦鹉都归属于珍贵、濒危野生动物保护范围。根据《破坏野生动物资源解释》第 3 条所附目录，鹦鹉科（所有种）构成"情节严重"的底限数量 6（有期徒刑 5～10 年），构成"情节特别严重"的底限数量 10（有期徒刑 10 年以上）。

从上述相关法律来看，野生动物保护除遵循刑法条文、最高院司法解释

---

〔1〕 该公约管制国际贸易的物种，可归类成三项附录，附录一的物种为若再进行国际贸易会导致灭绝的动植物，明确规定禁止其国际性的交易；附录二的物种则为无灭绝危机，管制其国际贸易的物种，若仍面临贸易压力，族群量继续降低，则将其升级入附录一；附录三是各国视其国内需要，区域性管制国际贸易的物种。

之外，也遵从《野生动物保护法》。《野生动物保护法》不仅保护珍贵、濒危野生动物，还保护"三有"陆生野生动物，保护对象范围较刑法保护范围更广，但仅就珍贵、濒危野生动物范围的界定却保持一致。无论是从生态学意义上还是法律意义上，珍贵、濒危野生动物的明确界定都缺乏统一的标准，我国既有法律未详细、明确、清楚地对人工驯养繁殖的野生动物的认定性质做出规定。《破坏野生动物资源解释》虽对珍贵、濒危野生动物的保护范围给予相对明确的界定，但其相关条文所使用的"驯养繁殖"一词概念较为模糊，是仅有直接以纯正珍贵、濒危野生动物驯养繁殖的行为属于刑法规制对象，还是也包含将人工繁育之后的二、三代珍贵、濒危野生动物进行再次驯养繁殖的行为，这一疑问始终未有明确结论。本书认为根据我国既有法律规定将涉案鹦鹉认定为"野生动物"存在法律认定上的障碍，因为刑法并未对"野生动物"赋予明确的法律概念。此外，珍贵、濒危野生动物和人工繁育的珍贵、濒危野生动物两者涉及的野生动物价值、生态平衡利益以及行为社会危害性等维度存在客观上的重大差异，认定时理应进行有区别地刑法评价，不应将人工繁育的野生动物与纯正野生动物相等同，更不能将两者的危害性和违法性等同视之。

二、野生动物范围认定的理论争议

对珍贵、濒危野生动物的法律保护范围应当在厘清野生动物含义后予以明晰，而"野生动物"的概念在国外和国内都没有统一的语言学定义。国外把"野生动物"称作 Wildlife，Wildlife 的字面意思是指所有野生的生物，包括动物、植物和微生物。[1]按常理来理解野生动物是相对于家养动物而言的，顾名思义就是指不依赖外部力量在野外环境生长繁殖的动物。野生往往是与家养相对的概念，实际上，野生动物这一概念是随着自然地理环境的变化，人类社会进入农耕期之后因为存在驯养家畜与开始进行区分的。随着人类进步和生物科技的发达，野生动物范围的认定则越来越多争议。在我国，"野生动物"不是一个独立词条，"野生"一词在《现代汉语词典》里的释义为：生物在自然环境里生长而不是由人饲养或栽培的。

国内外著名学者尚未对"野生动物"的内涵和外部界限形成一致认知。

---

〔1〕 参见马建章主编：《中国野生动物保护实用手册》，科学技术文献出版社 2002 年版，第 1 页。

美国野生动物管理专家阿尔多·利奥波德对野生动物进行形态上的认定，仅局限于大型的狩猎动物；詹姆斯·A·贝利在 1984 年把"野生动物"新定义为"可以自由地生活在它们自然相连的环境中的脊椎动物"。与此相对，国内不同学者的观点也各有不同。有的学者主张对野生动物界定无统一标准，更多的是人们主观意识的结果。有的学者认为把"凡生存在天然自由状态下，或来源于天然自由状态，虽经短期驯养但还没有产生进化变异的各种动物，均称为野生动物。"[1]还有的学者主张野生动物的理论概念可以抽象概括为：一是，在没有人类干预的前提下，借助天然环境自然延续，进而得以存活、维持生命的动物；二是，在科学研究场合或出于展览教育目的而涉及的那些并没有经过人工驯养繁育的动物。[2]全国人大常委会法工委规定，"珍贵"野生动物是指具有较高的科学研究、经济利用或观赏价值的野生动物。"濒危"野生动物是指除珍贵和稀有之外，种群数量处于急剧下降的趋势，面临灭绝的危险的野生动物。[3]总之，"野生动物"的概念不同、说法不一，如何在法律意义上明确概念实属不易。

野生动物资源是大自然留给人类的宝贵财富，是人类社会必需的资源，它具有科学价值、药用价值、经济价值、游乐观赏价值、文化美学价值和生态价值，保护野生动物就是保护人类自己。保护野生动物一直是人们认为值得提倡的行为，随着社会发展，出于保护生物多样性目的、开发生物技术目的或者商用目的，人类都在尝试对野生动物进行驯养，从而人工驯养繁殖技术也愈加先进，但争议就在于这些"人工驯养繁育的野生动物"是否是法律意义的"野生动物"。动物的驯养家化是人类长期辛勤劳动培育的成果，大约在旧石器时代晚期人们开始驯养、驯化某些动物。从考古资料得知，在距今8000 年左右，人类已经开始饲养狗、猪、牛、羊、鸡等家禽家畜。家养动物在驯化过程中受到了自然选择、人工选择和群体事件等多重因素影响。[4]从而使得这种最初来源于野外，但是长期处于被人工养殖的状态的动物，不再被认为是野生动物。其实无论从法律规定层面还是生态理论层面，这一争议

〔1〕　马建章等编著：《野生动物管理学》，东北林业大学出版社 2004 年版，第 7 页。
〔2〕　参见常纪文主编：《动物保护法学》，高等教育出版社 2011 年版，第 247 页。
〔3〕　参见郎胜主编：《中华人民共和国刑法释义》，法律出版社 2011 年版，第 596~597 页。
〔4〕　参见刘瑞俊："内蒙古草原地带游牧生计方式起源探索"，中央民族大学 2010 年博士学位论文。

分歧都在不断扩大，影响着理论和实践对野生动物范畴的界定。

在大众意识里"野生"意味着在野外生长，自我寻食和自然繁育。而经过人工精心照料，受人工影响和干预的动物已经温顺化，而失去了具有的"野生"特点。我国当前人工繁育的动物主要包括三种：商业性人工繁育动物（以盈利为目的对其进行繁育以服务于生产生活，例如医用、食用、观赏等）；公益性园养动物（动物园等公益场所为履行承担社会职能，实现对野生动物的迁地保护、向公众开展宣传教育以及为服务于科学试验研究而进行的人工繁育[1]）；国家救助中心野生动物（以国家为主导的野生动物救助，往往是在动物种群数量低、生存面临困境挑战时，为拯救这些濒危动物而有目的、有计划地对其进行人工干预，防止物种灭绝[2]）。这些人工繁育动物种类表明我国人工繁育技术已经逐渐成熟起来，当下鹦鹉成为我国民间常见且家养的动物，对以买卖人工繁育技术驯养的珍贵、濒危类的鹦鹉是否值得刑罚处罚值得深入研讨。涉案鹦鹉属于《濒危野生动植物种国际贸易公约》附录Ⅱ的范畴，即属于当前还没有濒临灭绝的物种，并且2016年世界自然保护联盟发布的《世界自然保护联盟濒危物种红色名录》（下称《IUCN红色名录》）将绿颊锥尾鹦鹉评为"无危"，因此，对驯养繁殖的鹦鹉排除于刑法保护范围。

持相反观点的学者认为事实上，我国的《刑法》、《野生动物保护法》和《破坏野生动物资源解释》，从没有把人工繁育的珍贵、濒危野生动物和《濒危野生动植物种国际贸易公约》所列的野生动物排除在保护范围之外，都是遵从以驯养方式来促进对野生动物的保护，自然，人工驯养繁殖的野生动物是以保护为目的存在的。不论人工繁育技术如何成熟稳定，是否增加数量，都应当遵照明确的法律规定对人工驯养繁殖的野生动物给予法律保护。但退而言之，即使我国《刑法》、《野生动物保护法》和《破坏野生动物资源解释》尚未明确把人工繁育的珍贵、濒危野生动物和《濒危野生动植物种国际贸易公约》所列的野生动物排除在保护范围之外，但是否应当继续按照现有法律规定全面制裁危害人工繁育的珍贵、濒危野生动物的行为，却不无进一步探讨的余地。无可置疑，争论的双方各持所见，各有所理，由此凸显出野

---

〔1〕参见陆承平主编：《动物保护概论》，高等教育出版社1999年版，第224页。

〔2〕参见蒋志刚主编：《动物行为原理与物种保护方法》，科学出版社2004年版，第280页。

生动物的范围认定必将是存在讨论和争议的命题。

作为探讨的基点和前提，野生动物的范围认定以及由此带来的珍贵、濒危野生动物的范围界定不可避免地成为问题，其中对于人工繁育的珍贵、濒危野生动物是否可以包含珍贵、濒危野生动物的范畴之内也将成为刑法适用的难关所在。应当承认，刑法的理解和适用绝不应是刻板或机械的，而应当立足科学的刑法解释立场，妥善运用不同的刑法解释方法，在刑法条文最大文义范围内得出符合刑法规范保护目的实质内涵的解释或评价结论，以对诉争案件事实作出情理法相统一司法裁判。诚如刑法学专家张明楷教授明确主张：人工繁殖的动物是否属于本罪对象，不可一概而论。需要考察人工繁殖的目的、难度、数量、动物的珍贵、濒危程度等进行判断。[1]2020 年 12 月 18 日最高人民法院、最高人民检察院、公安部、司法部印发的《关于依法惩治非法野生动物交易犯罪的指导意见》也强调，在考虑适用刑法有关野生动物保护的罪名以及裁量刑罚时，应当考虑涉案动物是否系人工繁育、物种的濒危程度、野外存活状况、人工繁育情况等情节，综合评估社会危害性，确保罪责刑相适应。可见，综合各种情况以及有关因素准确界定野生动物范围已经得到法律理论界和实务界的呼吁和提倡。对刑法所保护的珍贵、濒危野生动物范围的界定，理应根据涉争人工繁育野生动物的具体情况辩证地进行认定，而不能将所有的人工繁育珍贵、濒危野生动物不加区别地整体纳入刑法保护范围。

三、野生动物刑法保护的法益探求

刑法乃众所周知的法益保护法，法益具有明确刑法保护对象的机能。人工驯养繁殖的鹦鹉是否属于珍贵、濒危野生动物刑法保护对象，取决于该罪名中保护野生动物背后隐含的法益的重要性和实质内涵。法益具有明确刑法保护对象的功能，现阶段环境刑法的保护法益模糊不定，导致了司法对于人工繁殖的鹦鹉是否是珍贵、濒危野生动物产生困惑。随着刑法理论的演进与发展，法益概念已经成为现代刑法学不可或缺的要素之一，透过法益的媒介，可以使刑法在保护人类重要利益的同时，又可以提高人们重视相关利益保护的意识水平。就整体法秩序来看，刑法对于社会共同生活中的重要领域或是

---

〔1〕　参见张明楷：《刑法学》，法律出版社 2016 年版，第 1133 页。

社会重要的生活利益，负有保护任务，[1]或者从此保护目的之观点，推演出透过法益的保护，刑法的目的才能获得实践，并建立起刑法的独立法律秩序。[2]因此刑法的机能似乎已经固定为保护法益不受他人非法侵害，亦即刑法大有等同于法益保护法之趋势。人工驯养繁殖的珍贵、濒危野生动物保护争论揭示了环境刑法保护法益的模糊性，涉案鹦鹉能否被认定为珍贵、濒危野生动物产生争议也正源于对环境刑法保护法益存在的不同理解。

法益侵害是刑罚权启动的必要条件，关乎行为的罪与非罪，故环境刑法保护法益的确立是环境刑法的基本理论问题。传统犯罪侵害的法益是直接与人类自身重要利益相关（秩序法益、人身法益、财产法益），但是环境犯罪侵犯的直接对象是生态环境以及生物物种，进而再间接地损害个人法益。再者，加上我国环境刑法保护法益的范围模糊，因而对环境法益理解产生分歧，形成了人类中心主义法益说、生态中心主义法益说和生态学的人类中心法益说。

（一）人类中心主义法益说

人类中心主义法益说贯彻的是以人为中心的价值观，认为人类保护环境的目的在于保护人类自身，环境刑法保护的法益应以人类为中心来理解，因而环境本身并非环境刑法的保护法益，环境犯罪的危害本质或环境刑法的保护法益过去是、现在仍然是传统的人身、财产法益。人的身体、生命、健康是一切刑法保护法益的中心根据，是被刑法保护的重大法益，那么只有环境侵害在间接地与侵害生命、身体、健康的危险相关的情形下才会成为问题。因而，在人类中心主义法益观看来，环境犯罪是以环境本身为行为对象而以人身、财产为法益载体的犯罪，将环境作为环境犯罪的行为对象虽然具有一定的正当性，但是环境却并非环境犯罪的法益载体。也正如白平则教授坚持传统的人类中心主义法益说，主张将生态利益纳入刑法的保护范围，但是认为只有人才有利益。[3]根据此学说，刑法犯罪行为侵害的是环境法益，进而损害个人法益，危及人的生命、健康和财产，若遭该行为侵害的环境法益之后不会损害个人法益，则就不必受环境刑法保护。因此，环境刑法处罚的是对环境进行侵害进而危害生命、健康和财产的行为。就此而言，出售人工驯

---

[1] 参见林山田：《刑法通论》，元照出版有限公司2008年版，第52页。
[2] 参见陈志龙：《法益与刑事立法》，法律出版社1997年版，第29页。
[3] 参见白平则："我国环境刑法法益论析"，载《法学杂志》2007年第4期。

养繁殖的鹦鹉并不会侵害到人类的利益，即使对环境法益有所破坏，也不能成为刑法保护的对象。

（二）纯粹生态学法益说

全球社会的环境意识得以持续强化，生态中心主义的法律价值取向备受各国推崇，以确保生物多样性资源的永续使用。社会发展至今，生态利益作为环境刑法保护的核心所在已被广泛认可，其固有之不易恢复性、公共性、跨国影响性等特殊属性要求，不得不加强法律保护的力度，重视以环境、动物为考量。如自1970年开始，德国学界发出支持透过刑法保护环境的呼声，强调保护环境的利益应该从环境利益本身的需保护性着眼，由此形成著名的"生态法益观"。[1] 基于此，生态中心主义法益说认为环境刑法既不是保护环境及环境要素，也不是保护处于理想的"自然状态"的环境，而是将整体的自然体系作为环境法益的内容，即环境刑法的保护法益就是生态学的环境本身（水、土壤、空气）以及其他环境利益（动物、植物）。[2] 生态法益视角将使保护生态环境与生物的视角侧重于它们自身具有的生态价值，能够将所有对维护生态系统的动态平衡、多种生物繁衍和持续发展的重要环境要素都包含其中，实现对环境周延的刑法保护。

生态中心主义法益说抛弃以人为中心的传统思维模式，强调人类保护环境除当前人的生命财产法益外还有保护人类自身可持续发展的更高的终极目的，提倡环境本位的价值观，保护独立于人身、财产利益的生态利益为重，主张环境刑法的立法目的在于保护环境本身，而人则视为环境的组成部分。因此，较之人类中心主义法益说，生态中心主义法益说坚持，某种行为即便尚未侵害或威胁人类当前的生命财产利益仍然不排除构成环境犯罪的可能，关键只在于该行为究竟是否侵害或威胁到生态利益。

（三）生态学的人类中心法益说

生态学的人类中心法益说将环境刑法的保护法益直接前移到传统法益的前一阶段，将生态利益作为环境刑法的保护法益，环境犯罪的危害本质在于

---

〔1〕　参见许玉秀：《主观与客观之间：主观理论与客观归责》，法律出版社2008年版，第345页。

〔2〕　参见程红："环境刑法保护法益比较研究"，载高铭暄、赵秉志主编：《刑法论丛》（第9卷），法律出版社2005年版，第500页。

对生态利益的侵害或威胁，可人类利益在某些情况下与生态利益密切相关，则环境条件在与现存人类或者未来人类的利益有保全关系时，方可被认为是独立的法益。意思为环境刑法的保护是指与人类生存密切联系的现实整体环境，而不单单只看生态本身环境。据此，本说实际上是将保护法益往前移动，其宗旨是，为了人类的生物学的发展，将危险回避作为共同体的任务。于是，理念的、实际意义的环境刑法的保护法益，是具有作为人类的基本生活基础的机能的环境。[1]这是德国刑法理论的通说。日本也有不少学者赞成生态学的人类中心的法益论。今井猛嘉教授指出，人类只能与生态系统共存荣，生态系统的破坏会直接或者间接引起人类生活水准的恶化，张明楷教授亦认为生态学的人类中心法益说是一种可以维持且值得赞成的学说。[2]根据该说人工饲养的珍贵、濒危野生动物并不会对现在和未来的人类利益造成侵害，也不会对作为人类的基本生活基础机能的环境造成不利影响，因而人工驯养繁殖的珍贵、濒危野生动物不属于刑法保护范围。

（四）人类中心主义的法益说、生态中心主义法益说的缺陷性

人类中心主义的法益说与生态中心主义法益说都有一定的片面性。人类中心主义法益说主张人类利益才是环境犯罪侵害的法益，其基本价值观否定环境自身的存在价值，显然已与当前社会发展情势脱节。如今保护生态环境意识在全球持续强化，人类是整体环境的一部分，人类生存和社会发展离不开生态环境，在整体环境中思索并最大化人类现在及未来利益的理念已经得到全球各国和各地区的普遍肯认。故人类主义中心的法益说所划定的环境犯罪概念外延较为狭窄，只有对人身、财产利益构成侵害或威胁的行为才有被认定为环境犯罪的可能，不利于有效规制犯罪行为，也不利于推动现代社会对生态环境保护和生态文明建设。鉴于许多破坏环境的行为并不会直接侵害人的生命、健康和财产，而可能构成对人类现时法益的隐性侵害或对人类未来法益的先期损害，若定罪以严重危害性显现出来时为基准，那么刑罚制裁将严重滞后，放纵危害环境的犯罪。

再者，生态中心主义法益说主张人类保护环境的最终目的并非在于保护人类自身，其注重自然的内在价值，但是正如我们所知，法律是调整人与人

---

〔1〕 参见［日］中山研一等：《环境刑法概说》，成文堂2003年版，第13页。

〔2〕 参见张明楷："污染环境罪的争议问题"，载《法学评论》2018年第2期。

之间相互关系的社会规范，人们制定和执行刑法也是为了保护个人和国家的利益，犯罪是行为对人的利益构成了包括实害或危险在内的直接或间接侵害。与公民个人利益和人类社会生活核心利益完全无涉的环境及其要素，尚未真正或者完全符合制定法律的目的初衷及对保护对象的设定机理。生态中心主义法益说不符合时代需要和刑法规定，现代社会虽然提倡人与自然和谐相处，维护生态平衡，但并不禁止一切对环境破坏的行为，比如合法且合理捕鱼、打猎等，这些行为则未被刑法禁止。由此，不顾人类自身发展对环境的合理需求，一味排斥破坏环境的行为明显缺乏充分的正当性。

（五）生态学的人类中心法益说的合理性

人类中心主义法益说和生态中心主义法益说要么过分重视人类的利益，要么过分重视生态环境保护，遭到理论界的反思和批判，面对二者的缺陷和不足，折中二者的生态学的人类中心法益说则备受推崇。生态学的人类中心法益说具有包容性与解释力，结合前两学说的优点，将独立于人身、财产利益但又与人类社会生活核心利益存在紧密联系的生态利益作为其保护法益，表现出较强的理论包容性与解释张力，业已成为学界主流观点并被许多国家环境犯罪刑法规制所采用。

人类需与生态环境和谐共存，是生态系统的组成部分，随着时代的发展，人类意识到环境对人类不仅具体经济价值，且对保持人类的基本生活条件具有不可或缺的保障意义。首先，生态环境有被刑法保护的必要性，用刑法来保护生态法益能够满足当代人们对于环境保护的需求。事实上，当下人类对生态环境的破坏已然超过生态自我修复的最大限度，通过单纯的民事手段和行政措施难以有效打击和避免侵害生态环境利益的行为，刑法乃法律体系的最后防线，也是社会治理的底限性方法，绝不应对各类严重侵害生态环境利益的行为袖手旁观、置若罔闻，需采取有力措施以有效保护生态利益。其次，我国现行《刑法》第338条污染环境罪明文规定，环境犯罪入刑不以对人身、财产利益的侵害或威胁为必要，这是该学说的具体体现。最后，刑法作为法律体系的最后防线应当与整体法律制度保持一致性，而在事实上其他为保护环境制定且已实施的法律法规都采取了生态学的人类中心主义法益说。因此既要体现生态法益的特殊地位，也要限制只保护与人类法益具有关联的生态环境，兼顾两者法益的这种学说理念更具有合理性和妥当性。

根据辨析三种学说的缺陷和合理之处看出，生态环境刑法保护机制应当首先明确环境刑法的法益观念，进而对保护范围予以界定，于此论及环境刑法显然应采取生态学的人类中心法益说具有正当性，这意味着"环境法益是人类的未来利益以及未来人类的利益，是刑法保护预期法益的特殊形式。"[1]明确刑法保护法益观念，将野生动物保护看作是保护生态法益和人类法益的共同目的，从而对人工繁育的珍贵、濒危野生动物种类的性质认定应遵从生态学的人类中心法益说。必须认识到人工驯养的动物虽有自身生态法益价值，但其不仅没有影响人类赖以生存的自然环境以及没损害未来人类社会生活的核心利益，而且也不损害当下和未来的人类利益，应当不认定为珍贵、濒危野生动物。

四、野生动物刑法保护条文的解释立场

"深圳鹦鹉案"诉争的主要焦点是人工驯养、家养繁殖的二代三代野生动物是否仍属于刑法保护对象，这一问题的回答归根到底取决于对刑法条文的解释与适用是坚持形式解释说的立场，还是采纳实质解释论的主张。在我国刑法学界，刑事解释论与实质形式论正在成为我国刑法学派之争的一个方面。[2]这两种解释立场涉及的是刑法解释方法论的问题，形式解释论与实质解释论主要围绕解释限度展开论争，是指应当在怎样合理的法律语义下做出多大范围的规定，即对司法解释条文的规定是否只能严格遵循其字面含义来理解，对于具有一定社会危害性但刑法条文未直接或明确规定的行为是否应当做入罪认定。

刑法的正义，只能是刑法用语可能具有的含义内的正义。解释者所要做的，便是使文字与正义形成一体。[3]文本的明确、真实，是刑法价值的最根本要求。正义是刑法追求的实质价值，而刑法解释的形式价值体现在刑法文义许可的范围内，强调应当遵循字面含义的限制，在可能文义的范围内最大限度地发挥刑法的社会防卫功能和人权保护功能，遵循字面含义进行评价。众所周知，日常生活中人们使用的语言是在社会不断发展过程中形成的，社会生活的动态发展决定了语言的模糊性与流变性。同理，刑法条文的规范涵

---

[1] 钱小平："环境法益与环境犯罪司法解释之应然立场"，载《社会科学》2014年第8期。
[2] 参见陈兴良："形式解释论的再宣示"，载《中国法学》2010年第4期。
[3] 参见张明楷：《刑法分则的解释原理》，中国人民大学出版社2011年版，第5页。

义也会随着社会的发展而不断变化，没有一成不变的概念涵射范围，对成文刑法的解释不可能得出终局性的解释结论。

形式解释论主张，在进行处罚的必要性或合理性的实质判断之前，应当从具有通常判断能力的一般人是否能够得出该种结论的角度出发，进行形式的判断。[1]其强调追求法律的形式正义，遵循立法者的立法原意，依照刑法条文的字面含义作出形式的、逻辑的解释。实质解释论提出，应当对刑法规定的构成要件进行实质解释，而不是单纯对案件事实进行实质判断；如果缺乏构成要件的规定，或者说，如果刑法没有对某种行为设置构成要件，当然不可能通过实质解释将其认定为犯罪。[2]简而言之，形式解释论要求在刑法解释中要紧跟法条罪状，而实质解释论强调探求犯罪的本质，分析并解释构成要件。此外，我国还有的学者指出，形式解释论主张忠诚与罪状的核心意义，有时候甚至仅仅是自己熟悉的法条的含义。实质解释论主张以犯罪本质为指导，来解释刑法规定的构成要件。对于实质上值得科处刑罚但又缺乏形式规定的行为，实质解释论主张在不违反民主主义与预测可能性的前提下，对刑法作扩张解释。当刑法条文可能包含了不值得科处刑罚的行为的时候，通过实质解释论，将单纯符合刑法文字但实质上不值得刑罚处罚的行为排除在犯罪之外。

其实，形式解释论与实质解释论的主要争论在于形式判断与实质判断的逻辑位阶顺序，并非对刑法条文规定的犯罪构成要件只做形式判断或者只做实质判断。诚如陈兴良教授所言："形式解释与实质解释的根本区分仅仅在于：在对刑法进行解释的时候，是否先进行形式判断，然后再进行实质判断。"[3]两种学说的差异不仅在于形式判断与实质判断之间的位阶顺序，还在于在解释过程中以形式判断还是以实质判断为重。相对而言，实质解释论更为看重实质判断上的妥当性，而只将形式判断当作消极意义上的外延边界。形式解释论也不是不进行实质判断，而是往往以形式判断为主要积极方向。因而，实质判断为主的学说对于概念语义可能的范围理解更具弹性，而作出较宽泛的理解，倾向于将概念的意义边界推向极致，使得依据实质判断作出

---

〔1〕　参见赵运锋：《刑法解释边界研究》，中国政法大学出版社2019年版，第108页。

〔2〕　参见张明楷："实质解释论的再提倡"，载《中国法学》2010年第4期。

〔3〕　陈兴良：《刑法的知识转型【方法论】》，中国人民大学出版社2017年版，第323页。

的结论更妥当。正如实质论代表人物前田雅英的著名公式："解释的实质的容许范围，与实质的正当性（处罚的必要性）成正比，与法文通常语义的距离成反比。"[1]与之不同，形式解释论有意识地将实质判断后置，解释结论相对保守，更愿意在概念的常用意义附近"打转"，其对概念的文义理解不自觉地受概念的常用文义的约束与影响，很少存在拓宽概念语义范围的情形。由此看出，在某一概念的解释范围上，实质概念多半只明确其核心意义，而对边沿的意思界定要求不严格。与此相反的形式解释论往往将概念可能的语义范围严加限制，理解更为严苛，解释结论的外部边界也受到更为严苛的限制。

应当看到，不同的历史发展阶段的社会孕育不同的需求，需要相应地采取不同的原则和立场，因此理论的合理性随着时代的变迁而呈现出不同状态。实质解释论倾向对刑法条文的解释更加灵活，强调法律条文的意义应随客观情况变化，同时强调刑法条文的解释应当回应现实的需要。与此相对，形式解释论对条文的解释会采取较为严格的态度，反对随意扩大或缩小含义范围射程。因而，实质解释论可以看作是一种能动刑法观，通过主动发挥刑法的作用，实现社会的公平正义；形式解释论基本可以看作被动刑法观，强调刑法的谦抑性和缩限性。

综上所述，形式解释论与实质解释论最核心区别在于各自对刑法条文的字面含义（即文义可能性的范围或概念的意义射程）的不同理解，进而对适用刑法条文解释的具体案件形成不同的结论。在"深圳鹦鹉案"中，王鹏人工繁育的鹦鹉的性质认定根据形式解释论和实质解释论将得出不同的结论。形式解释论依照法律条文的字面含义的刑法解释，认为但凡司法解释所规定之目录所列之珍贵、濒危野生动物，不论其系纯正野生，亦或系家养、驯养，均属于刑法保护对象，猎捕、杀害或者贩卖的，均应构成相应犯罪，王鹏售卖鹦鹉的行为无疑构成犯罪。不过，若对刑法规定的珍贵、濒危野生动物根据实质解释论认定，由于该种解释强调法律文本和解释者的互动，致力于破除法律的僵硬滞后，是贯彻以实现实质正义为目的的刑法解释，则本案认定应当结合该罪蕴含之保护珍贵、濒危野生动物生存或延续法益，将存在对王鹏的涉案行为不作为犯罪处理的可能。原因在于，既然该种驯养技术已然成熟，人工繁育的野生动物已经能够保障该物种的延续，即便涉案鹦鹉的确属

---

[1] [日] 前田雅英：《刑法总论讲义》，曾文科译，北京大学出版社 2017 年版，第 52 页。

于保护目录所列之珍贵、濒危野生动物，也应当以缺乏值得刑法所保护的法益为由，否定王鹏的行为构成犯罪，毕竟此时人工繁育的鹦鹉可能不在"珍贵、濒危野生动物"语义范围内。换言之，既然人工繁育的动物存活率已变得极高，大量的人工繁殖使得该物种数量已经增多，改善了野生动物的濒危状况，降低了所属物种的濒危程度，那么就不应将其纳入刑法保护范围。同时，野生动物与人工繁育动物的外延并不相同，二者在生存环境、生活方式、繁育方式、技术要求及与自然生态的关系等方面存有很大区别，人工繁育的鹦鹉与野生状态下的鹦鹉的属性和价值明显不同，则该案人工繁育的鹦鹉不应当列入刑法所保护的珍贵、濒危野生动物的范畴之内。

五、《破坏野生动物资源解释》对野生动物的认定问题

立法机关制定的刑法和最高司法机关颁布的司法解释都是我国的刑事实体法依据。在我国特殊的法治语境下，司法解释是人民法院在办案处理时援用最多的规范依据。鉴于现行刑法并未为珍贵、濒危野生动物的界分提供依据，规范种类和适用范围都模糊不清，司法解释则在权限范围内作出合理的、具有操作性的解释，但其解释的具体内容或结论是否正确不无质疑或商榷的余地。在我们看来，《破坏野生动物资源解释》对野生动物认定的规定存在如下关系到本案的定罪量刑的缺陷。

一是《破坏野生动物资源解释》对珍贵、濒危野生动物的解释援引《国家重点保护野生动物名录》《濒危野生动植物种国际贸易公约》的野生动物保护范围，但相关保护范围可能已严重滞后于社会生活的现实情况。虽然2021年2月5日，新国家重点保护野生动物名录正式公布，新增517种（类）野生动物，大斑灵猫等43种列为国家一级保护野生动物；狼等474种（类）列为国家二级保护野生动物；豺、长江江豚等65种由国家二级保护野生动物升为国家一级，可是对鹦鹉科（所有种）的保护仍然能采用《濒危野生动植物种国际贸易公约》的保护认定标准，仍旧未对人工驯养、繁殖的珍贵、濒危的鹦鹉做出明确的规定。司法者适用司法解释判案却不对援引的有关制度规定加以审查，其实极可能导致错案发生，因为该案援引条款本身的适用性和合理性值得探讨。事实上，由于刑法与行政法的规范目的与保护范围的固有区别，行政法具有灵活性，往往为实现当前一定现实目标而扩大保护范围，而刑法作为最后的严厉打击手段，在评价高度专业化的社会现实或社会现象

时应当更加注重对相应行为社会危害性的实质审查，避免将形式上符合刑法条文规定但却不具有值得刑罚处罚的社会危害性和刑事违法性的行为被不当地作为犯罪处理。有鉴于此，对出售人工繁育珍贵、濒危野生动物的行为应当综合全案事实特别是所属野生动物自身的珍贵性、濒危性程度，立足实质解释论的基本立场，准确评价行为内在之社会危害性。

二是《破坏野生动物资源解释》对珍贵、濒危野生动物的解释属于不合理的扩大解释，对珍贵、濒危野生动物的认定存在问题。珍贵、濒危野生动物，顾名思义是指生态价值高，数量少，生活于野外的非家养动物，按一般大众理解应是指生存在野外未受人工影响的动物。《刑法》第341条适用的对象是珍贵、濒危的野生动物，其范围必然是珍贵、濒危、野生的动物，对其进行解释时不得任意扩大范围。法律本身具有滞后性，为应对时代变化和社会需求不免要对法律概念、条文作解释，但文义解释是刑法解释的首要方法，也是法律解释最常用和最基础的方式，无论是立法解释还是司法解释，解释的具体结论不得超越刑法条文可能文意的范围。将"珍贵、濒危野生动物"解释为"包括驯养繁殖的物种在内"，属于将人工驯养繁殖的动物等同于野生动物，这虽加大刑法对野生动物的保护强度，但却必然拓展刑罚的处罚范围，损及刑法的谦抑性、权威性，最终不当减损行为人的基本权利。因而，司法机关对刑法解释时应当严格又小心。同时此司法解释扩大保护范围也明显超越立法原意：既然在刑法立法时只将对象限定为"野生动物"，侧重于保护野外动物，将其范围扩大至人工繁育的动物，显然有违背立法原意之嫌。退而言之，即便肯定该扩大解释尚未违背立法愿意，在当时人工驯养技术相对落后的社会背景中尚具一定的合理性，但如今经过多年的社会变迁，人工驯养技术迅猛发展、日臻完善，继续将此种社会危害性低且没有侵害具体法益的驯养常见、低危的动物的行为认定为被刑法所禁止的犯罪行为则值得怀疑。

三是基于《破坏野生动物资源解释》对该案进行判决，可能存在机械司法、僵化适用刑法的问题。司法者欠缺与时俱进的考量以及不顾普通民众的法感情与道德情绪，而即使依法作出的裁决往往也将与社会公众价值观背离，进而引发全民声讨，影响司法公信力和法律的权威。习近平总书记在十九大报告中强调，要不断促进社会公平正义，形成有效的社会治理、良好的社会秩序，使人民获得感、幸福感、安全感更充实、更有保障、更可持续。[1]要使得人们感受到公平正义，则必然要提高人民群众对司法的认可度和裁判的可接受度，使司法裁判结果符合人民的普通正义感。因而，司法者裁判时除依照罪刑法定原则依法裁判外，应当兼顾公众道德和理性意愿，对刑法分则条文适用上的选择和说理应当符合社会人情道德，而不是机械司法。严厉打击破坏野生动物资源犯罪行为，对保护地球生物多样性和生态平衡，促进生态文明建设发挥了重要作用，但是极其严苛的定罪和极重的量刑让部分群众发出了"人不如鸟"的感慨。[2]毕竟法律绝非越严越好，而是要遵循罪责相当的原则，任何过重的法和过轻的法，都是对罪责相当原则的不当弱化。法律是需要人性的，要将规则主义与人本主义融合起来，这是法律最终的必然之举。正如卡多佐总结的："在不通人情的逻辑刀锋之下，法官似乎没有选择余地，经常得出冷酷无情的结论。"[3]可见，必须注重刑法解释和适用结果与公众基本情感的吻合程度，司法者在遵守规则的同时，也理当注重规则适用的结果与目的，才能实现刑法解释的情理与法理的统一，促进和谐司法制度的构建。因而，在保障野生动物法益时，适用司法解释应当符合当下社会发展、符合法与情的合理运用。

本案处理评述

王鹏因出售2只被《濒危野生动植物种国际贸易公约》列为保护对象的鹦鹉被刑事逮捕，据悉王鹏自学养殖技术，在家驯养繁殖了多只鹦鹉。此事发之后，警方又从其家里发现各类珍贵、濒危鹦鹉45只鹦鹉，经鉴定为绿颊锥尾鹦鹉35只、和尚鹦鹉9只、非洲灰鹦鹉1只，均属于《濒危野生动植物种国际贸易公约》保护的珍贵、濒危野生动物。按照现有《刑法》第341条规定以及《破坏野生动物资源解释》对"珍贵、濒危动物"范围的认定，45只鹦鹉均属于刑法保护对象，因此判处王鹏犯非法出售珍贵、濒危野生动物

---

〔1〕　参见《中国共产党第十九次全国代表大会文件汇编》，人民出版社2017年版，第36页。

〔2〕　参见唐东楚、任我行："深圳'鹦鹉案'一审被判5年，'人不如鸟'？"，载《人民之友》2017年第6期。

〔3〕　[美]本杰明·N·卡多佐：《法律的成长：法律科学的悖论》，董炯、彭冰译，中国法制出版社2002年版，第38页。

罪。一直以来，喂养鹦鹉在我国民众传统意识里是合理且自娱的活动，因喂养鹦鹉而获刑事处罚，引起人们的纷纷议论。此案不仅在社会上影响重大，而且在法学界也颇受关注，因此被名为"深圳鹦鹉案"。纵观该案的整个诉讼过程，其历经广东省深圳市宝安区人民法院一审、广东省深圳市中级人民法院二审以及最高人民法院复核，可见本案判决具有争议性和讨论性。

为保护野生动物，我国《刑法》第 341 条规定"非法猎捕、杀害国家重点保护的珍贵、濒危野生动物的，或者非法收购、运输、出售国家重点保护的珍贵、濒危野生动物及其制品的"实为犯罪行为，正是因为对保护对象"珍贵、濒危野生动物"未明确规定，进而出台了《破坏野生动物资源解释》。《破坏野生动物资源解释》第 1 条规定：《刑法》第 341 条第 1 款规定的"珍贵、濒危野生动物"，包括列入国家重点保护野生动物名录的国家一、二级保护野生动物、列入《濒危野生动植物种国际贸易公约》附录一、附录二的野生动物以及驯养繁殖的上述物种。王鹏家中 45 只鹦鹉品种确属于《濒危野生动植物种国际贸易公约》保护对象，但其又是人工驯养繁殖的鹦鹉，是否具有"野生"特性，进而人工驯养繁殖的珍贵、濒危野生动物是否属于刑法保护对象的认定影响全案的定罪。再者，根据《破坏野生动物资源解释》第 3 条所附目录，鹦鹉科（所有种）构成"情节严重"的底限数量 6（有期徒刑 5~10 年），构成"情节特别严重"的底限数量 10（有期徒刑 10 年以上）。涉案 45 只鹦鹉的认定还影响着量刑情节的确认。

首先，国内外对野生动物概念的界定一直没有统一的语言学定义，范围争议也比较大，但对于人工驯养繁殖的珍贵、濒危野生动物，本书认为应当根据该人工驯养繁殖物种各综合情况，辩证地对某种具体动物予以界定，而不能一概而论。涉案鹦鹉最初是由王鹏基于喜爱而带回家，并自行学习技术成功繁殖了二、三代鹦鹉，驯养在家时间很长，其繁殖目的不是残害、售卖，也未将其放归自然影响自然环境该物种的生存繁衍，于此，其不具有不正当目的。并且，基于事实情况，王鹏不是专业人士就可自学养育，并繁殖数量大大增多，加之现代社会人工繁育技术本就在进步，可见该涉案鹦鹉人工驯养繁殖难度不大。同时《IUCN 红色名录》2016 年将绿颊锥尾鹦鹉评为"无危"，说明该物种已经不是濒危物种，其珍贵性、价值性已不如以前重要，面临灭绝的危险也已降低，则对其保护力度应当适当减弱，也就意味着它是一种能被驯养的、常见的、低危的动物，因而不应将其认定为野生动物。

其次，在环境刑法保护发展中，生态学的人类中心法益说成为全球各国学界推崇的理论，则对野生动物保护上理当同样如此。学界主流观点认为将独立于人身、财产利益但又与人类社会生活核心利益存在紧密联系的生态利益作为其保护法益，是环境刑法应坚持的法益观，而且已被许多国家环境犯罪刑法规制所采用。正因现阶段环境刑法的保护法益模糊不定，导致司法对于人工驯养繁殖的鹦鹉是否属于珍贵、濒危野生动物范围产生困惑。本书认为应采取主流观点，符合时代潮流，将对野生动物的保护看作是保护生态法益和人类法益的共同目的，涉案人工驯养繁殖的鹦鹉虽有自身生态法益价值，但没有影响人类赖以生存的自然环境，也没损害未来人类社会生活的核心利益，因而其不属于珍贵、濒危野生动物。

再次，野生动物刑法条文的解释立场有形式解释论和实质解释论，两种解释的不同立场将影响王鹏的案件认定。从形式解释论出发，依照法律条文的字面含义进行刑法解释，纯正野生和人工驯养的珍贵、濒危野生动物均属于刑法保护对象。而据实质解释论贯彻以实现实质正义为目的的刑法解释，人工驯养繁殖的珍贵、濒危野生动物已经能够保障该物种的延续并且该种驯养技术已然成熟，则应该排除刑法对其保护。本书认为此案人工驯养繁殖的鹦鹉不在"野生动物"语义范围内，人工驯养存活率极高，大量繁殖使得该物种数量已经增多，改善了野生动物的濒危状况，降低了濒危程度，并且野生动物与人工驯养繁殖动物的外延也并不相同，它们在生存环境、生活方式、繁育方式、技术要求及与自然生态的关系等方面都有很大区别，则涉案鹦鹉并不应归属刑法所保护的"珍贵、濒危野生动物"范围。

最后，《破坏野生动物资源解释》对珍贵、濒危野生动物的解释援引了《国家重点保护野生动物名录》《濒危野生动植物种国际贸易公约》的野生动物保护范围，相关保护范围可能已严重滞后于社会生活的现实情况。将"珍贵、濒危野生动物"解释为"包括驯养繁殖的物种在内"，不免加大刑罚的处罚范围，是不合理的扩大解释，应当不予遵守。此外法院判决可能存在机械司法，该案法律规定与普通民众之间正义观理解存在偏差，人工驯养繁殖缓解物种濒危困境，而司法解释"一刀切"地把人工繁育的珍贵、濒危野生动物规定为刑法保护对象值得质疑。无论何种解释都应基于法律文本本身，不能超出条文的文本含义和一般语义的范围，也不能超过国民预测性。所以，本书认为，该《破坏野生动物资源解释》本身存在不合理性，不应机械地适用法律，则涉案鹦鹉也不属于珍贵、濒危野生动物。

基于以上对人工驯养繁殖的珍贵、濒危野生动物范围的分析，本案中 45 只"鹦鹉"不应属于刑法规定的"珍贵、濒危野生动物"，也达不到"情节严重""情节特别严重"的数量范围。并且王鹏出售中有 2 只鹦鹉属于绿颊锥尾鹦鹉，根据 2016 年《IUCN 红色名录》被评为"无危"，则也不具有刑事可罚性，再者这 2 只鹦鹉也是王鹏人工驯养繁殖的鹦鹉一部分，也不应当认定为珍贵、濒危野生动物。此外，2020 年 12 月 18 日最高人民法院、最高人民检察院、公安部、司法部印发的《关于依法惩治非法野生动物交易犯罪的指导意见》也强调，在考虑适用刑法有关野生动物保护的罪名以及裁量刑罚时，应当考虑涉案动物是否系人工繁育、物种的濒危程度、野外存活状况、人工繁育情况等情节，综合评估社会危害性，确保罪责刑相适应。可见，综合各种情况以及有关因素准确界定野生动物范围已经得到法律理论界和实务界的呼吁和提倡。对刑法所保护的珍贵、濒危野生动物范围的界定，理应根据涉争人工繁育野生动物的具体情况辩证地进行认定，而不能将所有的人工繁育珍贵、濒危野生动物不加区别地整体纳入刑法保护范围。因此，该案中王鹏驯养繁殖鹦鹉的行为不应受到刑事处罚。

法律适用依据

一、《中华人民共和国刑法》（2011 年修正）

第 23 条：已经着手实行犯罪，由于犯罪分子意志以外的原因而未得逞的，是犯罪未遂。

对于未遂犯，可以比照既遂犯从轻或者减轻处罚

第 52 条：判处罚金，应当根据犯罪情节决定罚金数额。

第 53 条：罚金在判决指定的期限内一次或者分期缴纳。期满不缴纳的，强制缴纳。对于不能全部缴纳罚金的，人民法院在任何时候发现被执行人有可以执行的财产，应当随时追缴。由于遭遇不能抗拒的灾祸等原因缴纳确实有困难的，经人民法院裁定，可以延期缴纳、酌情减少或者免除。

第 63 条第 2 款：犯罪分子虽然不具有本法规定的减轻处罚情节，但是根

据案件的特殊情况，经最高人民法院核准，也可以在法定刑以下判处刑罚。

第 67 条第 3 款：犯罪嫌疑人虽不具有前两款规定的自首情节，但是如实供述自己罪行的，可以从轻处罚；因其如实供述自己罪行，避免特别严重后果发生的，可以减轻处罚。

第 341 条第 1 款：非法猎捕、杀害国家重点保护的珍贵、濒危野生动物的，或者非法收购、运输、出售国家重点保护的珍贵、濒危野生动物及其制品的，处五年以下有期徒刑或者拘役，并处罚金；情节严重的，处五年以上十年以下有期徒刑，并处罚金；情节特别严重的，处十年以上有期徒刑，并处罚金或者没收财产。

二、《中华人民共和国野生动物保护法》（2018 年修正）

第 2 条：在中华人民共和国领域及管辖的其他海域，从事野生动物保护及相关活动，适用本法。

本法规定保护的野生动物，是指珍贵、濒危的陆生、水生野生动物和有重要生态、科学、社会价值的陆生野生动物。

本法规定的野生动物及其制品，是指野生动物的整体（含卵、蛋）、部分及其衍生物。

珍贵、濒危的水生野生动物以外的其他水生野生动物的保护，适用《中华人民共和国渔业法》等有关法律的规定。

第 3 条：野生动物资源属于国家所有。

国家保障依法从事野生动物科学研究、人工繁育等保护及相关活动的组织和个人的合法权益。

第 25 条：国家支持有关科学研究机构因物种保护目的人工繁育国家重点保护野生动物。

前款规定以外的人工繁育国家重点保护野生动物实行许可制度。人工繁育国家重点保护野生动物的，应当经省、自治区、直辖市人民政府野生动物保护主管部门批准，取得人工繁育许可证，但国务院对批准机关另有规定的除外。

人工繁育国家重点保护野生动物应当使用人工繁育子代种源，建立物种系谱、繁育档案和个体数据。因物种保护目的确需采用野外种源的，适用本法第二十一条和第二十三条的规定。

本法所称人工繁育子代，是指人工控制条件下繁殖出生的子代个体且其亲本也在人工控制条件下出生。

第 27 条：禁止出售、购买、利用国家重点保护野生动物及其制品。

因科学研究、人工繁育、公众展示展演、文物保护或者其他特殊情况，需要出售、购买、利用国家重点保护野生动物及其制品的，应当经省、自治区、直辖市人民政府野生动物保护主管部门批准，并按照规定取得和使用专用标识，保证可追溯，但国务院对批准机关另有规定的除外。

实行国家重点保护野生动物及其制品专用标识的范围和管理办法，由国务院野生动物保护主管部门规定。

出售、利用非国家重点保护野生动物的，应当提供狩猎、进出口等合法来源证明。

出售本条第二款、第四款规定的野生动物的，还应当依法附有检疫证明。

第 29 条：利用野生动物及其制品的，应当以人工繁育种群为主，有利于野外种群养护，符合生态文明建设的要求，尊重社会公德，遵守法律法规和国家有关规定。

野生动物及其制品作为药品经营和利用的，还应当遵守有关药品管理的法律法规。

第 34 条：县级以上人民政府野生动物保护主管部门应当对科学研究、人工繁育、公众展示展演等利用野生动物及其制品的活动进行监督管理。

县级以上人民政府其他有关部门，应当按照职责分工对野生动物及其制品出售、购买、利用、运输、寄递等活动进行监督检查。

第 47 条：违反本法第二十五条第二款规定，未取得人工繁育许可证繁育国家重点保护野生动物或者本法第二十八条第二款规定的野生动物的，由县级以上人民政府野生动物保护主管部门没收野生动物及其制品，并处野生动物及其制品价值一倍以上五倍以下的罚款。

第 48 条：违反本法第二十七条第一款和第二款、第二十八条第一款、第三十三条第一款规定，未经批准、未取得或者未按照规定使用专用标识，或者未持有、未附有人工繁育许可证、批准文件的副本或者专用标识出售、购买、利用、运输、携带、寄递国家重点保护野生动物及其制品或者本法第二十八条第二款规定的野生动物及其制品的，由县级以上人民政府野生动物保护主管部门或者市场监督管理部门按照职责分工没收野生动物及其制品和违法所得，并处野生动物及其制品价值二倍以上十倍以下的罚款；情节严重的，吊销人工繁育许可证、撤销批准文件、收回专用标识；构成犯罪的，依法追究刑事责任。

违反本法第二十七条第四款、第三十三条第二款规定，未持有合法来源证明出售、利用、运输非国家重点保护野生动物的，由县级以上地方人民政府野生动物保护主管部门或者市场监督管理部门按照职责分工没收野生动物，并处野生动物价值一倍以上五倍以下的罚款。

违反本法第二十七条第五款、第三十三条规定，出售、运输、携带、寄递有关野生动物及其制品未持有或者未附有检疫证明的，依照《中华人民共和国动物防疫法》的规定处罚。

三、《关于审理破坏野生动物资源刑事案件具体应用法律若干问题的解释》（法释〔2000〕37号）

第1条：刑法第三百四十一条第一款规定的"珍贵、濒危野生动物"，包括列入国家重点保护野生动物名录的国家一、二级保护野生动物、列入《濒危野生动植物种国际贸易公约》附录一、附录二的野生动物以及驯养繁殖的上述物种。

第2条：刑法第三百四十一条第一款规定的"收购"，包括以营利、自用等为目的的购买行为；"运输"，包括采用携带、邮寄、利用他人、使用交通工具等方法进行运送的行为；"出售"，包括出卖和以营利为目的的加工利用行为。

第3条：非法猎捕、杀害、收购、运输、出售珍贵、濒危野生动物具有下列情形之一的，属于"情节严重"：

（一）达到本解释附表所列相应数量标准的；

（二）非法猎捕、杀害、收购、运输、出售不同种类的珍贵、濒危野生动物，其中两种以上分别达到附表所列"情节严重"数量标准一半以上的。

非法猎捕、杀害、收购、运输、出售珍贵、濒危野生动物具有下列情形之一的，属于"情节特别严重"：

（一）达到本解释附表所列相应数量标准的；

（二）非法猎捕、杀害、收购、运输、出售不同种类的珍贵、濒危野生动物，其中两种以上分别达到附表所列"情节特别严重"数量标准一半以上的。

第10条：非法猎捕、杀害、收购、运输、出售《濒危野生动植物种国际贸易公约》附录一、附录二所列的非原产于我国的野生动物"情节严重"、"情节特别严重"的认定标准，参照本解释第三条、第四条以及附表所列与其同属的国家一、二级保护野生动物的认定标准执行；没有与其同属的国家一、二级保护野生动物的，参照与其同科的国家一、二级保护野生动物的认定标准执行。

四、《关于适用〈中华人民共和国刑事诉讼法〉的解释》（法释〔2021〕1号）

第401条：审理被告人或者其法定代理人、辩护人、近亲属提出上诉的案件，不得对被告人的刑罚作出实质不利的改判，并应当执行下列规定：

（一）同案审理的案件，只有部分被告人上诉的，既不得加重上诉人的刑罚，也不得加重其他同案被告人的刑罚；

（二）原判认定的罪名不当的，可以改变罪名，但不得加重刑罚或者对刑罚执行产生不利影响；

（三）原判认定的罪数不当的，可以改变罪数，并调整刑罚，但不得加重决定执行的刑罚或者对刑罚执行产生不利影响；

（四）原判对被告人宣告缓刑的，不得撤销缓刑或者延长缓刑考验期；

（五）原判没有宣告职业禁止、禁止令的，不得增加宣告；原判宣告职业禁止、禁止令的，不得增加内容、延长期限；

（六）原判对被告人判处死刑缓期执行没有限制减刑、决定终身监禁的，不得限制减刑、决定终身监禁；

（七）原判判处的刑罚不当、应当适用附加刑而没有适用的，不得直接加重刑罚、适用附加刑。原判判处的刑罚畸轻，必须依法改判的，应当在第二审判决、裁定生效后，依照审判监督程序重新审判。

人民检察院抗诉或者自诉人上诉的案件，不受前款规定的限制。

五、《关于妥善解决人工繁育鹦鹉有关问题的函》（林护发〔2021〕29号）

一、切实做好审发管理证件服务

按照《野生动物保护法》《陆生野生动物保护实施条例》《林业部关于核准部分濒危野生动物为国家重点保护野生动物的通知》（林护通字〔1993〕48号）规定，除桃脸牡丹鹦鹉、虎皮鹦鹉、鸡尾鹦鹉外，从境外引进的《濒危野生动植物种国际贸易公约》（CITES）附录所列鹦鹉种类均按国家重点保护野生动物管理，其人工繁育活动依法应取得人工繁育许可证。请审批机关根据实际情况，切实加强对养殖户的法律政策宣讲，提高服务意识，主动上门审核，对符合条件要求的养殖户，简化手续，尽快核发管理证件；对未达到条件要求的养殖户，指导其限期改进提高，达标后核发管理证件。对拒绝改进或者在限期内改进仍达不到条件要求的养殖户，依法清理。对不按国家重点保护野生动物管理的鹦鹉，其人工繁育管理按你省有关地方性法规执行。

二、对人工养殖鹦鹉开展专用标识管理试点

对我国没有野外自然分布、人工繁育的费氏牡丹鹦鹉、紫腹吸蜜鹦鹉、绿颊锥尾鹦鹉、和尚鹦鹉开展专用标识管理试点。在养殖户自愿前提下，可对确属人工繁育的、来源合法的上述鹦鹉，加载专用标识，凭标识销售、运输。对不按国家重点保护野生动物管理的鹦鹉是否进行标识管理试点，由你省自行确定。依法加载专用标识的鹦鹉作为宠物的，按利用行为加强监督管理。有关专用标识的技术服务，请与我局野生动植物研究与发展中心联系，以做好对接与服务，确保标识试点工作顺利实施。

三、严格规范管理和监督检查

对合法人工繁育来源、依法允许出售的鹦鹉，停止执行禁止交易措施，但其销售活动须在所在地政府确定的场所进行，且符合防疫检疫各项要求。请主动会同公安、市场监管、畜牧兽医等部门加强对鹦鹉出售、运输等活动的监督检查，结合"清风"专项执法行动，严厉打击野外偷捕、走私、非法交易鹦鹉等野生动物的违法犯罪行为，落实防疫检疫各项措施，严防非法来源、染疫鹦鹉假借"人工繁育"之名混入合法销售渠道。

后 记

近年来，随着我国社会转轨与经济转型进入加速阶段，牵动公众神经、引起广泛热议的刑事热案时有涌现，对我国刑事治理体系和治理能力现代化提出更高的要求和更急切的期待。新时代刑事法治是刑法理论与法治实践高度融合的共同结晶，刑事案例是沟通刑法理论与法治实效的重要依凭。在国家深入推进刑事治理现代化建设的时代背景中，刑事热案不仅是检验我国刑事立法科学化水平和刑法理论研究现代化程度的重要素材，而且是进一步推动刑事立法更新完善以及刑法研究落地落实的源源动力。

《前行中的刑事治理现代化——基于刑事热案的法理精释》通过对刑事热案的刑事法理进行精准、精确、精细阐释，以相对集中的方式向社会公众呈现刑事热案的裁判思路及其法理法意，疏通并拓展社会公众探析刑事热案更深层更丰富意涵的途径渠道，拉近社会公众与刑事热案本质意涵的认知距离，助益刑事法治宣传教育提质增效。同时，以客观发生的现实案例为载体，探寻刑事热案司法处理与刑事立法以及刑法研究的内在关联，架构起"以刑事司法为基点，刑法立法与刑法研究为两翼"的三维立体互动框架，推动刑事司法为刑法立法汇集更多元更丰富的正当性资源，为刑法研究以及检验研究结论的妥适性供给更生动更扎实的实践资料，从而促进刑法立法、刑事司法与刑法研究的实质联结及高水平融通。

一

本书着重选取晚近五年发生的或者审结的、真实的、具有较高影响力、代表性、关注度的 16 起刑事热案作为法理精释的样本。这些案例大多轰动一时，引起各界热议，大致包括三类：

一是引起司法实务界的长期争议或者理论界的激烈研讨的热案，如张扣扣故意杀人、故意毁坏财物案（第一章精释案例）、王力军无证收购玉米案（第二章精释案例）、赵春华非法持有枪支案（第四章精释案例）、余金平二审改判案（第九章精释案例）、董志超、谢文浩反向刷单炒信案（第十章精释案例）、快播公司传播淫秽物品牟利案（第十五章精释案例）。

二是助推刑事司法朝向科学化、规范化和现代化方向发展的热案，如马乐利用未公开信息交易案（第五章精释案例）、于欢故意伤害案（第六章精释案例）、昆山反杀案（第七章精释案例）、孙前途非法经营案（第十一章精释案例）、陈文辉等诈骗、侵犯公民个人信息案（徐玉玉案，第十三章精释案例）、孙小果组织、领导黑社会性质组织案（第十四章精释案例）。

三是司法处置推动刑法立法修正与完善的热案，如思路网侵犯著作权案（第三章精释案例）、蒋泽城以危险方法危害公共安全罪案（第八章精释案例）、红黄蓝幼儿园虐童案（第十二章精释案例）、王鹏非法出售珍稀、濒危野生动物案（第十六章精释案例）。

概括而言，本书选取案例的基本标准有四：其一，案件发生时间相对接近。所选案件均为最近五年发生或者审结的案件，以此确保案例以及本书自身的时效性和鲜活性；其二，案件须具有较大影响力。这种影响力要么体现在案件本身，要么体现在案件所涉议题，要么体现在案件审理过程的繁复性，如最高人民法院和最高人民检察院的"指导性案例"，或者"年度十大案例"，或者在司法程序中进行多次反复的案件；其三，案件必须具有理论研讨价值。本书编写目的除方便读者相对详细地了解刑事热案外，也追求便利法学学生与教师使用的目标，应当始终坚持实践性和学术性并重，对理论研讨价值不强但影响力很大的案件，以其案例涉及到的学术性和思辨性不足为由予以排除；其四，案件法理精释结论具有一定程度的开放性。本书不是对真实案例的简单移植或者形式分析，而是希望借助案例的法理精释，不仅向读者展现所选案例的司法处理情况以及所涉刑法原理，而且希望在一定程度上引导读者培育刑法思维和刑法适用能力。因此，个别案例的法理精释在释明案涉刑法原理的基础上，对司法裁判结论进行一定意义上的批判性反思和检讨；个别案例的法理精释在兼顾社会公众既有的普遍性认知的基础上，又选择从不同的切入点和侧面进行法理展开。毕竟现实中的案例总是多维广角、层次丰富的，需要以不同的视角和视野呈现出不同的思考。当然，此方面的初衷是否实现以及多大程度上实现，需要读者诸君给予考评和指正。

二

本书所选择的每个案件往往既涉及刑事程序议题，又涉及刑事实体性问题；涉及刑事实体性问题的，又可以进一步分为刑法基本原理、刑法分则适用基本原理以及刑法分则具体条文中罪与非罪、此罪与彼罪的关联，既涉及犯罪构成的判断，也涉及法定刑的选择。为使本书的内容和结构更为协调、匀称，兼顾性更强，根据各案例的最突出特点，选择适当的切入点予以展开。

本书所选择的 16 起案例，可以大致分为刑法适用基础原理 5 起，分别为张扣扣故意杀人、故意毁坏财物案阐述"刑法条文适用应坚持情理法相统一"、王力军非法经营案阐述"刑事司法应坚持形式与实质相统一"、思路网侵犯著作权案阐述"刑法分则条文用语的相对性与统一性"、赵春华非法持有枪支案阐述"刑法解释的反推适用与展望"、马乐利用未公开信息交易案阐述"援引法定刑的司法适用"。剩余 6-16 起案例，则分别论及"正当防卫相关问题的认定"、"后续反杀行为的限度判断"、"对以危险方法危害公共安全罪的限制适用"、"交通肇事后逃逸与自首相关问题认定"、"反向刷单炒信行为的刑法定性"、"非法放贷行为刑法规制的规范诠释"、"虐童行为实体法与程序法相关问题认定"、"被害人死亡与行为人诈骗行为之间因果关系的认定"、"对保护伞界定的质疑与思考"、"淫秽物品传播中 P2P 网络服务提供行为的刑法定性"以及"人工繁育珍贵、濒危野生动物的刑法可保护性问题"等十一个引起司法困惑或者理论争议的刑法议题。

在写作体例上，本书以"案件基本概况""案件诉争聚焦""案涉法理精释""本案处理述评""法律适用依据"等五部分内容为固定写作框架，以相对朴实的文风和朴素的文字挖掘并阐释所选刑事热案的刑事法理。详言之，"案件基本概况"（案情概要和处理结论）忠实呈现案件的具体信息，故选用生效裁判文书中载明的案件事实以及处理结论；"案件诉争聚焦"围绕本案的法理精释主旨，概括凝练所选案例涉及的法理论证焦点和要点；"案涉法理精释"深入剖析所选案例涉及的刑法原理并回答"案件诉争聚焦"所提出的系列问题；"本案处理述评"在案涉法理精释的基础上，阐明写作者对案件司法处置情况的评价以及案件对刑法立法和刑事司法宏观意义上的推动和促进；"法律适用依据"则全面列明所选案例司法处理以及法理精释中引用到的包括法律、法规、司法解释、批复、指导案例要旨等规范性文件中的规范依据，以利读者"循案晰法""依法释案"。由于与案件相关的法律规范性存在修正和废除等现象，"法律适用依据"在以脚注的形式标明修正前或废除前案件相关的法律规范基础上，在本书正文部分一概选用最新修正法律规范性文件中的具体规定，以方便读者知悉最新的法律规范。

三

本书是我与所指导学生共同完成的合作作品。由我拟定本书精释的具体案例和写作框架，负责本书第三章、第五章、第十五章的写作以及全书统稿；李沁尧同学负责本书第一章以及第十六章的写作并协助统稿；杨婷同学负责本书第二章以及第十一章的写作；王芮同学负责本书第四章以及第十四章的写作；文小丽同学负责本书第八章以及第十三章的写作；曲正同学负责本书第九章以及第十二章的写作；夏阳同学负责本书第六章的写作；陈娟同学负责本书第十章的写作；童俣菏同学（贵州大学法学院法学本科、四川大学法学院刑法学硕士研究生）负责本书第七章的写作，研究生方雅琦同学为本书各部分文字校正作出细致而又高效的工作。正是在大家的辛勤付出和不懈努力下，本书最终得以成形。

时常以"法外狂徒张三"嗨翻全网，总能将晦涩艰深的刑法理论以脱口秀方式完美再现和深度普及的罗翔教授曾说过："并不是每一个人都擅长写作，写作的能力属于作者而又不属于作者。"[1]我深知同学们对法律的学习时间尚短，能力水平参差不齐，法学知识的积累和运用均有较大的提升空间，对法学写作也深怀恐惧之感，之所以勉励甚至要求同学们必须坚持写作，一来是为检验和考验同学们日常所学，通过严格的学术训练，提升规范法学写作能力，二来是想通过这种方式激励后来者勤奋刻苦求学，三来也是向社会展现贵州大学法学院近年来的学生培养水平。[2]

---

〔1〕　罗翔：《圆圈正义》，中国法制出版社 2019 年版，第 8 页。

〔2〕　事实上，根据《贵州大学研究生申请学位发表学术论文的基本要求》（2019 修订版），研究生申请学位时发表学术论文的基本要求。1. 学术型硕士研究生申请硕士学位，至少在 SCD/SCDW 来源期刊数据库收录刊物上发表与专业相关学术论文 1 篇。2. 全日制专业硕士研究生申请硕士学位，满足下述条件之一：（1）在 SCD/SCDW 来源期刊数据库收录刊物上发表与专业相关学术论文 1 篇。（2）授

德国著名宗教哲学家马丁·布伯在其名著《我与你》写道，"人性的百川汇聚融合于完整本质的汪洋，这个过程无法通过'我'实现，但若是'我'缺席，也同样无法实现。'我'终将与'你'比肩而立；称谓'你'，成就了'我'。一切真实的生活，都是相遇。"[1]今年是我到贵州大学任教的第五个年头，五年间我总共指导 25 名硕士研究生和 30 余名本科生，指导的首届研究生已经顺利毕业并找到各自心仪的工作，与同学们的相处和交流无疑是五年贵大工作最愉快的事情。感谢生活让我和同学们相遇并共同成长、彼此成就，也祝福同学们在各自的学习、工作和生活中再取佳绩、再创辉煌。

四

本书在临近出版之际，我向恩师高铭暄教授解释本书的写作初衷，并再次向恩师求序。高老师考虑到本书主题和写作经由，慷慨地将其与浙江省金华市人民警察学校教授、高级警长傅跃建老师合作的《新时代刑事治理现代化研究》一文赐为本书代序，极大地推动本书的理论深化和知识升华。

2018 年 10 月，年届九十的恩师在傅老师的陪同下，不辞舟车之劳、长途跋涉之苦，给贵州大学学子带来《新中国刑法的回顾与展望》的高规格学术盛宴，使身处黔中腹地的贵大学子得以有机会现场聆听恩师的精彩讲演并获得当面向恩师请教的宝贵机会。事实上，不论在人大求学还是在贵大工作，恩师对我的成长都给予了慈父般的关注和关心，诚挚地希望本书能作为我与所指导同学共同献给恩师的礼物。

本书的出版得到贵州大学法学院的全额资助，感激法学院领导对我工作的理解、支持和包容，感谢各位同事对我一直以来的鼓励、照顾和关爱，也感恩法学院对同学们的精心培育。中国政法大学出版社编辑团队为本书付梓所做的专业且细致的建议和意见，使本书的质量得到极大地提升，感谢编辑们

（接上页）权发明专利 1 件。(3) 参加导师课题，成果获省部级及以上奖励。(4) 参加导师课题，成果入选省部级及以上智库（一项成果仅限一名学生使用）。(5) 参加与本专业相关的省级及以上学术会议，以第一作者身份提交论文并获奖。(6) 参加与本专业相关的省级及以上科技竞赛、专业竞赛、创新创业竞赛并获省部级及以上奖励或荣誉表彰。且不论这一规定的合理性（甚至合法性），按照该规定，贵州大学研究生应当进行相当强度和较高要求的学术训练，以养成相应的学术规范写作能力，否则，将不符合申请学位的基本要求。

〔1〕［德］马丁·布伯：《我与你》，任兵译，北京联合出版公司 2018 年版，第 13 页。

的辛勤付出。

应当坦率地承认，本书在案例选取、法理切入、精释过程以及行文表达等方面依然存在需直面的不足缺憾与批评之处，但作为集我和同学们之力共同完成的作品，《前行中的刑事治理现代化——基于刑事热案法理精释的展开》既是我入职贵州大学法学院五年以来从事刑法教学科研和学生培养工作的阶段性总结，也是我同所指导二十余名法学硕士和法律硕士研究生之间良好师谊、学谊、友谊的美好见证。[1]敬请读者诸君理解支持并批评指正！

曹　波

壬寅惊蛰于贵大法学院

---

　　〔1〕　之所以将本书书名确定为《前行中的刑事治理现代化——基于刑事热案法理精释的展开》，除契合当前我国刑事治理现代化正处在如火如荼推进的时代背景外，在很大程度上也是取贵州省简称"黔"的谐音（"黔行"即"前行"），希望我和贵大学子在"黔行"中"前行"。